utb 4854

Eine Arbeitsgemeinschaft der Verlage

W. Bertelsmann Verlag · Bielefeld
Böhlau Verlag · Wien · Köln · Weimar
Verlag Barbara Budrich · Opladen · Toronto
facultas · Wien
Wilhelm Fink · Paderborn
A. Francke Verlag · Tübingen
Haupt Verlag · Bern
Verlag Julius Klinkhardt · Bad Heilbrunn
Mohr Siebeck · Tübingen
Ernst Reinhardt Verlag · München
Ferdinand Schöningh · Paderborn
Eugen Ulmer Verlag · Stuttgart
UVK Verlagsgesellschaft · Konstanz, mit UVK/Lucius · München
Vandenhoeck & Ruprecht · Göttingen
Waxmann · Münster · New York

basics

Anja Seifert · Thomas Wiedenhorn

Grundschul-pädagogik

Ferdinand Schöningh

Die Autoren:
Dr. Anja Seifert, Diplom-Pädagogin und Lehrerin, arbeitet als Akademische Oberrätin an der Pädagogischen Hochschule Ludwigsburg im Institut für Erziehungswissenschaft in der Abteilung Pädagogik und Didaktik des Elementar- und Primarbereichs. Ihre Schwerpunkte liegen u. a. in den Bereichen Übergänge der Grundschule, Heterogenität und Differenz in Schule und Unterricht sowie Kindheits- und Grundschulforschung.

Dr. Thomas Wiedenhorn, Diplom-Pädagoge und Lehrer, arbeitet als Akademischer Rat an der Pädagogischen Hochschule Weingarten im Fach Erziehungswissenschaft und ist stellvertretender Direktor des Zentrums für Regionalität und Schulgeschichte. Seine Forschungsschwerpunkte liegen u. a. in den Bereichen Übergänge im Bildungsbereich, der Portfolioarbeit in Schule und Hochschule und der hochschulischen Lehrerinnenbildung.

Umschlagabbildung:
S.H. exclusiv, Fotolia#81365845

Online-Angebote oder elektronische Ausgaben sind erhältlich unter
www.utb-shop.de

Bibliografische Information der Deutschen Nationalbibliothek

Die Deutsche Nationalbibliothek verzeichnet diese Publikation in der Deutschen National-bibliografie; detaillierte bibliografische Daten sind im Internet über http://dnb.d-nb.de abrufbar.

© 2018 Verlag Ferdinand Schöningh, ein Imprint der Brill-Gruppe
(Koninklijke Brill NV, Leiden, Niederlande; Brill USA Inc., Boston MA, USA;
Brill Asia Pte Ltd, Singapore; Brill Deutschland GmbH, Paderborn, Deutschland)

Internet: www.schoeningh.de

Das Werk, einschließlich aller seiner Teile, ist urheberrechtlich geschützt. Jede Verwertung außerhalb der engen Grenzen des Urheberrechtsgesetzes ist ohne Zustimmung des Verlages unzulässig und strafbar. Das gilt insbesondere für Vervielfältigungen, Mikroverfilmungen und die Einspeicherung und Verarbeitung in elektronischen Systemen.

Printed in Germany.
Einbandgestaltung: Atelier Reichert, Stuttgart
Herstellung: Brill Deutschland GmbH, Paderborn

UTB-Band-Nr: 4854
ISBN 978-3-8252-4854-3

Inhalt

Einleitung	9
1. Geschichte und Wandel der Grundschule	13
1.1 Vorgeschichte und pädagogische Grundlagen der Grundschule	13
1.2 Befürworter und Gegner der deutschen Grundschulreform	17
1.3 Die Grundschule in der Weimarer Republik	20
1.4 Entwicklung der Grundschule der BRD und DDR	23
1.4.1 Die Entwicklung der Grundschule in der BRD	23
1.4.2 Die Entwicklung der Grundschule in der SBZ	28
1.5 Die Grundschule im 21. Jahrhundert – aktuelle Herausforderungen, Trends und Entwicklungen	32
Zusammenfassung	34
Literatur	36
Fragen	36
2. Kindheit und Kindsein in der Grundschule	39
2.1 Kindheitsbilder und Kindheitstheorien	39
2.2 Kindheit aus anthropologischer Sicht	43
2.3 Kindheit aus entwicklungspsychologischer Sicht	51
2.4 Kindheit aus sozialwissenschaftlicher Sicht und im Kontext der neuen Kindheitsforschung	55
2.4.1 Das Kind als Akteur	59
2.4.2 Kindheitsforschung in der Grundschule	62
Zusammenfassung	67
Literatur	69
Fragen	69
3. Der Übergang vom Elementar- zum Primarbereich	71
3.1 Anschluss getrennter Systeme	71
3.2 Bildung und Bildungsbegriff in Kindergarten und Grundschule	78
3.3 Theorien zum Übergang	87
3.4 Forschung zum ersten Bildungsübergang und zur Ungleichheit am Schulanfang	98
Zusammenfassung	107
Literatur	108
Fragen	109

Inhalt

4. Der Übergang vom Primar- zum Sekundarbereich 111
   4.1 Übergänge der Grundschule – Eine Begriffsklärung 111
   4.2 Länderspezifischer Übergang von der Primar- in die Sekundarstufe 115
   4.3 Die theoretische Perspektive auf den zweiten Übergang 120
   4.4 Die empirische Perspektive auf den Übergang 124
   Zusammenfassung 130
   Literatur 132
   Fragen 133

5. Didaktische Arrangements und Unterrichtsformen 135
   5.1 Zur Differenzierung von Unterrichtsformen 135
   5.2 Zur Systematik von Unterrichtsformen 139
   5.3 Unterrichtsformen zwischen Theorie und Empirie 143
   5.4 Diagnose, Förderung und Förderplanung als Grundlage von Unterricht . 146
   5.5 Unterrichtsplanung – von der Diagnostik zum förderorientierten
       Unterricht 150
   Zusammenfassung 151
   Literatur 152
   Fragen 153

6. Zeit und Raum in der Ganztagsgrundschule 156
   6.1 Die Grundschule als Ganztagsgrundschule 156
   6.2 Raum und (reform-)pädagogische Konzeptionen 158
   6.3 Gestaltung von (Macht-)Räumen in der Ganztagsgrundschule 164
   Zusammenfassung 170
   Literatur 171
   Fragen 172

7. Heterogenität und Differenz in der Grundschule 173
   7.1 Heterogenität und Heterogenitätsdiskurse 173
   7.2 (Re-)Produktion von Differenz und Ungleichheit in der Schule 184
   7.3 Migrationsspezifische Heterogenität 192
       7.3.1 Migrationshintergrund und sprachlich-kulturelle Differenz 193
       7.3.2 Forschung und Forschungsdesiderata 201
   7.4 Behinderungsspezifische Heterogenität oder Inklusion? 208
       7.4.1 Die inklusive Grundschule als Schule für alle 209
       7.4.2 Gemeinsamer Unterricht in der Grundschule 215
   Zusammenfassung 221
   Literatur 222
   Fragen 224

Lösungen zu den Fragen 227

Anmerkungen 241

Register 277

Einleitung

Das vorliegende Buch versteht sich als „klassische Einführung" für Studierende am Studienanfang, v.a. für Studierende der Bachelorstudiengänge des Primarstufenlehramtes an Universitäten und Pädagogischen Hochschulen sowie der angrenzenden Studiengänge Erziehungswissenschaft und Kindheitspädagogik, um diese mit relevanten Themenbereichen der Grundschulpädagogik als Wissenschaftsdisziplin vertraut zu machen bzw. in diese einzuführen. Die Themenauswahl erfolgte unter dem Fokus der Relevanz der Inhalte, leitend war die Fragestellung, welche Themenbereiche müssen im Studium der Grundschulpädagogik eine Berücksichtigung finden, um Studierende theoriegeleitet auf das Berufsfeld der Grundschule vorzubereiten. Während z.B. die Allgemeine Pädagogik auf die Berufsfeldorientierung verzichten kann, bezieht sich die Grundschulpädagogik als Wissenschaftsdisziplin direkt auf einen spezifischen Beruf. Die Grundschulpädagogik ist, gerade im Vergleich zu ihrer Bezugsdisziplin Erziehungswissenschaft, hierbei noch eine relativ junge Wissenschaftsdisziplin, die ersten Lehrstühle für Grundschulpädagogik, wurden erst um 1970 herum eingeführt. Die Grundschulpädagogik als eigenständige Wissenschaftsdisziplin gehört systematisch gesehen einerseits zur Schulpädagogik, wie der Name schon ausdrückt, jedoch mit einem klaren Stufenbezug bzw. Schulbezug, andererseits bezieht sie sich auf die Erziehungswissenschaft und deren Systematik und Diskurse. Diese wissenschaftstheoretische Verortung bildet sich auch in dieser Einführung ab. Dieses Kompendium hat indes nicht den Anspruch, eine vollständige Einführung in die Theorie der Grundschule bzw. der Grundschulpädagogik, die bislang weder vorliegt, noch als singuläres Projekt leistbar wäre, darzustellen. Zudem sind die derzeit in der Grundschulpädagogik vorfindbaren theoretischen Verortungen und Bezüge (z. B. Theorie der sozialen Praktiken, bildungs- und kulturtheoretische Zugänge) sehr disparat sind und lassen sich in ihrer Komplexität nur bedingt abbilden.

Die Grundschule und die „Grundschularbeit" haben sich seit der Einführung der modernen Grundschule im Jahr 1920 geändert, auch wenn das Selbstverständnis als Schule für alle Kinder des deutschen Volkes unabhängig von ihrer Herkunft, im Kern unangetastet bleibt. Die Grundschule als Einheitsschule umfasst gegenwärtig die Herausforderung der Umsetzung von Inklusion in der Grundschule bzw. des konstruktiven Umganges mit Vielfalt/Verschiedenheit in der Grundschule als ein zentrales Spannungsfeld der Arbeit in der Grundschule und der Grundschulpädagogik.

Wenn von Kindern und Kindheit in der Grundschule gesprochen wird, bleibt zu klären, was darunter verstanden werden kann. Kindheit und Jugend sind Gegenstand einer interdisziplinären Kindheits- und Jugendforschung, die abhängig von der jeweiligen Herkunftsdisziplin, vorrangig der Erziehungswissenschaft, der Psychologie, der Soziologie und der Medizin, mit unterschiedlichen theoretischen und methodischen Zugängen charakterisiert und zu erforschen sind. In dieser Einführung soll deshalb thematisiert werden, wie Kindsein und Kindheit in der Grundschule verstanden werden kann und welche theoretischen Zugänge für die Grundschulpädagogik eine Relevanz haben. Weiterhin kann gefragt werden, was unter Kindheitsforschung in der Grundschule zu verstehen ist und welche Zugänge und Methoden der Kindheitsforschung in diesem Kontext bedeutsam sind.

Zur Grundschulpädagogik gehört zudem zentral die Grundschuldidaktik, die sich einerseits als eine Stufendidaktik versteht, andererseits auch nach unten (Elementarbereich) und nach oben (Sekundarbereich) anschlussfähig sein muss. Historisch neu ist, dass der Elementarbereich mit der Einführung von Orientierungs- bzw. Bildungsplänen nunmehr auch auf der curricularen Ebene dem Primarbereich gleichwertig ist und als vorgelagerte Bildungsinstitution gesehen wird. Auch findet der erste formale Bildungsübergang vom Elementar- zum Primarbereich seit den späten 1990er Jahren eine zunehmende bildungspolitische wie wissenschaftliche und empirische Beachtung.

Nicht nur in Bezug auf den Schulanfang gab es in den letzten Jahren in allen Bundesländern Reformen, wie die Höhersetzung des Einschulungsalters und die flexible Schuleingangsphase mit einer „Verweildauer" von ein bis drei Jahren für die Klassenstufe 1 und 2, sondern auch der zweite Übergang der Grundschule wird zunehmend als Thema der Grundschullehrerbildung und Grundschulforschung entdeckt.

Unbenommen bleibt auch die Entwicklung von der Halbtagsgrundschule zur Ganztagsschule eine Herausforderung für Grundschule in den nächsten Jahren, die innerhalb der Grundschulpädagogik Fragen nach der Kindheit und dem Kindsein in der Grundschule aufwirft wie die nach einer zunehmenden Institutionalisierung von Kindheit, aber auch Fragen nach der Bedeutung von Raum, Zeit und Rhythmisierung im Sinne einer Anspannung und Entspannung.

Ein prägender Diskurs in der gegenwärtigen (Grund-)Schulpädagogik ist der zur Heterogenität und Differenz in der Grundschule. Daten, wie die regelmäßig von den statistischen Landes- und Bundesämtern, verweisen darauf, dass etwa jedes dritte Grundschulkind in Deutschland zur statistischen Kategorie „Menschen mit Migrationshintergrund" zählt und viele Grundschüler/innen Zuhause andere (Familien-)Sprachen sprechen als Deutsch. Zudem hat sich durch die UN-Behindertenrechtskonvention die ohnehin immer vorhandene Heterogenität der Lerngruppen um die behinderungsspezifische Heterogenitätsdimension erweitert.

Die derzeit geführte erziehungswissenschaftliche und bildungspolitische Debatte um soziale Ungleichheit als Chancenungleichheit bzw. die Kritik an der Kopplung des Bildungserfolges an die soziale bzw. familiale Herkunft der Kinder ist hier indes keine neue. Sie wird spätestens zur Zeit der Einführung der Grundschule zu Beginn der Weimarer Republik als der demokratiegemäßen Schule, in die alle Kinder des deutschen Volkes unabhängig von ihrer sozialen Herkunft gehen sollen, geführt.

Geschichte und Wandel der Grundschule | 1

| Inhalt

1.1 Vorgeschichte und pädagogische Grundlagen der Grundschule
1.2 Befürworter und Gegner der deutschen Grundschulreform
1.3 Die Gesetzliche Realisierung der Grundschule in der Weimarer Republik
1.4 Entwicklung der Grundschule der BRD und DDR
   1.4.1 Die Entwicklung der Grundschule in der BRD
   1.4.2 Die Entwicklung der Grundschule in der SBZ
1.5 Die Grundschule im 21. Jahrhundert – aktuelle Herausforderungen, Trends und Entwicklungen

Vorgeschichte und pädagogische Grundlagen der Grundschule | 1.1

Eine Darstellung der Grundschule im historischen Prozess steht vor der Herausforderung, die Vielzahl von Entstehungs-, Entwicklungs- und Bedingungsfaktoren auf lokaler, regionaler und internationaler Ebene in ihren Divergenzen und Kontexten angemessen abzubilden. Die Grundschule geht in Deutschland aus der Schulform der Volksschule und deren unteren vier Klassen bzw. deren Unterstufe hervor. Als äußere Schulreformmaßnahme ist sie ideengeschichtlich der Einheitsschulbewegung zuzuordnen, die an das Leitbild gleicher Bildungschancen und der Liberalisierung und Demokratisierung von Schule und Gesellschaft im 20. Jahrhundert anknüpft.

Entstehungs-, Entwicklungs- und Bedingungsfaktoren

Die Anfänge unseres institutionellen Bildungswesens liegen im ausgehenden 16. Jahrhundert – im Zuge der Reformation auch als „Zeitalter der Schulordnungen" bezeichnet. Mit der Großen Kirchen- und Schulordnung von 1559 wird etwa in Württemberg erstmals eine Schulpflicht für alle Kinder, unabhängig vom Geschlecht, gefordert und zugleich ein Bildungskanon fixiert, der sich auf die drei wichtigsten Grundfertigkeiten Lesen, Schreiben und Singen bezieht. Eine zentrale Funktion der Schule liegt in der Erschließung grundlegender Erfahrungs-, Wissens- und Wertehaltungen, die mit ihr tradiert und den Untertanen eine lokale Teilhabe am gesellschaftlichen Leben ermöglicht. Die Genese der Allgemeinbildung ist somit eng gebunden an die Bilanzierung, Kategorisierung und Spezifizierung von gesellschaftlich relevanten Wissensbeständen und deren bildungsphilosophische Begründung und sozialpolitische Legitimation.

elementare Schule mit Schulpflicht

Bereits im 16. Jahrhundert taucht die Idee einer elementaren Schule mit Schulpflicht für alle Kinder vorrangig in den evangelischen Schulordnungen (z. B. sächsische Schulordnung von 1530; württembergische Kirchen- und Schulordnung von 1559) auf. Im Auftrag ihrer absoluten Herrscher und Obrigkeiten in den Städten und Teilterritorien entwerfen evangelische Theologen neue Gesellschafts-, Kirchen- und Schulordnungen. In den reformierten Gebieten spielen die geistigen Motive eine wesentliche Rolle bei der Ausübung staatlicher Macht. Martin Luther richtet sich 1524 mit der Forderung „an die Ratsherren aller deutschen Städte deutschen Lands, daß sie christliche Schulen aufrichten und halten sollen".[1] Der erste Pädagoge, der ein einheitliches Schulwesen konzipiert, welches das niedere und höhere Schulwesen miteinander verbindet, ist der tschechische Gelehrte Johann Amos Comenius (1592–1670). Er entwickelt zudem ein stufenförmiges Schulmodell mit einer Grundschule als sogenannte Mutterschule. Seiner Ansicht nach sollten in der Mutterschule alle Kinder voneinander lernen und sich gegenseitig motivieren, womit er sich zugleich gegen eine Begabtenauslese ausspricht. Zur Legitimation seines Schulsystementwurfs beruft sich Comenius auf seine ethischen, religiösen und staatspolitischen Grundgedanken,[2] in denen er Bildung als das Gegengift zur Rohheit entwickelt.

contrat social

Erst knapp 120 Jahre später taucht der Einheitsschulgedanke im Kontext der Französischen Revolution wieder auf, entscheidend beeinflusst durch die Philosophen der Aufklärungszeit. Großen Anteil daran hat Jean Jacques Rousseau (1712–1778), der im „contrat social" seine Ideen von der Gleichheit aller Menschen im Staate und vor dem Gesetz vorstellt. Im ersten Kapitel lautet seine Gesellschaftsanalyse, dass der Mensch zwar frei geboren wird, ihn aber Herrschafts- und Machtstrukturen umgeben, die ihn unfrei machen. Daraufhin entwirft er eine Utopie, die auf dem freiwillig-gemeinschaftlichen Zusammenschluss von Menschen beruht. Wenn der Einzelne in der Gemeinschaft als Regent und Regierter vorkommt, müsste eine freiheitliche Koexistenz aller realisierbar sein. In sei-

1.1 Vorgeschichte und Grundlagen der Grundschule

nem Erziehungsroman „Emile" richtet Rousseau, ausgehend von den widrigen gesellschaftlichen Bedingungen, den Blick auf die Lebensphase Kindheit. Emile lernt nicht im damals zeitgemäßen Erziehungsstil durch Belehrung und Strafe, sondern ihm wird Freiheit zur Selbstentfaltung und Raum für Spielen, Toben und Faulenzen eingeräumt.

Damit zeigt Rousseaus pädagogisches Traktat nicht nur ein neuartiges Erziehungskonzept auf, sondern ein verändertes Verständnis von Kindheit (vgl. Kapitel Kindheit) und entwickelt erstmals den Entwurf einer schützenswerten Lebensphase Kindheit, die Grundvoraussetzung für eine eigene Schulform ist. Weder in der Antike noch im Mittelalter wird dem ersten Lebensabschnitt eine besondere Bedeutung beigemessen. Kinder sichern den familiären Fortbestand, insbesondere männliche Nachkommen, und der Wert der Kinder bemisst sich an deren Nutzen für die Eltern. Rousseau entwirft im „Emile" die Notwendigkeit, Kinder nicht als Bürger, sondern als Menschen in einer pädagogischen Provinz erziehen zu müssen. Seine schonungslose Zeitdiagnose beruht auf der Annahme: „Alles ist gut, wie es aus den Händen des Schöpfers der Dinge hervorgeht; alles verdirbt unter den Menschen."[3] Hinter dieser Aussage steckt eine immanente Gesellschaftskritik, da Kinder aus Sicht Rousseaus leicht durch das gesellschaftliche Leben korrumpiert werden können. Wissenschaft und Künste haben das menschliche Leben nicht gebessert, sondern lediglich dazu beigetragen, die gesellschaftlich vorherrschenden Unsittlichkeiten besser zu verbergen. Seiner Ansicht nach gelang es auch der Aufklärung nicht, ihre optimistischen Ideen, Visionen und Versprechungen einzulösen. Auf der Grundlage seiner anthropologischen Vorstellungen vom Menschen, der sich durch seine Instinktunsicherheit auszeichnet, ist diesem zugleich eine freie Handlungsweise möglich. Zudem bleibt es eine spezifische Veranlagung des Menschen, sich selbst zu vervollkommnen und Fähigkeiten zu entwickeln. Weil Rousseau diese Eigenschaft des Menschen dialektisch denkt, kann dieser sich einerseits fortschrittlich entwickeln, dennoch zeigt er sich empfänglich für Laster und Irrtümer, die „Quelle allen Unglücks".[4] Um die Kulturkrise zu überwinden, ist entweder Pädagogik oder Politik vonnöten. Deshalb fordert Rousseau als Zielperspektive eine Erziehung des Kindes zur Mündigkeit, die durch entsprechende politische Voraussetzungen gerahmt sein muss.[5]

Erziehungskonzept

1 Geschichte und Wandel der Grundschule

öffentliches Unterrichtswesen

Ein an der Aufklärung orientiertes Schulsystem trägt Marie-Jean-Antonie Condorcet 1792 der Nationalversammlung als Bericht und Entwurf einer Verordnung über die „Allgemeine Organisation des öffentlichen Unterrichtswesens" vor. Darin skizziert er nicht nur den Entwurf einer modernen Schulorganisation, sondern entwirft die Primarstufe ideengeschichtlich als politisch-ethisches Ausgangsmodell für eine kontraktualistische Gesellschaftsordnung. Mittels einer demokratischen und demokratisierenden Bildung sollen souveräne, selbstbestimmte Bürger erzogen werden:[6] „Wir wollten nicht, dass in Zukunft auch nur ein Mensch im Reich sagen könnte: das Gesetz sichert mir vollständige Gleichheit zu, aber man verweigerte mir die Mittel sie zu kennen."[7] Zudem sieht er vor, dass allen Bürgerinnen und Bürgern eine grundlegende Bildung bis hin zu einer umfassenden Nationalerziehung zukommt, die sie zur gesellschaftlichen Teilhabe und Partizipation befähigen soll. In seiner Bildungsplanung ist die einheitliche Elementarschule mit Anfangsunterricht an das Sekundarschulwesen angebunden, um ein lebenslanges Lernen in begleitenden Institutionen zu ermöglichen. Unterricht in Schulen hätte „für die Allgemeinheit der Bürger da zu sein", wie auch deren Schulsammlungen, -werkstätten und -bibliotheken.

Aufklärungsgedanken

Seiner Ansicht nach steht der Beruf des Lehrers in engster Verbindung mit der Öffentlichkeit, weil er ein „gesellschaftliches Mandat"[8] besitzt. In Condorcets öffentlichem, vereinheitlichtem und planmäßigem Schulwesen sind die schulpolitischen und pädagogischen Visionen der europäischen Aufklärungsgedanken vereint. Die Zielsetzung besteht darin, „der Welt endlich eine Nation zu zeigen, in der Freiheit, Gleichheit für alle ein tatsächliches Gut sind, dessen sie sich freuen und dessen Wert sie kennen."[9] An einem Beispiel zeigt er seinen Allgemeinbildungsanspruch und die Notwendigkeit der Vermittlung elementarer Grundkenntnisse zur Realisierung von Freiheit, Unabhängigkeit und der Option auf Selbstdenken und Selbstbestimmung auf: „[...] ein Mensch zum Beispiel, der die vier Grundrechenarten kennt, kann nicht von Newton abhängig sein bei irgendeiner Handlung im täglichen Leben. Was die allgemeine Abhängigkeit betrifft, die aus der Gewalt der List oder des Wortes erwächst, so wird sie fast auf ein Nichts beschränkt durch die allgemeine Verbreitung dieser elementaren Kenntnisse".[10]

revolutionäre Idee

Die revolutionäre Idee der Moderne ist, dass nach Condocets Vorstellungen „der Unterricht die Individuen nicht in dem Moment preisgeben darf, in dem sie die Schule verlassen".[11] Es muss eine lebenslange Lernbiografie vom Elementar- bis zur Erwachsenenbildung im Bildungssystem möglich sein. Das hierarchische Schulwesen gliedert sich nach Primar- (z. B. Grundschulen) und Sekundarschulen (z. B. Gymnasien), auf denen die Institute (Fakultät) und Lyzeen im tertiären Bereich aufbauen. Kontrolliert werden die Bildungsinstitutionen im Auftrag des Staates von der „Nationalen Gesellschaft der Wissenschaft und Künste". Neben der Auffassung, dass Lesen, Schreiben und Rechnen für die Emanzipation des Subjekts in der Moderne unerlässlich sind,[12] baut Condocets Idee eines modernen Schulwesens auf dem „Bürgerrecht" eines kostenlosen Schulbesuchs für alle Individuen auf.

Fortgeführt werden die Emanzipationsideen von Frankreich nach Deutschland u. a. in Fichtes (1762–1814) „Rede an die deutsche Nation", in dem er den Wunsch nach einer einheitlichen deutschen Nation aufgreift. Eine Voraussetzung hierfür wäre eine einheitliche nationale Erziehungseinrichtung. Fichte fordert darüber hinaus, dass die gesamte Jugend der deutschen Nation in die nationale Erziehungsanstalt eintrete und lehnt eine fürsorgliche Erziehung für das Volk, als das Gegenüber des höheren Standes, ab. Die stärksten Impulse für die Einheitsschulbewegung gehen seit der bürgerlich-nationalen Revolution von 1848 von den Vertretern der Sozialdemokratie und den Lehrervereinen aus.[13] Daran knüpft die Einheitsschulbewegung der Nachkriegszeit in der Deutschen Demokratischen Republik in Teilen wieder an.

Einheitsschulbewegung

Befürworter und Gegner der deutschen Grundschulreform | 1.2

Im 19. Jahrhundert wird die Volksschule, deren Unterstufe als Vorgängerin der Grundschule gilt, allmählich in staatliche Fürsorge gestellt und die billigen Privatschulangebote weiter zurückgedrängt. Verwaltungsbehörden bilden verpflichtend die aufsichtführende Instanz, sodass sich Bildung als ein Teil der Staatsfürsorge ausprägt. Die Stellung des Volksschullehrers wird gestärkt und die Professionalisierung der Lehrerschaft über eine seminaristische Lehrerbildung vereinheitlicht und standardisiert. Erforderlich ist dazu, dass die Aufsicht über die Bildungsinstitutionen in staatliche Zuständigkeit übergehen, wie etwa die Schulverwaltung und die Zuständigkeiten für Beaufsichtigung des Volksschulwesens und die Durchsetzung der Schulpflicht. Die Standardisierung des Schulan-

Standardisierung

gebots erfolgte nicht nur über die Kontrolle der Schulpflicht, sondern über einheitliche Lehrpläne und Festschreibung der Stundentafeln.[14] In zwei Bauphasen (1820–1835; 1875–1880) werden ortsnahe Volksschulen nach einem Einheitsplan errichtet. Das Bemühen in der ersten Hälfte des 19. Jahrhundert um ein flächendeckendes Volksschulwesen lässt sich an neuen Gesetzen und Regelungen festmachen. In Deutschland scheitert jedoch die 1848er Revolution, die die nationale Einigung zum Ziel hatte und ein republikanisches Staatswesen implementieren wollte.

Stiehlsche Regulative

Mit den Stiehlschen Regulativen von 1854 vollzieht sich eine Restaurierung mit weitreichenden Konsequenzen:
- Verlegung der städtischen Ausbildung in politisch „ruhigere" Gebiete
- Abwendung von schädlichen Inhalten für Lehrer in Ausbildung durch Fokussierung auf Religionsunterricht und praktische Einübung von Unterrichtsmethoden – bescheidenes „Weltwissen"
- Verstärkung der kirchlichen Schulaufsicht, die sich auf alle Lebensbereiche bezieht.[15]

Diesterweg (1790-1866) verkörpert einen der Wortführer der organisierten Volksschullehrerschaft. In Anlehnung an Kant (1724-1804) vertritt er die Auffassung, dass der Mensch vor allem zum Selbstdenken und zur eigenständigen Urteilsbildung zu erziehen sei. Dies ist seiner Meinung nach nur möglich, wenn er von einem ebenso handelnden und denkenden Menschen erzogen wird. In dem Zusammenhang unterscheidet er zwischen der alten und neuen Schule.

Die Lehrer sollten kirchentreu und regierungstreu sein, so sahen es die konservativen Kräfte. In den 70er und 80er Jahren des 19. Jahrhunderts erreichte die Auseinandersetzung zwischen Kirche und Staat einen Höhepunkt und führte zu einer stärkeren Trennung von kirchlicher und weltlicher Schulaufsicht, vorrangig in der Sekundarstufe. Höheres und niederes Schulwesen sind seit langem getrennt und nicht aufeinander bezogen, denn in vielen Ländern haben die Gymnasien eigene Elementar- oder Vorschulen. Die Lehrerschaft kämpfte um ihre Eigenständigkeit und Einbindung in staatliche Verantwortlichkeiten, die über eine Änderung der Rechtsstellung herbeigeführt werden soll. Erst 1907 kommt es zu einer grundsätzlichen Annäherung im Rahmen einer Verfassungsrevision über die Vergabe von Beamtenrechten. Der Mannheimer SPD-Parteitag 1906 formu-

1.2 Befürworter und Gegner der deutschen Grundschulreform

liert die Forderung nach einer demokratischen Einheitsschule, die Staatsekretär Heinrich Schulz (1872–1932) als achtjährige Grundschule, dem Reichsschulausschluss, vorschlägt. Die deutsche Volksschullehrerschaft hingegen postuliert die Einführung einer sechsjährigen Grundschule, da nur über diesen Zeitraum die großen Jugend- und Volkserziehungsaufgaben erreicht werden könnten.[16] Heinrich Müller gelangt im Vorfeld zu der Einschätzung, dass bei den Beratungen in der Nationalversammlung starke Differenzen, Diskussionen und Widerstände zu erwarten seien. Seine Position stand insofern fest, dass er in dieser Debatte „die Durchsetzung des neuen Prinzips der sozialen Einheitsschule" als Beamter und Politiker „[...] an der Aufrechterhaltung dieses Prinzips unerschütterlich festhalten" würde.[17] Wie erwartet, kommt es nach der ersten Lesung des Grundschulgesetzes am 08.03.1920 in der Nationalversammlung zu einer Welle der Empörung von wohlhabenden Familien. „Man schloß Bündnisse mit dem eigenen Hausarzt, der bescheinigen mußte, dass den Kindern der Besuch einer öffentlichen Volksschule gesundheitlich nicht zuträglich sei, inszenierte gewaltige Pressekampagnen, Massenbesuche im Ministerien und im Abgeordnetenhaus und motivierte die (privaten) Vorschulen zu wirkungsvollen Prozessen gegen die bösartige Zerstörung ihrer Existenz durch den schmutzigen Wettbewerb der öffentlichen Hand."[18] Ein Großteil der Bedenken richtet sich gegen die Einschränkung des staatsbürgerlichen Rechts, sein Kind nicht mehr auf der Grundlage der eigenen finanziellen Mittel einer frei gewählten, privaten Bildungsanstalt zuführen zu können. Auf Seiten des höheren Schulwesens argumentierten die Grundschulgegner, dass es unsinnig sei, zugunsten einiger sozialpädagogischer Vorteile eine neue Schulform einzuführen. Gymnasium und Volksschule seien wesensverschieden und während erstere auf freien Erkenntnisgewinn ausgerichtet sei, dienen die niederen Schulformen lediglich der Vermittlung von Kenntnissen. „Die gemeinsame Beschulung von Kindern aus geistig und kulturell hoch stehendem sowie aus einfachem oder gar ungepflegtem Milieu sei zudem überaus bedenklich".[19] Befürworter wie Heinrich Schulz, Paul Natorp und Johannes Tews begründen zunächst sozialethisch und stellen der Grundschule das Leitmotiv „Freie Bahn jedem Tüchtigen"[20] und „Aufstieg der Begabten"[21] als Gerechtigkeitsprämisse voran. Entsprechend dem Theorem des Volksbildungsansatzes soll das Wissensmonopol der Privilegierten gebrochen und Wissen in das Gemeingut überführt werden. Getrennte Schulbildung lasse die Mas-

soziale Einheitsschule

niedere Schulformen

sen ungebildet bleiben und halte gesellschaftliche Gräben zwischen den unterschiedlichen Milieus offen. Während sich die Einheitsschulbewegung in der Gründungszeit stärker auf den Schulaufbau und die Schulorganisation bezieht, wirkt die Reformpädagogik nicht unerheblich auf die Schulreformdebatte ein. Die reformpädagogisch beeinflussten Einzelschulprojekte zielen dabei stärker auf die innere Schulerneuerung ab.[22]

Einzelschulprojekte

1.3 | Die Grundschule in der Weimarer Republik

Trotz der Einsprüche und Proteste kann am 18.04.1920 das Gesetz zur Einführung der Grundschule und Abschaffung der Vorschule ohne Einwendung des Reichrats verabschiedet werden. Das Grundschulgesetz als Torso sollte die Grundsätze der herkömmlichen Standesschule überwinden und einige demokratische Errungenschaften der November-Revolution von 1918/19 in die neue Schulform einbringen. Aufgrund des günstigen Zeitpunkts kann die junge Demokratie mit der Gesetzesreform die Funktions- und Handlungsfähigkeit der Institutionen unter Beweis stellen. „In die späteren Auseinandersetzungen um das Lehrerbildungsgesetz, die Eigenständigkeit der Volksschule und die Dauer der Schulzeit allerdings wurden vom Zentrum und dem konservativen Philologenverband alle erdenklichen Bedenken eingebracht, so daß in diesen Bereichen keine reichseigenen Regelungen mehr getroffen werden konnten."[23] Eine demokratische Kampfabstimmung realisiert dann aber auf politischem Weg die gemeinsame Grundschule für alle Kinder. Die Einführung der Grundschule schafft erstmals eine Schulform durch eine Verfassungsbestimmung und -gesetzgebung und entwickelt sich nicht mittels einer Sammlung von Schul- und Unterrichtsgesetzen in top down (durch Reglements von oben) und bottom-up (durch Engagement von unten) Schulentwicklungsprozessen über einen längeren Zeitraum. Die reale Einführung des reichseinheitlichen Grundschulgesetzes erfolgt dann 1920 und geht auf den beschriebenen Weimarer Kompromiss zurück. Was während der Kaiserzeit (1871-1918) Elementarschule heißt und nicht allen Schülern und Schülerinnen offensteht, wird nach ihrer Einführung durch die Reichsverfassung 1919/20 zur eigenständigen Schulform mit spezifischem Bildungsprofil nach unten zur Vorschule/Kindergarten und nach oben zu den weiterführenden Schulstufen.[24] Die rechtsstaatliche Installation der verbindlichen

Grundschulgesetz

1.3 Die Grundschule in der Weimarer Republik

Grundschule als Einheitsschule implementiert zugleich institutionenspezifische Übergänge (vgl. Kap. Transition).

Der Terminus Grundschule wird im Sinne der Weimarer Reichsverfassung vom 11.08.1919 und dem „Gesetzentwurf betreffend die Grundschulen und die Aufhebung der Vorschulen" vom 28.04.1920 festgeschrieben und umfasst die vier unteren Jahrgangsstufen, auf der das mittlere und höhere Schulwesen aufbaut.[25] Mit der Einführung der Grundschule ist eine verbindliche Schulform etabliert, die ein einheitliches Schulsystem bildet. Vorrangige Aufgabe: Die Vermittlung einer grundlegenden Schulbildung, deren Funktion darin besteht, eine stärkere soziale Integration zu ermöglichen. In erster Linie resultiert sie aus einer ökonomischen Bildungsexpansion, die gesellschaftspolitisch in einen Expansionsdruck mündet.[26]

Grundschule

In der neuen Schulform sollen die verschiedenen Anforderungsebenen verknüpft werden, was bis in die Gegenwart zu einer impliziten Doppelfunktion führt. Zum einen liegt die Aufgabe der Grundschule darin, eine angemessene Grundbildung durch die Vermittlung von Lese-, Schreib- und Rechenkompetenzen zu gewährleisten und zum anderen in der Schaffung von notwendigen Voraussetzungen für einen gelingenden Übergang in die weiterführende Schule. Der Terminus Grundbildung ist nach Meinung von Heinz-Elmar Tenorth[27] ein Desiderat der Nationenbildung, das die gemeinsame Lernzeit aller Kinder befördern soll. Seiner Meinung nach knüpft diese Tradition an die Volksbildung an und bezieht sich nicht ausschließlich auf die Grundschule, sondern durchgängig auch auf die Volksoberschule. Eine Aufgabe, die zu einer spannungsreichen Ambivalenz zwischen Förderung und Selektion auf der einen und Gleichheit und Differenz auf der anderen Seite führt. Zudem steht diese Schulform nach wie vor im Spannungsfeld von niederem und höherem Schulwesen.

Grundbildung

Wenngleich es bereits im 19. Jahrhundert in Deutschland eine Schulpflicht gibt, wird sie erst 1919 zur Schulbesuchspflicht hin erweitert. Die Verfassung von 1919 begründet das öffentliche Schulwesen rechtlich und formuliert die Bedeutung der Grundschule als gemeinsame Schule für alle Kinder des Volkes.

Bereits in der Reichsschulkonferenz von 1920 diskutieren die Delegierten ebenfalls kontrovers darüber, ob der Kindergarten verpflichtend oder freiwillig sein soll und unter welche Zuständigkeit er fällt, weiterhin klärten sie die Zuordnung des Elementarbereichs zur Reichswohlfahrtspflege. Anknüpfend an die Gesetze der neuen Reichsverfassung wird am 28.04.1920 ein Gesetz für die Grundschule verabschiedet, dass sich ebenfalls auf die Aufhebung der bis dahin existierenden ständisch geprägten Vorschulen bzw. dreijährigen Vorklassen der Gymnasien (Klassen 2, 3 und 4) bezieht:

„§ 1 [1] Die Volksschule ist in den vier untersten Jahrgängen als die für alle gemeinsame Grundschule, auf der sich auch das mittlere und höhere Schulwesen aufbaut, einzurichten. Die Vorschriften der Artikel 146 Abs. 2 und 174 der Verfassung des Deutschen Reichs gelten auch für die Grundschule.

[2] Die Grundschulklassen (-stufen) sollen unter Wahrung ihrer wesentlichen Aufgaben als Teile der Volksschule zugleich die ausreichende Vorbildung für den unmittelbaren Eintritt in eine mittlere und höhere Lehranstalt gewährleisten. Auf Hilfsschulklassen findet diese Bestimmung keine Anwendung."[28]

Bildungsauftrag

Die „Richtlinien zur Ausstellung von Lehrplänen für die Grundschule" aus dem Jahr 1921 konkretisieren den Bildungsauftrag der Grundschule als gemeinsame Schule für (fast) alle Kinder des deutschen Volkes. Der Verdienst zu Beginn der ersten Demokratie in Deutschland, der Weimarer Republik, besteht darin, die Kinder nicht mehr nach Herkunft den Schulen zuzuweisen. Jedoch wird in diesem bildungspolitischen Kompromiss damals keine weitere verpflichtende gemeinsame Schulzeit nach den ersten vier Grundschuljahren festgelegt und der Elementarbereich nicht im Bildungswesen verortet, da er nicht mehr als schulvorbereitend gilt. Zudem zeigt sich, dass die rechtlichen Bestimmungen nur auf Kinder anzuwenden sind, die keine Behinderung aufweisen.

NS-Zeit und Grundschule

Die föderalen Bildungs- und Lehrerbildungsreformen der Weimarer Republik finden mit der Machtergreifung durch die Nationalsozialisten im Jahr 1933 ein abruptes Ende. Deren propagierte Zielsetzung ist es eine Vereinheitlichung und Zentralisierung des Schulwesens in der Einheit von Volk, Staat und Partei vorzunehmen[29]. Der Status der vormals autonomen Länderkulturministerien mutiert zu einem gleichgeschalteten Vollzugsorgan, so dass in den einzelnen Reichsgebieten keinerlei Freiraum für eigenverantwortliche Lehrplan- und Unterrichtsgestaltung mehr möglich scheint. Mit dem „Erlaß zur Einführung der Richtlinien für die unteren Jahrgänge der Volksschule" von 1937 werden die vier unteren Jahrgänge der Volksschule als eine der Partei, dem Arbeitsdienst und dem Militär gleichrangige Erziehungsinstanz verortet. Die Ausweitung der Erziehung als allgegenwärtiges gesellschaftliches Phänomen macht den totalen Verfügungsanspruch von Staat und Partei über den Einzelnen deutlich.³⁰ Während in Bezug auf refompädagogische Bestrebungen sich der Bildungsauftrag der 20er Jahre auf die Entwicklung individueller Anlagen, Fähigkeiten und Fertigkeiten konzentrierte Persönlichkeitsentwicklung des Kindes fokussiert, wird im Nationalsozialismus ein sich den Bedarfen und Belangen von Staat, Partei und Volk unterordnender Gemeinschaftsmensch in den Mittelpunkt des Bildungsauftrags gerückt.

Entwicklung der Grundschule in der BRD und DDR | 1.4

Die Wiedereinführung des Schulsystems ab Kriegsende 1945 ist von der politischen Auseinandersetzung zwischen den Alliierten und den besiegten Deutschen gekennzeichnet. Ein Grund für den Beginn, Erfolg und die Ausprägung des Nationalsozialismus in Deutschland wird von den Siegermächten im ideologisch überformten Erziehungs- und Schulsystem gesehen. Die Dreimächtekonferenz von Berlin, die am 02. August 1945 mit der Unterzeichnung des Potsdamer Abkommens endet, legt die politischen Grundsätze der Demilitarisierung, Denazifizierung, Demokratisierung und Dezentralisierung fest. Darüber hinaus teilt sie das besetzte Deutschland in vier Besatzungszonen auf, auch die Hauptstadt Berlin separieren die Alliierten in vier Sektoren. Aufgabe der zuständigen Besatzungsmächte ist es, die Schulsysteme neu zu organisieren, wobei die Neugestaltung der Grundschule eine zentrale Rolle einnimmt. Kritiker bemängeln u. a. die frühe Trennung im deutschen Schulsystem der Vorkriegszeit, die sie auch als Separierung nach Elite- und Massenbildung verstehen. Dabei wird durchweg eine längere gemeinsame Schulzeit aller Schüler/innen vorgezogen und die Präferenz liegt auf dem Modell einer sechsjährigen Grundschule. Sie soll die Eingangsstufe in das Schulsystem bilden, während sich die Mittelstufe nach Volksoberschule, Realschule und Gymnasium und die Sekundarstufe aufgliedert.³¹ Dies geschieht in den einzelnen Besatzungszonen unterschiedlich und mit verschiedenen bildungspolitischen Absichten.

Eingangsstufe

Die Entwicklung der Grundschule in der BRD | 1.4.1

Die Entwicklung der Grundschule in den einzelnen Bundesländern ist sehr vielfältig und verläuft hinsichtlich ihrer institutionellen, gesetzlichen und programmatischen Hinsicht zwischen 1945 und

1990 höchst unterschiedlich. Als prägend für die Grundschulgenese kristallisieren sich zwei Grundsätze aus der Vor- und Entstehungsgeschichte der Bundesrepublik Deutschland heraus. Zum einen sollte dem Willen der alliierten Siegermächte nach das Schulwesen Nachkriegsdeutschlands föderalen Strukturen unterliegen und somit die Kultur- und Bildungspolitik grundlegend bei den einzelnen Bundesländern verbleiben. Zudem untersteht das gesamte Schulwesen dem Staat.[32] Alle weiteren rechtlichen Regelungen zum bundesdeutschen Bildungswesen sind in den verschiedenen Länderverfassungen zu finden.

zwei Grundsätze

Zum anderen taucht die Grundschule in indirekter Form im Grundgesetz auf, das die Abschaffung der bis zur Weimarer Republik und der Einführung der Grundschule gängigen Vorschulen vorsieht. Artikel 7, Absatz 6 des Grundgesetzes lautet: „Vorschulen bleiben aufgehoben." Damit soll vermieden werden, dass bessergestellte Eltern ihren Kindern den Weg an der allgemeinen und öffentlichen Grundschule vorbei auf mittlere oder höhere Schulen ermöglichen. Damit ersetzt das Grundschulgesetz die bisherige Unterrichtspflicht, d. h., die Elternpflicht, ihre Kinder unterrichten zu lassen, gleich welcher Schulform. Eine gemeinsame Schulzeit aller Kinder im Rahmen ihrer allgemeinen und obligatorischen Schulpflicht macht somit private Familienschulen und private oder öffentliche Vorschulen überflüssig. Das mittlere und höhere Schulwesen baut auf einer für alle gemeinsamen wohnviertelbezogenen Pflichtgrundschule auf. Erst nach der vier- bis sechsjährigen Bewährungs- und Neigungsphase sollen Eltern die Bildungsaspirationen ihrer Kinder verwirklichen können. In der bundesdeutschen Geschichte ist es das einzige Gesetz zum Schulwesen, das von nationalen Parlamenten verabschiedet wurde.[33] In den 50er und 60er Jahren stellt die Grundschule, wie schon bei ihrer Einführung, keine besondere und selbständige Schulart dar, sondern bildet sich vielmehr aus den ersten vier Jahren der Volksschule. Das bleibt auch noch in den ersten zwei Jahrzehnten der Bundesrepublik so, da die Schullandschaft regional, lokal und konfessionell sehr unterschiedlich auf der Volksschule als Pflichtschule aufbaut.

Schullandschaft

Bis in die Gegenwart wird über die pädagogische, methodisch-didaktische und strukturelle Positionierung der Grundschule und ihre Pädagogik und Didaktik debattiert. Chancengleichheit ist seit Beginn der 60er Jahre bis etwa zur Mitte der 70er eines der am häufigsten diskutierten Themen in der bildungsökonomischen und

-soziologischen Forschung, aber auch in der gesellschaftspolitischen Auseinandersetzung im damaligen Westdeutschland. Die Zielvorstellung, die mit Chancengleichheit verbunden wird, besteht darin, wie Ulrich Teichler schreibt, „die Bedingungen des Lernens so zu organisieren, dass alle Lernenden, unbeschadet ihrer Herkunft und anderer Merkmale, die gleiche Aussicht auf Bildungserfolg haben."[34]

Von der Reform des Bildungssystems verspricht man sich gesellschaftliche Veränderungen, vor allem eine Harmonie zwischen den Zielen von Wirtschaftswachstum und Chancengleichheit. Auch in der Debatte über Chancengleichheit in den 70er Jahren treffen zwei Argumente zusammen, die sich gegenseitig stützen, aber gleichzeitig die zugrunde liegenden gesellschaftspolitischen Differenzen verschleiern. Das bildungsökonomische Argument, die menschliche Arbeitskraft vor allem als Humankapital im Wirtschaftssystem zu betrachten,[35] besteht in der Betonung des Nutzens von Bildung für das Wirtschaftswachstum. Die wirtschaftliche Entwicklung wird aufgrund des Mangels an qualifizierten Arbeitskräften als gefährdet angesehen. Die Begründung für eine Erhöhung des Qualifikationsniveaus zielt folglich darauf ab, den diagnostizierten Bildungsnotstand[36] zu beseitigen, indem die „Begabungsreserven", mithin die von sozialer Ungleichheit Betroffenen in der Gesellschaft, ausgeschöpft werden sollten. Die überwiegend gesellschaftsreformerische Argumentation stellt zunehmend die Legitimität von sozialen Unterschieden infrage.

diagnostizierter Bildungsnotstand

Diese Perspektive betont die Rolle der Bildungsinstitutionen, insbesondere der Grundschule, als Verteilungsinstanz von Sozialchancen. Bildung rückt in die Position des wichtigsten Mittels für eine Gesellschaft, die als Bildungsmeritokratie entworfen ist, soll die Berufsposition und der mit ihr verbundene soziale Status nur auf dem individuell erworbenen Leistungsstand im Bildungssystem basieren. Die Chancengleichheitspolitik im Bildungsbereich scheint also zur Behebung von Qualifikationsdefiziten wie von Legitimationsdefiziten gleichermaßen das richtige Rezept zu sein. Damit werden dem Bildungssystem neue gesellschaftspolitische Funktionen zugeschrieben. Dieser Vorstellung liegt die Annahme zugrunde, die Hanf als Wandelthese bezeichnet. Sie besagt, „dass das Bildungswesen in entscheidender Weise die Verteilung von Einkommen und Status beeinflusst und damit die Struktur der Gesellschaft. Wenn das Bildungswesen verändert wird, dann wird damit auch die Gesell-

Bildungsmeritokratie

Wandelthese

1 Geschichte und Wandel der Grundschule

schaft verändert. Für Anhänger dieser These ist mit Dahrendorf der ‚Wandel der Bildung der Hebel der Gesellschaftspolitik'.[37]

Bildung als Bürgerrecht

Mit dem Schlagwort „Bildung als Bürgerrecht"[38] werden die Chancen zur Selbstverwirklichung und Entfaltung der Persönlichkeit in den Vordergrund gerückt. Die Reform der gesellschaftlichen Verhältnisse, das gesellschaftspolitische Ziel eines individuellen sozialen Aufstiegs[39] durch lebenslanges Lernen sowie die Bereitschaft zur Mobilität und Flexibilität sind kongruent, denn die bildungspolitischen Anstrengungen sollen die individuelle Mobilität erhöhen und in ihrer Folge würde auch die Ungleichheitsstruktur in der Gesellschaft abgemildert. Das Ziel der staatlichen Reform des Bildungssystems liegt folglich darin, „[...] über ein System von Vorklassen, Förder- und Orientierungsstufen, Leistungskurssystemen und Spezialisierungen, das leistungsstarke, kompetente, den wechselnden Berufserwartungen gewachsene und selbstverantwortlich handelnde Individuum" auszubilden.[40] Der Charakter der „Schule als Mittelklassen-Institution"[41] solle überwunden und stattdessen „arbeiterfreundliche Bildungseinrichtungen" geschaffen werden.[42] Die Debatte konzentriert sich alsbald auf das Schlagwort von der „sozialen Öffnung". Damit verknüpft sich einerseits das direkte Ziel, die regionalen, geschlechtsspezifischen und sozialstrukturellen Benachteiligungen im Bildungszugang abzubauen, andererseits soll es selbst Mittel zum Zweck der Demokratisierung der Gesellschaft sein. Die Unterrepräsentierung von Arbeiterkindern in den höheren Einrichtungen des Bildungssystems wird dabei zum Inbegriff für die soziale Ungleichheit in der Gesellschaft.[43] Beleg dafür ist die 1967 von Kemmler veröffentlichte empirische Untersuchung zu „Erfolg und Versagen in der Grundschule", die nachweist, dass schulisch erzielte Leistungen und prognostizierte Leistungserwartungen auf den soziokulturellen Rahmenbedingungen wie schichtspezifische Herkunft der Eltern, Familiengröße und elterliche Bildungsinteressen basieren. Heckhausen zeigt in seiner Untersuchung auf, dass Erfolgszuversicht bzw. Misserfolgsängstlichkeit hinsichtlich schulischer Leistungen stark vom Erziehungsverhalten der Eltern und deren Schichtzugehörigkeit abhängt.[44]

Unterrepräsentierung von Arbeiterkindern

Erwin Schwartz, der erste Hochschullehrer für Grundschulpädagogik in Deutschland, stellt 1969 vor dem Hintergrund die Frage: „Ist die Grundschule reformbedürftig?" Seine Antwort auf die Ergebnisse der empirischen Sozialforschung und den gesellschaftlichen Diskurs um Chancengleichheit lautet, dass Kindheit und Grundschulalter in optimaler Weise Zeitraum für einen frühen Lernbe-

„Ist die Grundschule reformbedürftig?"

ginn und effektive Lernprozesse sind. Um das Jahr 1965 entsteht die Konzeptschrift „Gutachten und Studien der Bildungskommission" zur Neugestaltung der Grundschule, die auf eine Expertise von 16 Fachleuten zurückgeht. Die Forderungen nach einem gerechteren und kindgemäßen Lernen münden nach dem „Strukturplan für das Bildungswesen" (1970) in eine veränderte Konzeption der Grundschule, die fortan als „Primarbereich" bezeichnet wird und sich in Eingangs-, Grund- und ggf. Orientierungsstufe gliedert. Dabei soll der zweijährigen Eingangsstufe die Aufgabe zukommen, die unterschiedlichen Lernvoraussetzungen der Kinder auszugleichen, während die Orientierungsstufe eine „Brückenfunktion" in die Sekundarstufe hinein haben soll. Die vorrangige Aufgabe des Primarbereichs ist es, die Lerninhalte an die Veränderungen in Wirtschaft und Gesellschaft anzupassen und eine Orientierung an wissenschaftlichem Lernen und Lehren zu forcieren. Konzeptionell gilt es, allen Kindern ein einheitliches Grundprogramm zukommen zu lassen, dieses den Fähigkeiten, Fertigkeiten und Haltungen der Kinder entsprechend zu gestalten und Kurse für diejenigen mit besonderem Förderbedarf einzurichten.[45]

Die gesamte unterrichtliche Konzeption präsentiert sich in Form von „Lernbereichen", die sich als eigenständige Sachgebiete darstellen. Die Kulturtechniken werden in eigenen Lerngängen vermittelt, „[...] in denen die Kinder ohne Rücksicht auf das Alter nach dem erreichten Leistungsstand gruppiert werden."[46] Im Sachunterricht entwickeln sich historisch-kulturelle Gehalte, sozial- und gesellschaftliche sowie naturwissenschaftlich-technische Wissensbereiche, Verfahren und Techniken immer mehr zum Unterrichtsgegenstand, während der Kunst-, Musik- und Werkunterricht fachspezifische Aufgaben betont. Zudem werden neue Lernbereiche wie die erste Fremdsprache eingeführt.[47] Die Grundschulreform der 1970er Jahre ist gekennzeichnet durch eine Wissenschaftsorientierung und einen curricularen Aufbau des Unterrichtsstoffs zur Vorbereitung auf die fachwissenschaftlichen Disziplinen der Sekundarstufe und später der Hochschulen. So gestaltet sich der Sachunterricht als elementarer Fachunterricht, den man den Kindern aufgrund der empirischen Befunde durchaus zutrauen kann. Kindgemäßes Lernen versteht sich dabei vorrangig als die Ermöglichung einer Chancengerechtigkeit und der Kompensation schichtspezifischer Benachteiligungen.

Bis in die 80er Jahre hält der Modernisierungsdruck auf die Grundschule im Großen und Ganzen an. Aufgrund der zunehmen-

die fachwissenschaftlichen Disziplinen der Sekundarstufe

den Kritik an der überzogenen Wissenschaftlichkeit, des stark technologischen Erziehungs- und Bildungsverständnisses und der Leistungsorientierung fokussieren – nach der Auflösung des Deutschen Bildungsrates im Jahr 1975 – die nachfolgenden Lehrplankonzeptionen wieder stärker auf die individuellen Lernbedürfnisse der Schüler/innen, die möglichen Formen von unterrichtlicher Differenzierung und die Öffnung von Unterricht. Die Weiterentwicklung der Grundschulen soll in Richtung eines Lern- und Lebensraums erfolgen. Schrittweise wird die vorherrschende Monokultur frontalen Unterrichtsgeschehens um offene Unterrichtsformen bereichert. Der Ruf nach Chancengleichheit erfährt mit der Diskussion um die Ergebnisse der internationalen Schulleistungsstudien eine neue Aktualität. In Bayern erscheint 1981 ein neuer Lehrplan für die Grundschule, der den Lehrkräften mehr Freiräume bietet, um auf die Interessen der Kinder einzugehen. Der Unterricht bietet nun Optionen für Spiel, Bewegung und musische Gestaltung, ohne dabei das zielführende Lernen aus dem Blick zu lassen.

Weiterentwicklung der Grundschulen

Die Einführungsjahre richten sich vorbehaltlich am Konzept der grundlegenden Bildung aus, die Zeit für die Fächer Deutsch, Mathematik, Heimat- und Sachkunde, Musik- und Bewegungs- und Kunsterziehung zur Verfügung stellen. Der Heimat- und Sachkundeunterricht soll fächerverbindend konzipiert sein, wobei er durchaus auf reformpädagogische Gestaltungsprinzipien zurückgreifen kann.

Konzept der grundlegenden Bildung

1.4.2 Die Entwicklung der Grundschule in der SBZ

1946 entwerfen, beraten und beschließen die Sowjetische Militärverwaltung und die Länderverwaltungen das „Gesetz zur Demokratisierung der deutschen Schule", das die jeweiligen Länderparlamente durch ihre Zustimmung in Kraft setzen. Es bildet den schulrechtlichen Rahmen und die Basis für die Neugestaltung des Schulsystems der sowjetisch besetzten Zone (SBZ) und die Einführung einer demokratischen standesfreien Einheitsschule. Am 2. Dezember 1959 wird es durch das Gesetz über die sozialistische Entwicklung des Schulwesens in der Deutschen Demokratischen Republik abgelöst, das ein Bildungswesen etabliert, welches aus den gesellschaftlichen Anforderungen und Bedürfnissen heraus erwächst. Das Ziel der sozialistischen Einheitsschule besteht darin, „die Jugend zu selbständig denkenden und verantwortungsbewusst

gesellschaftliche Anforderungen

handelnden Menschen [zu E.d.A.] erziehen, die fähig und bereit sind, sich voll in den Dienst der Gemeinschaft des Volkes zu stellen."[48] Die achtjährige demokratische Einheitsschule soll die gesamte Erziehung vom (nicht obligatorischen) Kindergarten bis zur Hochschule umfassen, sodass erstmals die Elementarpädagogik als Vorstufe gesetzt und in kooperativer Art und Weise konzipiert wurde. „Das Schulwesen ist ausschließlich Angelegenheit des Staates, der die demokratische Einheitsschule in sozialistischer Tradition nach den Prinzipien der Staatlichkeit, Weltlichkeit, Gleichheit, Unentgeltlichkeit und Einheit in einem eigenen System durchsetzt."[49] Dazu wird der gesamte Unterricht „auf allen Stufen nach Lehrplänen erteilt, welche die Systematik und Wissenschaftlichkeit des Unterrichts gewährleistet."[50] Die Erstellung der Lehrpläne obliegt der „Deutschen Zentralverwaltung für Volksbildung", nach Genehmigung durch den sowjetischen Militärrat, und diese enthalten erstmals verbindliche Kompetenzvorgaben als Lehrziele für die Grund- und Oberstufe. Die in den Lehrplänen geforderten schulischen Leistungen bezeichnen Höchstziele als obligatorische Standards und dezidierten Wissensstoff, die den Schüler/innen als Unterrichtsziele in Form von Können, Kenntnissen und Fähigkeiten vermittelt werden soll.

<small>Höchstziele</small>

Die ersten vier Grundschuljahre heißen „Unterstufe" und in dieser werden die Grundlagenfächer Deutsch, Rechnen/Mathematik, Musik, Werkunterricht/Handarbeit/Zeichnen und körperliche Erziehung unterrichtet. Diese Grundstufe dauert verbindlich für alle bis zum achten Schuljahr. Ab der siebten und achten Klasse erfolgt eine Differenzierung nach „Kursen" für die zweite Fremdsprache, Mathematik und die Naturwissenschaften. Den Zugang zur Hochschule eröffnet die „Oberschule", die als Teil der vierjährigen „Oberstufe" angelegt ist. Nationalsozialistisch unbelastete Lehrer/innen werden kurzfristig in Lehrgängen aus- und systematisch weitergebildet. Geißler und Wiegmann merken an, dass im Schuljahr 1948/49 in der SBZ nur durchschnittlich 32,8 % der Grundschüler/innen die gesteckten Unterrichtsziele erreichen.[51] Mit der Ernüchterung über die ausbleibende Effektivität der neu implementierten Einheitsschule nimmt der politische Einfluss der Sozialistischen Einheitspartei Deutschlands (SED) auf die Schule zu. In der Programmschrift von 1952 formuliert die SED ihr kollektives Bildungsziel so: Die allseitige Entwicklung der sozialistischen Persönlichkeit steht im Vordergrund schulischer Aufgaben. Zudem hat die deutsche demo-

<small>Unterstufe</small>

kratische Schule die vorrangige Aufgabe, „Patrioten zu erziehen, die ihrer Heimat, ihrem Volk, der Arbeiterklasse und der Regierung treu ergeben sind."[52] Auf dem IV. Pädagogischen Kongress erfolgt eine Trendwende und Kritik am ersten Lehrplan. Insgesamt kommt man zu dem Eindruck, der gegenwärtige Unterricht sei zu stark an der Anwendung bestimmter Methoden, z. B. der kritiklosen Bevorzugung des freien Lehrergesprächs orientiert. Zudem führen nach Einschätzung der betroffenen Lehrer/innen die widrigen Voraussetzungen der Nachkriegszeit insgesamt zu überaus ungünstigen Lernbedingungen.[53]

Trendwende

Eine Ideologisierung der Unterrichtsinhalte und eine Überfrachtung mit politischen Motiven kennzeichnen nachfolgend den 1951 vom Deutschen Pädagogischen Zentralinstitut eingeführten zweiten Lehrplan. Bei der Ursachenforschung werden zum einen die falsche pädagogische Ausrichtung der Lehrer/innen als Grund genannt, während sich die Bildungspolitiker auf die Orientierung der Lehrpläne an der Reformpädagogik einschießen. Der Versuch, das allgemein als niedrig angesehene Niveau der Unterstufe im Dienste gesellschaftspolitischer, volkswirtschaftlicher und weltanschaulicher Anforderungen anzuheben, bestimmt in den kommenden Jahren die strukturellen Entscheidungen. Bereits im selben Jahr findet eine erste Lehrplanrevision bezogen auf den muttersprachlichen Unterricht statt, die ein Jahr später ergänzt und 1954 vom Ministerium für Volksbildung grundlegend überarbeitet wird.

Anforderungen

Vorübergehend sorgt der Tod des sogenannten Vaters aller Völker, Josef Stalin, am 05.03.1953 und der niedergeschlagene Volksaufstand im 17.06.1953 zu einem von der sowjetischen Parteiführung verordneten neuen Kurs, der eine Mäßigung des verschärften Klassenkampfs und des beschleunigten Aufbaus des Sozialismus vorsieht. Für die Diskussion um die Unterstufe der Einheitsschule bedeutet das eine Entpolitisierung der pädagogisch-didaktischen Debatte um deren Leistungsfähigkeit. Zu einer curricularen Revision mit dem Ziel, das leistungsspezifische Anspruchsniveau zu verringern, kommt es erst Mitte der 50er Jahre. Die politischen Ereignisse bleiben nicht ohne Folgen und bereits 1956 gibt es ein neuer vorläufiger Lehrplan für die Unterstufe. In seinem 1958 in der Zeitschrift „Die Unterstufe" veröffentlichten Beitrag fordert Edgar Drefenstedt im Rahmen eines stringenten Aufbaus einer „sozialistischen Schule" die Wiedereinführung des Heimatunterrichts, was ein Schritt hin zum realen Leben bedeuten und der Entfremdung

„sozialistische Schule"

der Schule vom sozialistischen Leben und der einseitigen Sichtweise auf das Kind als Schulkind entgegenwirken soll.[54]

Bereits Ende der 1950er Jahre folgen mit dem „Lehrplan der zehnklassigen allgemeinen polytechnischen Oberschule" eine erneute politische und ideologische Einflussnahme auf die Unterstufe. Die grundlegende Neuerung besteht in der Einführung einer polytechnischen Oberstufe, die eine wissenschaftlich-technische Konzeption und umfängliche Berufsorientierung beinhaltet. Auf die Grundstufe wirkt sich die Neuorientierung jedoch insgesamt weniger aus als auf die Oberstufe.

Mit der Einführung der zehnklassigen allgemeinbildenden Polytechnischen Oberschule gerät die Unterstufe ab Anfang der 1960er Jahre erneut in einen erheblichen Legitimations- und Leistungsdruck. Das Gesetz über das einheitlich-sozialistische Bildungswesen erfolgt zeitgleich mit der in der Bundesrepublik geführten Diskussion um die „Deutsche Bildungskatastrophe" und dient zugleich als sozialistische Antwort auf die wissenschaftlich-technischen Herausforderungen; sollte doch das Bildungswesen der demokratischen Republik alle ihre Bürger befähigen, „die sozialistische Gesellschaft zu gestalten, die technische Revolution zu meistern und an der Entwicklung der sozialistischen Demokratie mitzuwirken".[55] Bei kritischer Betrachtung stellt der Entwurf der Neukonzeption der Schuleingangsstufe von 1964 im Grunde eine Doppel-Revision der Reform von Anfang der 1950er Jahre dar, mit der zugleich eine Abkehr von der bürgerlich-westlichen Grundschuldidaktik einhergeht. Mit der neuerlichen Umgestaltung der pädagogisch-didaktischen Maßgaben soll auf die bewährten primarstufendidaktischen Prinzipien und die sozialistischen Reformanforderungen reagiert werden. Die Kehrtwende bezweckte, die marxistisch-leninistische Unterstufenreform anschlussfähig an den Richtlinienplan von 1959 zu machen, etwa durch die Einführung des fächervorbereitenden Unterrichts in Klasse 4. Das Erlernen der elementaren Kulturtechniken als „Grundlage für die gesamte nachfolgende Bildung und Erziehung" musste bereits bis zur dritten Klasse abgeschlossen sein, was eine Verkürzung der Unterstufe auf drei Jahre bedeutete. In der Praxis ließ sich eine solche Vorgabe nicht realisieren. Der Erlass über das einheitliche sozialistische Bildungssystem vom 25.02.1965 rechnet die vierte Klasse bereits formal der Mittelstufe (Klasse 4-6) zu. Mit diesem Änderungspapier kommt die Reform der Unterstufendidaktik bis zur Wende zum Erliegen, dennoch wird von den Lehrer/

Doppel-Revision

innen eine kontinuierliche Verbesserung der Unterrichtsqualität eingefordert.[56]

1.5 | Die Grundschule im 21. Jahrhundert – aktuelle Herausforderungen, Trends und Entwicklungen

Das deutsche Schulsystem befindet sich gegenwärtig in einem kontinuierlichen Transformationsprozess, der beschleunigt ist durch das schlechte bundesrepublikanische Abschneiden bei den internationalen Leistungsvergleichstests (v. a. PISA). In den verschiedenen Bundesländern werden in der Folge eine Vielzahl von Schulentwicklungsmaßnahmen angestoßen. Aufgrund des föderalen Prinzips obliegt die Schulpolitik explizit der Gesetzgebungshoheit der Bundesländer und gehört somit zu den wichtigsten Gestaltungsbereichen der Landespolitik.[57] Diese reagiert in ausdifferenzierten Gesellschaftssystemen auf Modifikationen in den anderen Subsystemen und führt so, entsprechend den sich verändernden Bedürfnissen und Abnehmererwartungen, die jeweiligen Anpassungsprozesse durch.

Mit dem Düsseldorfer (1955) und Hamburger Abkommen (1964) ist für die Bundesrepublik ein gegliedertes Schulsystem festgeschrieben worden. Wegen dieser Gestaltungshoheit der einzelnen Länder hinsichtlich der Schulstrukturen und pädagogischen, politischen und schulrechtlichen Grundausrichtung haben sie sich sehr unterschiedlich entwickelt.[58] Trotz verschiedenster Reformbewegungen, wie etwa die Einführung der Orientierungsstufe oder der Gesamtschule, bleibt die besondere Stellung des Gymnasiums ungebrochen, denn als einzige Schulform ist sie in allen 16 Bundesländern in der Sekundarstufe durchgängig vertreten. Daran haben die politisch motivierten Strukturreformen auf eine Zweigliedrigkeit hin nichts geändert. Nach der Wiedervereinigung 1990 entsteht eine gewisse Reformdynamik im Schulwesen. Die drei neuen Bundesländer Sachsen, Sachsen-Anhalt und Thüringen führen ein zweigliedriges Sekundarschulsystem ein, das aus Gymnasium und zusammengelegten Haupt- und Realschulen[59] besteht, auch Brandenburg und Mecklenburg-Vorpommern kommen durch die Schulstrukturentwicklung in den 2000er Jahren dahin.

Die alten Bundesländer wie das Saarland, die Stadtstaaten Hamburg und Bremen sowie Schleswig-Holstein reformieren ebenfalls ihre Schulsysteme in Richtung auf ein zweigegliedertes Schulsystem. Dabei bauen alle Schulmodelle auf der Grundschule als Basis auf.

Vor dem Hintergrund der aktuellen Trends und Entwicklungen wird für die Grundschule ein pädagogischer Anspruch formuliert, der neben der sozialen Integration vor allem den Umgang mit Heterogenität und Vielfalt in den Mittelpunkt stellt (vgl. Kapitel „Heterogenität und Differenz"). Mögliche Kategorien der Unterscheidung von Vielfalt und Verschiedenheit sind etwa die körperliche, kognitive oder psychosoziale Entwicklung oder die Lernhaltung von Kindern unterschiedlicher sozialer Herkunft. Heterogenität entwickelte sich zum Kristallisationspunkt und zentralen Merkmal der modernen Grundschule. Zu den weiteren Themenfelder der postmodernen Grundschule zählen Differenzierung, jahrgangsübergreifende Lerngruppen, Transition, Inklusion oder die Realisierung von Ganztagsschulen. In den letzten Jahren war ein beherrschendes Thema der Grundschuldidaktik zudem der „Offene Unterricht". Im Gegensatz zur direkten Instruktion, die sich nach Weinert und Helmke[60] durch die Variabilität der Sozialformen auszeichnet, orientiert sich der Offene Unterricht an den Erziehungs- und Bildungszielen der Selbständigkeit, Selbstbestimmung und Eigenverantwortlichkeit der Subjekte. Bei der Realisierung wird am Vorwissen der Schüler/innen angeknüpft und die Vermittlung der Inhalte erfolgt nicht vorrangig über die Lehrperson, sondern über eine didaktisierte Lernumgebung. Die Öffnung des Unterrichts kann sich nach Peschel[61] auf die methodische, inhaltliche oder soziale Ebene beziehen. Empirische Untersuchungen zur Realisierung geöffneter pädagogisch-didaktischer Lernszenarien in der Schulpraxis kommen zum einen zum Ergebnis, dass Lehrkräfte diese Form des Unterrichts grundsätzlich für sinnvoll erachten, sie zum anderen aber die schulspezifischen Voraussetzungen nicht ausreichend gegeben sehen, um Offenen Unterricht zu realisieren.[62] Zudem zeigt die Studie von Kansteiner, Höke und Hille,[63] dass zur Beurteilung von erfolgreichen Unterrichtsformen der Blick auf das einzelne Kind über den sonst üblichen Gruppenvergleich von hoher Bedeutung ist. In ihrer Studie weisen die drei Autorinnen zudem darauf hin, dass Schüler/innen, um im geöffneten Unterricht erfolgreich zu sein, bestimmte Kompetenzen (z. B. zur Selbststeuerung, Strukturierung von Lernprozessen) bereits erworben haben müssen. Zudem trifft die Annahme nur sehr eingeschränkt zu, dass leistungsschwächere Kinder durch diese Unterrichtssettings stärker motiviert würden.

pädagogischer Anspruch

Offener Unterricht

Zusammenfassung

Die Idee einer institutionenbezogenen Primar- oder Grundschule geht auf verschiedene pädagogische oder schulorganisatorische Wurzeln zurück. Die Pädagogik hat, ebenso wie die Ideengeschichte des allgemeinbildenden Schulwesens, zahlreiche Ansätze und Konzepte zur Realisierung einer umfassenden Grund- und Allgemeinbildung für alle Menschen vorzuweisen. Voraussetzung für eine grundlegende didaktisierte Menschenbildung im Sinne Pestalozzis ist die rousseausche Annahme einer Vervollkommnungsfähigkeit des Einzelnen, der sich als Teil der Gesellschaft begreift und der Allgemeinheit verpflichtet sieht. Bereits im 16. Jahrhundert entfalten verschiedene länderspezifische Schulordnungen im Zuge einer religiösen Neuausrichtung in ihren Kirchen- und Schulordnungen programmatische Bildungs- und Erziehungskonzepte, die als Leistung für alle öffentlichen Schulen konzipiert werden. Während der Aufklärung präzisiert etwa Marquis des Condorcet die Konzeption eines institutionalisierten hierarchischen Bildungswesens und legt einen grundlegenden Bildungsanspruch als lebenslange Anforderung zugrunde. Ein handlungsfähiges Gesellschaftsmitglied ist seiner Ansicht nach nur als mündiges Subjekt denkbar, wenn es durch Vermittlung von Grundfertigkeiten zu einer selbstbestimmten Lebensführung befähigt wird.

Ein Ausgangspunkt für die Einheitsschulbewegung ist bis zur Einführung der Grundschule in der Volksschulbewegung zu sehen. Die stärksten Impulse für diesen Trend gehen im Verlauf der bürgerlich-nationalen Revolution 1848 von den Vertretern der Sozialdemokratie und den Lehrervereinen aus. Befürworter wie Heinrich Schulz, Paul Natorp und Johannes Tews, begründen die Einführung der Grundschule sozialethisch und versehen sie mit dem Leitmotiv „Freie Bahn jedem Tüchtigen"[64] und „Aufstieg der Begabten". Den Gegenpol bilden zum großen Teil Vertreter der oberen Gesellschaftsschichten, die für ihre Kinder den direkten Zugang zur höheren Schulbildung versperrt sehen.

Schließlich geht die Grundschule aus der Volksschule hervor, die die Weimarer Reichsverfassung vom 1919 und der „Gesetzentwurf betreffend die Grundschulen und die Aufhebung der Vorschulen" 1920 festschreibt. Dessen Einführung regelt die Dauer der Grundschulzeit, Abgrenzung nach oben und unten und im Laufe der nächsten Jahre auch die Lerninhalte. Zugleich wird mit dem „Weimarer Kompromiss" eine Einheitsschule für alle Kinder etabliert,

die die Kinder nicht mehr nach deren sozialer Herkunft aufteilt.
Die Bundesrepublik Deutschland baut nach Maßgabe der alliierten Siegermächte das Schulwesen nach föderalen Strukturen auf. Im Zuge des Wirtschaftswachstums der 50er und 60er Jahre tritt zunehmend eine Diskussion über Chancengleichheit und Gerechtigkeit in den Vordergrund. Der „Strukturplan für das Bildungswesen" benennt im Jahr 1970 die Grundschule in den Primarbereich um und legt grundlegenden Wert auf den Ausgleich sozialer Ungerechtigkeiten. Neben dem Trend zur Öffnung des Unterrichts bringen die Lehrpläne der 80er Jahre eine Orientierung auf das Kind mit sich.
Die sowjetische Militärverwaltung und die Länderverwaltungen beschließen 1946 für die russische Besatzungszone, die „Gesetze zur Demokratisierung der deutschen Schule" zu erlassen, um die sozialistische Einheitsschule auf den Weg zu bringen.
Genau 13 Jahre später etabliert die Deutsche Demokratische Republik ein durchgängiges Schulwesen, das den gesellschaftlichen Anforderungen und Bedürfnissen gerecht werden soll. Ziel der sozialistischen Einheitsschule, insbesondere der Primarstufe, ist es, die Jugend zu selbständig denkenden und verantwortungsbewussten politischen Menschen zu erziehen. Mit einer Doppel-Revision der Reform von Anfang der 1950er Jahre geht eine Abkehr von der bürgerlich-westlichen Grundschuldidaktik einher. Damit soll eine Umgestaltung der pädagogisch-didaktischen Maßgaben eine Effektivierung durch eine fundierte Wissenschaftsorientierung ermöglichen. Ab Mitte der 60er Jahre bis zur Wendezeit gibt es nur noch wenige Schulreformen.
Die Grundschule der Nachkriegszeit entwickelt sich entsprechend dem föderalen Prinzip in den jeweiligen Bundesländern sehr unterschiedlich. Auch wenn die Primarstufe als Fundament gilt, ist sie doch nicht unabhängig von den Schulentwicklungen der Sekundarstufe, in die sie ihre Kinder nach der vierten bzw. sechsten Klasse überführen muss. Die Unterschiedlichkeit hat zum Vorteil, dass die verschiedensten Modelle im System realisiert werden, zugleich fehlt es an einheitlichen Standards und vergleichbaren Variablen. Eines der herausgehobenen Entwicklungsfelder der Grundschule stellt der Umgang mit dem Heterogenitätsdiskurs dar. Weitere Diskurse beschäftigen sich z. B. mit der Relevanz von Offenem Unterricht.

Literatur

Knoop, K./Schwab, M. (1999): Einführung in die Geschichte der Pädagogik. Pädagogen-Portraits aus vier Jahrhunderten. Heidelberg.
Nave, K. H. (1961): Die allgemeine deutsche Grundschule. Weinheim.
Raithel, J./Dollinger, B./Hörmann, G. (2007): Einführung Pädagogik. 2. Aufl. Wiesbaden.
Rousseau, J. J. (1998[13]): Emile oder über die Erziehung. Stuttgart.
Einsiedler, W./Götz, M./Ritzi, C./Wiegmann, U. (2012): Grundschule im historischen Prozess. Zur Entwicklung von Bildungsprogramm, Institution und Disziplin in Deutschland. Bad Heilbrunn.
Flitner, A. (2010): Reform der Erziehung. Impulse des 20. Jahrhunderts. Weinheim.
Reyer, J. (2006): Einführung in die Geschichte des Kindergartens und der Grundschule. Bad Heilbrunn.
Huber, E. R. (1978): Deutsche Verfassungsgeschichte seit 1789, Bd. V. Weltkrieg, Revolution und Reichserneuerung 1814-1919. Stuttgart.
Schorch, G. (2006[2]): Die Grundschule als Bildungsinstitution. Leitlinien einer systematischen Grundschulpädagogik. Bad Heilbrunn.
Götz, M. (1997): Die Grundschule in der Zeit des Nationalsozialismus. Bad Heilbrunn.
Fend, H. (2006): Geschichte des Bildungswesens – Der Sonderweg im europäischen Kulturraum. Wiesbaden.
Dahrendorf, R. (1965): Bildung ist Bürgerrecht. Plädoyer für eine aktive Bildungspolitik. Hamburg.
Götz, M./Sandfuchs, U. (2011): Geschichte der Grundschule. In: Einsiedler, W. u. a.. (Hg.): Handbuch Grundschulpädagogik und Grundschuldidaktik. Stuttgart.
Jung. J./König, B./Krenig, K./Stöcker, K./Vogt, M. (2011) (Hg.): Die zweigeteilte Geschichte der Grundschule 1945 bis 1990. Ausgewählte und kommentierte Quellentexte zur Entwicklung in Ost- und Westdeutschland. Münster.
Geißler, G./Wichmann, U. (1995): Schule und Erziehung in der DDR. Studien und Dokumente. Neuwied/Kriftel/Berlin.
Herrlitz, H.-G./Hopf, W. (2003): Deutsche Schulgeschichte von 1800 bis zur Gegenwart: Eine Einführung. München.
Deckert-Peaceman, H./Seifert, A. (Hg.) (2013): Die Grundschule als Ort grundlegender Bildung? Beiträge zu einer Neuverortung der Grundschulpädagogik. Bad Heilbrunn.
Lichtenstein-Rother, I./Röbe, E. (2004): Grundschule. Der pädagogische Raum für Grundlegung der Bildung. Weinheim.

Fragen

1. Welche drei Stationen oder Phasen gehen der Gründung der Grundschule voraus?
2. Nennen sie je ein Argument für und gegen die Gründung der Grundschule.
3. Worin besteht die implizite Doppelfunktion der Grundschule?
4. Vergleichen Sie die Entwicklung der Grundschule in der DDR mit der in der BRD im Hinblick auf Unterschiede und Gemeinsamkeiten miteinander.

1.5 Die Grundschule im 21. Jahrhundert

Fragen

5. Die Steuerung der sozialistischen Einheitsschule der DDR wird im Text unter dem Aspekt der Gesetze und Dekrete dargelegt. Eine Steuerung der Grundschulen erfolgt im Top-Down-Prinzip. Was ist mit dem Begriff gemeint und welche Herausforderungen können für Lehrer/innen damit einhergehen?
6. Nach dem föderalistischen Ordnungsprinzip der BRD wird den einzelnen Bundesländern größtmögliche Eigenständigkeit zugestanden. Die Grundschulen der Bundesländer unterscheiden sich auch deshalb ganz erheblich voneinander. Vervollständigen Sie die unten aufgeführten Aspekte der Tabelle für zwei oder mehrere Bundesländer.

Bundesland	Merkmal	Vorteile	Nachteile
Baden-Württemberg, vierjährige u. Berlin, sechsjährige GS	Dauer der Grundschulzeit z. B. 4 oder 6 Jahre	längere Grundschulzeit als gemeinsame Lernzeit in Berlin	Wechsel von Kindern zw. den beiden Bundesländern erschwert
alle 16 Bundesländer erlassen eigene BP	Bildungspläne (BP)	Adaption an bundeslandspezifische Normen u. Wertevorstellungen	ein gemeinsamer Bildungsstandard über alle Bundesländer hinweg ist nicht gegeben, Leistungsvergleichbarkeit schwerlich möglich
Lehrerausbildung an Universitäten, Pädagogischen Hochschulen o. School of education	Lehrerausbildung	historisch gewachsene Ausbildungsstrukturen	Wechsel von Lehrer/innen zw. den beiden Bundesländern erschwert; Entlohnung unterschiedlich

Kindheit und Kindsein in der Grundschule | 2

| Inhalt

2.1 Kindheitsbilder und Kindheitstheorien
2.2 Kindheit aus anthropologischer Sicht
2.3 Kindheit aus entwicklungspsychologischer Sicht
2.4 Kindheit aus sozialwissenschaftlicher Sicht und im Kontext der neuen Kindheitsforschung
    2.4.1 Das Kind als Akteur
    2.4.2 Kindheitsforschung in der Grundschule

Kindheitsbilder und Kindheitstheorien | 2.1

Ein bestimmender Terminus in der Grundschulpädagogik im Kontext ihrer theoretischen Auseinandersetzung mit Kindheit und Kindheitsforschung, die insgesamt stark von der erziehungswissenschaftlichen und soziologischen Kindheitsforschung geprägt ist, ist die „Konstruktion von Kindheit", welcher darauf verweist, dass es neben der Tatsache, dass Kinder unterschiedliche Kindheiten haben bzw. erleben, unterschiedliche Vorstellungen über Kindheit gibt. Zudem gibt es nicht nur innerhalb der verschiedenen Wissenschaften, wie der Erziehungswissenschaft, Psychologie oder Soziologie, unterschiedliche Richtungen und Ansätze in der Forschung zur Kindheit und der jeweiligen theoretischen Thematisierung des Kindheitsbegriffes, sondern auch innerhalb der jeweiligen Bezugswissenschaften und den Subdisziplinen bzw. Arbeitsbereichen selbst. Der Kindheitsbegriff wird in der Erziehungswissenschaft, zu der die Grundschulpädagogik als eine Teildisziplin gehört, hierbei hauptsächlich 1. anthropologisch, 2. entwicklungspsychologisch oder 3. sozial-historisch und sozialwissenschaftlich bzw. soziologisch verortet.

    In der Grundschulpädagogik bzw. der Grundschule geht es im Sinne einer professionsorientierten Sichtweise um das Unterrichten und Erziehen von (realen) Kindern in einem spezifischen Alter und in einer spezifischen Organisationsform (der Grundschule), zum anderen findet auf der Theorieebene in einer (inter-)disziplinären Ausrichtung der

professionsorientierte Sichtweise

Grundschulpädagogik eine wissenschaftliche Auseinandersetzung mit dem Themenkomplex Kinder, Kindsein und Kindheit statt. „In der Grundschulpädagogik haben Forschungsergebnisse über Kinder und Kindsein zur Begründung von Unterrichtskonzeptionen und -methoden schon immer einen bedeutenden Stellenwert gehabt. Seit den 1980er Jahren sind es allerdings weniger entwicklungs- und lernpsychologisch ausgerichtete Erkenntnisse als vielmehr vor allem sozialwissenschaftlich orientierte Forschungsergebnisse über Kinder, Kindsein und Kindheit, die eine erhebliche Resonanz gefunden haben."[1]

Konstruktion von Kindheit

Neben einer wissenschaftlichen Beschäftigung mit den Topoi Kindheit und Konstruktion von Kindheit, die eine Wirkung auf die theoretische und empirische Grundschulpädagogik haben, widmen sich verstärkt auch populärwissenschaftliche Veröffentlichungen und Erziehungsratgeber („Der kleine Tyrann",[2] „Digitale Demenz? Wie wir unsere Kinder um den Verstand bringen"[3]) der Fragestellung, wie sich Kinder und Kindheit gerade in den letzten Jahrzehnten verändert (und verschlechtert) haben. Relevante Stichworte des Diskurses zu Veränderungen in der Kindheit bzw. zur veränderten Kindheit sind hierbei die Medienkindheit oder die Konsumkindheit als Beschreibung der Kindheit in der Gegenwart in Abgrenzung zur Straßen- und Spielkindheit vergangener Generationen.

Kindheitsdiskurs

Auch im interdisziplinär angelegten theoretischen Kindheitsdiskurs wird dieser seit den 1980/1990er stark bestimmt von (normativen) Zuschreibungen einer „veränderten Kindheit" und Aussagen einer Auflösung der Lebensphase Kindheit. Die fachbezogene Thematisierung bezieht sich hier wahlweise auf das Bild der „veränderten Kindheit" mit seinen Facetten der Medien- und Konsumkindheit, der Patchwork-Kindheit, der Verinselung etc. und benennt deren Implikationen für eine veränderte Grundschule (vorranging in Bezug auf Änderungen des Unterrichts, der Lernarrangements, dem Ausbau zur Ganztagsgrundschule) oder sie führt die „veränderte Kindheit" ursächlich auf eine Veränderung der Strukturen der Institutionen Kindergarten und Grundschule zurück, da sich diese pädagogischen Institutionen selbst verändert hätten. Als Begründung kann hier der höhere Grad an Institutionalisierung durch Ganztagseinrichtungen sowie stärkere Vorgaben einer Rhythmisierung und Fremdbestimmung der Tagesabläufe und der Aufenthaltsorte der Kinder angegeben werden.[4]

Diskurs zur „veränderten Kindheit"

Gerade der Diskurs zur „veränderten Kindheit", der in der Grundschulpädagogik bereits seit zwei Jahrzehnten rezipiert wird, wurde maßgeblich von der Veröffentlichung „Veränderte Kindheit – veränderte Grundschule" [5] von der Grundschulpädagogin Maria Fölling-Albers (mit) initiiert. Die „veränderte Kindheit" der Grundschulkinder wird in der Grundschulpädagogik v. a. auch unter einer kulturpessimistischen Perspektive angeführt als eine Ursache für einen vermehrten Stress der Grundschullehrer/innen im Unterricht; sie wird tradiert als eine „Verlustkindheit", weniger als ein Zugewinn.[6] Ein weiterer relevanter Diskurs der letzten beiden Jahrzehnte, der ebenfalls wie der der „veränderten Kindheit" eine Überlagerung bzw. Überschneidung von Kindheitsforschung und Grundschulforschung und ihren jeweiligen Theorien darstellt, ist der einer theoriebezogenen Unterscheidung zwischen Kindern und Kindheit sowie zwischen einer *Kindheits*forschung und einer *Kinder*forschung in der Grundschule.

Alltagssprachlich kann zunächst formuliert werden, ein Kind ist, wer noch nicht erwachsen ist. Demzufolge wäre die Kindheit der „Lebensabschnitt, in dem man Kind ist" und eben noch nicht Erwachsener. Eine solche Definition entspricht jener, die bei einer Onlinerecherche über den Suchbegriff Kindheit gefunden werden kann. Zu diesem Lebensabschnitt gehört auch, dass es spezifische Rechte gibt, die an juristischen Altersgrenzen festgemacht werden, z. B. erfolgt nach der Kindheit ab 14 Jahren die Strafmündigkeit. Weiter kann zwischen realen Kindern, die mit ihren Familien in spezifischen Lebenslagen aufwachsen sowie sich durch individuelle Lebenssituationen und Verhaltensweisen unterscheiden, und einer abstrahierenden Formulierung Kindheit differenziert werden. Kindheit gibt es genau betrachtet nicht im Singular, sondern nur im Plural als Kindheiten, z. B. als Familienkindheit oder als Kindheit in Institutionen, als Kindergartenkindheit oder als Schulkindheit, daneben existiert Kindheit als Stadtkindheit gegenüber der Dorfkindheit, Kindheit als Medienkindheit, als Kriegskindheit etc.

Michael-Sebastian Honig, der zu den Hauptvertretern einer sozialwissenschaftlich-orientierten Kinder- und Kindheitsforschung gehört, beschreibt den Unterschied zwischen Kindern und Kindheit abstrahierend als eine „Unterscheidung zwischen der empirischen Wirklichkeit von Kindern und der Kindheit als sozialer Tatsache eigener Art. Die Bedeutung dieser Unterscheidung zwischen ‚Kindern' und ‚Kindheit' liegt zunächst darin, dass sie die Verengung der Kindheitsforschung auf Phänomene individuellen Kinderlebens und individueller Entwicklungsprozesse überwindet und den Blick öffnet für die Bedeutung rechtlich regulierter Altersgradierung oder für die Schicht-, Gesellschafts- oder ethnische Zugehörigkeit von Kindern."[7] Damit geht die These einher, dass Kinder nicht nur Kinder seien, sondern „die Sozialität der Kinder unterschiedlich charakterisiert" werden könne z. B. „als gesellschaftliche Lebensform (…), als Phase eines institutionalisierten Lebenslaufs, als soziale Altersgruppe, als marginalisierte Minderheit oder auch als soziokulturelles Muster."[8]

Kindheitsbilder
„Kindheit im Kontext
des Lebenslaufes"

Mit Imbke Behnken können die in der Gegenwartsgesellschaft zu Beginn des 21. Jahrhunderts vorfindbaren Kindheitsbilder der Erwachsenen zudem in zwei theoretischen Perspektiven als „Kindheit im Kontext des Lebenslaufes" und als „Kindheit in der Generationenbeziehung" beschrieben werden.[9] In der ersten Perspektive wird Kindheit als eine Phase im Gesamtlebenslauf gesehen, die mit einer bestimmten Bedeutungszuschreibung verbunden ist. Kindheit wird hier etwa als die glückliche und unbeschwerte Zeit im Leben des Menschen gesehen oder als eine Art „marginale Vorphase" vor dem eigentlichen (Erwachsenen-)Leben, womit den Kindern gleichzeitig ein „vorpersonaler Status" gegeben wird. Sie verbleiben in dieser Deutung jedoch in einem Abhängigkeitsverhältnis bzw. in einer gewissen Bedeutungslosigkeit bis das eigentliche Leben beginnt. Ähnlich negativ konnotiert ist hier in der Systematik Behnkens die traditionelle Vorstellung einer „Kindheit als miniaturisiertes Erwachsenensein", in der das Kind bereits als (kleiner) Erwachsener gesehen und damit gleichzeitig seiner echten Kindheit „beraubt" wird. In Deutschland dominiert nach Imbke Behnken und Jürgen Zinnecker eine Vorstellung von „Kindheit als basaler und determinierender Grundlage für künftige Lebensphasen".[10] Dazu gehören die in der Gegenwartsgesellschaft vorfindbaren Tendenzen des Anspruches auf eine (optimale) Förderung von Interessen, Kompetenzen und (Leistungs-)Fähigkeiten der Kinder sowie eine möglichst frühzeitig ansetzende Frühförderung, um die Entwicklung des Kindes zu unterstützen und einer negativen zukünftigen Entwicklung vorzubeugen.

Kindheit in der
Generationenbeziehung

In der zweiten theoretischen Perspektive wird „Kindheit in der Generationenbeziehung" betrachtet und verweist damit bereits in der gewählten Semantik darauf, dass Kinder in der Gegenwartsgesellschaft u. a. dazu dienten, Erwachsenen Emotionen oder Liebe zu spenden und sich als sterblicher Erwachsener in der Welt durch die nächste Generation zu verstetigen. Eine Charakterisierung von Kindern als „Monster" oder „kleine Tyrannen", wie sie in der populärwissenschaftlichen Rezeption oder in der pädagogischen Ratgeberliteratur geschieht, stellt aus dieser Perspektive die Kehrseite der Überhöhung der Kinder in reformpädagogischer Tradition dar, in der Kinder als reine und unschuldige Wesen gesehen werden, die die Gesellschaft, an die Rhetorik von Maria Montessori (1870-1952) oder Ellen Key (1849-1946) anknüpfend, als „Erretter und Erlöser" verbessern könnten (vgl. Kapitel 2.2 sowie Kapitel 6). Die Gegenseite dieser Perspektive besteht indes darin, das Kind im Gegensatz zum Erwachsenen als schlecht(er) oder gar als Opfer zu sehen.[11]

Kindheit aus anthropologischer Sicht | 2.2

Sowohl in der angloamerikanischen als auch in der deutschen Kindheitstheorie hat eine anthropologische Perspektive auf Kindheit und Kindsein eine lange Tradition, die unter anderem auch dadurch sichtbar wird, dass etwa in den englischsprachigen Childhood Studies mit dem Terminus Anthropology of Childhood eine eigene Richtung innerhalb der Kindheitsforschung benannt wird, wenngleich sich gerade auch zwischen der deutschen und der internationalen Theoriebildung große Unterschiede finden. In der Erziehungswissenschaft bedeutet eine anthropologische Sichtweise in Bezug auf das Kind bzw. Kindheit zunächst einmal, danach zu fragen, was das Kind als Menschen ausmacht, und zum anderen, was das kindliche Menschsein und das Kindsein bzw. das „kindliche Sein" umfasst. Unbenommen ist, dass Kinder von anderen Lebewesen, wobei es auch hier ausgeprägte Ähnlichkeiten zwischen Primaten und Menschen gibt, vor allem auch in Bezug auf ihr Spielen, Lernen und ihre Kommunikation, wie etwa die Arbeiten des Verhaltensforschers und Anthropologen Michael Tomasello[12] zeigen. Deutlich ist zudem auch, dass Kinder als junge Menschen auf die Fürsorge, Pflege und Hilfe durch die älteren angewiesen sind.

kindliches Menschsein und das Kindsein

Der Terminus Anthropologie stammt aus dem Griechischen und kann wörtlich übersetzt werden als Menschenkunde oder Wissenschaft vom Menschen. Der Begriff der Menschenkunde wird in der Erziehungswissenschaft indes auch an anderer Stelle benutzt, nämlich im Kontext der Waldorfpädagogik, in der die Menschenkunde die Pädagogik und Didaktik in den Waldorfkindergärten und Waldorfschulen begründet. Die anthroposophische Menschenkunde

Terminus Anthropologie

Rudolph Steiners (1861-1925) stellt hierbei bis in die Gegenwart hinein die theoretische Basis für die Waldorfpädagogik dar. Rudolph Steiner, der 1919 finanziert durch die Zigarettenfabrik Waldorf-Astoria in Stuttgart auf der Uhlandshöhe die erste Waldorfschule gründete, verfasste hierbei seine menschenkundlichen Texte, die auch heute noch in der Waldorflehrer/innen-Ausbildung und in Waldorfkollegien im Rahmen der Konferenzen gelesen werden, um die damaligen Lehrer/innen auf ihre Tätigkeit an der ersten Waldorfschule vorzubereiten.[13]

Vertreter/innen einer kulturanthropologischen Sichtweise auf das Kind, die eine Wirkung in der Grundschulpädagogik bzw. in Bezug auf Schule und schultheoretische Argumentationen hinterließen, gibt es im 20. Jahrhundert einige. So schreibt etwa Martinus Langeveld (1905-1989) in der Mitte des 20. Jahrhunderts, dass ein anthropologisches Kindheitsbild bzw. eine „Anthropologie des Kindes" notwendig sei für die Pädagogik: „Denn über das Kind wurde von altersher gedacht: freundlich, behaglich, streng, lieblos, aber meistens nur gelegentlich bei bestimmtem Anlass. Das Kind war ein zu überwindendes Stadium – es sollte so schnell wie möglich aufhören dumm zu sein; es war ein liebliches Wesen; es war ein zukünftiger Bürger und deshalb ein Mittel zum politischen Zwecke und dergleichen mehr. Was aber war es nun *selbst*?"[14] Martinus Langevelds Verdienst ist es hier, dass er bereits in den 1950er Jahren kritisch darauf hinwies, dass „die Pädagogik nichts mit einer Psychologie anfangen kann, die von der eigentlichen Erziehungssituation als solcher nichts weiß", die er als „menschlich-existentielle Situationen" beschreibt.[15]

Christoph Wulf benennt in seiner „Einführung in die pädagogische Anthropologie"[16] indes deutlich, dass es in der Nachmoderne keine Theorie der Anthropologie oder der pädagogischen Anthropologie mehr geben könne, vielmehr sei ihr Wissen Teil der Allgemeinen Erziehungswissenschaft und Teil des pädagogischen Wissens insgesamt geworden. Erziehungswissenschaftler/innen und Erziehende in der Gegenwartsgesellschaft verfügten vielmehr über ein „anthropologisches Wissen, ohne dass der eine nicht wissenschaftlich arbeiten und der andere nicht praktisch handeln kann. In beiden Fällen handelt es sich häufig um implizites anthropologisches Wissen. Als implizites, kann anthropologisches Wissen nur schwer reflektiert und verändert werden. Deshalb ist es für die Erziehungswissenschaft und für professionelle Erzieher unerlässlich, ein

Bewusstsein der ihre Arbeit leitenden anthropologischen Annahmen zu gewinnen."[17] Dieser Argumentation folgend kann es zwar keine Anthropologie der Kindheit, wohl aber eine anthropologische Sichtweise auf das Kind geben. Eine solche fokussiert maßgeblich die Auseinandersetzung des Kindes mit sich und der Welt, zu der zentral die Bedeutung der Körperlichkeit bzw. des Körpers als Leibes und die kindliche Auseinandersetzung mit der (Ding-)Welt, in der sich das spezifische Kindsein zeigt, gehört. Damit stehen nach Jörg Zirfas, einem zeitgenössischen Erziehungswissenschaftler, der sich mit der philosophischen Anthropologie im Kontext von Erziehung und Bildung beschäftigt, gerade „Fragen nach Existentialität und Freiheit, nach Körperlichkeit und Sozialität, aber auch nach der konstitutiven anthropologischen Mängelstruktur und deren Kompensationsmöglichkeiten" im Mittelpunkt.[18]

Innerhalb der Grundschulpädagogik beschäftigen sich vor allem Ludwigs Duncker, und Klaudia Schultheis[19] mit einer anthropologischen Sichtweise auf „Schulkindheit" und anthropologischen Fragestellungen im Zusammenhang mit dem Lernen im Grundschulalter. Ludwig Duncker[20] schließt hierbei in seiner Forderung, eine (noch zu formulierende) grundschulpädagogische Theorie der Schule müsse eine bildungstheoretische und kulturtheoretische sein, in direkter Weise an eine Kulturanthropologie an, wie sie ehedem vor dem Zweiten Weltkrieg formuliert wurde.

Bereits in den 1920er Jahren hat der deutsche Philosoph Ernst Cassirer (1874-1945) wegweisend den Menschen als „Animal Symbolicum" (Latein: ein Lebewesen, Geschöpf, das sich symbolisch ausdrückt), d. h als ein Zeichen und Symbole verwendendes Wesen bestimmt, das kulturelle oder symbolische Formen hervorbringen und sich verstehend aneignen kann. Mit Ernst Cassirer kann das Kind als ein „Animal Symbolicum" beschrieben werden, weil der Mensch als solcher ein „Animal Symbolicum" ist, wobei hier unterschiedliche Formen des Symbolischen unterschieden werden können. Sprache ist für Cassirer lediglich eine symbolische Form, die dem symbolischen Ausdruck dient. Zwar können auch Tiere sehr wohl einfache Zeichen verstehen, aber im Gegensatz zum Tier hat nur der Mensch die Fähigkeit sich mit und ohne Sprache in Symbolen auszudrücken, nur Menschen können Symbole sowohl hervorbringen als auch deren Zusammenhänge erkennen. Kurz erwähnt sei hier auch, dass Heiner Ullrich, der sich seit den 1990er Jahren ausführlich mit der Waldorfpädagogik beschäftigt, in seiner Steiner-

„Animal Symbolicum"

Biographie u. a. auch auf die Nähe der Anthroposophie zu Ernst Cassirers „Theorie der symbolischen Formen" eingeht.[21] Etwa zeitgleich zu Ernst Cassirer hat ein zweiter wichtiger Kulturphilosoph, Johan Huizinga (1872-1945), den Menschen als einen „Homo Ludens", als einen spielenden Menschen beschrieben. Für Huizinga ist das Spiel das grundlegende Element der menschlichen Kultur, da sich der Mensch im Spiel äußern will.[22]

Anthropologisch-geisteswissenschaftliche Vertreter/innen in der Grundschulpädagogik beziehen sich implizit oder explizit ebenfalls auf reformpädagogische Argumentationslinien, beispielsweise verweist bereits Berthold Otto (1859-1933) darauf, dass sich das Wesen des Kindes durch seine „Altersmundart" und seine Fragen an die Welt zeige und fordert in der Folge einen „geistigen Verkehr mit Kindern", um ihre Fragen als Zugang zur Welt aufzugreifen. Kinderfragen werden bei Berthold Otto signifikant als „Zugang" der Kinder zur Welt gesehen, da sich in ihnen der Erkenntnistrieb, das Interesse oder die Neugierde an der Welt zeigt. Ähnlich wie Berthold Otto es bereits vor über hundert Jahren in der Epoche der Reformpädagogik formulierte, drücken es auch zeitgenössische Wissenschaftler/innen der Erziehungswissenschaft und Grundschulpädagogik aus. So spricht etwa Andreas Nießeler[23] von den unterschiedlichen „Formen symbolischer Weltaneignung" der Grundschulkinder und Ludwig Duncker, Gabriele Lieber, Norbert Neuss und Bettina Uhlig in ihrem Werk „Bildung in der Kindheit"[24] von der Aufgabe der Grundschullehrer/innen auch in Schule und Unterricht Räume für den kulturellen Ausdruck der Kinder zu schaffen bzw. davon, den Grundschulunterricht durch eine anthropologische und damit bildungstheoretische Sichtweise in Bezug auf das Lernen (wollen) der Kinder zu begründen.

Der wissenschaftliche Diskurs zum Bildungsbegriff in der Pädagogik der frühen Kindheit wird hier im Gegensatz zu dem der Grundschulpädagogik sehr viel stärker geprägt von Begriffen wie der (kulturellen) Weltaneignung oder der Selbstbildung, einem Begriff, der maßgeblich von Gerd Schäfer[25] geprägt wurde. Vor allem im Spiel zeige sich hier der kulturelle Ausdruck des Kindes, Kinder bildeten sich selbst kulturell, eigneten sich die Welt kulturell an und setzten sich symbolisch mit dieser auseinander. Kinder sind damit „Schöpfer ihrer eigenen Kultur, aber sie beziehen sich dabei auf Themen, kulturelle Praktiken, Symbole und Artikulationsformen, die sich ihnen erschlossen haben."[26] In einem solchen Verständnis ist der Ausgangspunkt für eine kulturelle Bildung in der Kindheit damit weniger die Kunst als Hochkultur (in Form von Musik, Tanz, Malerei) als der kindliche Ausdruck, die Ausdrucksformen der Kinder selbst. Kulturelle Bildung ist damit vielmehr „kreative Aneignung und Ausdruck, Mitteilung über die eigene Sicht der Welt".[27]

Kulturelle Bildung

Nicht nur die Theoriebildung in der Kindheitspädagogik unterscheidet sich hier deutlich von jener der Grundschulpädagogik, auch bei den jeweils in den pädagogischen Institutionen vorhandenen Praktiken finden sich signifikante Unterschiede, vor allem in der Art und Weise, wie Spielen und Lernen, die in der frühen und mittleren Kindheit vernetzt ablaufen, in den methodisch-didaktischen Settings des Elementar- und Primarbereichs eine unterschiedliche Berücksichtigung finden. Während sich in Bezug auf die didaktische Arbeit im Kindergarten der theoretische Bezugspunkt, dass kulturelle Bildung auch ohne intentionale Didaktik im Sinne der Selbstbildung stattfindet, die kulturelle Bildung der Kinder aber didaktisch aufgegriffen, vertieft und initiiert werden kann, vielfach in der zeitlichen und räumlichen Struktur des Kindergartenalltags widerspiegelt (z. B. im Freispiel), kollidiert in der Grundschule eine (kultur)anthropologische Sichtweise auf das Kind stärker mit den von den Lehrer/innen wahrgenommenen Aufgaben und Funktionen der Grundschule. In der grundschulpädagogischen Praxis findet das Spiel damit häufig nur in einer didaktisierten Weise statt z. B. zum Unterrichtseinstieg oder zum Aufwärmen in der Sportstunde. Dem Spiel kommt somit kein Selbstzweck zu, vielmehr wird es hier meist in strukturell angelegte Schemata eingepasst, als ein Spielen in der Pause oder als Gesellschafts-, Rollenspiele etc. in einer eigens dafür vorgesehenen, geplanten Stunde, oder es dient dem Überbrücken einer Freistunde. Wenngleich der Blick auf das Spiel die institutionellen Unterschiede deutlich werden lässt, gibt es gerade auch in Bezug auf den Fachunterricht, insbesondere den Kunst-, Religions- oder Sachunterricht in der Grundschule didaktische Ansätze, die anschlussfähig sind an einen anthropologischen Begründungskontext. Aus einer anthropologischen Sichtweise auf das Kind bzw. Kinder ist es nicht nur interessant, sondern gleichfalls konstituierend für die Arbeit in institutionalisierten Bildungseinrichtungen wie Kindergarten und Grundschule, wie Kinder die großen Themen der Anthropologie thematisieren, zu denen auch Krankheit, Sterben, Tod, Liebe, Religion gehören.

Spielen und Lernen

(kultur)anthropologische Sichtweise

Wenn Kindheit bzw. das Kindsein unter einer anthropologischen Sichtweise gesehen wird, erfolgt im Hinblick auf deren Erforschung aus der theoretisch eingenommenen Perspektive eine methodologische Verortung, vor deren Folie methodische Entscheidungen der Datenerhebung und -auswertung begründet und ausgeführt werden können. Forschungsmethodisch schließen sich hierbei aus der skizzierten anthropologischen Sicht bevorzugt interpretative und phänomenologische Methoden an. Sowohl eine als phänomenologisch benannte Pädagogik als auch die philosophische Richtung der Phänomenologie des 20. Jahrhunderts generell – die sich auf die philosophischen Ansätze von Edmund Husserl (1859-1938) und Maurice Merleau-Ponty (1908-1961) sowie des späteren Emmanuel Lévinas (1905-1995) bezieht und sich weniger als eine geschlossene Theorie, denn als analytische Haltung charakterisieren lässt –

Bedeutung des Körpers beschäftigt sich zentral mit der Bedeutung des Körpers als Leibes und damit leiblichen bzw. leibgebundenen Erfahrungen sowie mit der Genese von Wahrnehmung und Bewusstsein. Aus anthropologischer Sicht äußert sich das Kindsein durch spezifische Ausdrucksformen, die ihm eigen sind, dazu zählen der sprachliche und der non-sprachliche und körperliche Ausdruck wie Tanzen, Malen, Zeichnen, Bauen, Gestalten, Singen u. a. Ausdrucksformen, aber auch die kindliche Sexualität. Spielen, Lernen, Welterkundung, Erfahrungen mit sich, anderen und der Welt zu machen, setzt den Körper voraus, präziser ist hier die Terminologie Leib bzw. leibliche Erfahrungen, die stärker auf die Bildungsdimensionen verweisen. Eine „phänomenologische Analyse beginnt mit einer eigenwilligen Blickwendung. Es sind nicht die Gegenstände und Handlungen, wie wir sie aus unserer alltäglichen Erfahrung kennen, die im Zentrum der Aufmerksamkeit stehen, sondern die zugleich spezifische und typische Art und Weise, wie sie uns im Wahrnehmen, Planen, Erinnern, Hoffen, Erwarten, Fürchten etc. jeweils gegeben sind bzw. erscheinen. Als spezifisch Erscheinende lösen sich die Gegenstände und Handlungen gleichsam in einzelne Phänomene auf, die aber untereinander in einem bestimmten Zusammenhang stehen, der dafür verantwortlich ist, dass wir im alltäglichen Dahinleben gleichwohl den Eindruck haben, wir hätten es mit kompakten Gegenständen oder klar abgegrenzten Handlungen zu tun."[28] In einer phänomenologischen Betrachtung kann damit beispielsweise bei der Analyse einer Spielbeobachtung gedeutet werden, wie sich das Kind mit einem Objekt wie dem Eimer, dem Ball, dem Kreisel, dem Stift auseinandersetzt, wenn es mit einem solchen spielt. In der „Phänomenologie des Spiels"[29] kann daran anknüpfend wiederum nach

2.2 Kindheit aus anthropologischer Sicht

dem Wesen und den Wesensmerkmalen des Spiels und des Spielens sowie nach seiner Erscheinungsvielfalt gefragt werden.

In der Grundschulpädagogik werden seit Jahrzehnten in einschlägigen grundschulpädagogischen Veröffentlichungen und Einführungen Begriffe wie „Kindorientierung" und „Kindgemäßheit" tradiert, um die Grundschule als eine Schule für Kinder, eine „Kinderschule", zu kennzeichnen und eine spezifische Grundschulpädagogik und -didaktik (Stufendidaktik), die sich mit Kindern in einer bestimmten Altersgruppe (5- bis 12- Jährige) in einer bestimmten Institution (der Grundschule) beschäftigen, begrifflich zu determinieren. Während gegenwärtig einerseits nicht mehr davon ausgegangen werden kann, dass „die grundlegende Bildung" der Kinder erst mit der Grundschule beginnt, da bereits der Kindergarten ein wichtiger Ort formaler Bildung darstellt, wird indes in der Praxis häufig weiter in eine „Spielkindheit", die ihren Platz in Einrichtungen des Elementarbereichs, und eine „Lernkindheit", die ihren Platz in der Grundschule findet, unterschieden, besonders sichtbar in den Praktiken des Schulanfangs (etwa bei den Reden auf Schuleingangsfeiern zum „Beginn des Ernst des Lebens"). Mit dem Begriff Kindheit in der Konstruktion der „Spielkindheit" findet häufig eine Stilisierung und Idealisierung statt, so werden in Medien wie Filmen und Büchern (u. a. Schul- und Bilderbücher) vielfach Bilder von spielenden Kindern (mit Ball, Springseil, Fahrrad oder bei einer Spielform wie dem Konstruktionsspiel) dargestellt, die sich gleichermaßen auf Postkarten und anderen Abbildungen wiederfinden, die mit (positiven) Gefühlen verbunden werden.

Die „Spielkindheit" kann in diesem Sinne, wie die Idee der (alleinigen) „Kindorientierung" in der Grundschule, als eine idealisierende Konstruktion analysiert werden, die die Diskurse und Konzepte der Grundschulpädagogik und die der Grundschullehrerbildung über Jahrzehnte beeinflusste. Margarete Götz[30] und Friederike Heinzel[31] zeigen in der Grundschulforschung in einem historischen Zugang in diesem Kontext anschaulich auf, wie die „Kindgemäßheit" konstruiert wird, und thematisieren, wie sich die Idee der Spielkindheit in Begrenzung zur Lernkindheit entwickelte und dann von dieser abgelöst wurde, was auch an einem Wandel der Bilder in den Lesefibeln aufgezeigt werden kann. Darüber hinaus verweisen gerade neuere Veröffentlichungen in der Grundschulpädagogik wie die von Heike Deckert-Peaceman und Gerold Scholz[32] deutlich darauf, dass es sich bei der Lesart, die Grundschule als

„Kindorientierung" und „Kindgemäßheit"

„Spielkindheit"

"Kinderheimat" beziehungsweise als "kindgemäße Schule" zu beschreiben, bis in die Gegenwart hinein um einen wirkmächtigen Mythos bzw. eine systemimmanente Mythenbildung handelt.

Tradition der Reformpädagogik

In der Tradition der Reformpädagogik, aus der diese Rhetorik stammt, wird ebenfalls noch hundert Jahre später kritisiert, dass die Institution Schule dem "Wesen" des Kindes nicht gerecht werde, vielmehr zeige sich auch die heutige Schule noch als "Drillanstalt" oder "Zwangsanstalt", die darauf angelegt sei, das eigentliche (gute) Wesen des Kindes einzuengen.[33] Bereits vor über hundert Jahren charakterisierte etwa Ellen Key (1849-1926) das Kind als reine "Künstlernatur", dessen Schöpfungskraft und Kreativität durch die Institutionen Kindergarten und Schule systematisch vernichtet würden. So schreibt sie in ihrem Klassiker der Erziehungswissenschaft "Das Jahrhundert des Kindes", dass sie konsequenterweise davon träume, die herkömmlichen Kindergärten und Schulen abzuschaffen: "Mein erster Traum ist, dass der Kindergarten und die Kleinkinderschule überall durch den häuslichen Unterricht ersetzt werden."[34] Aber wenn Kinder schon im Kindergarten sein müssten, dann wenigstens in größtmöglicher "Freiheit", um sich im Spiel frei ausdrücken zu können: "Ist bis auf weiteres oder auch in Zukunft ein Kindergarten nötig, so lasse man ihn ein Platz für Kinder sein,

Freiheit wie Kätzchen oder Hündchen

wo diese dieselbe Freiheit wie Kätzchen oder Hündchen haben, für sich selbst zu spielen, sich selbst etwas auszudenken, und wo sie nur mit Mitteln versehen werden, etwas auszuführen, und mit Kameraden, um mit ihnen zu spielen."[35] Das Buch der Schwedin Ellen Key, das in Schweden keine Nachfrage erfuhr, erschien 1902 in der deutschen Übersetzung und wurde hier zu einem pädagogischen Bestseller. Es traf im Deutschland der alten Jahrhundertwende vom 19. zum 20. Jahrhundert den damaligen reformorientierten Zeitgeist und wurde mit dem Buchtitel "Das Jahrhundert des Kindes" prägend für die so genannte reformpädagogische Epoche. Auch wenn es bereits Reformpädagogen vor der Epoche der Reformpädagogik gab – die Ende des 19. Jahrhunderts (ab ca. 1880) begann und in Deutschland bis zum Beginn des Nationalsozialismus, der vielfach eine Zäsur darstellte, datiert[36] werden kann –, die bereits ein modern(er)es Kindbild hatten, wie Friedrich Fröbel (1782-1852) oder Johann Pestalozzi (1746-1827) und natürlich der Vordenker der Kindheit bzw. Kindheitstheorie Jean-Jacques Rousseau (1712-1778), so fand gerade in dieser Zeit eine besonders intensive Beschäftigung mit dem, was als "Natur" oder "Wesen" des Kindes verstanden wurde, statt. Es kann hier indes nicht von einem einheitlichen Kindbild in der Reformpädagogik gesprochen werden, vielmehr gab es auch damals unterschiedliche Vorstellungen, die zeitgleich existierten. Maria Montessori (1870-1952) und Ellen Key (1849-1926) charakterisierten beispielsweise beide in einer unrealistischen und überhöhenden Weise das Kind als Erretter, Erlöser, Messias, als Majestät und idealisierten damit das (reale) Kind in signifikanter Weise. Trotz einer ähnlichen Wortwahl zur Beschreibung der Kinder, gibt es zugleich deutliche Unterschiede: Maria Montessori zeigte etwa nur wenig Verständnis für die kreativen Ausdrucksformen des Kindes, zu der maßgeblich das Spiel gehört, während sich hingegen Ellen Key stärker dem kindlichen Ausdruck widmete. Während Key und Montessori zu einer deutlichen Mystifizierung und Mythisierung des Kindes neigten, hatten andere Reformpädagogen dieser Zeit, wie Berthold Otto (1859-1933) und Janusz Korczak (1878/1879-1942), im Gegensatz dazu ein eher realistisches Bild vom Kind.[37]

das Kind als Erretter

Florian Eßer bemerkt in diesem Kontext in seiner Rekonstruktion unterschiedlicher deutschsprachiger reformpädagogischer Entwürfe, dass trotz sprachlicher und konzeptioneller Gegensätzlichkeit, sich hier gemeinsame Vorstellungen einer „kindlichen Selbsttätigkeit in pädagogischen Entwürfen um 1900" aufzeigen lassen, die sowohl dem progressiven als auch dem konservativen Spektrum zugerechnet werden können, aber alle vom „Kind als Akteur" (vgl. Kapitel 2.4) ausgehen: „Wer, so kann man weiter verallgemeinern, zu Beginn des 20. Jahrhunderts ‚Kind' sagte, meinte damit immer auch ‚Akteur' und zwar einen natürlichen Akteur, der als Gegenstück zu den bestehenden gesellschaftlichen Strukturen gedacht war."[38]

Kindheit aus entwicklungspsychologischer Sicht | 2.3

Die Grundschulpädagogik wird als Disziplin und als Profession bis in die Gegenwart stark von der Psychologie, hier ist neben der Entwicklungspsychologie vor allem die psychologische Lehr-Lern-Forschung zu nennen, geprägt. Mit Friederike Heinzel kann hier, die bis in die Gegenwart zutreffende Analyse für die Disziplin der Grundschulpädagogik und die grundschulpädagogische Praxis in der Grundschule Feststellung angeführt werden, dass „(n)eben dem reformpädagogischen Programm ‚Vom Kinde aus' gerade „entwicklungspsychologische Theorien und Forschungen das die Grundschule kennzeichnende Denken über Kinder und Kindheit" bestimmen.[39]

Grundschulpädagogik bezieht sich per Definition in ihrer theoretischen und empirischen Ausrichtung auf eine spezifische Schulform für Kinder in der mittleren Kindheit, in Abgrenzung zu Einrichtungen des Elementarbereichs für jüngere Kinder und Schulen des Sekundarbereichs für ältere bzw. für Jugendliche. An den Rändern der Grundschule, den Übergängen vom Elementar- zum Primarbereich und vom Primar- zum Sekundarbereich, zeigt sich hier deutlich, dass die Frage nach dem Alter der Grundschulkinder keine unwichtige ist, denn es wird über eine Verlängerung der Grundschulzeit nachgedacht (vgl. z. B. die bildungspolitische Entscheidung im Bundesland Hamburg) sowie in regelmäßigen Abständen (z. B. um 1970, ab Ende der 1990er Jahre) die Frage nach dem passenden Einschulungsalter und Übertrittsalter zum relevanten Gegenstand gemacht.

Einschulungsalter und Übertrittsalter

Wenn Kindheit als biologisches Lebensalter verstanden wird, können für dieses spezifische Indikatoren ausgemacht werden, um inhärente körperliche, psychische und soziale Reifungsprozesse zu bestimmen. Eine übliche zeitliche Einteilung der Lebensphasen in der Kindheit und Jugend ist hierbei die in das Neugeborenen- und Säuglingsalter (0 bis 1 Jahr) sowie in das Kindesalter (1.- 12. Lebensjahr) und Jugendalter (12 Jahre bis Volljährigkeit). Diese Phasen können hierbei nochmals ausdifferenzierter in eine frühe Kindheit (bis 6 Jahre), eine mittlere Kindheit (bis 10 Jahre) und eine späte Kindheit (bis 12 Jahre) eingeteilt werden. Entwicklungsaufgaben, die speziell der frühen Kindheit zugeschrieben werden, sind hierbei das Ausbilden von Urvertrauen und Bindungsverhalten, die Entwicklung von sprachlichen, sensorischen und motorischen Fähigkeiten sowie die Identifikation mit dem Geschlecht. In der mittleren Kindheit geht es darauf aufbauend bzw. vertiefend um den Aufbau von sozialen Beziehungen, das Einüben eines geschlechtlichen Rollenverhaltens sowie die Entwicklung von „kognitiven Konzepten" und, speziell im Hinblick auf die Grundschule, um das Erlernen der Kulturtechniken Lesen, Schreiben, Rechnen sowie den generellen Umgang mit dem System Schule und der Entwicklung eines Wertesystems.

Entwicklungsaufgaben

Veränderung des „Kindergartenkindes" zum „Schulkind"

Aus entwicklungspsychologischer Perspektive werden damit gerade in Bezug auf den Übergang vom Kindergarten in die Grundschule Fragen der Identitätsbildung und Veränderung des „Kindergartenkindes" zum „Schulkind" hin als relevant erachtet. So kann etwa im entwicklungspsychologischen und persönlichkeitstheoretischen Ansatz von Erik Erikson (1902-1994) Entwicklung als ein „Weg zur Identität" verstanden werden, der in acht Krisen verläuft, die vom Säuglingsalter bis zum reifen Erwachsenenalter hinein bestimmend sind für die lebenslange Identitätsentwicklung. Kinder am Ende der frühen Kindheit und in der mittleren Kindheit haben nach Eriksson demnach mit der Krise „Werksinn gegen Minderwertigkeitsgefühl" zu tun, wobei Krise nicht missverstanden werden darf als eine abnormale Entwicklung, vielmehr dienen genau diese Krisen zur Entwicklung und Weiterentwicklung einer eigenen Identität.[40] Während Erik Erikson acht Stufen als acht Entwicklungskrisen beschreibt, geht der Ansatz der Entwicklungsphasen von Jean Piaget (1896-1980) hingegen lediglich von vier Phasen aus, mit denen sich die geistige bzw. kognitiv-intellektuelle Entwicklung des Kindes beschreiben lässt: Die sensomotorische Phase (0 bis 2 Jahre), die präoperationale Phase (2 bis 6/7 Jahre), die Phase der konkreten Operationen (7 bis 11/12 Jahre) und die Phase der formalen Operationen (ab 11/12 Jahre).[41]

Der Beginn der „Phase der konkreten Operationen", in der die Kinder einen Begriff von Mengen, von Raum und Zeit haben und kausale Zusammenhänge herstellen können (sollten), fällt damit mit dem Einschulungsalter zusammen. Klaus Hurrelmann und Heidrun Bründel arbeiten in ihrer „Einführung in die Kindheitsforschung", in einer Bewertung psychologischer Basistheorien der Sozialisation im Gesamtkontext der Theorien der Persönlichkeitsentwicklung, als Vorteil heraus, dass es Piagets Ansatz einer kognitiven Entwicklungstheorie bzw. dessen „Stufentheorie der Entwicklung der kindlichen Intelligenz" ermögliche, „dem Kind gezielt solche Impulse zu geben, die in der jeweiligen Entwicklungsstufe produktiv aufgenommen werden können."[42] Als weiterer wichtiger Vertreter einer Entwicklungspsychologie im und für das Grundschulalter kann der Entwicklungs- und Moraltheoretiker Lawrence Kohlberg (1927-1987) angeführt werden, der sich mit dem Ansatz von Jean Piaget auseinandersetzte und diesen vertiefte, indem er sich verschiedenen Stadien der Moralentwicklung widmete, die er in drei Hauptstadien mit jeweils zwei Stufen einteilte. Das Vermögen der Kinder, moralisch zu urteilen, ist hierbei an kognitive Voraussetzungen gebunden, „[e]rst wer formale Operationen vollziehen kann, kann postkonventionelle moralische Urteile fällen."[43]

„Phase der konkreten Operationen"

Neuere Studien zum Übergang vom Elementar- zum Primarbereich, u. a. von Lieselotte Denner und Schumacher[44] und Ulrike Beate Müller[45], verweisen hier im Bereich der Grundschulforschung etwa darauf, dass Erzieher/innen und Lehrer/innen jeweils eigene subjektive Theorien zum „schulfähigen Kind" und zur Übergangsgestaltung haben. Seit den 1950er Jahren[46] findet hierbei in Bezug auf den Übergang in die Grundschule eine wissenschaftliche Auseinandersetzung mit dem Topos des schulreifen bzw. des schulfähigen Kindes statt, die sich stark auf Erkenntnisse der Entwicklungspsychologie stützt. Zwar sind die Reifungstheorie und der Begriff der Schulreife durch den der Schulfähigkeit und Schulfähigkeitskonzepte sowie eine öko-systemische Sicht im Hinblick auf das einzuschulende Kind (Urie Bronfenbrenner[47], Horst Nickel[48]) bereits seit Jahrzehnten abgelöst worden (vgl. Kapitel 3), dennoch wirken sie in den Praktiken und Vorstellungen der Stakeholder bzw. Übergangsentscheider/innen immer noch nach, das heißt in Schuleingangsuntersuchungen sowie in der Praxis der Sprachstandserhebungsverfahren, die ein oder zwei Jahre vor dem geplanten Einschulungstermin durchgeführt werden. Auch wenn eine rigide Orientierung an Phasen und Entwicklungsschüben mittlerweile als überholt gelten kann (vgl. dazu z. B. Gudjons[49]), spielen unbestritten die im Kindheitsverständnis der Entwicklungspsychologie wie der Medizin relevanten Begriffe Entwicklung, Reifung und Wachstum auch in der Grundschulpädagogik weiterhin eine zentrale Rolle. Bei der Bestimmung der Schulfähigkeit, die einen bestimmten Entwicklungsstand eines einzelnen Kindes im Hinblick auf das Anforderungsprofil der Grundschule feststellen soll, wird letztlich der Entwicklungsstand zum Maßstab genommen, der sich an einem Durchschnittskind misst. Zu den Bereichen, die in den Blick genommen werden, gehören hierbei die körperliche Entwicklung u. a. in Bezug auf Fein- und Grobmotorik sowie neben der psychomotorischen auch die kognitive Entwicklung. Vor allem die Fähigkeit einer optischen und akustischen Differenzierungsfähigkeit sowie der Umgang mit Mengen und die Gedächtnisfähigkeit sowie soziale und personale Kompetenzen (wie in der Gruppe arbeiten zu können, die Trennung von den Bezugspersonen aushalten können), zählen zu den Kern-Kompetenzbereichen, die „Schulfähigkeit" definieren.[50]

Empirisch wird in neueren qualitativen Studien aufgezeigt, dass, gerade in Bezug auf den Schulanfang beim Übergang vom Kindergarten in die Grundschule, Bilder der „Normierung und Normalisierung der Kindheit"[51] das pädagogische Handeln bestimmen und auch im gegenwärtigen Diskurs zum „Umgang mit Heterogenität" eine klare Orientierung an „ganz normalen Kindern" und an der Vorstellung einer „Standardisierung kindlicher Entwicklung"[52] erfolgt (vgl. Kapitel 3.4). Beispielsweise weist Helga Kelle[53] aus einer kulturanalytischen Forschungsperspektive in Bezug auf erhobene Daten zur gängigen Praxis der Kindervorsorge- und Schuleingangsuntersuchungen als entwicklungsdiagnostische Verfahren in der frühen Kindheit darauf hin, dass gerade bei pädiatrischen Vorsorgeuntersuchungen sowie bei Untersuchungen zur Sprachstandsdiagnostik und Schuleingangsuntersuchungen die Idee einer „Normalentwicklung" weiter wirke. Helga Kelle und Johanna Mierendorff[54] betonen weiter, dass mit einer solchen Blickweise auf Kindheit die Gefahr verbunden sei, dass Bilder einer „Normierung und Normalisierung der Kindheit" den notwendigen Blick auf das individuelle Kind verstellten und in negativer Weise leitend für das Handeln von Lehrer/innen sowie anderen professionellen Akteur/innen in pädagogischen Institutionen sein könnten. Neben Helga Kelle und Johanna Mierendorff kritisieren auch weitere Vertreter/innen in der Erziehungswissenschaft und Kindheitsforschung, wie Doris Bühler-Niederberger[55], Hans Brügelmann[56] sowie Heike Deckert-Peaceman und Gerold Scholz[57], die trotz rhetorischer Bezugnahme auf Vielfalt, Heterogenität und Inklusion (vgl. Kapitel 7) immer noch stark dominierende Sicht auf eine „Norm-Kindheit", die sich an einem „Standard-Kind" orientiert, das sich in Stufen oder Phasen entwickelt und als messbar bzw. vermessbar angesehen wird. Dieser Kritik folgend, findet im deutschen Bildungssystem in einer pauschalisierenden Betrachtung eine dominierende Orientierung an einem Konstrukt „Mittelschichtskind" (middle class child) mit Deutsch als Erstsprache und einer spezifischen Förderung schulrelevanter Fähigkeiten durch den „Bildungsort" bzw. die „Bildungswelt Familie"[58] statt, die unterschiedliche Formen und Bedingungen des Aufwachsens und der Entwicklung der einzelnen Kinder nur marginal berücksichtigt.

„Normalentwicklung"

Kindheit aus sozialwissenschaftlicher Sicht und im Kontext der neuen Kindheitsforschung | 2.4

Aus einer sozialisationstheoretischen Perspektive auf Kindheit kann danach gefragt werden, „nach welchen Regeln sich die kindliche Persönlichkeit entwickelt und welche Impulse aus der sozialen

Umwelt hierfür am günstigsten sind."[59] Die Sozialisationsforschung agiert hierbei an der „Nahtstelle" zwischen Erziehungswissenschaft, Psychologie und Soziologie, die sich jeweils aus dem Verständnis ihrer Herkunftsdisziplin mit dem Sozialisationsbegriff und der Bedeutung von Sozialisationsinstanzen (wie Kindergarten, Schule, Familie, Medien) beschäftigen.[60] Ähnlichkeiten gibt es hierbei, wie Sabine Andresen und Klaus Hurrelmann in ihrer Einführung „Kindheit"[61] zeigen, zwischen der interdisziplinären Sozialisationsforschung bzw. Sozialisationstheorie, die „sich in den 1940er Jahren als ein interdisziplinäres Gebiet mit sowohl psychologischen als auch soziologischen Ansätzen entwickelt"[62] hat, und der Entwicklungspsychologie in Bezug auf das dahinter liegenden Kindheitsverständnis. Überschneidungen beim jeweilig korrespondierenden Kindheitsbild lassen sich hier aufzeigen, da in beiden Richtungen Kinder primär als „werdende Erwachsene" gesehen wurden. Die neue Kindheitsforschung als eine Richtung der sozialwissenschaftlichen Kindheitsforschung, die in den 1980er Jahren entstanden ist, kann hierbei, wie Heike Deckert-Peaceman, Cornelie Dietrich und Ursula Stenger es in ihrer „Einführung in die Kindheitsforschung"[63] aufzeigen als eine Kritik an der historischen „Sozialisationsforschung, die Kinder und ihre Lebenswelt eher ausgeblendet" hat, gesehen werden, da es hier „primär um die Anpassungsleistung des Kindes an gesellschaftliche Normen und Werte geht, die sich wiederum am Bild des ‚fertigen' Erwachsenen orientiert. Ähnlich wie in der Entwicklungspsychologie werden Kinder von der Sozialisationsforschung vor allem als ‚unfertig', als ‚Werdende und nicht als Seiende' verstanden."[64]

Friederike Heinzel, Renate Kränzl-Nagl und Johanna Mierendorff weisen in ihrem Überblick über den komplexen Forschungsbereich einer sehr heterogenen sozialwissenschaftlichen Kindheitsforschung auf das rahmende Begründungsmotiv eines Modernisierungsschubes hin. Aus einer sozialwissenschaftlichen Perspektive werden „angesichts eines beschleunigten, in sich widersprüchlichen Individualisierungs- und Pluralisierungsschubes und der damit in Zusammenhang stehenden methodologischen Zweifel bezüglich der Frage nach Erkenntnismöglichkeiten über das Soziale in sich rapide wandelnden, postmodernen Gesellschaften (...) auch die Wissensbestände über Kindheit in Frage gestellt. Kindheit erscheint unter diesen Prämissen eben nicht mehr als ein starrer Zustand, sondern als wandelbares soziales Phänomen, das es in

Sozialisationsinstanzen

2.4 KINDHEIT AUS SOZIALWISSENSCHAFTLICHER SICHT

seinem jeweiligen historischen und kulturellen Kontext zu erforschen gilt."[65]

Auf der Metaebene einer sozialwissenschaftlichen Kindheitstheorie und Kindheitsforschung kann zudem terminologisch zwischen dem konkreten Kind, der Kindheit als einer Lebensphase, die soziokulturell gestaltet ist und dem Kindsein als einer gesellschaftlichen Lebensrealität für Kinder differenziert werden. Dabei können grundsätzlich zwei Perspektiven auf Kinder unterschieden werden, die für die Kindheitsforschung eine Relevanz haben: „Die Struktur- und die Akteursperspektive. Erstere betont Kindheit als ein soziokulturelles Muster einer Gesellschaft und als Teil der generationalen Ordnung. So wie die Kategorien Geschlecht, Ethnie und soziale Schicht eine Gesellschaft in ihren Grundzügen differenzieren und ordnen, ist auch die Differenz zwischen Kindern und Erwachsenen für unser Selbstverständnis grundlegend. (...) Zusätzlich werden Kinder als Akteure in den Blick genommen."[66]

Kindheitstheorie
Kindheitsforschung

Versteht man Kindheit als eine (eigene) Lebensphase, ist es gerade aus sozial-historischer Perspektive interessant zu fragen, wie sich diese entwickelt und verändert hat. Vertreter/innen der Kindheitsforschung wie Jürgen Zinnecker[67], Michael Sebastian Honig[68] sowie Sabine Andresen und Klaus Hurrelmann[69] beschäftigen sich hierbei im deutschsprachigen Raum seit den 1990er Jahren u. a. intensiv mit der Thematik der sozialgeschichtlichen Entwicklung von Kindheit und ihren komplexen Veränderungslinien.

Durch die Einführung der Schul- und Unterrichtspflicht, in einigen Teilen Preußens bereits im 17. Jahrhundert für Ganz-Preußen dann im Jahr 1763, erfuhr die Lebensphase Kindheit drastische Veränderungen. Im historischen Rückblick zeigt sich hier deutlich, dass die Scholarisierung und der Wandel der Kindheit einander bedingen. Die Schulpflicht, die zuvor zwar in Deutschland bestand, aber flächendeckend und verbindlich erst in der Weimarer Republik nach dem ersten Weltkrieg durchgesetzt wurde, bewahrte nicht nur viele Kinder vor Armut und Ausbeutung (v. a. durch Kinderarbeit), sondern begründete gleichzeitig auch die Idee einer gemeinsamen (institutionalisierten) Kindheit als Schulkindheit, die sich mit der Einführung der Grundschule 1919 auf alle Kinder des deutschen Volkes unabhängig von ihrem Geschlecht und ihrer sozialen Herkunft beziehen sollte (vgl. Kapitel 1). Die Geschichte der Kindheit kann damit, wie der historische Rückblick aufzeigt, aus der Sicht der Kindheitsforschung als die einer zunehmenden Scholarisierung

Scholarisierung

und Institutionalisierung gedeutet werden. Ein wichtiger Terminus in diesem Kontext ist hierbei der des Moratoriums, der sich auf eine zeitlich befristete Phase eines Schonraums bezieht.

Moratorium

Wenn Kindheit als ein Moratorium angesehen werden kann, so hat sich im Laufe des gesamtgesellschaftlichen Wandels, auch dieses verändert. Der Begriff des Moratoriums bedeutet damit nicht nur schematisch Befreiung, Schutz und Schonraum, sondern, wie etwa Sabine Andresen und Isabell Diehm in ihrer interdisziplinären Analyse „Kinder, Kindheiten, Konstruktionen. Erziehungswissenschaftliche Perspektiven und sozialpädagogische Verortungen" aufzeigen, mit Moratorium kann auch ein für die moderne Gesellschaft komplexes neues Abhängigkeitsverhältnis beschrieben werden: „Nun ist die Veränderung der unmittelbaren Abhängigkeitsverhältnisse zweifellos ein Kennzeichen der Moderne, denn es sind die Institutionen, die als Verantwortungsträger hinzukommen. Kindheit als Moratorium kennzeichnet ein solch spezifisches Abhängigkeitsverhältnis, es verweist sowohl auf gesamtgesellschaftliche Strukturen als auch auf ein kulturell verankertes Selbstverständnis. An sie knüpfen sich Konzepte wie Hilfe und damit korrespondierend: der Begriff der Selbständigkeit, aber auch der des Rechts."[70]

Auch Michael-Sebastian Honig kennzeichnet den Begriff des Moratoriums als einen komplexen und ambivalenten. In seinem „Entwurf einer Theorie der Kindheit" beschreibt er prägnant die Entstehung der Kindheit als ein Moratorium im Kontext der zunehmenden Scholarisierung und weist gleichzeitig darauf hin, dass sich gerade durch gesamtgesellschaftliche Veränderungen die Idee des Moratoriums selbst in den letzten Jahrzehnten in einem Veränderungsmodus befinde: „Pädagogische Moratorien waren zunächst lediglich eine Utopie, sie wurden später zum Privileg und im 20. Jahrhundert zum durchschnittlichen Muster des Aufwachsens; dabei hat sich nicht nur die Wirklichkeit von Kindern, sondern auch die Idee des pädagogischen Moratoriums selbst verändert."[71] Während im historischen Rückblick die Schule und die Einführung der Schulpflicht einen Schonraum gerade für die wenig privilegierten Kinder der Arbeiter- und Bauernfamilien bildete, der sie von der Arbeitpflicht und schwerer körperlicher Arbeit befreite, wird heute aus kritischer Sicht in umgekehrter Weise von der Schule als „Arbeitsplatz" und einem „fehlenden Moratorium" ausgegangen. Als Beispiele können hier die Verkürzung der Gymnasialschulzeit und die Einführung von Ganztagsschulen angeführt werden, was eine Umkehrung bzw. Veränderung der Verhältnisse in der geschichtlichen Rückschau darstellt.

Neben dem Topos des Moratoriums wird aus sozial-historischer Sicht in der Kindheitsforschung jedoch gleichzeitig auch, prominent etwa vertreten durch die Arbeit des Kindheitsforschers Philippe Ariès bzw. dessen Schlüsselwerk „Geschichte der Kindheit", auf „die Härte des Schullebens" und kämpferische Auseinandersetzungen, die bereits im 17. und 18. Jahrhundert im Kontext Schule stattgefunden haben, verwiesen.[72]

Es gibt innerhalb der sozialwissenschaftlichen bzw. soziologischen Kindheitstheorien, wie sich zeigt, kein einheitliches Verständnis von Kindheit, vielmehr verschiedene Zugänge, zu der neben sozialisationstheoretischen und sozial-historischen auch systemtheoretische und sozialkonstruktivistische gehören. Wie die sozialkonstruktivistische Theorie gehört auch die systemtheoretische Position zu den soziologischen Kindheitstheorien, sie stellt aber gewissermaßen ein Gegenmodell zur Sicht der neuen sozialwissenschaftlichen Kindheitsforschung und deren Sicht auf das Kind als „kompetenten Akteur" dar. Der Soziologe Talcott Parsons (1902-1979) geht hier etwa in seiner Systemtheorie, die er auch auf die Schule und auf die Ebene der Schulklassen bezieht (vgl. Parsons 1951[73], Parsons 1968[74]), vom starken Einfluss der Sozialisationsinstanz Schule aus, in der sich ein klar strukturiertes und regelhaftes Rollensystem abbilde. Die Kinder stünden in der Institution Schule damit „einer übermächtigen Gesellschaft" gegenüber und müssten sich den schulischen Machtverhältnissen beugen. In der Konsequenz könne sich, diesem Modell folgend, jede Individualität des einzelnen Kindes „nur in Nischen und Rückzugsbereichen"[75] entwickeln.

Kindheitstheorien

Das Kind als Akteur | 2.4.1

Strömungen und Ergebnisse der Kindheitstheorie sowie der methodischen und methodologischen Überlegungen im Bereich der Kindheits- und Jugendforschung werden in der Theorie und Empirie der Grundschulforschung aufgegriffen. So sind die berufsbezogenen Vorstellungen über Kinder und das Arbeiten mit Kindern im Grundschulalter in den letzten beiden Jahrzehnten insbesondere von sozial-konstruktivistischen (Lern-)Theorien sowie der neueren Kindheitsforschung geprägt worden, wie Friederike Heinzel, als eine führende Vertreterin der qualitativen Grundschulforschung, es im Rückblick konstatiert: „Das ‚Konzept vom Kind als sozialem Akteur' wurde als Gegenkonzept zum ‚Kind als Entwicklungswesen' entworfen und geht von der Annahme aus, dass Kinder an ihrer Entwicklung durch eigene Aktivitäten mitwirken."[76]

Gegenkonzept zum ‚Kind als Entwicklungswesen'

In der so genannten neuen sozialwissenschaftlichen Kindheitsforschung (new childhood studies) wird hierbei sowohl in der deutschen als auch in der englischsprachigen Richtung vom Bild des Kindes als „Akteur" und analog dazu von einer „Akteurskindheit" (agency concept) ausgegangen. Das international, vorrangig im angloamerikanischen und skandinavischen Raum vorfindbare sozialwissenschaftliche Konzept, das Kind als Akteur zu sehen, schließt hierbei in Deutschland direkt an Klaus Hurrelmanns Sozialisationskonzept einer produktiven Realitätsverarbeitung des Subjektes[77] an, das von einem aktiven und eben nicht passiven Subjektverständnis ausgeht.

„(New) Modern Childhood Studies"

Die angloamerikanische Entwicklung zu „(New) Modern Childhood Studies" begann in den 1980er Jahren mit einer Kritik an bestehenden Konzepte der Entwicklungs- und Sozialisationsforschung, exemplarisch können hier Titel wie „Listening to Children: Children, Ethics and Social Research"[78] und „Constructing and Reconstructing Childhood: Contemporary Issues in the Sociological Study of Childhood"[79], „Childhood Matters: Social Theory, Practice and Politics"[80] und „Children: Rights, Participation and Citizenship"[81]. Auch in Deutschland wurden die Veröffentlichungen zur neuen Soziologie der Kindheit (v. a. Prout/James[82] und Corsaro[83]) von den Vertreter/innen der Kindheitsforschung aufgegriffen und in methodologischen Überlegungen, die sich mit „der Perspektive von Kindern" beschäftigten, adaptiert (vgl. dazu ausführlich den Band zur „Methodologie der Kindheitsforschung" von Michael-Sebastian Honig, Andreas Lange und Rudolph Leu aus dem Jahr 1999[84]). Aus der Sicht der so genannten neuen Kindheitsforschung, die sich in dieser Zeit als eigenständige Forschungsperspektive entwickelte, sind damit bereits junge Kinder und erst recht ältere und Jugendliche „soziale Akteure", wie es Michael-Sebastian Honig in seinem „Entwurf einer Theorie der Kindheit" darstellt, die sich im konstruktivistischen Sinne selbst die Welt aneignen und damit Konstrukteure ihrer „Kindheit" und „Jugend" als soziales Phänomen sind, über das sie selbst Auskunft geben können.[85] Im deutschsprachigen Raum gehört Michael-Sebastian Honig hierbei seit den

neue Kindheitsforschung

1990er Jahren zu den wichtigsten Vertreter einer „sozialkonstruktivistischen Theorie von Kindheit", wobei der Perspektivwechsel in der Kindheitsforschung, wie erwähnt, kein deutsches Phänomen ist. So gibt es innerhalb der „New childhood studies" in den letzten Jahren vor allem in Schweden, Finnland und Island und in Australien eine Reihe an Forschungen und Studien, die sich in direkter Weise auf die Linie einer sozial-konstruktivistischen Kindheitsforschung beziehen, beispielsweise können hier die Arbeiten von Johanna Einarsdottir[86] sowie Sue Dockett und Bob Perry[87] hier genannt werden. In allen westlichen (nach)modernen Gegenwartsgesellschaften, die von der Aufklärung geprägt sind und die von Modernisierungsschüben gekennzeichnet sind, ist die Vorstellung derzeitig dominierend, Kinder als den Erwachsenen gleichwertig anzuerkennen, „als selbstständige Gesellschaftsmitglieder mit eigenen Ansprüchen und Rechten, die ihren Eltern nicht direkt und in einem hierarchischen Verhältnis unterworfen sind, weil sie eigenen Zugang zu vielen gesellschaftlichen Ressourcen der Betreuung, Erziehung und Entwicklung haben."[88]

In der neuen sozialwissenschaftlichen Kindheitsforschung wird damit zwar mehrheitlich das Kind als „Ko-Konstrukteur seiner Lebenswelt und Selbsterfahrung gesehen, das sich zusammen mit anderen Kindern sowie Erwachsenen aktiv und kreativ die Welt aneignet und sie im günstigen Fall mitgestaltet."[89] Gleichzeitig werden in der soziologischen und erziehungswissenschaftlichen Kindheitsforschung aber auch deutlich die Schwierigkeiten benannt, die mit diesem Bild auf das Kind einhergehen. Es erweist sich durchaus als schwierig, das Kind als kompetenten Akteur zu begreifen, denn zum einen gibt es weiterhin gewalttätige und wenig wertschätzende Situationen, in denen Kinder bevormundet, unterdrückt oder vernachlässigt werden und aus denen sie sich nicht „befreien" können und damit Schutz und eine Anwaltschaft ihrer Interessen durch Erwachsene brauchen, zum anderen können sich nicht alle Kinder in ausreichender Form sprachlich artikulieren, um die eigenen Interessen hinreichend zu vertreten (z. B. Kinder mit geistiger Behinderung, Kinder aus anderen Herkunftsländern). Kritisch kann mit Deckert-Peaceman/Dietrich/Stenger[90] angemerkt werden, dass es sich auch hier wieder um eine Konstruktion von Kindheit im Sinne einer Idealisierung oder Projektion handelt und damit in gewisser Weise an die reformpädagogische Tradition einer Idealisierung oder Überhöhung des Kindes angeknüpft wird (vgl. Kapitel 2.1). Mit der

Kind als Ko-Konstrukteur

Rhetorik, das Kind als Akteur, als kompetentes Kind, als das sich und die Umwelt selbst entdeckende Kind zu sehen, geht damit die Gefahr eines Fehlens von Sozialität und Fürsorge als bestimmende Motive der Erziehung einher.[91]

Kritiker der neuen Kindheitsforschung

Kritiker der neuen Kindheitsforschung bzw. des Akteurskonzepts betonen aus dem Blickwinkel einer kritischen Erziehungswissenschaft, dass der Akteursbegriff trotz der starken rhetorischen Betonung des Progressiven und Emanzipatorischen, im Sinne nicht intendierter Nebenwirkungen lediglich die gesellschaftlich vorhandene soziale Ungleichheit zementiere, da er sich nicht auf alle Kinder, hier insbesondere nicht auf Kinder der unteren sozialen Milieus, beziehe, und damit lediglich Ausdruck einer neo-liberalen Denkweise sei, die sich in einer Terminologie wie Akteur und Individualisierung artikuliere und tatsächlich klassenspezifische Reproduktionsmechanismen verschleiere (vgl. z. B. Sünker[92] und Bühler-Niederberger/Sünker[93]). Doris Bühler-Niederberger[94] weist als Kindheitssoziologin in diesem Kontext kritisch darauf hin, dass sich dahinter (wieder) das Bild eines sprachlich versierten „Mittelschichtskindes" verstecke, das zum Komplizen der Eltern werde: „Dass Kinder Akteure sein dürfen resp. sein müssen, ist auch eine Forderung an die Kinder, und dieser dürften Kinder der mittleren und gehobenen sozialen Schichten weit besser entsprechen als Kinder tieferer sozialen Schichten, aufgrund verbaler Kompetenzen und aufgrund anderer Kompetenzen in Interaktionen mit Erwachsenen."[95]

2.4.2 | Kindheitsforschung in der Grundschule

„konstruktivistische Wende"

Die sog. „konstruktivistische Wende" fand zunächst in der Grundschulforschung statt, hier vor allem in der Forschung zum Schriftspracherwerb, die früh gezeigt hat, dass Kinder einen individuellen Weg zum Schriftspracherwerb haben, und dann in der sozialwissenschaftlich-orientierten Kindheitsforschung.[96] In der sozialwissenschaftlich-orientierten Kindheitsforschung, der für die Grundschulpädagogik der Gegenwart eine hohe Relevanz zukommt, gibt es nach Friederike Heinzel, die dies im Buch „Methoden der Kindheitsforschung"[97] zusammenfassend aufzeigt, derzeit zwei zentrale Konzepte. Zum einen das Konzept, das „Kind als sozialen Akteur" zu sehen, zum anderen das „Konzept der generationalen Ordnung", das in der Grundschule eine besondere Bedeutung habe, da hier

2.4 KINDHEIT AUS SOZIALWISSENSCHAFTLICHER SICHT

erwachsene Lehrer/innen Kinder unterrichten und erziehen, und die Grundschule damit zentral in ihrer Aufgabe einer generationenvermittelnden Schule gesehen werden könne.[98] Mit den unterschiedlichen Konzepten sind gleichzeitig unterschiedliche methodische Zugänge zur Erforschung der Kindheit verbunden, beispielsweise beziehen sich die akteurs- und subjektbezogenen Ansätze hier auf das theoretische Konzept der Akteurskindheit, während mit dem Konzept der generationalen Ordnung primär struktur- und kontextbezogene Ansätze verbunden sind. Heike Deckert-Peaceman, Cornelie Dietrich und Ursula Stenger unterscheiden in ihrer „Einführung in die Kindheitsforschung"[99] ähnlich wie es im Handbuch „Methoden der Kindheitsforschung"[100] der Fall ist, zwischen drei verschiedenen theoretischen Zugängen zu Kindheit und zur Kindheitsforschung:

1.) Subjektbezogene Zugänge
2.) Mitteltheorien zwischen subjektbezogenen und strukturbezogenen Theorien
3.) strukturbezogene Theorien zur Kindheit.

In der subjektbezogenen Kindheitsforschung erfolgt hierbei eine Bezugnahme auf Theorien aus der Entwicklungspsychologie (v. a. Vorstellungen von Erik Erikson (1902-1994), Lawrence Kohlberg (1927-1987), Jean Piaget (1896-1980)) und der Psychoanalyse (v. a. Sigmund Freud (1856-1939) und seine Nachfolger/innen). Die strukturbezogene Kindheitsforschung wiederum korrespondiert mit soziologischen und sozialwissenschaftlichen Zugängen. Bezugstheorien sind hier maßgeblich die Sozialisationstheorie bzw. die Soziologie der Kindheit, der Ansatz der generationalen Ordnung, der Lebenslagenansatz sowie die Cultural Studies (Kulturstudien). Beim Lebenslagenansatz werden hierbei primär die konkreten sozialen, ökonomischen und kulturellen Lebensverhältnisse erfasst, die das unterschiedliche Aufwachsen der Kinder bestimmen und damit auf soziale Ungleichheit verweisen, währenddessen beim Ansatz der Cultural Studies kulturelle Praktiken und Formen analysiert werden. Erforscht wird hier beispielsweise, mit welchen Spielzeugen Kinder spielen, wie sich Jugendliche kleiden bzw. was sie mit ihrer Kleidung und ihrer Musik ausdrücken wollen, also wie sie sich kinder- bzw. jugendkulturell artikulieren. Während die klassische Sozialisationsforschung primär von der Anpassungsleistung des Kindes ausgeht, das die vorhandenen sozialen Normen und Werte über-

Akteurskindheit

drei theoretische Zugänge zu Kindheit

nimmt, werden in der neueren Sozialisationsforschung die Lebenswelt(en) stärker berücksichtigt. Zu den Sozialisationsinstanzen zählen hierbei primäre und sekundäre, neben der Familie also auch die pädagogischen Institutionen Kinderkrippe, Kindergarten, Grundschule sowie die Peer Groups und Medien u. a. Die Ethnographie stellt hier zudem einen wichtigen strukturbezogenen Zugang dar. In der neueren Sozialisationsforschung wird des Weiteren differenziert zwischen einer akteursbezogenen Kinderforschung (siehe oben) und einer strukturbezogenen Kindheitsforschung. Eine dritte Gruppe liegt nach Ansicht der genannten Erziehungswissenschaftlerinnen zwischen Subjekt und Struktur und bezieht sich damit als eine weitere Gruppe auf die Biographieforschung und die Phänomenologie, die sich maßgeblich mit der Bedeutung von Raum und Dingen für die Subjekte beschäftigt[101] (vgl. dazu auch Kapitel 2.2).

formale und non-formale Bildungsorte

Analog zu einem Verständnis, das sowohl formale als auch nonformale Bildungsorte und Erfahrungen für die Grundschulkinder für relevant erachtet (unterrichtliche Angebote, aber auch Angebote der Hortbetreuung, Kinder- und Jugendarbeit) sowie gleichermaßen informelle Bildungssettings (Gleichaltrigenkultur, Medien) für bedeutsam hält, ist eine Grundschulforschung, die sich als eine Kindheitsforschung in der Schule versteht, nicht nur am Unterricht, sondern darüber hinausgehend etwa auch an den Pausen, der Nachmittagsbetreuung, den Wegen und Räumen der Schule und ihren jeweiligen Nutzungen durch die Kinder interessiert, insbesondere auch in Bezug auf die Erforschung eines peer-kulturellen Verhalten und (widerständiger) Praktiken von Schüler/innen im Kontext von Schule und Unterricht. Als eine frühe Studie, die sich Kindern im Setting der Grundschule widmete, kann jene von Lothar Krappman und Hans Oswald genannt werden, die sich als eine der Ersten im Bereich der Grundschulforschung mit dem schulischen Alltags(er)leben der Schulkinder in der Grundschule beschäftigt haben. In ihrer ethnographischen Studie „Alltag der Schulkinder"[102] beobachteten und analysierten sie Interaktionen und soziale Beziehungen von Grundschulkindern in der Schule und rekonstruierten vor allem auch die freien Spielräume im strukturierten Schulalltag. Weitere frühe Studien der Grundschulforschung, die den Perspektivenwechsel zum Schüler bzw. zur Schülerin hin markierten, waren jene von Hans Petillon,[103] der sich mit dem „Sozialleben der Schulanfänger" beschäftigte, die Langzeitstudie in einer Grund-

soziale Beziehungen von Grundschulkindern

2.4 Kindheit aus sozialwissenschaftlicher Sicht

schule von Gertrud Beck und Gerold Scholz[104] zum sozialen Lernen der Kinder in der Grundschule sowie Friederike Heinzels[105] Analysen zu Kreisgesprächen in der Grundschule. Bereits in den 1990er Jahren haben Gertud Beck und Gerold Scholz in der erwähnten qualitativen Langzeitstudie, in der die beiden Erziehungswissenschaftler/innen über einen Zeitraum von vier Schuljahren gemeinsam Kinder einer Grundschulklasse beobachteten und die Daten auswerteten, in ihrer Analyse einschränkend darauf hingewiesen, dass es methodisch bzw. methodologisch schwierig sei, „Beobachtungen in Schulen als Ergebnis von Kindheit oder Kindsein oder Kinderkultur zu interpretieren".[106]

Forschungsmethodisch werden in der qualitativen Kindheits- und Jugendforschung neben teilnehmenden Beobachtungen vor allem Interviews, Gruppendiskussionen und nicht-reaktive Verfahren eingesetzt (vgl. zur Übersicht z. B. den Aufsatz von Heinz-Hermann Krüger „Forschungsmethoden in der Kindheitsforschung"[107]), deren Intention darin besteht, „die ‚Perspektive der Kinder' zu erfassen. Dies bedeutet zunächst einmal anzuerkennen, dass zwischen Kindern und Erwachsenen eine Perspektivdifferenz besteht".[108] In einer Kindheitsforschung, die sich als neuere und akteursbezogene Kindheitsforschung versteht, wird hier vor allem auch mit Methoden gearbeitet, die an Interaktionstheorien und Praxistheorien anschließen; dazu gehören in den letzten Jahren vermehrt auch Forschungsprojekte, die videographisch vorgehen.[109] Ein Forschungsdesiderat bleibt für die Kindheitsforschung in der Schule bzw. für die Grundschulforschung, wie und ob man im schulischen Kontext den einzelnen Schüler bzw. die einzelne Schülerin als „Ko-Konstrukteur seiner Lebenswelt" erforschen kann und inwieweit sich die Forschung auch kritisch den noch zu bearbeitenden theoretischen und methodologischen Fragen stellt. Bislang konzentrierten sich „(d)ie im Kontext der Kindheitsforschung entstandenen Arbeiten (...) auf die außerschulische Lebenswelt der Kinder. Untersuchungen zu den Wechselwirkungen zwischen außerschulischem Kinderleben und Schule, zur Kinderkultur in der Schule und zum Schulalltag aus der Perspektive von Kindern sind noch selten."[110]

qualitative Kindheits- und Jugendforschung

Die hier zugrunde liegende Vorstellung der „Ko-Konstruktion" stellt insgesamt eine wichtige Prämisse der neueren Kindheitsforschung dar, die davon ausgeht, dass die subjektive Wirklichkeit des Kindes wie auch Wirklichkeit als eine geteilte Forschungswirklichkeit gemeinsam hergestellt werden können. In einer kritischen

„Ko-Konstruktion"

Primat der neuen Kindheitsforschung

Betrachtung des Primates der neuen Kindheitsforschung „Aus der Perspektive der Kinder", das semantisch darauf verweist, die kindlichen Ausdrucksformen, die sprachlicher und nicht-sprachlicher Natur (z. B. körperliche Ausdrucksformen, Rollenspiele, Zeichnungen etc.) sein können, verstehen zu können, zeigt sich schnell, dass eine solche Forschungserwartung idealisierend und letztlich doch wieder Ausdruck einer Erwachsenenzentriertheit in der Forschung ist. Das Problem des „Adultismus" wird hierbei in diesem Kontext im Rahmen methodologischer Überlegungen zur Kindheitsforschung seit den späten 1990er Jahren thematisiert, indem danach gefragt wird, wie bzw. mit welchen Zugängen „subjektive kindliche Lebenswelten"[111] erforscht werden können und inwiefern „das wissenschaftliche Verstehen von Kindern"[112] überhaupt möglich ist. Gerade in der angelsächsischen und in der skandinavischen Kindheitsforschung[113] finden sich in den letzten Jahren intensive theoretische und empirische Bestrebungen einer Kindheitsforschung als Forschung mit Kindern und der Kinder (Kinder als Forscher), die sich als partizipative Forschung versteht.

Neben der relevanten Frage, wie mit der bestehenden Differenz zwischen erwachsenen Forscher/innen und Kindern umgegangen werden soll, die durch die eigenen Vorstellungen der Erwachsenen in Bezug auf Kinder und Kindheit sowie die Diskrepanz zwischen erwachsenen und kindlichen Ausdrucksformen eine besondere Herausforderung in der Kindheitsforschung darstellen (vgl. dazu ausführlich den „Überblick über Forschungszugänge zur kindlichen Perspektive" von Friederike Heinzel[114]), kann mit Helga Kelle[115] auf die Notwendigkeit einer differenztheoretischen sozialwissenschaftlichen Kindheitsforschung als einem wichtigen Forschungsbereich der Kindheitsforschung im Kontext formaler Bildung, der sich mit Differenzlinien und Differenzkonstruktionen im Hinblick auf vorhandene und hergestellte Ungleichheit beschäftigt, hingewiesen werden: „Denn die Grundschule reagiert nicht nur auf Differenzen zwischen Kindern, die diese bei Eintritt in die Schule ‚mitbringen', sondern ko-konstruiert diese Differenzen auch in und durch ihre pädagogischen Verfahren. Deshalb muss gerade im Primarbereich

Reflexionskompetenz bei den Lehrkräften

eine forschungsbasierte und auf das Berufsfeld bezogene Reflexionskompetenz bei den Lehrkräften ausgebildet werden."[116] Im Bereich der qualitativen erziehungswissenschaftlichen Forschung haben sich hier in den letzten Jahren eine Reihe ethno- und videographischer Projekte (vgl. dazu etwa die Arbeiten von Georg Breidenstein[117], Jürgen Budde[118], Thorsten Eckermann[119], Thorsten Eckermann/Friederike Heinzel,[120] Alexandra Flügel[121] und Claudia Machold[122]) mit den Forschungsdesiderata einer differenz-orientierten Forschung in pädagogischen Institutionen sowie der weiterhin relevanten Frage beschäftigt, in wie weit Kinder in der Schule als Kinder und/oder als Schüler/in agieren beziehungsweise in welchem Verhältnis schulische und unterrichtliche Anforderungen und Ordnungen zu jener der Gleichaltrigenkultur stehen und wie diese komplexen Interaktionen und Praktiken überhaupt rekonstruiert werden können.

Die neuere sozialwissenschaftliche Kindheitsforschung (vgl. zur Übersicht Honig/Lange/Leu 1999[123]) stellt zwar einerseits einen Perspektivwechsel in der bisherigen Praxis einer Schul- und Unterrichtsforschung in der Grundschule dar, die sich nur wenig für die Wahrnehmung des Unterrichts aus individueller Schüler/innen-Perspektive interessierte. Tatsächlich stößt eine solche Forderung indes gerade im schulischen Kontext schnell an ihre Grenzen, da ein Kind in der Schule als formaler Bildungsinstitution nie ausschließlich als Akteur agiert, sondern das eigene Handeln und Verhalten in komplexer Weise auch von der Organisationsstruktur Schule und damit auch einem Verhaltenskanon determiniert wird, der in der Schule als (Rollen) angemessen erachtet wird.

Zusammenfassung

Die pädagogische Argumentation, dass sich Kinder im Spiel und in anderen kulturellen Ausdrucksformen artikulieren und dafür gerade auch in pädagogischen Institutionen wie Kindergärten und Grundschulen Raum für ihren kulturellen Ausdruck brauchen, ist (kultur)anthropologisch begründbar. Aus dieser Sicht ist der Mensch ein Kulturwesen, das ein Bedürfnis nach Spiel, Ritualen und kreativen Ausdrucksformen hat. Der Mensch kann als ein „Animal Symbolicum" (Ernst Cassirer) symbolische Formen hervorbringen und verstehen. Weil das Kind Mensch ist, spielt es und verwendet es Zeichen, Symbole, Sprache; damit zeigt sich vor allem im Spiel und schöpferischen Tun der kulturelle Ausdruck des Kindes. Martinus Langeveld beschrieb bereits in den 1950er Jahren in seinem Buch „Studien zur Anthropologie des Kindes"[124] die Bedeutung, die eine anthropologische Sichtweise auf das Kind für die Pädagogik hat, und kritisierte damit die Dominanz der Nachbardisziplin Psychologie in diesem Feld. Aus entwicklungspsychologischer Sicht werden der Kindheit und Jugend spezifische Entwicklungsaufgaben zugeschrieben, die in den jeweiligen Phasen (frühe, mittlere, späte Kindheit, Jugend) zu bewältigen sind. Dazu gehören das Einüben eines geschlechtlichen Rollenverhaltens sowie die Entwicklung von kognitiven Konzepten (v. a. in der mittleren Kindheit) und die Identitätsbildung (v. a. in der Jugend).

Von den jeweiligen Kindheitsvorstellungen bzw. von der jeweiligen Theorie zur Erklärung von Kindheit hängt es ab, wie diese beschrieben und erforscht werden kann. Theorie und Empirie der Grundschulpädagogik sowie einer Kindheitsforschung in der Grundschule beziehen sich hierbei auf unterschiedliche Vorstellungen von Kindern, z. B. kann das Kind als kompetenter „Akteur" oder gegenteilig als defizitäres Wesen oder als unschuldiges und abhängiges Wesen gesehen werden. Ebenfalls leiten Kindheitsbilder bzw. -vorstellungen das Handeln der pädagogischen Akteur/innen in ihrem Alltag in der Kindertagesstätte oder Grundschule. Es bleibt zu fragen, insbesondere im Hinblick auf die gemeinsame Übergangsgestaltung vom Kindergarten in die Grundschule, welche subjektiven Theorien zum Thema (veränderte) Kindheit für pädagogische Fach- und Lehrkräfte handlungsleitend sind.

Die theoretischen Diskurse der Kindheits- und Jugendforschung wurden in den 1980er und in den 1990er Jahren vor allem durch konstruktivistische Ansätze geprägt.[125] Während in der Kindheitsforschung bis 1970 primär Erwachsene als Informanten benutzt wurden, um über den Weg der Erwachsenenbefragung Informationen über Kinder und Kindheit zu erheben, wird in der neueren Kindheitsforschung vom Bild des Kindes als Akteur ausgegangen. Aus dem Blick der neueren sozialwissenschaftlichen Kindheitsforschung kann zudem zwischen Kindern und Kindheit und demzufolge zwischen einer Kinderforschung und einer Kindheitsforschung unterschieden werden. Eine sozial-konstruktivistisch ausgerichtete Kindheits- und Jugendforschung fragt vor allem danach, wie Kinder ihre schulische und außerschulischen Lebenswelten sehen und erfahren.

2.4 Kindheit aus sozialwissenschaftlicher Sicht

Literatur

Andresen, S./Diehm, I. (2006) (Hg.): Kinder, Kindheiten, Konstruktionen. Erziehungswissenschaftliche Perspektiven und sozialpädagogische Verortungen. Wiesbaden.
Ariès, Ph. (1975): Geschichte der Kindheit. München/Wien.
Baader, M./Eßer, F./Schroer, W. (Hg.) (2014): Kindheiten in der Moderne. Eine Geschichte der Sorge. Frankfurt/Main.
Blaschke-Naczak, G./Stenger, U./Zirfas, J. (Hg.) (2016): Kinder – Kindheit. Weinheim und München.
Braches-Chyrek, R./Sünker, H./Röhner, Ch. (Hg.) (2012): Kindheiten. Gesellschaften. Interdisziplinäre Zugänge zur Kindheitsforschung. Wiesbaden.
Büchner-Fuhs, J./Fuhs, B. (2011): Gute Kindheit? Vorstellungen, Entwürfe und Lebensweise gelingender Kindheit im historischen Wandel. Berlin.
Deckert-Peaceman, H./Scholz, G. (2016): Vom Kind zum Schüler. Opladen.
Deckert-Peaceman, H./Dietrich, C./Stenger, U. (2010): Einführung in die Kindheitsforschung. Darmstadt.
Dockett, S./Einarsdottir, J./Perry, B. (2009) Researching with children. Ethical tensions. In: Journal of Early Childhood Research. 2009/10/1. S. 283-298. London.
Drieschner, E. (2013): Kindheit in pädagogischen Schonräumen. Bilder einer Entwicklung. Hohengehren.
Heinzel, F. (Hg.) (2012): Methoden der Kindheitsforschung. Ein Überblick über Forschungszugänge zur kindlichen Perspektive. 2. Auflage. Weinheim.
Heinzel, F. (Hg.) (2011): Generationenvermittlung in der Grundschule. Ende der Kindgemäßheit? Bad Heilbrunn.
Heinzel, F. (Hg.) (2010): Kinder in Gesellschaft. Was wissen wir über aktuelle Kindheiten? Frankfurt/Main.
Hengst, H. (2012): Kindheit im 21. Jahrhundert. Differenzielle Zeitgenossenschaft. Weinheim und München.
Honig, M.-S. (Hg.) (2009): Ordnungen der Kindheit. Problemstellungen und Perspektiven der Kindheitsforschung. Weinheim.
Honig, M.-S. (1999): Entwurf einer Theorie der Kindheit. Frankfurt/Main.
Jenks, Ch. (1996): Childhood. New York.
Kelle, H./Mierendorff, J. (2013): Normierung und Normalisierung der Kindheit. Weinheim.
Qvortrup, J./Corsaro, W./Honig, M.-S. (Hg.) (2009): Handbook of Childhood Studies. Basingstoke.
Vitale, G. (2014): Anthropology of Childhood and Youth. International and Historical Perspectives. Lanham.
Wannack, E./Bosshart, S./Eichenberger, A./Fuchs, M./Hardegger, E./Marti, S. (Hg.) (2013): 4- bis 12-Jährige. Ihre schulischen und außerschulischen Lern- und Lebenswelten. Münster.

Fragen

1. *Aus anthropologischer Sicht hat der Mensch ein Bedürfnis nach Riten, Ritualen, Rhythmisierung, nach Feiern sowie nach Ästhetik und drückt sich sprachlich und nicht-sprachlich durch Zeichen und Symbole aus. Überlegen Sie sich Beispiele für eine Unterrichtsgestaltung, die auf diese Bedürfnisse Bezug nimmt.*

Fragen

2. Reformthemen der letzten Jahre waren in der Grundschulpädagogik die Frage nach dem Herabsetzen des Einschulungsalters und die Frage nach einer Verlängerung der Grundschulzeit (von vier auf sechs Jahre). Welche Argumente können aus entwicklungspsychologischer Sicht für eine Verlängerung der Grundschulzeit sprechen?
3. Warum ist es Ihrer Meinung nach schwierig, Kindheit zu definieren? Wodurch unterscheiden sich die verschiedenen Ansätze der Kindheitstheorie und Kindheitsforschung?

Der Übergang vom Elementar- zum Primarbereich | 3

Inhalt

3.1 Anschluss getrennter Systeme
3.2 Bildung und Bildungsbegriff in Kindergarten und Grundschule
3.3 Theorien zum Übergang
3.4 Forschung zum ersten Bildungsübergang und zur Ungleichheit am Schulanfang

Anschluss getrennter Systeme | 3.1

Die Grundschule in Deutschland ist prägnant durch ihre Übergänge gekennzeichnet, dem Übergang vom Elementar- zum Primarbereich sowie dem zweiten Übergang zum Sekundarbereich. Beide Übergänge sind hierbei in den letzten Jahren auf bildungspolitischer Ebene reformiert worden und zu einem relevanten Bereich der empirischen Grundschulforschung geworden (z. B. Forschung zur Einführung von Bildungsplänen, der neuen Schuleingangsphase oder zum Wegfall der verbindlichen Grundschulempfehlung).

Die Grundschulpädagogik beschäftigt sich zudem ausführlich mit der Frage nach einer spezifischen Methodik und Didaktik am Schulanfang („Anfangsunterricht") und thematisiert den ersten formalen Bildungsübergang, den Übergang vom Elementar- zum Primarbereich, mit einem Fokus auf eine intendierte Anschlussfähigkeit der Bildung und Bildungsbiographien der Kinder sowie einer ressourcenorientierten Übergangsbegleitung und -gestaltung. In Deutschland arbeiten die Institutionen Kindergarten und Grundschule indes bislang, bezogen auf die Inhalte und Ziele, eher unabhängig als vernetzt miteinander. Dies ist begründbar durch die unterschiedliche historische Genese der beiden pädagogischen Einrichtungen und damit einhergehenden jeweils unterschiedlichen Bildungsaufträgen. Spätestens seit den unerwarteten Ergebnissen der ersten internationalen PISA-Vergleichsstudie (Programme for International Student Assessment) und weiterer Schulleistungsstudien, die seit den späten 1990er Jahren durchgeführt werden, wird auch den Kinder-

Methodik und Didaktik am Schulanfang

garten neben seiner Betreuungs- und Erziehungsfunktion stärker in seiner Bildungsfunktion wahrgenommen.[1] In der Folge haben, neben der Einführung neuer Studiengänge zur Kindheitspädagogik, alle Bundesländer zwischen 2003 und 2007 frühpädagogische Curricula mit (unterschiedlichen Titeln und inhaltlichen Ausrichtungen) vorgelegt, um den politisch gewollten Bildungsauftrag umzusetzen. Diese Tatsache hatte beachtliche Folgen für die pädagogische Arbeit im Elementarbereich, weniger jedoch für den Primarbereich, der sich, in einem gestuften Bildungssystem, weiterhin eher als aufnehmende Institution begreift. Die einsetzende bildungspolitische Entwicklung ist in Deutschland eine neue, im europäischen und internationalen Vergleich, indes eine vergleichsweise späte.

Bildungspläne

Betont wird die Funktion der neuen Bildungspläne vor allem im Hinblick auf die Herstellung einer Anschlussfähigkeit zwischen den verschiedenen Stufen des Bildungssystems. Das deutsche Bildungssystem zeichnet sich, gerade im Vergleich zu anderen Bildungssystemen innerhalb und außerhalb von Europa, durch sein Stufensystem – Elementarstufe, Primarstufe, Sekundarstufe I und II – aus und ist damit von mehreren Übergängen geprägt. In Bezug auf den Anschluss des Elementar- und Primarbereiches bzw. des Vorschul- und Grundschulbereichs gibt es in derzeitigen europäischen Bildungssystemen grundsätzlich unterschiedliche Möglichkeiten. Der Elementar- und der Primarbereich können, wie es in Deutschland in den Bundesländern bislang mehrheitlich der Fall ist, entweder „vollständig getrennte Institutionen, die der Aufsicht unterschiedlicher Ministerien unterstellt sind (z. B. Sozialwesen und Bildungsressort)", darstellen, oder beide Bereiche agieren räumlich sowie institutionell getrennt und halten eigene Vorschuleinrichtungen und Grundschulen vor, „unterstehen aber derselben Aufsicht (dem Bildungsministerium) und stellen damit aufeinander bezogene Teilbereiche des Schulsystems dar" oder die „Bereiche sind nicht nur institutionell, sondern auch pädagogisch in ein einheitliches System der Elementarbildung integriert".[2]

Stufensystem

Die Herausforderung bzw. Schwierigkeit bereits des ersten formalen Überganges vom Elementar- zum Primarbereich wurzelt in Deutschland vor allem in den unterschiedlichen Strukturen sowie der unterschiedlichen Genese und dem historisch unterschiedlichen Bildungsverständnis von Kindergarten und Grundschule. Deutlich wird die komplexe Übergangsthematik, die sich auf den Anschluss der beiden Institutionen Kindergarten und Schule in

Deutschland bezieht, vor allem im Kontext einer historisch-analytischen Betrachtung: Ein direkter Anschluss der beiden Institutionen Kindergarten und Grundschule war bereits bei ihrer Entstehung im 19. Jahrhundert mit der Einführung von Kleinkinderbewahranstalten, Kleinkinderschulen und Fröbel-Kindergärten als verschiedene Formen vorschulischer Einrichtungen nicht vorgesehen. Die historische Grundschulforschung verweist darauf, dass eine institutionelle Verzahnung von Kindergarten und Schule von den „Schulbehörden nicht gewünscht (war), zumal es zu dem Zeitpunkt der Ausweitung der Institution Schule nur wenige Einrichtungen für jüngere Kinder gab."[3] In Deutschland stellt die Grundschule aus rechtlicher Sicht, die erste verbindliche Institution für alle Kinder dar, auch für jene, die zuvor noch keine Institution besucht haben, da der Kindergartenbesuch im Gegensatz zur Grundschule freiwillig ist. Auch wenn es in vielen Bundesländern und von bildungspolitischer Seite Bestrebungen gibt, das letzte Kindergartenjahr als „Vorschuljahr" verpflichtend zu machen oder zumindest beitragsfrei zu halten, um alle Familien zu erreichen, gibt es gegenwärtig keine allgemeine gesetzliche Grundlage dafür. Damit bleibt der Anspruch, dass die Grundschule die erste und verpflichtende Schule darstellt, formal unangetastet. Den rechtlichen Rahmen für die Schul- und Unterrichtspflicht sowie für die Aktivitäten innerhalb der pädagogischen Institution Schule stellen hierbei das Grundgesetz (neben der Schulpflicht, die in § 7 festgelegt wird, geht es um den Bezug zu demokratischen Werten) sowie die Schulgesetze der einzelnen Bundesländer und die dort geltenden Bildungspläne, die der Kultushoheit der Länder unterstehen, dar. In Deutschland gibt es zudem, im Gegensatz zu anderen Ländern wie z. B. England oder den USA, rechtlich nicht die Möglichkeit des „Homeschooling" für Kinder im schulpflichtigen Alter.

Die bildungspolitische Thematisierung und Reformierung der frühen Bildungsübergänge (Übergang vom Elementar- zum Primarbereich und Übergang vom Primar- zum Sekundarbereich) sowie die inhärente Kritik an Strukturen und Mechanismen der Aufnahme, Selektion und Zuweisung im deutschen Bildungswesen, die sich besonders an ihren Schnittstellen zeigt, sind keineswegs neu, sondern stehen in einem spezifischen historischen und sozialpolitischen Kontext (vgl. Kapitel 1). Bald nach der Gründung der Grundschule zu Beginn der Weimarer Republik und abermals im bildungspolitischen Diskurs der 1960/1970er Jahre, wurden Fragen

historisch-analytische Betrachtung

historischer und sozialpolitischer Kontext

der (fehlenden) Bildungsgerechtigkeit und Chancengleichheit zu Reformtopoi. Im Zuge der Forderung nach einer „Bildungsexpansion", um Benachteiligungseffekte zu minimieren, wurde auch die Frage nach dem Übergang vom Kindergarten in die Grundschule als dem ersten formalen Bildungsübergang thematisiert und in der Folge wurde bei der großen Bildungsreform Anfang der 1970er Jahre der Kindergarten in den „Strukturplan des deutschen Bildungswesens" eingegliedert.[4] Im historischen Rückblick wird deutlich, dass ab dem Jahr 1970 in der bildungspolitischen Diskussion bis in die Gegenwart hinein der Verbleib der fünfjährigen Kinder im Kindergarten (Vorschulförderung) oder in der Schule (Vorklassen oder zweijährige Schuleingangsstufe in der Grundschule) ein Kristallisationspunkt der Reformdebatte zum Schulanfang ist und verschiedene Modelle in den Bundesländern erprobt werden. Bereits in den 1960er Jahren gab es sogenannte Schulkindergärten für die Kinder, die zwar schulpflichtig waren, jedoch noch nicht als „schulreif" angesehen wurden. Die Frage nach dem richtigen Einschulungszeitpunkt bzw. Einschulungsalter begleitet indes die moderne Grundschule seit ihrem Beginn[5] bis heute. In den letzten Jahren wurde der Stichtag für die Einschulung in den einzelnen Bundesländern erneut verändert und um einige Monate vorverlegt. Das Einschulungsalter der Kinder kann somit von fünf Jahren bis acht Jahren variieren, die meisten Kinder werden in Deutschland jedoch im Alter von sechs Jahren eingeschult. Im Jahr 1995 begründete die Kultusministerkonferenz eine Initiative zur Herabsetzung des Schuleintrittalters, da die Zahl der vom Schulanfang zurückgestellten Kinder davor kontinuierlich gewachsen war. Der Durchschnitt lag damals in den 16 Bundesländern bei 9,41 %, in den einzelnen Bundesländern schwankte der Wert jedoch zwischen 4 und 14 %.[6]

Herabsetzung des Schuleintrittalters

In der Grundschulpädagogik wird der Begriff der Schulreife bereits ab den 1960er Jahren kritisiert und in der Folge von Schulfähigkeitskonzepten (vertreten durch Urie Bronfenbrenner,[7] Horst Nickel[8] u. a.) abgelöst. Allerdings wirkt der von Artur Kern[9] in den 1950er Jahren eingeführte Schulreifebegriff, der sich auf psychologische Reifungstheorien bezieht, konzeptionell bis in die Gegenwart nach, etwa in der Frage nach dem richtigen Förderort der „Vorschulkinder" bzw. der Kinder, die noch nicht in die Schule gehen (sollen), weil perspektivisch ein Schulversagen bzw. eine Nichtpassung diagnostiziert wird (vgl. dazu auch Helga Kelle[10]).

Reifungstheorien

3.1 Anschluss getrennter Systeme

Die Bestrebungen der Bundesländer in den letzten Jahren, das Einschulungsalter zu verringern und Stichtagsregelungen zu verändern oder monatsweise nach hinten zu verschieben, zeigen, gerade auch im internationalen Vergleich, wo teilweise früher (z. B. Niederlande) oder später eingeschult wird (z. B. skandinavische Länder), dass eine rein entwicklungspsychologische oder pädagogische Begründung hier keine Legitimation sein kann, sondern das Einschulungsalter bzw. der Diskurs zum richtigen Einschulungsalter in Deutschland ein bildungspolitisches und kulturelles Konstrukt darstellt, das im jeweiligen historischen Kontext verändert wird. Im historischen Rückblick zeigt sich deutlich, dass es im Verlauf des 20. Jahrhunderts drei Zeitpunkte gab, an denen der Anschluss von Kindergarten und Grundschule zu einem besonderen Thema wurde: Zunächst 1920, als bei der Reichsschulkonferenz die Grundschule als eine Schule für alle Kinder des deutschen Volkes unabhängig von ihrer sozialen Herkunft gefordert wird und parallel dazu die bis dahin existierende Vorschule, mit der eine soziale Segregation einhergeht, ein Verbot erfährt. 50 Jahre später wird nach den Empfehlungen des deutschen Bildungsrates die „Schuleingangsstufe" als Reform des Überganges vom Elementar- zum Primarbereich eingeführt und wiederum fast 30 Jahre später, formuliert die Kultusministerkonferenz 1997 „Empfehlungen zur Umgestaltung des Schulanfangs", womit in der „neuen Schuleingangsstufe" die „alte" Schuleingangsstufe der 1970er Jahre eine Renaissance erfährt.[11]

In diesem Kontext forcieren verschiedene Reformmodelle der Schuleingangsphase seit 2003, v. a. um die Zahl der Zurückstellungen abzusenken, eine flexible Gestaltung der Schulanfangsphase. In der flexiblen Schuleingangsphase können, gemäß dem Modell der jahrgangsgemischten Klassen, die ersten beiden Schuljahre vom einzelnen Kind variabel in ein bis drei Jahren durchlaufen werden.[12] Die „neue Schuleingangsphase" verfolgt hierbei die Intention, am Schulanfang möglichst auf Rückstellungen zu verzichten. Es existiert jedoch kein einheitliches Modell zur Reform der Schuleingangsphase, vielmehr gibt es aufgrund des Föderalismus der Länder unterschiedliche Benennungen sowie unterschiedliche Modelle und regional begrenzte Pilotprojekte und Schulversuche, z. B. in Baden-Württemberg bzw. den abgeschlossenen Schulversuch „Schulanfang auf neuen Wegen", die „Jahrgangsübergreifenden Lerngruppen" (JÜL-Klassen) im Bundesland Berlin oder die „Flexible Schuleingangsphase" (FLEX) im Bundesland Brandenburg. In Berlin

Stichtagsregelungen

Schuleingangsphase

und Brandenburg gibt es zudem eine sechsjährige Grundschule im Vergleich zur sonst üblichen vierjährigen Grundschule, was neben der verbreiteten Jahrgangsmischung von Klasse 1 und 2 in der Schuleingangsphase eine weit(er)e Jahrgangsmischung von drei Jahrgängen ermöglicht.

Jahrgangsmischung

Die Idee der Jahrgangsmischung, die in der flexiblen Schuleingangsphase zum Tragen kommt, ist keineswegs neu, vielmehr erfolgt hier, wie bei der Umsetzung der Jahrgangsmischung in der Grundschule generell, ein Rückgriff auf reformpädagogische Konzeptionen wie die von Peter Petersen (1884-1952) oder von Maria Montessori (1870-1952), wobei es neben der weit verbreiteten Praxis an Montessorischulen, drei Jahrgänge zu mischen (Klasse 1-3), auch die Praxis der Jahrgangsmischung Klasse 1 und 2 sowie Klasse 3 und 4 gibt sowie die der weiten Jahrgangsmischung Klasse 1 bis 4, bei der etwa bei einer Klassengröße von 24 Kindern jeweils acht Kinder aus einem Jahrgang jahrgangsübergreifend zu einer Klasse zusammengefasst sind.

Die in den Bundesländern eingeführten Pilotprojekte bzw. Schulversuche zum veränderten Schulanfang zielen zum einen darauf ab, den unterschiedlichen Ausgangsvoraussetzungen der Kinder zu Schulbeginn gerecht(er) zu werden sowie zum anderen auf eine verbesserte Kooperation zwischen Kindergarten und Grundschule. So wurde etwa im Bundesland Baden-Württemberg gleichzeitig das Projekt „Schulanfang auf neuen Wegen" in unterschiedlichen Modellen erprobt: Modell A zeichnete sich hierbei durch einen Verzicht auf Zurückstellungen und Jahrgangsmischung bei flexibler „Verweildauer" aus, Modell B durch unterschiedliche Fördervarianten (Grundschulförderklassen) sowie flexible Einschulungstermine und Modell C durch eine stärkere unterrichtsbezogene Differenzierung und Individualisierung. Zeitgleich wurde das „Bildungshaus 3-10" für Kinder zwischen drei und zehn Jahren, als ein neuer Kooperationsverbund von Kindergarten und Grundschule, eingeführt. Die Kooperation zwischen einer Grundschule und einem oder mehreren Kindergärten als „Bildungshaus" konnte hierbei konzeptionell unterschiedlich gestaltet werden, aufbauend auf der Grundidee, dass in regelmäßig stattfindenden gemeinsamen Stunden, häufig auch im Rahmen von themenbezogenen Projekten (z. B. zu künstlerischen oder naturkundlichen Themen oder in Bezug auf die Gestaltung von jahreszeitlichen Festen), Kindergarten- und Grundschulkinder gemeinsam in jahrgangsübergreifenden Gruppen lernen. Forschungsarbeiten wie die von

Julia Höke[13] oder von Petra Büker, Agnes Kordulla, Nicola Bunte[14] zum „Bildungshaus" zeigen indes in diesem Zusammenhang auch deutlich den Professionalisierungsbedarf in der Zusammenarbeit von Kindergarten und Grundschule auf und erproben neue Formen einer integrierten Praxisforschung, die der Professionalisierung angehender Lehrer/innen dient.

Da strukturell bedingt die Frage nach der adäquaten Übergangsgestaltung und -begleitung durch die Fach- und Lehrkräfte der abgebenden und aufnehmenden Institutionen zu einer zentralen geworden ist, wurden in den letzten Jahren sowohl Übergangsmodelle und -projekte auf Landesebene (z. B. das Brückenjahr in Niedersachsen und das Bildungshaus in Baden-Württemberg) als auch auf Bundesebene (z. B. die Übergangsprojekte Ponte und TransKiGs) eingeführt und partiell evaluiert. Aufbauend auf den gemeinsamen Beschluss der Kultus- und Jugendminister aus dem Jahr 2004, der deutlich darauf verweist, dass die Anschlussfähigkeit der Bildungseinrichtungen als ein zentrales bildungspolitisches Anliegen zu verfolgen ist, wurden in einem weiteren gemeinsamen Beschluss der Jugend- und Familienkonferenz und der Kultusministerkonferenz dem Jahr 2009 Vorschläge unterbreitet, wie der Übergang von der Tageseinrichtung für Kinder in die Grundschule (besser) gestaltet werden kann.[15]

Beschluss der Kultus- und Jugendminister

Neben Veröffentlichungen mit einem empfehlenden Charakter, wie etwa von Seiten der Kultusministerkonferenz die „Empfehlungen zur Arbeit in der Grundschule",[16] wurden in Bundesländern wie Baden-Württemberg nicht nur eine Kooperationsempfehlung, sondern eine Kooperationsverpflichtung für die Zusammenarbeit zwischen Kindergarten und Grundschule in Bezug auf den Übergang bildungspolitisch initiiert. So heißt es in der gemeinsamen Verwaltungsvorschrift des Kultus- und Sozialministeriums aus dem Jahr 2002: „Zusammen mit den Eltern tragen Tageseinrichtung und Schule gemeinsam die Verantwortung, beim Übergang vom Kindergarten in die Schule ist für die Kinder eine weitest gehende Kontinuität ihrer Entwicklungs- und Lernprozesse zu gewährleisten. Daraus ergibt sich die Verpflichtung zu einer kontinuierlichen Zusammenarbeit von Tageseinrichtungen und Grundschulen."[17]

Auch wenn es in den letzten Jahren eine vermehrte bildungspolitische Aktivität zur Reform des Überganges vom Elementarbereiches gab, zu der die Flexibilisierung des Schulanfanges und der Schuleingangsstufe gehört, können die strukturell bedingten Probleme nur partiell gelöst werden. Margarete Götz weist in ihrer grundschulpädagogischen Analyse der Schuleingangsstufe zudem auf nicht intendierte Folgewirkungen hin. Ihrer Meinung nach kann es hier zu Verschiebungen kommen, da die Gefahr bestehe, „dass durch die Schuleingangsstufe Übergangsprobleme nunmehr grundschulintern beim Wechsel der Grundschüler und Grundschülerinnen in die 3. Jahrgangsstufe erzeugt werden. Für diese möglichen Folgelasten der neuen Eingangsstufe sind derzeit keine schulstrukturellen Lösungsansätze sichtbar, denn Modellversuche, die über die Schuleingangsphase hinaus eine Flexibilisierung und Dynamisierung von Bildungsübergängen auch unter Einbezug des zweiten Überganges am Ende der Grundschulzeit erproben, stehen noch aus."[18]

Schaut man auf der Theorieebene auf den Übergang aus einer systemischen Sicht (vgl. Niklas Luhmann[19]), können der Kindergarten, die Schule und die Familie als unterschiedliche Systeme beschrieben werden, die einerseits als Kommunikations- und Interaktionssysteme in sich abgeschlossen sind und in selbst-referentieller Weise eigenen systemimmanenten Logiken folgen, andererseits durch die Einschulung der Kinder miteinander zu tun haben und in einen Austausch treten. Detlef Gaus und Elmar Drieschner beziehen sich in einer solchen Sichtweise in ihrer Auseinandersetzung mit dem Verhältnis von Kindergarten und Grundschule auf die Systemtheorie von Niklas Luhmann und beschreiben in Anlehnung an ihn das Verhältnis von Kindergarten und Grundschule aus theoretischer Sicht, vor allem auch unter der Perspektive „struktureller Kopplungen im Bildungssystem".[20] Ein solches Beschreibungsmodell kann als ein theoretischer Zugang damit auch im Hinblick auf den zweiten Übergang, vom Primar- zum Sekundarbereich angewandt werden, da analog zum ersten Übergang auch hier das System der weiterführenden Schule zum relevanten Umweltsystem für das System Familie und das System Grundschule wird und diese irritierend herausfordert.

3.2 | Bildung und Bildungsbegriff in Kindergarten und Grundschule

Ausdruck der Reformen zum ersten Bildungsübergang waren in den letzten Jahren die Einführung der flexiblen Schuleingangsphase sowie die Einführung von Bildungsplänen für den Elementarbereich. Die Intention einer Anschlussfähigkeit der Bildung bzw. Bildungsinstitutionen ist zwar aus bildungspolitischer Sicht nachvollziehbar, jedoch gleichermaßen schwierig, denn weder soll auf eine spezifische Stufendidaktik – Didaktik des Elementarbereichs, Didaktik des Primarbereichs – verzichtet werden, noch sollen die spezifischen Charakteristika der Institutionen, die sich aufgrund einer unterschiedlichen historischen Genese ergeben, verwischen.[21] Zentral für die Idee der Anschlussfähigkeit sind die Bildungspläne für den Elementar- und Primarbereich, die hier als Steuerungs- und Verständigungsinstrumente fungieren. Bildungspläne erfüllen hierbei als eine modifizierte Form von Curricula verschiedene Funktionen und dies auf unterschiedlichen Ebenen. Curricula werden in der Fachliteratur grundsätzlich drei Hauptaufgaben zugeschrieben: „sie dienen der Anregung und Orientierung, Entlastung sowie der Steuerung und Kontrolle".[22] Bildungspläne unterscheiden sich hierbei im Grad der Detailliertheit, eine Steuerung über Bildungspläne kann in der Konsequenz damit engmaschiger oder weitmaschiger erfolgen, Eine Steuerung gibt hierbei Inhaltsvorgaben, zeitliche Rahmen und Evaluationsformen vor, weitmaschigere Pläne lassen größere Freiräume für die eigene konzeptionelle Entwicklung in der Einrichtung.[23]

Während es in vielen europäischen Ländern eine staatliche Steuerung durch einen verbindlichen nationalen Plan für den Elementar- oder Primarbereich gibt, galt dies in Deutschland bislang lediglich für die Schule, nicht jedoch für den vorschulischen Bereich. Im deutschen föderalistischen System gibt es zudem nicht einen nationalen Bildungsplan, sondern zweimal 16 Ländervarianten, auch wenn es Überschneidungen bzw. eine gleiche Autorenschaft bei der Erstellung der Bildungspläne für den Elementarbereich (z. B. bei den Bildungsplänen in Bayern und in Hessen) gibt. Der zentrale Leitgedanke der Anschlussfähigkeit liegt indes allen zugrunde. So kann beispielsweise im naturwissenschaftlichen Bildungsbereich in der Grundschule im Sachunterricht die Arbeit mit dem Bildungsplan des Kindergartens beim Umgang mit Phänomenen weiter ausgebaut und vertieft werden oder der Bereich der Sprache ausgehend vom Erzählen z. B. im Stuhlkreis, dem Vorlesen und der Anbahnung der Literalität im Kindergarten in den Klassen 1 und 2 in den Kompetenzbereichen Sprechen, Lesen/Umgang mit Texten und Medien, Schreiben und Sprachbewusstheit fortgeführt werden. Die Bildungspläne für den Kindergarten und für die Grundschule sollen auf cur-

Bildungspläne

16 Ländervarianten

riculärer Ebene die Grundlage dafür schaffen, dass sich die Bildungsbiografien der Kinder bzw. deren Lernen in den Bildungsinstitutionen stärker als bisher durch eine methodisch-didaktische Kontinuität auszeichnen, da inhaltsbezogene „Lernbrücken", beispielsweise im naturwissenschaftlichen oder im sprachlichen Bildungsbereich, auf dieser Grundlage leichter gestaltet bzw. geschaffen werden können. Die themenbezogenen Bildungs- und Erziehungsbereiche im Bayerischen Bildungsplan für den Elementarbereich heißen beispielsweise Sprache oder Literacy (Lese- und Schreibkompetenzen), Naturwissenschaften, Technik, Mathematik, Umwelt, Ästhetik, Kunst, Kultur, Medien[24] und finden sich ähnlich im Bildungsplan der Grundschule wieder. Themen aus dem Kindergarten sollen später im Unterricht in der Grundschule in den spezifischen Fächern und Fächerverbünden aufgegriffen und vertieft werden, ohne jedoch bereits die Fächersystematik und die Fachdidaktik in den Kindergarten zu transferieren. Aus diesem Grund wird etwa im Orientierungsplan Baden-Württemberg statt von Fächern von Bildungs- und Entwicklungsfeldern (Körper, Sinne, Sprache, Denken, Gefühl und Mitgefühl sowie Sinn, Werte und Religion) gesprochen, um in der Bezeichnung verdeutlichen, dass es sich nicht um eine „Vorverlegung des Unterrichts aus der Grundschule handelt, sondern um eine alters- und entwicklungsadäquate Zugangsweise für Kinder im Kindergartenalter".[25] Hier besteht jedoch die Gefahr der „Verschulung" des Kindergartens einerseits und die der Fehlinterpretation der Bildungspläne aufgrund eines unterschiedlichen Vorverständnisses anderseits, nicht zuletzt begründet durch die unterschiedlichen Ausbildungen der pädagogischen Fach- und Lehrkräfte, die mit diesen Plänen arbeiten (sollen).

Aus der Forschung zur Implementierung von Bildungsplänen (vgl. z. B. Aicher-Jakob[26]) ist bekannt, dass die Akteur/innen in pädagogischen Einrichtungen im Elementarbereich kein einheitliches Verständnis davon haben, wie mit dem Bildungsrichtlinien oder -empfehlungen und curricularen Vorgaben zu arbeiten ist. Auch gibt es Studien (vgl. z. B. Reichmann/Seifert[27]), die aufzeigen, dass nicht nur fertig ausgebildete Kindheitspädagog/innen und Grundschullehrer/innen, sondern bereits Studierende der Kindheitspädagogik und der Grundschulpädagogik zu Studienbeginn verschiedene epistemologische bzw. berufsbezogene Überzeugungen in Bezug auf ihre Arbeit mit Kindern mitbringen. Der institutionalisierte Blick scheint hier bereits vor dem Berufseintritt zu dominieren und wirft damit auch die Frage auf, ob und wie mitgebrachte Haltungen und Einstellungen im Rahmen der Professionalisierung verändert werden (können).

Die in den letzten zehn Jahren in Deutschland später als in anderen Ländern einsetzende „Qualitätsentwicklung" im frühkindlichen Bereich, zu der Bildungspläne als Steuerungsinstrumente gehören, wird auf nationaler wie auf internationaler Ebene durchaus auch kritisch betrachtet, vor allem in Bezug auf ihre einseitige Ausrichtung auf Kompetenzen und Standards. So äußern etwa Gunilla Dahlberg, Peter Moss und Alan Pence in ihrem Buch „Beyond Quality in Early Childhood Education and Care: Postmodern Perspectives"[28] bereits in den 1990er eine radikale Kritik an der neuen „Qualitätsoffensive" im frühkindlichen Bereich, in der mit quantifizierbaren Methoden die Qualität von Bildung definiert und gemessen werden soll.

„Qualitätsentwicklung" im frühkindlichen Bereich

Kritisch kann bei der Idee der Anschlussfähigkeit zudem danach gefragt werden, welche Bildung beim Übergang vom Kindergarten in die Grundschule gemeint wird, wenn eine anschlussfähige Bildung gefordert wird, denn einerseits findet derzeit – sichtbar an der Umbenennung von Curricula in Bildungspläne und einer Vielzahl an erziehungswissenschaftlichen Veröffentlichungen zum Thema Bildung – eine Rückbesinnung auf den und eine Stärkung des Bildungsbegriffes statt, andererseits bleibt er häufig unscharf und wird in seiner theoretischen Bezugnahme nicht näher ausgeführt. Der Begriff der Bildung ist hierbei ein komplexer sowie ein spezifisch deutscher, den es in der erziehungswissenschaftlichen Fachsprache, außer in einer expliziten Bezugnahme auf die deutsche Bildungstradition, in anderen Ländern nicht gibt. Bildung in der frühen und mittleren Kindheit in der Tradition einer geisteswissenschaftlichen Pädagogik bezieht sich hierbei auf das Moment einer „Erschließung der Welt" und verweist damit stark auf die reflexiven, mitunter auch krisenhaften Momente von Bildung bzw. von Bildungsprozessen. Der derzeitige frühpädagogische Bildungsbegriff, der an diese Tradition anschließt, versteht Bildung als einen aktiven Prozess: Das Kind wird als Akteur (vgl. Kapitel 2) gesehen, als ein individuell Sich-Bildender, der sich „die Welt" mit unterschiedlichen Formen des „Weltzugangs erschließt", sich mit seinen sozialen, emotionalen und kognitiven Fähigkeiten mit der Welt und Menschen austauscht. Von Vertretern wie Gerd Schäfer, der mit seinem offener Bildungsplan für Kindertageseinrichtungen in Nordrhein-Westfalen", eine theoretische Veror-

Stärkung des Bildungsbegriffes

tung des Bildungsbegriffes im Bildungsplan vornimmt, wird Bildung angesehen als eine Fähigkeit, sich selbst auszudrücken, als ein „Lernen im Kontext" und als Prozesse, die bereits ab der Geburt beginnen.[29] Der frühpädagogische Bildungsbegriff ist aber keineswegs einheitlich in seiner Verwendung, zudem gibt es Überschneidungen und Überlagerungen der erziehungswissenschaftlichen Grundbegriffe Lernen und Bildung, ablesbar z. B. daran, dass Bildungspläne als „Bildungs- und Erziehungspläne" benannt wurden und in den Ausführungen der Pläne wenig differenziert wird zwischen lernen, bilden, sich bilden und erziehen. Auf die die fehlende Differenzierung zwischen den Begriffen Erziehung und Bildung wurde bereits parallel zur Einführung der Bildungspläne für den Elementarbereich in den Bundesländern hingewiesen, etwa von Autoren wie Hans-Joachim Laewen und Beate Andres,[30] die empfehlen den Terminus Bildungsplan in Erziehungsplan abzuändern.

Ko-Konstruktion, Selbstbildung und Weltaneignung

Während im Theoriediskurs der Elementarbildung bzw. Kindheitspädagogik stärker die Begriffe der Ko-Konstruktion (beim Lernen), Selbstbildung und Weltaneignung (bei Bildung) und die Formierung einer eigenständigen Elementarstufendidaktik im diskursiven Mittelpunkt stehen, um sich damit deutlich von der Stufendidaktik der Grundschule und dem schulischen Lernen zu unterscheiden, nicht zuletzt auch vor der Folie einer historischen und analytischen Auseinandersetzung mit der bisherigen Tradition und dem Selbstverständnis der Elementarbildung, wird deutlich, dass sich in der Grundschulpädagogik nur wenige Veröffentlichungen überhaupt mit dem Bildungsbegriff in theoretischer Weise auseinandergesetzt haben und eine inhaltsbezogene und theoriebezogene Auseinandersetzung zu dem, was in der Grundschule unter (grundlegender) Bildung verstanden werden kann oder soll, in den letzten Jahren eher in den Hintergrund trat.[31] Während im Bereich der Grundschulpädagogik über viele Jahrzehnte eine starke Nähe zur geisteswissenschaftlichen Pädagogik und etwa zu Fragen nach einer formalen und kategorialen Bildung im Sinne Wolfgang Klafkis (1927-2016) vorherrschte, findet sich derzeit eher eine Verengung oder Leerstelle der disziplinären Beschäftigung mit der Frage, was Bildung in der mittleren Kindheit darstellt und was Bildung in und durch die Grundschule als Bildungsinstitution für die Gegenwart bedeuten soll. Die Idee der „grundlegenden Bildung" oder Grundbildung in der Grundschule, wie sie im Bildungsverständnis der Grundschule der letzten Jahrzehnte zentral tradiert wurde, nachlesbar z. B. bei Georg Schorch[32] oder Ilse Lichtenstein-Rother und Edeltraud Röbe,[33] als die erste und grundlegende Schule für alle Kinder, die auch als kindgemäße Schule charakterisiert wird, kann gerade durch die Entwicklungen der letzten Jahre auch hinterfragt werden. Hat die Institution Grundschule lange den Anspruch aufrechterhalten können, hier finde die erste Bildung der Kinder statt, hat sich dies durch die Veränderungen im Elementarbereich mit der Trias Betreuung, Erziehung und Bildung geändert. Sowohl der Elementar- als auch der Primarbereich verfügen nunmehr über einen Auftrag zur Bildung und Erziehung in der Kindheit, ein spezifischer Bildungsauftrag ist damit kein Alleinstellungsmerkmal der Grundschule mehr.[34] So kann, mit Blick auf den großen Bereich der Literacy-Bildung im Kindergarten, gegenwärtig nicht mehr eindeutig gesagt werden, dass erst die Grundschule die Kinder von der Oralität zur Literalität führt und erst dort in die Schriftkultur eingeführt würde, auch wenn hier weiterhin ein Übergang zum schulisch-systematischen Lernen stattfindet.

Übergang zum schulisch-systematischen Lernen

In der pädagogischen Praxis, aber auch auf der Theorieebene der Elementar- und Primarbildung, wird, im Gegensatz zur verwandten Disziplin der Allgemeinen Pädagogik, die sich zentral mit erziehungswissenschaftlich-relevanten Grundbegriffen beschäftigt, häufig auf eine Differenzierung und Abgrenzung der Begriffe Bildung und Erziehung sowie Bildung und Lernen verzichtet, vielmehr werden die Grundbegriffe und theoretischen Argumentationslinien, die dahinter liegen, synonym und unspezifisch verwandt.[35] Im Gegensatz zum Erziehungsbegriff, der ein normativer ist, handelt es sich beim Lernbegriff jedoch um einen im Kern neutralen. Lerntheorien stammen aus unterschiedlichen Disziplinen, es existieren zahlreiche theoretische Ansätze, die vor allem von der Naturwissenschaft, aber auch von der Geisteswissenschaft geprägt sind. Im derzeitigen frühpädagogischen Theoriediskurs findet eine kritische Auseinandersetzung damit statt, wie viel Lernen durch Instruktion im Kindergartenbereich stattfinden kann und darf und wie sich das Verhältnis zwischen Lernen als (Selbst-)Bildung, Lernen durch Instruktion und Ko-Konstruktion ausgestaltet und artikuliert. Unterschiedliche Perspektiven und theoretische Verortungen finden nicht nur in der nationalen, sondern auch in der internationalen konzeptionellen und curricularen Entwicklung Eingang. Zudem zeigen sich in den Bildungsplänen des Elementarbereichs in unterschiedlicher Weise die beiden Pole einer „indirekten" Erziehung, die

Lerntheorien

sich stärker am Kind orientiert, und einer „direkten", die stärker die Rolle der Erzieher/innen betont. Bei der indirekten Erziehung geht es hierbei mehr um eine anregungsreiche Lernumgebung und eine Orientierung an der Entwicklung des Kindes und Lerntheorien, während bei der direkten Erziehung die Bereitstellung und Vermittlung von Lerninhalten eine größere Rolle spielen.[36] Es kann hierbei unterschieden werden zwischen spezifischen (fachbezogenen) enger gefassten Theorien zum Lernen und Metatheorien zum Lernen, zu denen die drei großen Richtungen Behaviorismus, Kognitivismus, Konstruktivismus gehören, auf den sich der ko-konstruktivistische Lernbegriff der Elementarpädagogik in direkter Linie bezieht.

Neben klassischen elementardidaktischen Ansätzen, die in reformpädagogischer Tradition stehen und von Friedrich Fröbel (1782-1852), Maria Montessori (1870-1952), Rudolf Steiner (1861-1925) oder in Reggio Emilia begründet wurden, haben in den letzten Jahrzehnten bis zur Einführung der Bildungspläne im Elementarbereich v. a. der Situationsansatz und die Idee eines Lernens als Selbstbildung, im Gegensatz zum Lernen durch Lehren bzw. Lernen durch Instruktion (Unterricht) und Lernen als Ko-Konstruktion als konzeptionelle Ansätze bzw. Leittheorien die Arbeit der Erzieher/innen geprägt. Während sich der Begriff der Selbstbildung, der häufig in seiner Anwendung eine Verkürzung als ein „Sich-Selbst-Überlassen" erfährt, auf ein anthropologisches Verständnis vom Kind bezieht, ist der Situationsansatz v. a. in einer sozialpädagogischen Denktradition verortet. Der Situationsansatz entwickelte sich hierbei in der zweiten Hälfte der 1970er Jahre und integrierte vorhandene pädagogische Ansätze, v. a. Ideen von Paulo Freire (1921-1997) (Pädagogik der Unterdrückten, Saul Robinsohn (1916-1972) (Curriculumstheorie) und Henry Morris (1918-2006) (Community Education), wobei das Verständnis von Lernen in diesem Ansatz in einer engen Verbindung zur sozialen Lebenswelt der Kinder steht und Lernen in Auseinandersetzung mit und an realen Lebenssituationen der Kinder als Lebensweltorientierung erfolgt.[37] Ludwig Liegle beschreibt hingegen ähnlich wie Gerd Schäfer die „Frühkindliche Bildung als Selbstbildung": „Mehr und anders als in späteren Lebensaltern muss Erziehung verstanden und gestaltet werden als angemessene Reaktion auf die Tatsache der Selbstbildung und des Selbstunterrichts des Kindes in seinem Aufbau des Subjekt-Welt-Bezugs."[38] Hinter dieser Lesart steht die Idee, dass nur das Kind sich selbst

„Frühkindliche Bildung als Selbstbildung"

bilden und Bildung damit nicht von außen stattfinden kann, da kein Mensch einen anderen, sondern lediglich der Mensch sich selbst, zu bilden vermag. Das Kind bildet sich in und durch Erfahrungen, die bedeutungsvoll und sinnhaft sind, vor allem im freien kindlichen Spiel eignen sich die Kinder ihre Welt an. Das Spiel kann damit als eine grundlegende und wichtige Ausdrucksform des Kindes angesehen werden. Bewegung, Malen, Gestalten, Rollenspiele und andere Varianten eines kindlichen Selbstausdruckes können hierbei als Grundformen angesehen werden, mit denen Kinder ihre Wahrnehmungen ausdrücken. Deshalb spricht etwa Loris Malaguzzi (1920-1994), der Begründer der Reggio-Pädagogik, von den „Hundert Sprachen des Kindes". Das Kind setzt sich mit der Welt auseinander und entwickelt Deutungen, was als „kindliche Weltaneignung" bezeichnet werden kann, es will sich selbst ein Bild von der Welt machen, seine eigene Welt gestalten und überformen, weil das ein anthropologisches Grundbedürfnis ist (vgl. auch Kapitel 2).

Bei der Forderung nach einer anschlussfähigen Bildung bleibt unklar, ob hier ein Bildungsbergriff zugrunde gelegt wird, der auf „den reflexiven Prozess des Selbstbildens" verweist und Bildung als ein kritisch-reflexives Verhältnis des „Menschen zu sich (Selbstbezug), zu den Mitmenschen (Sozialbezug) und zur Welt (Sachbezug)"[39] und damit einhergehenden Erfahrungsdimensionen meint, oder ob abschlussfähige Bildung eine Orientierung an formulierten Bildungsstandards darstellt, die Lernbereiche für beide Institutionen kompetenzorientiert beschreiben: Als sprachliche und mathematische Kompetenzen, musikalische und gestalterische Kompetenzen, naturwissenschaftliche Kompetenzen, Bewegungskompetenzen und motorische Kompetenzen, emotionale, soziale und motivationale Kompetenzen und gesundheitsbezogene Kompetenzen (u. a. Ernährung, Kleidung, Wohlbefinden). Mit der Forderung nach Kontinuität und (mehr) curricularer Übereinstimmung, lassen sich gleichzeitig auch Tendenzen einer Verengung des Bildungsbegriffes „auf den Erwerb nützlicher Kompetenzen"[40] und das Verwischen der (bisherigen) institutionellen Grenzen aufzeigen. Neben einer paradigmatischen Trennung zwischen einem Verständnis von Bildung als Weltaneignung versus Bildung als kompetenzorientierter Bildung, bleibt eine übergeordnete Bildungstheorie, die sich auf Kinder und Kindheit bezieht, ein theoretisches und empirisches Desiderat. Bildung in der Kindheit bezieht sich hier zum einen auf eine formale Bildung, die in Institutionen wie Kindergarten und Schule statt-

Kompetenzen

findet und über Bildungspläne, Schulgesetze etc. gesteuert wird. Von der formalen Bildung kann weiterhin die nonformale Bildung abgegrenzt werden, die in Einrichtungen der Kindertagesbetreuung, der Kinder- und Jugendarbeit sowie der Kinder- und Jugendhilfeangebote stattfindet, sowie die informelle Bildung in der Kindheit (Familie, Peers, Medien). Bildung hat damit zum einen nicht eine spezifische Lokalisierung, sondern viele Orte in der Kindheit und findet innerhalb und außerhalb von Kindergarten und Schule statt, zum anderen bleibt aber in einer solchen Ausdifferenzierung unklar, wie der Begriff Bildung in der Kindheit theoretisch fundiert wird.

"Tradition des Bildungsgedankens"

Bildung in der Kindheit kann in der „Tradition des Bildungsgedankens" aus einer bildungstheoretischer Sicht institutionenübergreifend bestimmt werden „als eine Tätigkeit des Subjekts in einem sozial und kulturell vorstrukturierten Raum und in Beziehung zu anderen – Kindern und Erwachsenen – die von Mustern der Kultur durchdrungen sind. Daraus geht eine Bildungsbiographie hervor, die mit der Geburt beginnt und mit der Geschichte dieser individuellen Auseinander-Setzung immer wieder fortgeschrieben wird."[41]

Elmar Drieschner und Dietmar Gaus[42] kritisieren, gerade in Bezug auf die Pädagogik der Frühen Kindheit, die Gleichsetzung pädagogischer Konzeptionen mit bildungstheoretischen Begründungsfiguren und fragen im Kontext der erziehungswissenschaftlichen Kindheitspädagogik weiter nach den (fehlenden) Implikationen einer Bildungstheorie. Ihrer Meinung nach beziehen sich Bildungstheorien im eigentlichen Sinne nicht auf bestimmte Programme, Curricula oder Inhalte, vielmehr kann mit den beiden Autoren zwischen Bildungskonzepten und Bildungstheorien unterschieden werden. Bildungskonzepte entstehen hierbei im Diskurszusammenhang von Wissenschaft, Bildungssystem, Wirtschaft, Politik und Verwaltung und geben dem Kindergarten oder der Grundschule vor, worin ihr Sinn und Zweck bzw. ihre Zielorientierung besteht. Bildungstheorien hingegen legen den Fokus auf die Person bzw. auf die Funktion von Bildung für die Person, die unter den Bedingungen moderner, individualisierter Gesellschaften vor die Aufgabe gestellt ist, den Aufbau des eigenen Lebenslaufs selbst zu bewältigen.

Bildungskonzepte und Bildungstheorien

ethnographische Ansätze

In der aktuellen Kindheitstheorie und korrespondierenden Forschung finden sich ebenfalls ethnographische Ansätze, die von einem anderen methodologischen Paradigma ausgehen und die Frage nach bildungstheoretischen Bezügen stärker über eine Theorie der sozialen Praktiken beantworten und über rekonstruktive Ansätze theoriebildend wirken. Bildung bezieht sich in einem solchen Verständnis nicht nur auf reflexive Prozesse, sondern gerade auch auf performative Praktiken und Dimensionen einer körperlichen bzw. körperbezogenen Bildung.[43]

Zudem erfolgt in der Theorie der Kindheitspädagogik stärker als in der Theorie der Grundschulpädagogik eine Anknüpfung an die Kritische Theorie der 1960er Jahre (Frankfurter Schule) sowie an aktuelle Subjekttheorien wie beispielsweise jene im Anschluss an Judith Butler und Michel Foucault.[44] Aktuelle Bildungstheorien, die subjekttheoretisch fundiert sind, wie die von Norbert Ricken,[45] finden im Gegensatz zur Nachbardisziplin der Kindheitspädagogik bzw. der Kindheits- und Familienforschung, in der der Zusammenhang zwischen Bildung und Macht bzw. Gewalt[46] aufgegriffen wird, erst allmählich Einzug in die Diskurse der Grundschulpädagogik.

Wenn eine Referenz auf die Begriffe Bildung und Bildungstheorie erfolgt, werden diese im Bereich der Kindheitspädagogik/Frühen Bildung, in der Grundschulpädagogik/Schulpädagogik sowie in der Allgemeinen Pädagogik unterschiedlich konnotiert, auch wenn sich die jeweilige Teildisziplin der Erziehungswissenschaft überschneidend in ihrer jeweiligen Forschung auf Kinder in der frühen, mittleren oder späten Kindheit in Institutionen bezieht. Dies kann als Hinweis darauf gesehen werden, dass, neben der jeweils spezifischen theoretischen und empirischen Auseinandersetzung, interdisziplinären Betrachtungen und Forschungszugängen in diesem Feld eine hohe Bedeutung zukommt.

Theorien zum Übergang | 3.3

Der Begriff „Übergang" findet nicht nur in Bezug auf schulische Übergänge und damit im Kontext der (Grund-)Schulpädagogik eine Anwendung, vielmehr wird er interdisziplinär gebraucht. Der Terminus verweist hierbei sowohl im alltagssprachlichen Gebrauch als auch etwa in psychologischen, ethnologischen oder pädagogischen Kontexten auf das Überschreiten von Grenzen und ein Betreten neuer Räume, deren (Regel-)Systeme erst verstanden werden müssen. Übergänge ereignen sich in unterschiedlichen Kontexten, gehören zu jeder Gesellschaft(sform) und können, wie etwa Siegfried Däschler-Seiler in einer Systematik vorschlägt, eingeteilt werden in

Übergänge als Bildungsübergänge

Übergänge im Kontext von Leiblichkeit (hierzu gehören biologische Ereignisse), der Kultur (hierzu zählen kulturelle und religiöse Ereignisse und Feiern wie Kommunion, Hochzeit) und des Bildungssystems.[47] Während sich Übergänge als Bildungsübergänge auf den Eintritt bzw. Wechsel von Bildungsinstitutionen beziehen, wie der erste Übergang von der Familie in die Kindertageseinrichtung (Kinderkrippe, Kindergarten, Kindertagesstätte) oder der vom Kindergarten in die Grundschule, handelt es sich bei Übergängen im Kontext von Leiblichkeit primär um biologische Ereignisse, wie die Geburt als erster Übergang, die Pubertät oder der Tod als letzter Übergang. Auch das Laufen Lernen als Prozess des Unabhängig-Werdens von den Eltern und der Spracherwerb des Kindes können darunter subsumiert werden. Während Übergänge im Kontext von Leiblichkeit institutionell nicht wahrgenommen werden, sind Übergänge im kulturellen Kontext häufig auch institutionelle Übergänge. Als Beispiele für kulturell bedeutsame Passagen können hier religiöse Feiern und Rituale wie Taufe, Hochzeit, Beerdigung, die Einteilung des Jahres nach Jahreszeiten- und Kirchenkreisritualen wie Ostern, Pfingsten, Erntedankfest und Weihnachten genannt werden. Übergänge im kulturellen Kontext teilen das Leben in Passagen ein, es handelt sich damit weniger um progressive Entwicklungsprozesse als um Einschnitte im menschlichen Leben, das in Phasen eingeteilt werden kann. Aus einer anthropologischen Sicht betrachtet, ist das Leben aller Menschen von Zäsuren geprägt, auch wenn der Alltag kontinuierlich verläuft, gibt es Zäsuren, die eine Neustrukturierung oder Änderung mit sich bringen.[48]

Übergangsriten

Ein wichtiges Theoriemodell zur Darstellung und Erklärung von Übergängen wurde in dieser Hinsicht vom französisch-sprachigen Ethnologen Arnold van Gennep (1873-1957) entwickelt. Van Gennep befasste sich als Schüler von Emile Durkheim (1858-1917) ausführlich als einer der Pioniere der französischen Ethnographie mit der Bedeutung von Übergangsriten (Les rites de passage). Später schloss sich der Forscher Victor Turner (1920-1983) der Forschung von Gennep an. In seinem wichtigen Werk „Les rites de passage" aus dem Jahr 1908 beschreibt er das Leben insgesamt als eine Ansammlung von Übergängen: „Es ist das Leben selbst, das die Übergänge von einer Gruppe zur anderen und von einer sozialen Situation zur anderen notwendig macht. Das Leben eines Menschen besteht somit in [sic!] einer Folge von Etappen, deren End- und Anfangsphasen einander ähnlich sind: Geburt, soziale Pubertät, Elternschaft, Aufstieg in eine höhere Klasse, Tätigkeitsspezialisierung. Zu jedem dieser Ereignisse gehören Zeremonien, deren Ziel identisch ist: Das Individuum aus einer genau definierten Situation in einer andere, ebenso genau definierte hinüberzuführen. Da das Ziel das gleiche ist, müssen auch die Mittel, es zu erreichen, zwangsläufig, wenn nicht in den Einzelheiten identisch, so doch zumindest analog sein. Jedenfalls hat sich das Individuum verändert, wenn es mehrere Etappen hinter sich gebracht und mehrere Grenzen überschritten hat."[49]

Die Stärke ethnologisch-soziologischer Theoriezugänge wie die von van Gennep zur Übergangsbeschreibung liegt darin, den Übergang als Abfolge von festgelegten bzw. ritualisierten Statuspassagen und Übergangsriten zu begreifen. Übertragen auf den Übergang vom Kindergarten in die Grundschule, finden sich zahlreiche Anknüpfungspunkte v. a. in der Ritualisierung des Schulbeginnes bzw. der Schulanfangsfeiern in Deutschland. Der Übergang vom Kindergarten in die Schule stellt in der Bildungsbiographie eines Kindes eine besondere Passage dar. Versüßt und gefeiert wird hier der Übertritt von der Spiel- zur Lernkindheit, in der Schule beginnt der „Ernst des Lebens" und ein Wechsel vom informellen zum stärker formalen Lernen. Die Kinder werden beim Schuleintritt für diesen zudem mit Schulranzen und Schultüten als äußerlich sichtbaren Zeichen für die Übergangsfeier bzw. Einweihungsfeier geschmückt, vielfach werden auch schöne neue Kleider für den „ersten Tag" gekauft. Auf Schuleingangsfeiern werden die „Neuen" in einer ritualisierten Art und Weise in die Schulgemeinde aufgenommen, die zwar Unterschiede aufweisen (mit oder ohne Gottesdienst), aber häufig eine Ansprache des/der Rektor/in oder der Lehrer/innen sowie Willkommensgrüße und Auftritte der älteren, schon „eingeweihten" Schüler/innen enthalten. Übergänge werden nach van Gennep mit Übergangsriten gestaltet, die mehrheitlich in ihrer Grundstruktur aus einem Nacheinander von Trennungsriten, Umwandlungsriten und Angliederungsriten bestehen. Bezogen auf die Riten des Überganges vom Kindergartenkind zum Grundschulkind ließe sich hier die oben genannte Symbolisierung für die Trennung (im Kindergarten oder Zuhause werden Schultüten gebastelt, diese werden gefüllt, um den Übergang zu „versüßen" bzw. mit Geschenken aufzuwerten) anführen. Beim Umwandlungsritus betreten die vorbereiteten Kindergartenkinder in der Schuleingangsfeier als Kindergarten- oder Vorschulkinder den Raum (z. B. die Aula der Schule) und werden in die soziale Gruppe der Schulkinder, den Raum bzw. die Kultur der Schule eingegliedert. In der Übergangstheorie von van Gennep besteht jeder Übergang aus dem Dreischritt: einer Trennungsphase, einer Schwellenphase und einer Integrationsphase. Beim Übergang vom Kindergarten in die Grundschule, verlassen die Kinder ihre alte Welt des Kindergartens bzw. der „Vorschulgruppe" vor den Sommerferien, befinden sich in den Sommerferien weder im Raum der Kindergartenkultur der „kleineren" Kinder, noch im Raum der Schulkultur der „größeren" Kinder, sondern in einer Übergangsphase.

Einschulung Der Akt der Einschulung wird, was im internationalen Vergleich schnell deutlich wird, gerade in Deutschland erheblich mit Bedeutung aufgeladen durch Fototermine, teure Feiern und das Einbinden mehrerer Generationen und kann damit auch als spezifisch deutsches Kulturphänomen betrachtet werden. So ist es nur in Deutschland, Österreich und im deutschsprachigen Teil der Schweiz oder Rumänien (Siebenbürgen) üblich, neben dem Schulranzen als äußerem Zeichen Schulkind zu sein, diesen Tag mit einer Schultüte oder Zuckertüte zu begehen, ein Brauch, der zudem erst mit dem frühen 19. Jahrhundert einsetzte. Die Schultüte als wichtiges Übergangsobjekt kann hierbei von den Eltern, dem Paten des Kindes, oder durch Erzieher/innen und Kinder im Kindergarten selbstgebastelt oder aber auch gekauft werden.

Eine anthropologische Perspektive, die sich u. a. mit der Bedeutung und Wirkung von Ritualen im Kontext von Bildung beschäftigt, wird auch innerhalb der Erziehungswissenschaft vertreten, vor *Berliner Ritualstudie* allem die Berliner Ritualstudie[50] konnte hier aufzeigen, wie vom Schulanfang beginnend Bildung im und durch Rituale stattfindet. Rituale haben hierbei, wie die Ritualstudie zeigt, nicht in erster Linie negative Wirkungen (wie dies etwa in der Erziehung im Nationalsozialismus instrumentalisierend eingesetzt wurde), sondern vor allem auch kreative und konstruktive. Bildungsübergänge finden nicht nur in Deutschland in ritualisierter Form als „Initiationsrituale" statt, sondern auch außerhalb. Während in anderen Bildungssystemen, z. B. in Amerika und in Schweden indes eher der Schulabschluss (High School-Abschluss, Abitur) ritualisiert gefeiert wird, ist es im deutschen System hingegen der Schulanfang. Der Übergang vom Kindergarten in die Grundschule ist damit nicht nur ein normativer, sondern auch ein kultureller. In dieser Form der ritualisiert-überhöhten Übergangsgestaltung, die in Deutschland kulturell verortet ist, zeigt sich jedoch auch gleichzeitig, neben dem

Strukturgebenden, auch der Zwangscharakter von Ritualen. Dieser ist daran erkennbar, dass auch Familien, die neu nach Deutschland eingewandert sind oder Eltern, deren eigene Bildungserfahrung im Ausland stattfand und die dieses Ritual selbst nicht erlebt haben, sowie Kinder, die sichtbar keine Freude an den Übergangszeremonien haben, mitmachen (müssen) und in der Regel kein Alternativangebot am Schulanfang wählen können.

Die Begrenzungen bzw. Verkürzungen von ethnologisch-soziologischen Modellen zur Beschreibung des Übergangs vom Kindergarten zeigen sich indes deutlich, wenn der Übergang als ein kein singuläres Ereignis gedeutet wird, da sich der Übergang vom Kindergarten in die Grundschule nicht auf den ritualisierten Einschulungstag und die Einschulungsfeier als Initiationsfeier reduzieren lässt, auch nicht, wenn diesem Tag die Sommerferien als Schwellenpassage vorausgehen. Auch wenn es richtig ist, dass in Deutschland alle Kinder zur Einschulungsfeier gehen und kaum ein Kind dies ohne Schultüte „wagen" würde, handelt es sich hierbei nicht nur um kollektive, soziale und gruppenbildende Prozesse, die aus ethnologischer oder soziologischer Sicht beschrieben werden können, sondern auch um individuelle Prozesse. Demzufolge kann auch bezweifelt werden, dass alle Kinder linear die Phasierung durchlaufen, vielmehr gibt es ganz unterschiedliche Verläufe, die sich nicht in einem Stufenmodell abbilden lassen.

In der deutschsprachigen Übergangstheorie und -forschung, die sich an der internationalen orientiert, wird häufig der Begriff des Überganges durch den der Transition ersetzt bzw. synonym verwandt. Der Fachterminus der Transition stammt hierbei aus dem angelsächsischen Sprachraum und bezieht sich auf den Prozess des Wechsels von einer Einrichtung, beispielsweise dem Kindergarten, in eine andere, hier der Grundschule. Zusätzlich wird in der internationalen Transitionsforschung[51] häufig ebenfalls zwischen horizontalen und vertikalen Transitionen unterschieden, wobei mit dem Adjektiv horizontal, im Gegensatz zu vertikal darauf verwiesen wird, dass diese Transitionen auf einer Ebene bzw. Stufe lokalisiert sind und sich beispielsweise auf den Wechsel zwischen formalen und informellen Bildungssituationen beziehen: „Horizontal transitions [...] occur throughout the day, which take children between formal and informal situations, and different cultures that necessitate children having to interpret their surroundings and ‚read' what is required of them in each setting."[52]

Die Kinder wechseln also nicht nur vertikal von einer Bildungseinrichtung in die nächste, sondern haben auch innerhalb einer Stufe horizontal mit zahlreichen Wechseln und Übergängen, auch innerhalb eines Tages, zu tun, von der Frühbetreuung in den Unterricht, danach in die Ganztagsbetreuung oder den Hort, dann zur Musikschule, dem Sportverein oder dem Elternhaus. Zudem wird in der englischsprachigen Transitionsforschung darauf hingewiesen, dass der Begriff der Transition nicht einfach mit dem des Transfers gleichzusetzen ist, vielmehr bezieht sich der Begriff Transfer auf Situationen, in denen ein Kind, das sich bereits in einer bestimmten Schulform befindet, von einer Schule oder Klasse in eine andere wechselt, jedoch die spezifische Schulform, hier z. B. die Grundschule, bereits bekannt ist. Hilary Fabian und Aline-Wendy Dunlop, die mit ihrem Buch „Transitions in the early years. Debating continuity and progression for children in early education" den Stand der internationalen Transitionstheorie für die Frühe Bildung zusammenfassen, benutzen den Transitionsbegriff zudem noch sehr viel allgemeiner: „Transition is referred to as the process of change that is experienced when children (and their families) move from one setting to another."[53]

englischsprachige internationale Transitionstheorie

Die englischsprachige internationale Transitionstheorie bezieht sich in ihren theoretischen Bezugnahmen entweder auf soziologische und ethnologische bzw. anthropologische Theoriezugänge (z. B. von van Gennep) oder auf psychologische Ansätze, die aus der Familienpsychologie, der Entwicklungspsychologie, der Sozialpsychologie oder der Stresspsychologie stammen. Aus einer psychologischen Perspektive kann der Übergang vom Kindergarten in die Grundschule als eine Entwicklungskrise, als eine Bewältigungsaufgabe oder als ein „kritisches Lebensereignis" charakterisiert werden. Der Terminus der „kritischen Lebensereignisse" stammt von Siegrun-Heide Filipp, die in ihrem gleichnamigen Buch „Kritische Lebensereignisse"[54] diese wie folgt beschreibt und damit gleichzeitig auch auf die Schwierigkeit einer adäquaten Definition verweist: „Eine weitgehende Übereinstimmung zwischen den einzelnen Konzeptualisierungsansätzen besteht darin, dass kritische Lebensereignisse als solche im Leben einer Person auftretende *Ereignisse* verstanden werden, die durch Veränderungen der (sozialen) Lebenssituation der Person gekennzeichnet sind und die mit entsprechenden Anpassungsleistungen durch die Person beantwortet werden müssen. Da diese Ereignisse eine Unterbrechung habitualisierter Handlungsabläufe darstellen und die Veränderung oder den Abbau bisheriger Verhaltensmuster erfordern, werden sie als prinzipiell ‚stressreich' angesehen, und zwar in vielen Fällen unabhängig davon, ob es sich dabei um ein nach allgemeinen Maßstäben ‚positives' (z. B. Heirat) oder ‚negatives' (z. B. Verlust des Arbeitsplatzes) lebensveränderndes Ereignis handelt."[55] Als Beispiele für kritische Lebensereignisse können die Geburt des ersten Kindes, das für eine Paar eine einschneidende Veränderung darstellt, aber auch „soziale oder biologisch ausgelöste Rollenübergänge im Leben, die von den jeweils betroffenen Personen bewältigt werden müssen"[56] aufgeführt werden. In Anlehnung an Filipps Theorie kann der Schulanfang als ein „kritisches Lebensereignis" aufgefasst werden, denn mit dem Bildungsübergang Kindergang Grundschule gehen gleichzeitig wichtige Entwicklungsaufgaben einher, die die kindliche Persönlichkeitsentwicklung herausfordern und die individuell als höchst belastend erlebt werden können.

Jede Transition von einer Bildungsebene zur nächsten erfordert Anpassungsleistungen des einzelnen Kindes, mit der psychologische Belastungen und Konflikte einhergehen, wie etwa Kakavoulis[57] es beschreibt: „The transition from one level of education to the next puts each time new demands for adjustment that cause critical psychological strains and conflicts in the relation between child and school."[58]

Eine weitere wichtige Bezugstheorie zur modellhaften Beschreibung von Übergängen ist der ökopsychologische Ansatz des amerikanischen Psychologen Uri Bronfenbrenner,[59] der in seinem Ansatz einer ökopsychologischen Systemtheorie die menschliche Entwicklung als einen Prozess der wechselseitigen Anpassung, die im Austausch zwischen Individuum und Umwelt stattfindet, beschreibt. Umwelt wird hierbei von ihm verstanden als eine Systematik vernetzter und vernetzender Strukturen. Dabei können drei verschiedene Systemebenen – das Mikrosystem, das Mesosystem und das Exosystem – unterschieden werden. Uri Bronfenbrenner thematisierte damit bereits in den 1970er ausführlich die Wechselwirkungen und Einflüsse zwischen den sozialen Systemen Familie, Kindergarten bzw. Vorschule und Schule sowie die Bedeutung der mit dem Übergang einhergehenden Veränderungen in einem systemischen Verständnis. Das Mikrosystem Familie steht hierbei mit anderen Systemen, die als Mesosysteme fungieren (zu denen v. a. Freunde und Verwandte gehören) in Verbindung. Zum Exosystem gehört

Anpassungsleistungen des Kindes

ökopsychologische Systemtheorie

beispielsweise die Arbeitswelt, zu der einzelne Familienmitglieder wie Vater oder Mutter Kontakt haben; auch wenn dieses nur einzelne Mitglieder betrifft, haben diese wiederum Einfluss auf das gesamte System Familie. Mit dem Makrosystem ist die Ebene der Gesellschaft gemeint, die mit Normen, Werten und der Legislativen beeinflussend ist. Die Veränderung eines Elementes tangiert hierbei stets das gesamte System, da alle Elemente auf verschiedenen Ebenen miteinander verbunden sind.

Schulfähigkeitstheorie

Für die deutschsprachige Schulfähigkeitstheorie griff Horst Nickel[60] Bronfenbrenners Ansatz und Anspruch auf, das Konzept der Schulfähigkeit nicht als individuelle Leistung des einzelnen Kindes, sondern aus öko-systemischer Sicht als eine gemeinsame Entwicklungsaufgabe aller Beteiligten zu verstehen. In Deutschland führte in der Folge in den letzten Jahrzehnten die Diskurslinie um das schulreife bzw. schulfähige Kind von Schulreifekonzeptionen aus den 1950er Jahren über Schulfähigkeitsvorstellungen hin zur aktuellen Diskurslinie um Veränderungen des Schulanfangs und Vorstellungen einer „kindfähigen Schule". Ausgehend von damals modernen Reifungstheorien aus der Entwicklungspsychologie forderte der Lehrer Artur Kern Anfang der 1950er Jahre eine Zurückstellung vermeintlich noch nicht reifer Kinder von der Einschulung, ausgehend von der eigenen empirischen Feststellung als Volksschullehrer, dass ein Zusammenhang bestehe zwischen einer zu frühen Einschulung und dem Sitzenbleiben, wie er ausführlich in seinem Buch „Das Sitzenbleiberelend"[61] aus dem Jahr 1951 darlegte. In der Folge wurden Kinder vor allem verstärkt in den 1960er Jahren Schulreifetests, zu denen der Reutlinger Schulreifetest/RST und der Kettwiger Schulreifetest gehören, unterzogen, um zu überprüfen, ob die Kinder bereits geeignet genug sind, um in die Institution Grundschule überzutreten.

Während historische Tests – zu den ältesten gehört hierbei der Gulden-Apfel-Test, bei dem einem Kind ein Apfel und ein Gulden angeboten wurden und es dann als schulreif galt, wenn es sich nicht für den Apfel, sondern für den Gulden entschied – aus heutiger Sicht, nur wenig Aussagefähigkeit im Hinblick auf schulrelevante Fähigkeiten eines Kindes haben, sind neuere Schulfähigkeitstest sehr viel breiter angelegt. So versuchen gegenwärtig Schulfähigkeitstests, die in Einschulungsuntersuchungen angewendet werden, die (sprachlichen, kognitiven, motorischen u. a.) Fähigkeiten der Kinder differenziert zu erfassen, wobei auch die heutige Schul-

Schulfähigkeitstest

eingangsdiagnostik zurecht Kritik erfährt in Bezug auf dahinter liegende Normalitätserwartungen (vgl. Kapitel 2). Zu den bekanntesten Schuleingangstests gehört hierbei das Kieler Einschulungsverfahren, das seit den späten 1980er Jahren eingesetzt wird und anknüpfend an ein systemisches Verständnis auch die Eltern die Schuleingangsdiagnostik einbezieht.[62]

Der deutsche Diskurs um Schulfähigkeitskonzepte und Schuleingangsdiagnostik spiegelt hierbei den internationalen, v. a. aber auch dem angloamerikanischen, wider. Hier lässt sich neben den gängigen Begriffen der Schulreife und Schulfähigkeit auch der der Schulbereitschaft verorten. Der englische Ausdruck „Readiness for school" bedeutet hierbei Schulbereitschaft, auch wenn sich hier in der englischsprachigen Forschung nicht einheitliche, sondern verschiedene Definitionen bzw. Sichtweisen auf Schulbereitschaft finden, die sich jedoch im Kern ähneln: „Readiness for school is said to occur when children are in a position to participate fully in school life or when they become aware of the demands of school life".[63] „Readiness for school" bezieht sich indes auf das individuelle Kind und seine (ganzheitliche) Bereitschaft für die Schule, während „School Readiness" vielmehr dafür steht, ob das Kind „schulreif" ist, sprich die als adäquat definierten Schulvorläuferfähigkeiten mitbringt. Die extremste Gegenposition zu „The child is ready for school" stellt hierbei „The school is ready for the child" dar.[64]

Schulbereitschaft

Bezugnehmend auf Übergangstheorien, die psychologisch fundiert sind, entstand in den letzten Jahrzehnten das sogenannte „Kontinuitätsparadigma", mit dem die Forderung nach einem sanften oder gleitenden Übergang einhergeht und die Identifikation von Belastungsfaktoren im Übergang sowie Faktoren für eine Resilienz (Widerstandsfähigkeit).[65] Wenn davon ausgegangen wird, dass Übergänge gelingen oder scheitern können, bleibt zu klären, was als ein gelingender Übergang charakterisiert werden kann. Der Übergang vom Kindergarten in die Grundschule wird aus einer psychologischen Theorieperspektive dann als erfolgreich erachtet, wenn das Kind die Herausforderung des Überganges bewältigt, d. h. sich im neuen Kontext Schule, Klassenzimmer etc. wohlfühlt und Beziehungen zu den Grundschullehrer/innen und neuen Mitschüler/innen aufbauen und damit eine positive Haltung gegenüber der neuen Institution entwickeln kann.[66]

„Kontinuitätsparadigma"

Im deutschsprachigen Raum ist, vor allem auch über die Arbeiten von Wilfried Griebel und Renate Niesel,[67] der Transitionsansatz zu

Transitionsansatz

einer der wichtigen theoretischen Erklärungsmodelle frühkindlicher Übergänge geworden. Im Transitionsansatz wird davon ausgegangen, dass sich durch erste erfolgreich bewältigte Transitionen die Wahrscheinlichkeit erhöht, auch weitere Bildungsübergänge positiv zu gestalten. Die Stärke des Transitionsansatzes liegt hierbei darin, dass die Transition als ein „prozesshaftes Geschehen", das sich durch Kontinuitäts- und Diskontinuitätserfahrungen auszeichnet, verstanden werden kann. Im Transitionsansatz, wie er in Deutschland von Renate Niesel und Wilfried Griebel und weiteren Vertreter/innen am Staatsinstitut für Frühpädagogik in München vertreten wird, wird der Zeitraum für die Übergangssituation zwischen den beiden Bildungsinstitutionen Kindergarten und Grundschule sehr weit gefasst, da er individuell höchst verschieden sein kann und circa ein Jahr vor der realen Einschulung („Ich bin jetzt Vorschulkind") beginnen und bis ins zweite Schuljahr hinein andauern kann. Der Prozess der Transition wird im Transitionsansatz hierbei angesehen als eine Phase von intensivierten und beschleunigten Entwicklungsanforderungen, die sozial reguliert werden.[68] Es wird davon ausgegangen, dass die Akteur/innen im Transitionsprozess ko-konstruktiv in einem dialogischen Verhältnis agieren, indem die Kinder im Übergang von ihren Eltern sowie den professionellen Übergangsgestalter/innen (Erzieher/innen und Lehrer/innen) aktiv begleitet und unterstützt werden (sollen). Ziel der Übergangsgestaltung und -begleitung ist letztlich die Stärkung der Resilienz, der Widerstandsfähigkeit, durch die Kompetenzen der Erwachsenen, die das Kind vor allem im letzten Kindergartenjahr, u. a. durch unterstützende Impulse, durch professionelles Reflektieren und Beobachten sowie durch eine emotionale Zuwendung, prozessorientiert fördern sollen.[69]

Der Transitionsansatz stellt hierbei keine originär neue Theorie, vielmehr eine Bezugnahme und Integration verschiedener bestehender theoretischer Modelle dar. Neben dem Ansatz von Cowan[70] aus der Familienpsychologie, wird vor allem auch auf die Stresspsychologie (verteten durch Lazarus/Folkman[71] und Filipp[72]) sowie die Ökopsychologie von Urie Bronfenbrenner[73] zur Erklärung der Bewältigungsprozesse zurückgegriffen (vgl. auch S. 54). Die Stresstheorie von Lazarus[74] stellt hierbei neben den bereits genannten, eine weitere relevante Bezugstheorie des Transitionsansatzes dar. Anknüpfend an den „kognitiv-transaktionalen Ansatz" von Lazarus kann bezogen auf den Übergang davon ausgegangen werden, dass

Übergangsgestaltung und -begleitung

Stresstheorie

Überlastungsreaktionen vermeidbar sind, wenn die Veränderungen im Lebensumfeld des Kindes zum einen möglichst gering gehalten werden und zum anderen für das Kind vorhersehbar und damit kontrollierbar gestaltet werden. Nach diesem Ansatz entsteht Stress für das Individuum dann, wenn es eine Situation in der Wahrnehmung als unüberwindbar einschätzt oder als Bedrohung erlebt.

Der Transitionsansatz thematisiert ferner, dass nicht nur das Kind, sondern auch seine Eltern im Übergang bestimmte Entwicklungsaufgaben zu bewältigen haben. Griebel/Niesel[75] gehen hierbei von Veränderungen auf drei unterschiedlichen Ebenen aus:

Eltern im Übergang

1. Individuelle Ebene (Veränderung der Identität)
2. Interaktionale Ebene (Aufnahme, Veränderung und Verlust von Beziehungen)
3. Kontextuelle Ebene (Integration verschiedener Lebensbereiche).

Gerade in dieser für viele Familien anstrengenden Phase, im Übergangsprozess vom Kindergarten in die Grundschule, werden Eltern von den Institutionen oftmals nur am Rande einbezogen, etwa auf einem Abschlusselternabend im Kindergarten oder einem Anfangselternabend in der Grundschule, häufig einer eher allgemein gehaltenen Informationsveranstaltung über die Organisation der Schuleingangsphase in den Klassen 1 und 2 (z. B. Anschaffung von Schulutensilien und Schulbüchern). Der Transitionsansatz verweist indes hier auf der Theorieebene und in Bezug auf Forschungsergebnisse aus der Transitionsforschung darauf, dass, gerade bei der Einschulung des erstgeborenen Kindes, Eltern Fragen hätten, unsicher seien, ob und wie sie ihr Kind „auf den Schulanfang", auf „den Ernst des Lebens" vorbereiten könnten oder „müssten" oder Befürchtungen hätten, dass die „Kindheit ihres Kindes" mit dem Schuleintritt enden könnte. Durch einen theoretischen Bezug auf die Transitionstheorie wird deutlich, dass, gerade im städtischen Raum, Eltern, die aus einem anderen Kulturkreis stammen und über keine eigenen Erfahrungen mit dem deutschen Schulsystem verfügen, in der Übergangsgestaltung besonders berücksichtigt werden müssen und der Übergang in die Schule unter den Bedingungen von Migration und Mehrsprachigkeit bei Kindern und deren Eltern eine Herausforderung für die mittelbar und unmittelbar am Übergang beteiligten Akteur/innen darstellt.[76]

3.4 | Forschung zum ersten Bildungsübergang und zur Ungleichheit am Schulanfang

Der Übergang vom Elementar- zum Primarbereich ist in den letzten Jahren zu einem wichtigen Forschungsfeld in der deutschen Grundschulforschung und Forschung in der Frühen Bildung geworden. Die Forschungsbereiche, Forschungsthemen und damit einhergehend die gewählten Forschungsmethoden innerhalb der Übergangsforschung unterscheiden sich indes voneinander. Als relevante Teilthemen können hier u. a. die Forschung zur Schulvorbereitung und zur Arbeit mit Bildungsplänen in frühen pädagogischen Institutionen in Bezug auf die (methodisch-didaktische und inhaltliche) Übergangsgestaltung angesehen werden[77] sowie Studien, die sich stärker mit einer oder mehreren Perspektiven der Akteur/innen im oder auf den Übergang beschäftigen (der Perspektive auf die/der Kinder, auf die/der Eltern, die/der Erzieher/innen sowie Lehrer/innen). Hier lassen sich z. B. die Forschung zur Rekonstruktion von subjektiven Theorien von Erzieher/innen und Lehrer/innen in Bezug auf den Übergang vom Kindergarten in die Grundschule (u. a. von Karin von Bülow[78]) und die zum kindlichen Erleben des Überganges und der Jahrgangsmischung im jahrgangsgemischten Unterricht der Schuleingangsphase (z. B. von Marcel Klaas[79]) anführen.

Kooperation und Verzahnung der Institutionen

Die Frage, nach den Bedingungen einer verbesserten Kooperation und Verzahnung der Institutionen, die aus historischen Gründen getrennt sind, bleibt zudem weiterhin eine relevante (vgl. Kapitel 3.1). Hier beschäftigt sich etwa die Studie von Ulrike Beate Müller[80] in einem Mixed-Method-Ansatz, der quantitative und qualitative Zugänge kombiniert, mit dem Zusammenhang zwischen den Angeboten einer institutionellen Verzahnung von Kindergarten und Grundschule und einer erfolgreichen Übergangsbewältigung der Kinder beim Schulbeginn. Die Ergebnisse der Studie verweisen u. a. darauf, dass sich Kinder, die eine Vorschule, die in eine Grundschule integriert ist, besucht haben, im Gegensatz zu Kindern, die keine entsprechende Vorschule besucht haben, in der Grundschule in Bezug auf das Klassen- und Lernklima wohler fühlen.[81] Neben dem Zusammenhang zwischen kindlicher Bewältigung des Überganges vom Kindergarten in die Grundschule und der Art der Verzahnung der Institutionen, gibt es eine Reihe an Begleitforschungsprojekten zu Übergangsmodellen und -projekten, beispielsweise zum Schul-

Übergangsbewältigung

3.4 Forschung zum ersten Bildungsübergang

versuch „FLEX" (Flexible Schuleingangsphase) in Brandenburg, zum Projekt „Schulanfang auf neuen Wegen" in Baden-Württemberg (zwischen 1997 und 2003) oder zum Jahrgangsübergreifenden Lernen in der Schulanfangsphase (Schulversuch JÜL bzw. JüliSa) in Bundesländern wie Berlin, Brandenburg und Schleswig-Holstein (vgl. dazu auch S. 75–78).[82]

In Studien der deutschen und englischen Übergangsforschung (z. B. Wilfried Griebel/Renate Niesel,[83] Kay Margetts,[84] Anna Kienig/ Kay Margetts,[85] Ulrike Müller,[86] Hanns Petillon[87]), die sich hierbei vor allem auf eine von der Psychologie beeinflusste Transitionsforschung beziehen, wird in Bezug auf die individuelle Übergangsbewältigung der Kinder stets auf die Bedeutung sozialer Beziehungen verwiesen. Insbesondere Freundschaften werden in diesem Kontext als besonders unterstützend bei der Übergangsbewältigung angesehen.

Da seit den 1970er Jahren vor allem in der angloamerikanischen und skandinavischen Forschung zum Feld der Übergangsthematik gearbeitet wird, sollen hier einige englischsprachige Studien skizziert werden. Stellvertretend für die große Gruppe der in der internationalen Übergangsforschung Tätigen können hier Stig Broström für Dänemark,[88] Inge Johansson und Anette Sandberg für Schweden,[89] Hilary Fabian und Aline-Wendy Dunlop,[90] Kay Margetts, Berenice Nyland sowie Sue Dockett und Bob Perry in Australien[91] stehen. Eine Reihe an Studien, wie etwa die neuseeländische Untersuchung von Eileen Ledger, Anne Smith und Peter Rich[92] aus den 1990er Jahren, bestätigen hierbei mit ihren Ergebnissen, dass der Übergang von der Vorschule (Pre-school) zur Grundschule (Primary school) gerade aus der Sicht der Kinder eine der größten Transitionen oder Wechsel in ihrem Leben darstellt und knüpfen damit an Ergebnisse früheren Studien aus den 1970er Jahren (v. a. von Urie Bronfenbrenner[93]) an. Das australische Forscherpaar Sue Dockett und Bob Perry arbeitet ebenfalls bereits seit den 1990er Jahren an der Fragestellung, wie „effective transitions" charakterisiert werden können. Dockett/Perry[94] zeigen in einer frühen Untersuchung zu dieser Forschungsfrage auf, dass Kinder und Erwachsene in Bezug auf den ersten formalem Bildungsübergang vom Kindergarten in die Grundschule unterschiedliche Erwartungen haben. Vor allem auch im Hinblick auf Vorstellungen zur schulischen Ordnung und mitzubringende Grundfertigkeiten für die Schule gehen die Antworten der im Rahmen eines Projektes der Western Sydney University befragten Kinder, Erzieher/innen und Lehrer/innen weit auseinan-

englischsprachige Studien

"Starting Strong" der. Die Ergebnisse des Projektes „Starting Strong" (1998-2000) zeigen auf, dass das, was Kinder zur Bewältigung des Übergangs für wichtig erachten, sich deutlich von der Einschätzung der Eltern und der den Übergang begleitenden Pädagog/innen unterscheidet. Kinder stünden bei der Bewältigung des Bildungsüberganges eigenen Entwicklungsaufgaben gegenüber und formulierten dementsprechend andere Interessen und Prioritäten als die beteiligten Erwachsenen, die über den Übergang der Kinder sprechen. Für die befragten Kinder sei es ein besonders wichtiges Anliegen, die „schulischen Regeln" im Vorfeld zu kennen.[95]

David Yeboah[96] zeigt in seinem Überblick zur Forschungsliteratur „Enhancing Transitions from Early Childhood Phase to Primary Education: evidence from the research literature" zudem auf, dass sich viele Studien aus dem angloamerikanischen Raum insbesondere mit der Frage nach den Faktoren, die für eine erfolgreiche Transition auschlaggebend sind, beschäftigen und hierbei in quantitativen Übergangsstudien vor allem die Kategorien bzw. Variablen „learning in different settings", „factors associated with the school", „factors associated with language and culture" and „children's personal factors or characteristics" beleuchtet werden.[97]

EPPSE-Studie   Die größte Studie zum Übergang vom Elementar- zum Primarbereich aus dem englischsprachigen Raum stellt hierbei die englische Studie „Effective Preschool and Primary Education" (EPPE-Studie) dar, die sich als eine breit angelegte Langzeitstudie zunächst mit dem ersten Bildungsübergang vom Kindergarten in die Grundschule beschäftigte und später in der Weiterentwicklung bzw. Fortsetzung der Studie als EPPSE-Studie (Effective Preschool, Primary & Secondary Education)[98] mit weiteren Bildungsübergängen, um die Kinder und ihre Entwicklungen im Längsschnitt zu verfolgen. In der Analyse der Daten wurde u. a. aufgezeigt, dass die Qualität des besuchten Kindergartens zumindest für die Entwicklung des Kindes in den unteren Jahren der Grundschule bedeutsam ist, womit gleichfalls die These belegt wurde, dass die Ausbildung der Erzieher/innen sowie die Art der Angebote und der Unterstützung der Kinder im Elementarbereich von Bedeutung sind für deren weiteren Bildungsverlauf.

Bildungsungleichheit   Forschung zum ersten Bildungsübergang vom Elementar- zum Primarbereich und zur Frage, inwieweit bereits vor und zum formalen Schulanfang aus familialer und sozialer Ungleichheit Bildungsungleichheit werden kann, bezieht sich hierbei nicht nur auf die formale, sondern auch auf nonformale und informelle Bildung (vgl. Kapitel 3.1) und damit zentral auch auf die Familie als „Bildungsort". Neuere Veröffentlichungen aus der Familienforschung fragen u. a. nach der Bedeutung eines Wandels in den Familien bzw. der Strukturen des familiären Zusammenlebens im Hinblick auf schulische Bildungsbiographien (z. B. Anna Brake[99]) sowie im Hinblick auf eine generelle Veränderung von Erziehung in formalen, nonformalen und informellen Bildungsinstitutionen (z. B. Jutta Ecarius[100] oder Rosemarie Nave-Herz[101]).

Während im Bereich der Bildungs- und Sozialberichterstattung sozio-ökonomische Daten erhoben und ausgewertet werden, um die verschiedenen Ausgangsvoraussetzungen der Kinder und ihrer Familien statistisch zu erheben (z. B. Größe der Wohnung, höchster Abschluss der Eltern etc.) und diese Variablen als Prädiktoren für einen Bildungsverlauf deuten zu können; geht es einer Übergangsforschung, die sich auf den Transitionsansatz bezieht, stärker darum, herauszustellen, dass sich in Bezug auf das zugrunde liegende theoretische Übergangsverständnis als Referenzrahmen, die Übergangsforschung vom Elementar- zum Primarbereich auch als Familienforschung bzw. Elternforschung verstehen muss und die spezifischen Ausgangsvoraussetzungen der Eltern und ihrer Bildungsbiographien eine bedeutende Rolle einnehmen, v. a. auch im Hinblick auf eine vorhandene mehrsprachige Erziehung in den Herkunftsfamilien, Unterschiede in der jeweiligen Familiensozialisation oder Erfahrungen von Zuwanderung.[102]

<small>Elternforschung</small>

Eine Bezugnahme auf Übergangstheorien bzw. das Explizieren des zugrunde liegenden theoretischen Übergangsverständnisses als Referenzrahmen ist damit unabdingbar für die Übergangsforschung vom Elementar- zum Primarbereich. So wurden etwa vor dem Hintergrund des ökopsychologischen Modells in der Studie von Matthias Petzold[103] Erwartungen von Müttern und Vätern zum Zeitpunkt der Einschulung untersucht, ähnlich wie auch die ökologische Sichtweise auf den Übergang die theoretische Grundlage für die Fragebogenerhebung und Interviews bei der australischen Starting-Strong-Studie darstellte.

Ein v. a. an der pädagogischen Psychologie und Lehr-Lern-Forschung bzw. fachdidaktischen Forschung sowie Motivationsforschung orientierter quantitativ ausgerichteter Zweig widmet sich in den letzten Jahren, sowohl in der internationalen als auch in der nationalen Forschung, vermehrt der Erforschung von Schulvorläuferfähigkeiten und der Entwicklung bzw. Definition und Weiterentwicklung schulbezogener Kompetenzen. Diese stehen in Anlehnung an eine mögliche Unterscheidung zwischen „Readiness for school" und „School Readiness" (vgl. Kapitel 3.3) für die zweite Richtung, die sich u. a. mit der Rolle von Schulvorläuferfähigkeiten und der akademischen Selbstkonzeptentwicklung beschäftigt und in direkter Weise an die Kompetenzorientierung und Messung von Kompetenzen als Standards, die v. a. Bereich der schulischen Unterrichtsqualitätsentwicklung[104] eingesetzt werden, anknüpfen. Hier sind als relevante Studien die LOGIK-Studie (Longitudinalstudie zur Genese individueller Kompetenzen) und die SCHOLASTIK-Studie (Schulorganisierte Lernangebote und Sozialisation von Talenten, Interessen und Kompetenzen) der empirischen Bildungsforscher Franz Weinert und Andreas Helmke u. a. zu nennen.[105]

LOGIK-Studie und SCHOLASTIK-Studie

In der Scholastik-Studie und in der LOGIK-Studie, die beide als Längsschnittstudie am Max-Planck-Institut für psychologische Forschung in München durchgeführt wurde und die sich aufeinander beziehen, ging es jeweils um die Analyse individueller Entwicklungsverläufe im Kindesalter, wobei sich die Stichproben überschnitten.[106] LOGIK ist hierbei die erste Untersuchung, die 1984 mit 200 Kindern aus 20 Kindergärten im Raum München startete und bei der die teilnehmenden Kinder dreimal jährlich psychologisch beobachtet, befragt und getestet wurden. Eine zentrale Forschungsfrage lautete, ob die von den Forschern beobachteten Unterschiede zwischen den Kindern über die Zeit hinweg bestehen bleiben oder verschwinden würden. Die SCHOLASTIK-Studie setzte als zweite Studie mit dem Schuleintritt der LOGIK-Kinder ein und wurde auf eine Stichprobe von 1150 Kindern ausgeweitet. Das Forschungsinteresse bezog sich in diesem Teil auf die „Analyse interindividueller Kompetenz- und Motivationsunterschiede im Kontext variabler Grundschulerfahrungen".[107] In der SCHOLASTIK- und der LOGIK-Studie steht die Erforschung der Entwicklung des Fähigkeitsselbstkonzeptes vom Vorschulalter bis zum Jugendalter im Mittelpunkt. In Studien zum Fähigkeitsselbstkonzept zeigt sich hierbei die Tendenz, dass Kinder in der frühen Kindheit eher zu einer körperbezogenen Selbstbeschreibung neigen („Ich bin schon groß." „Ich kann gut Radfahren, ich bin der beste Kletterer."), während Kinder in der mittleren Kindheit bereits stärker zwischen einzelnen Fähigkeitsbereichen differenzieren können („Ich kann gut Buchstaben schreiben, aber ich kann noch nicht so gut lesen"). Jan-Henning Ehm[108]

3.4 Forschung zum ersten Bildungsübergang

verweist in seiner Dissertation zum Thema „Akademisches Selbstkonzept im Grundschulalter" darauf, dass die bei Kindern im Kindergartenalter üblichen körperbezogenen Selbstbeschreibungen zwar durch differenziertere und stärker kognitiv ausgerichtete abgelöst werden, jedoch Kinder weiterhin am Schulanfang zu einer deutlichen Überschätzung eigener Kompetenzen neigen, was sich bis zum Ende der Grundschulzeit bei vielen Kindern zu einer leichten Überschätzung verändert.

Eine weitere größere deutsche Übergangsstudie, die sich mit der Kompetenzentwicklung von Kindern im Übergang beschäftigt, stellt die Bamberger Studie BIKS (Bildungsprozesse, Kompetenzentwicklung und Selektionsentscheidungen im Vor- und Grundschulalter) dar. In diesem Zusammenhang wurden ebenfalls die Erzieher/innen nach ihren pädagogischen Orientierungen befragt.[109] Gerade der Bereich der berufsbezogenen Einstellungen und Haltungen von pädagogischen Fach- und Lehrkräften, die den Übergang vom Kindergarten in die Grundschule gestalten, wird in den letzten Jahren in der deutschen Übergangsforschung zu einem relevanten Forschungsgegenstand, wenngleich unter diversen Fragestellungen. So werden etwa in der Studie von Astrid Rank[110] Vorstellungen von Erzieher/innen im Übergang mit einem fachdidaktischen Fokus thematisiert, das heißt, deren „subjektive Theorien" zum Schriftspracherwerb und zum vorschulischen Lernen erhoben. Methodisch wird in Studien zu berufsbezogenen Überzeugungen von pädagogischen Fach- und Lehrkräften unterschiedlich vorgegangen, da diese sich auf verschiedene Teilbereiche beziehen können. Berufsbezogene Überzeugungen können nach Reusser/Pauli/Elmer[111] eingeteilt werden in epistemologische Überzeugungen zu Lerninhalten und Prozessen, personenbezogene Überzeugungen zu Kindern, Eltern, Erzieher/innen sowie Lehrer/innen und kontextbezogene Überzeugungen zur generellen Rolle der Bildungsinstitutionen in der Gesellschaft. Abhängig vom fokussierten Themenbereich und dem gewählten Forschungsparadigma werden in der Forschung zu berufsbezogenen Überzeugungen von Erzieher/innen und Lehrer/innen in erster Linie (teil)standardisierte Fragebogenerhebungen sowie qualitative Interviews und Gruppendiskussionen oder teilnehmende Beobachtungen eingesetzt. Beispielsweise wurden für die Studie „Anschlussfähigkeit von Kindergarten und Grundschule. Rekonstruktion von subjektiven Bildungstheorien von Erzieherinnen und Lehrerinnen" von Karin von Bülow[112] Erzieherinnen, die

Studie BIKS

berufsbezogene Überzeugungen von pädagogischen Fach- und Lehrkräften im Elementarbereich tätig sind, sowie Grundschullehrerinnen, die im Primarbereich arbeiten, in qualitativen Interviews befragt. Isabell Diehm und Melanie Kuhn[113] untersuchten indes, einem anderen Forschungsparadigma folgend, die professionelle Kooperation von Erzieher/innen und Lehrer/innen im Hinblick auf die Sprachstandserhebung der Kinder vor der Einschulung, mit der Perspektive auf die Inszenierung und Adressierung aus der Sicht einer praxis- und subjekttheoretischen Forschung. Ein Beispiel für eine weitere qualitative Übergangsstudie ist die von Ingrid Kellermann.[114] Kellermann beobachtete und analysierte in einer ethnografischen Studie die Art und Weise des Sprechens und des Umgehens von Lehrkraft und Kindern miteinander als rituelle Gestaltung der Schulanfangsphase, über die die Kinder Rolle und Identität von Schulkindern annehmen. Sie bezeichnet den Erwerb der Rolle des Schulkindes unter diesem Gesichtspunkt als Ko-Konstruktion.

Berufskulturen

Deutlich ist, dass es sich bei den Erzieher/innen und Grundschullehrer/innen um Angehörige unterschiedlicher Berufskulturen handelt und in Deutschland, aufgrund der verschiedenen Ausbildungsgänge und der klaren Trennung zwischen den Institutionen des Elementar- und Primarbereichs, damit auch auf Dauer der Übergang vom Elementar- zum Primarbereich ein strukturell-bedingtes Problem bleibt. Interessant sind in diesem Kontext jedoch nicht nur Studien, die sich mit den Unterschieden zwischen den beiden genannten Berufsgruppen beschäftigen, sondern auch solche, die sich in einem europäischen oder internationalen Kulturvergleich auf unterschiedliche Bildungssysteme beziehen. Exemplarisch sind hier die Arbeiten von Sandra Rademacher[115] zum Schulanfang in einer deutsch-amerikanischen Vergleichsperspektive sowie die ethnographischen Studien zur deutsch-englischen bzw. finnischen Vergleichsperspektive von Christina Huf und Argyro Panagiotopoulou [116] zu nennen.

Forschung zur Ungleichheit am Schulanfang

Ein zunehmend wichtiges Forschungsthema in Bezug auf den Übergang vom Elementarbereich ist das der Forschung zur Ungleichheit am Schulanfang und zu Fragen der Produktion und Reproduktion von Ungleichheit und Differenz durch Praktiken am und in Bezug auf den Schulanfang. Als Beispiele für relevante elementarpädagogische Studien, die sich mit der Fragen der Herstellung von „Differenz und Ungleichheit im Kontext von Mehrsprachigkeit" beschäftigen und sich der Analyse von „Regulierungsweisen sprachlicher Praktiken" durch die Erzieher/innen widmen, sowie der damit korrespondierenden Fragestellung, wie ethnische Differenz in frühpädagogischen Bildungsinstitutionen hergestellt und bearbeitet wird, können die Arbeiten von Melanie Kuhn,[117] Melanie Kuhn/ Sascha Neumann[118] sowie Claudia Machold[119] an dieser Stelle angeführt werden. In der Grundschulforschung findet indes in diesem Feld eine wenig ausgeprägte Forschung zum Topos der Differenzherstellung statt, obschon auch hier in Bezug auf den Übergang vom Elementar- zum Primarbereich deutlich darauf hingewiesen wird, dass die durch die Institutionen festgelegten Abläufe und Instrumente, wie die der Schuleingangsuntersuchungen sowie der Sprachtests im Kindergarten, die sich bereits auf Kinder im Alter von vier bis fünf Jahren beziehen, auch ungewollte bzw. nicht-intentionale Wirkungen aufweisen und in ihrer Anlage und Funktion damit kritisch betrachtet werden können.[120] Bereits frühkindliche Übergänge können hier als eine wichtige Selektionsschwelle angesehen werden, in der Stakeholder wie Erzieher/innen, Lehrer/innen, Ärzt/ innen oder Rektor/innen über die Möglichkeit der Teilnahme oder Nicht-Teilnahme (schulfähig/nicht schulfähig) entscheiden.

Differenzherstellung

Die Relevanz des Themas der Ungleichheit im Kontext institutioneller Bildungsübergänge lässt sich unverkennbar an den Ergebnissen der Bildungsberichterstattung ablesen. Die in den Bildungsberichten[121] 2010, 2012 und 2014 veröffentlichten Zahlen belegen deutlich, dass beim Übergang vom Primar- zum Sekundarbereich „Kinder mit Migrationshintergrund selbst bei gleichem sozioökonomischen Status bis zu doppelt so häufig an Hauptschulen zu finden sind wie Kinder ohne Migrationshintergrund"[122] und die Tendenz der ungleichen Verteilung bereits beim ersten Übergang zur Grundschule erkennbar ist. Zwar werden insgesamt weniger Kinder vorzeitig eingeschult als in den Vorjahren, wenn jedoch Kinder, die nach dem Stichtag geboren sind, vorzeitig eingeschult werden, ist auffallend, dass diese Kinder Eltern haben, die über einen hohen sozio-ökonomischen Status verfügen und diese „bei der Entscheidung für einen vorzeitigen Schulbeginn ihrer Kinder eine wichtige Rolle spielen."[123] Daneben besteht weiterhin die Gruppe der von der Einschulung zurückgestellten Kinder, die wenngleich zurückgehend, weiterhin vorhanden ist. Bei Kindern, die aufgrund von Defiziten in der Schuleingangsuntersuchung zurückgestellt werden, spielen laut Bildungsbericht die Eltern eine weniger wichtige Rolle als dies bei der vorzeitigen Einschulung der Fall ist. Betrachtet man diese Kinder genauer, so fällt auf, dass es sich hauptsächlich um

Kinder mit dem statistischen Merkmal Migrationshintergrund und Kinder mit einem niedrigen sozio-ökonomischen Status handelt.[124]

Durch Studien wie die grundlegende Untersuchung von Mechthild Gomolla und Frank-Olaf Radtke mit dem Titel „Institutionelle Diskriminierung. Die Herstellung ethnischer Differenz in der Schule",[125] in der die Autor/innen u. a. Daten zu Einschulungen im Raum Bielefeld analysiert haben, ist bekannt, welche institutionalisierten Prozesse und Argumentationslinien gerade im Hinblick auf Kinder aus türkischen Herkunftsfamilien greifen. Die Studie zeigt, dass „Stakeholder" als Übergangsentscheider/innen zu Stereotypisierungen und Zuschreibungen neigen, v. a. bei der Entscheidung, ob ein Kind „schon" oder „noch nicht" eingeschult werden soll, indem etwa generalisierend auf den Erziehungsstil in türkischen Familien Bezug genommen wird (wie Jungen in türkischen Familien (v)erzogen werden) oder bei Übergangsentscheidungen weitere Übertragungsfehler bzw. Analogiebildungen stattfinden, beispielsweise werden Sprachdefizite mit einem Mangel an personalen und sozialen Kompetenzen gleichgesetzt.

Neben dem Ansatz der „Institutionellen Diskriminierung", der über Gomolla/Radtke[126] in den erziehungswissenschaftlichen Diskurs eingeführt wurde, und die Systemtheorie als Referenzrahmen hat, gibt es zudem Studien, die sich innerhalb der qualitativen Forschung mit der Einschulungspraxis in ihrer theoretischen und methodischen Anlage stärker praxis- und kulturtheoretisch verorten. So analysieren etwa Helga Kelle und weitere Mitarbeiter/innen des Forschungsprojektes „Kinderkörper in der Praxis"[127] die gängige Praxis von Kindervorsorge- und Schuleingangsuntersuchungen als entwicklungsdiagnostische Verfahren in der frühen Kindheit unter einer kulturanalytischen Perspektive. Aufgezeigt wird hier, dass gerade hinter pädiatrischen Vorsorgeuntersuchungen sowie der Sprachstandsdiagnostik und bei Schuleingangsuntersuchungen vor der Einschulung die Idee einer Normalentwicklung stehe, da untersucht werde, ob die Kinder, gemessen an einem vorgegebenen Standard, altersgemäß entwickelt seien. Neben Helga Kelle[128] zeigen Anja Tervooren[129] und Johanna Mierendorff[130] in diesem Feld kritisch auf, wie gerade am Schulanfang, im Übergang vom Kindergarten in die Grundschule, Bilder der „Normierung und Normalisierung der Kindheit" das pädagogische Handeln bestimmen. Die rekonstruierbaren Vorstellungen, dass sich Kindheit und Jugend in Stufen oder Phasen abbilden lassen und körperliche, psychische und soziale Reifungsprozesse normgerecht ablaufen (sollten), sind, wie die Studien zeigen, vielfach als standardisierende Leitideen einer „Normkindheit" prägend für professionelle Akteur/innen im Kontext von Übergängen und Übergangsentscheidungen.

Zusammenfassung

Der Übergang vom Kindergarten in die Grundschule ist seit dem Ende der 1990er Jahre (wieder) vermehrt in den Mittelpunkt gerückt. Nicht zuletzt in Folge des so genannten PISA-Schocks wird dem vorschulischen Bereich und der komplexen Frage nach der Anschlussfähigkeit der ersten Bildungsinstitutionen Kindergarten und Grundschule eine hohe Aufmerksamkeit geschenkt. Historisch gesehen ist der Übergang vom Elementar- zum Primarbereich seit der Einführung der modernen Grundschule in der Weimarer Republik ein konstantes Reformthema im gestuften Bildungssystem, zu dem die Thematisierung des „richtigen" Schuleintrittsalters und Fragen zum Verbleib der Fünfjährigen (im Kindergarten oder in der Grundschule) sowie die Thematisierung von Bildungsübergängen im Kontext der bildungspolitischen Diskussion um (mehr) Chancengerechtigkeit im Bildungssystem gehören.
Vage und unbestimmt bleibt, insbesondere in Bezug auf die Forderung nach anschlussfähigen Lern- oder Bildungsbiographien, ein gemeinsames Bildungsverständnis. Vielmehr werden in der Elementar- und Primarpädagogik verschiedene Diskurse geführt, nicht zuletzt bedingt durch die unterschiedliche Genese und Traditionen der Institutionen Kindergarten und Grundschule und der damit einhergehenden unterschiedlichen Ausbildungs- und Studiengänge. Es existieren nicht nur aus historischen Gründen unterschiedliche theoretische Verständnisse von relevanten Grundbegriffen wie Bildung, Erziehung und Lernen, die z. B. auch in den Bildungsplänen synonym verwandt werden. Insgesamt betrachtet, findet zudem mit der Aufwertung der Einrichtungen des Elementarbereichs bereits vor Eintritt in das formale Schulsystem eine „Grundlegung der Bildung" statt und ist damit kein Alleinstellungsmerkmal mehr für die Grundschule.
Der erste Bildungsübergang vom Kindergarten in die Grundschule wird in der deutschen wie in der internationalen erziehungswissenschaftlichen Fachliteratur und Forschung als ein besonders wichtiger angesehen. Die Übergangsthematik wird hierbei sowohl inner-

halb eines Faches, wie der Erziehungswissenschaft, als auch in interdisziplinären Zugängen unterschiedlich theoretisch verortet und bearbeitet. Es gibt Theoriezugänge, die den Übergang aus ethnologischer, soziologischer, entwicklungs- oder stresspsychologischer Sicht beschreiben und aus der jeweilig eingenommenen Perspektive heraus die Bedeutung und die Herausforderungen des Überganges (unterschiedlich) erklären.

Seit Jahrzehnten gibt es zudem eine ausdifferenzierte internationale Transitionsforschung, vor allem in der angloamerikanischen und skandinavischen Forschungstradition. Auch in der deutschsprachigen Forschung stellt der Übergang vom Elementar- zum Primarbereich, stärker noch als der zweite Bildungsübergang vom Primar- zum Sekundarbereich, ein wichtiges Forschungsfeld dar, wenngleich mit unterschiedlichen Schwerpunktsetzungen und methodischen Ansätzen. Erforscht wird etwa die Perspektive der Akteur/innen im Übergang, die der Kinder, der Eltern sowie die der Erzieher/innen und Lehrer/innen.

Literatur

Aicher-Jakob, M. (2015): Das Verhältnis von Kindergarten und Schule – ein chronischer Disput. Eine empirisch fundierte Studie zur Implementierung des Orientierungsplans in baden-württembergischen Kindertageseinrichtungen. Bad Heilbrunn.

Büker, P. (Hg.) (2015): Kinderstärken – Kinder stärken. Erziehung und Bildung ressourcenorientiert gestalten. Stuttgart.

Cloos, P./Hauenschild, K./Pieper, I./Baader, M. (Hg.) (2014): Internationale Diskurse im Spannungsfeld von Institutionen und Ausbildungskonzepten. Wiesbaden.

Deckert-Peaceman, H./Scholz, G. (2016): Vom Kind zum Schüler. Diskurs-Praxis-Formationen zum Schulanfang und ihre Bedeutung für die Theorie der Grundschule. Opladen.

Dietrich, C./Stenger, U./Stieve, K. (2017): Theoretische Zugänge zur Pädagogik der frühen Kindheit. Eine kritische Vergewisserung. Weinheim und Basel.

Drieschner, E./Gaus, D. (Hg.) (2014): Das Bildungssystem und seine strukturellen Kopplungen. Umweltbeziehungen des Bildungssystems aus historischer, systematischer und empirischer Perspektive. Wiesbaden.

Duncker, L./Lieber, G./Neuß, N./Uhlig, B. (Hg.) (2009): Das Handbuch zum Lernen in Kindergarten und Grundschule. Stuttgart.

Griebel, W./Niesel, R. (Hg.) (2011): Übergänge verstehen und begleiten. Transitionen in der Bildungslaufbahn von Kindern. Berlin.

Heinzel, F./Panagiotopoulou, A. (Hg.) (2010): Qualitative Bildungsforschung im Elementar- und Primarbereich. Bedingungen und Kontexte kindlicher Lern- und Entwicklungsprozesse. Hohengehren.

Höke, J. (2013): Professionalisierung durch Kooperation. Chancen und Grenzen in der Zusammenarbeit von Kindergarten und Grundschule. Münster.

Literatur

Kellermann, I. (2008): Vom Kind zum Schulkind die rituelle Gestaltung der Schulanfangsphase; eine ethnographische Studie. Opladen.
Margetts, K./Kienig, A. (Hg.) (2013): International Perspectives on Transitions to School. New York.
Müller, U. B. (2014): Kinder im verzahnten Übergang vom Elementar- zum Primarbereich. Opladen.
Pfaller-Rott, M. (2010): Migrationsspezifische Elternarbeit beim Transitionsprozess vom Elementar- zum Primarbereich. Berlin.
Rademacher, S. (2009): Der erste Schultag. Pädagogische Berufskulturen im deutsch-amerikanischen Vergleich. Wiesbaden.
Krüger, H.-H./Rabe-Kleberg, U./Kramer, Th./Budde, J. (Hg.) (2010): Bildungsungleichheit revisited. Bildung und soziale Ungleichheit vom Kindergarten bis zur Hochschule. Wiesbaden.
Urban, M./Schulz, M./Meser, K./Thoms, S. (2015): Inklusion und Übergang. Perspektiven der Vernetzung von Kindertageseinrichtungen und Grundschulen. Bad Heilbrunn.

Fragen

1. Nennen und skizzieren Sie die drei Zeitpunkte, an denen im 20. Jahrhundert der Übergang vom Elementar- zum Primarbereich reformiert bzw. zu einem Reformthema wurde?
2. Recherchieren Sie über die Bildungsserver der einzelnen Bundesländer exemplarisch für ein Bundesland, z. B. für Baden-Württemberg, zum Themenbereich Einschulung (Einschulungsalter, flexible Schuleingangsphase) sowie zu den Stichwörtern Kooperationsempfehlung bzw. -verpflichtung und Kooperationsmodellen/-projekten.
3. Überlegen Sie, warum der Anschluss vom Elementar- zum Primarbereich ein dauerhaftes Thema für die Bildungspolitik und die pädagogische Praxis darstellt?
4. Welche Funktion haben Bildungspläne und welche Vorteile und welche Schwierigkeiten gehen mit der Idee der Anschlussfähigkeit bzw. anschlussfähiger Lern- und Bildungsbiographien einher?
5. Beschreiben Sie ein Theoriemodell zur Darstellung und Erklärung von Übergängen.
6. Um Kinder im Übergang zu begleiten und deren Eltern in der Übergangsgestaltung zu beraten, braucht es ein theoretisches Verständnis vom Übergang. Nehmen sie zu dieser These kritisch Stellung und diskutieren sie diese mit weiteren Personen.
7. Besprechen Sie folgende Fragen in der Gruppe: Warum kann nicht von einer einheitlichen Forschung zum Übergang vom Elementar- zum Primarbereich gesprochen werden? Mit welchen Themen beschäftigt sich die Übergangsforschung? Braucht es aus Ihrer Sicht weitere Forschungen in diesem Bereich?

Fragen

8. Befragen Sie in einem qualitativen Interview ein Kindergartenkind („Vorschulkind") zu seinen Erwartungen in Bezug auf die Schule. Sie können z. B. mit einer Zeichnung, einem Bild etc. arbeiten, um darüber ins Gespräch zu kommen. Möglicherweise gab es bereits erste Erfahrungen mit der Grundschule wie Begegnungen mit Grundschulkindern, einem Treffen mit einer Kooperationslehrerin, eine Hospitation in der Schule etc., von denen berichtet werden.

Der Übergang vom Primar- zum Sekundarbereich | 4

Inhalt

4.1 Übergänge der Grundschule – eine Begriffsklärung
4.2 Länderspezifischer Übergang von der Primar- in die Sekundarstufe
4.3 Die theoretische Perspektive auf den zweiten Übergang
4.4 Die empirische Perspektive auf den Übergang

Übergänge der Grundschule – eine Begriffsklärung | 4.1

In Deutschland gibt es seit dem ausgehenden 18. Jahrhundert einen „hierarchisch gegliederten Sekundarbereich",[1] der sich an die Grundschule anschließt. In der Regel müssen sich Kinder und Eltern nach der vierten bzw. sechsten Klasse für eine weiterführende Schulform entscheiden. Im OECD-Vergleich steht die Bildungsentscheidung für Kinder in Deutschland und Österreich nach vier Grundschuljahren sehr früh an. Allgemein gefasst können Übergänge als Lebensereignisse bezeichnet werden, die eine „Bewältigung von Diskontinuitäten auf mehreren Ebenen erfordern, Prozesse beschleunigen, intensiviertes Lernen anregen und als bedeutsame biographische Erfahrung von Wandel in der Identitätsentwicklung"[2] auftreten. Übergänge können auf individuell-intrapersonaler Ebene völlig verschiedene Lebensereignisse darstellen, wie das Laufenlernen oder die Geburt eines Kindes oder der Verlust eines Arbeitsplatzes. Das Individuum tritt in den verschiedensten Lebensphasen von einer „alten" in einen situativ neuen Lebenszustand ein, der sich anhand spezifischer Konstellation vom vorherigen unterscheidet und der in der Regel irreversibel ist. Zur Bewältigung der neuen Situation und den mit ihr einhergehenden Anforderungen sind ein aktives Subjekt und eine fördernd und fordernde Umwelt notwendig. Werden dauerhafte Interaktionen in gleichbleibenden Personenkonstellationen angenommen, entstehen Beziehungen aus denen eine gegenseitige Beeinflussung, d. h. eine Reziprozität erwächst. Mit dieser Zuordnung wird die Subjektivität, an die Interaktionsprozesse gebunden sind, deutlich.[3]

Bewältigung von Diskontinuitäten

institutioneller Übertritt   Beim institutionellen Übertritt von einer Schulform in eine andere handelt es sich um eine „Schnittstelle, die eine personelle, räumliche, strukturelle und inhaltliche Zäsur für die Schüler mit sich bringt".[4] Dabei scheint die Bewältigung des Überganges zunächst entsprechend dem intrapersonalen Übergang nur Sache des Kindes zu sein, denn es muss sich u. a. mit den veränderten lokalen, sozialen, interaktionalen, kommunikativen oder personalen Realitäten (vgl. Abb. 1) und mit neuen didaktisch-methodischen und pädagogischen Konzepten zurechtfinden. Zudem gilt es sich auf neue Lehrkräfte mit ihren jeweiligen Lehr-, Lern- und Lebensbiografien, deren spezifischen Normen- und Wertekodex und den erforderlichen Leistungsindikatoren einzustellen. Das Übergangsergebnis kann als offen bezeichnet werden, selbst, wenn sich die meisten Kinder auf das Ereignis freuen: „Im gegenwärtigen Schulsystem kann er jedoch alles sein: Bruch, Brücke, völlig unproblematisch und sogar eine Chance zum Neuanfang."[5] Den Begriff des institutionell-schulischen Übergangs definiert Kuschka als „den komplexen Zusammenhang institutioneller Beziehungen zwischen Individuen und gesellschaftlich organisierten Einrichtungen an der Schnittstelle des dauerhaften Wechsels von einer in eine andere Einrichtung."[6] Im Verlauf des Übergangs wirken eine Reihe von Bedingungsfaktoren auf die beteiligten Akteure ein, denn neben den institutionellen Rahmenbedingungen sind das motivationale Handeln, die leistungsspezifischen Erwartungen und Anforderungen aber auch soziologische Wirkungszusammenhänge wie die ethnische Zugehörigkeit relevant. Der Wechsel der schulformspezifischen Klassen spielt als konkrete Modifikation für die Heranwachsenden eine besondere Rolle. Die Modifikation der Schul-, Klassen- und Peerkonstellation kann sich direkt auf das Sicherheits- und Unsicherheitsempfinden der Einzelnen auswirken, da diese etwa gekoppelt sein kann mit einem Anstieg der Leistungsanforderungen.

Begriff des institutionell-schulischen Übergangs

Akteursperspektive   Aus der „Akteursperspektive" lässt sich der institutionell-schulische Übergang in eine weiterführende Schulform als ein „latent ereignisreiches Moment"[7] kennzeichnen, dass vom Subjekt einen individuellen Kompetenzerwerb und zugleich eine hochgradige Anpassung beansprucht. Diese kann nur erfolgen, wenn sich das Individuum auf der Grundlage seiner inneren Realität mit den Forderungen der äußeren Realitäten auseinandersetzt[8] wie dies bereits für gelingende intrapersonale Übergänge angenommen wird. Für die individuelle Bewältigung muss die Umwelt vom Subjekt in

4.1 Eine Begriffsklärung

einem wechselseitigen Interaktionsprozess ko-konstruiert, d. h interpretiert werden. Nach Piaget lernen Kinder durch die aktive Auseinandersetzung mit ihrer Umwelt, in dem sie eigene Erfahrungen reflektieren und neu organisieren. Ziel des Prozesses, der als kollektive Wissenskonstruktion einzelner verstanden werden kann, ist es, die jeweilige äußere Realität anhand des je eigenen Vorwissens zu strukturieren und sich an diese anzupassen. Demnach gibt es für Piaget nur individuelles Wissen, weil dieses immer an die jeweilige Person und deren Bewusstsein gebunden ist.[9] Die Lernenden erwerben in solchen kooperativen Lernprozessen nicht nur wichtige soziale und gesellschaftliche Handlungskompetenzen, sondern können auch auf die kollektiven Produkte der Interaktion zurückgreifen, die als gemeinsam konstruierte Wissensbasis allen Lernpartnern zur Verfügung stehen.[10] Ein solcher sozialer Konstruktivismus, der auf den Ansätzen von Wygotski fußt, legt als zentralen Ausgangspunkt für das konstruieren von Wissen die soziale Interaktion zugrunde. Demnach lernen Kinder im Austausch mit anderen Menschen und im wechselseitigen Aushandlungsprozess, was die Annahme voranstellt, dass die kognitive, sprachliche und soziale Entwicklung durch die Interaktion befördert wird.[11] Eine auf den individuellen Lernprozess anspruchsvolle systematische Übergangsdiagnostik erfordert notwendiges Konzept- und Handlungswissen.

Bei Übergängen können Probleme dann aufkommen, wenn die Sichtweisen und Einschätzung des individuellen Lernvermögens, des motivationalen Handelns und sich daraus ableitende Bildungsaspirationen, -wünsche und Einschätzungen der beteiligten Schüler/innen, Eltern und Lehrer/innen konträr ausfallen. Haben die beteiligten Familien keine oder eine eingeschränkte Schulformwahl, verschärft sich diese Kontroverse durch den institutionellen Kontext. In einzelnen Bundesländern liegt eine Tendenz zur Beschränkung des Elternrechts beim Übergang von der Primar- in die Sekundarstufe vor. Mit der Verlagerung der Verantwortlichkeit von der freien elterlichen Wahl hin zu einer schulischen Zuweisungspraxis ist die leistungsorientierte Selektion meist an Ziffernnoten gebunden. Um die verschiedenen Interaktionsperspektiven zu berücksichtigen und eine halbwegs „faire" Entscheidung treffen zu können, müssen neben den Lernprodukten auch die Lernprozesse, sprich die individuelle Leistungsentwicklung, einbezogen werden.[12]

eingeschränkte Schulformwahl

Schulformwahlbegriff

Terminologischer Ausgangspunkt des Schulformwahlbegriffs ist die relevante Phase des schulischen Übergangs an den Schnittstellen der kooperativen oder gegliederten Schulformen. Die Schulformwahl benötigen im Übergang „(...) in der Regel gut durchdachte, konsequenzenreiche und mit Risiken verbundene Entscheidungsprozesse (...)"[13] (Meulemann 1985) auf Schüler-, Eltern- und Lehrerseite. Über den Schulformwahlbegriff lassen sich auf der Entscheidungsebene die verschiedenen Abläufe zusammenführt. Nach Becker ergeben sich diese nicht aus Routineverhalten, sondern sie „bestehen vielmehr aus komplexen Entscheidungsprozessen, denen in der Regel eine mehr oder weniger umfassende Informationssuche, selektive Informationsverarbeitung und darauf basierende Abwägungsprozesse vorausgehen.[14] Der Entscheidungs- und Abwägungsprozess ist für die beteiligten Akteure auf die zukünftigen Lebenschancen bzw. -risiken hin aufgeladen. Als Schulformwahl wird in Bezug auf den schulischen Übergangsprozess die Passage mit institutionalisiertem Abwägungs- und Auswahl- und Entscheidungs- und Realisierungsprozess verstanden. Auf die drei möglichen Bildungsentscheidungen hin gesehen, lassen sich drei Passagen unterscheiden, wie in Abbildung 1 dargestellt.

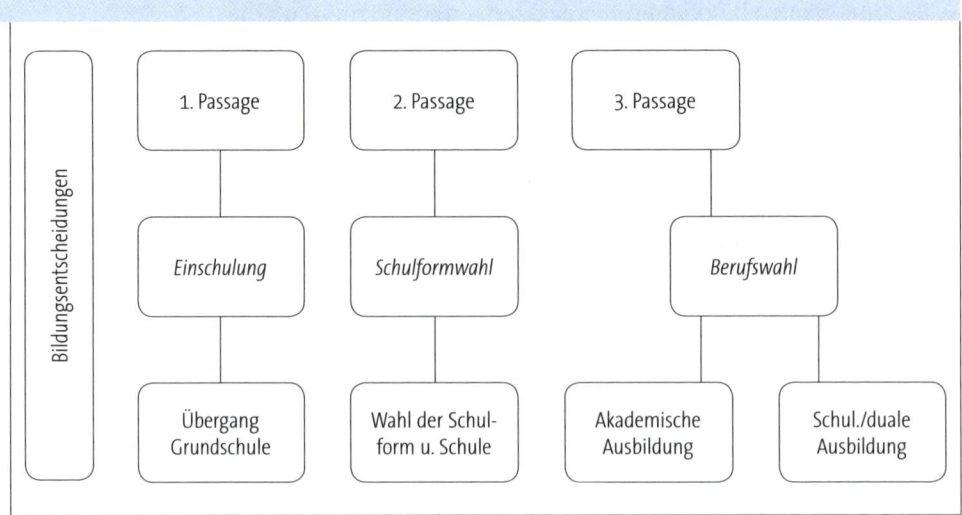

Abb. 1 | ▶ Die Schulformwahl als Teil der Bildungsentscheidung[15]

Von einer Schulformwahl kann gesprochen werden, wenn es erfassbare Entscheidungskriterien und mindestens eine Wahlmöglichkeit oder Handlungsoption, d. h zwei Schulformen oder im Fall einer eingeschränkten Schulformwahl Interventionsmöglichkeiten (z. B. Probeunterricht oder Testverfahren) gibt.

Gesehen auf die Bildungsübergänge sind es sind die Bildungsabschlüsse, die in modernen Gesellschaften „zu einem wesentlichen Bestimmungsfaktor für die Lebenschancen von Individuen geworden"[16] sind. Mit der Ausprägung des arbeitsteiligen Verdienstes sind es Bildungswege, die auf ganz unterschiedlichen Ebenen Startchancen für die Allokation in Gesellschaft und am Arbeitsmarkt bieten. An deren Schluss steht im optimalen Fall ein schulisches oder berufliches Zertifikat, das über Schulabschlüsse und berufliche Ausbildung vergeben wird und formale Qualifikationen ausweist. „Auf dem Weg dahin erhalten Bildungsempfehlungen und Schulübergänge den Status von Türöffnern für die nächst höheren Stufen, ohne sie ist eine Berufswahlmöglichkeit und Weiterentwicklung nur schwer oder auf zeit- und kostenintensiven Umwegen möglich. Auch wenn sich mit Schulübergängen letztlich keine Garantien verbinden, können sie als Träger von Bildungschancen gesehen werden".[17] Sie können als Mobilitätskanal bezeichnet werden, die ein Gradmesser für die Verwirklichung von Chancengleichheit und dem Abbau von Ungleichheit darstellt. Der historische Entwicklungsgang und die aktuellen empirischen Befunde der nationalen und internationalen Leistungsvergleichsstudien zeigen den Grad der Umsetzung dieser grundrechtlichen Forderungen. Mit den Ergebnissen der PISA-Studie und deren empirischem Nachweis, dass 15-Jährige mit niedriger sozioökonomischer Herkunft und Migrationshintergrund erhebliche Kompetenz- und Leistungsdefizite aufweisen, rückt für die Grundschule, neben dem Anschluss in die weiterführenden Schulen, das „Problemfeld Heterogenität" (vgl. Kapitel 7) und die Frage der sozialen Disparität von Schulleistungen in den Blickpunkt.

Bestimmungsfaktor für die Lebenschancen

Bildungschancen als Mobilitätskanal

Länderspezifischer Übergang von der Primar- in die Sekundarstufe | 4.2

Das Grundgesetz legt als wichtiges Strukturmerkmal gemäß Artikel 30 den bundesstaatlichen Föderalismus fest. Entsprechend der Kulturhoheit der Länder kommen dem Bund in Fragen der Kulturpolitik wenige und den Bundesländern die wesentlichen gesetzgebenden und administrativen Kompetenzen zu. Es sind die Länderregierungen, die länderspezifischen Schulgesetze die Strukturen, Aufgaben und Inhalte des Schulwesens festschreiben.[18] Die Aufteilung der Zuständigkeiten kann dennoch als eine multizentrale Aufgabenteilung zwischen Bund, Ländern und Gemeinden beschrieben werden. Bezogen auf den Schulformwechsel von der Primar- in die Sekundarstufe werden so insbesondere der Übergangszeitpunkt und die zu wählenden Schulformen festgelegt. Die ständige Konferenz der Kultusminister der Länder (KMK) dient seit den 1960er Jahren als koordinierende Instanz, die etwa zu folgender bundesländerübergreifenden schriftlichen Vereinbarung führte:

„Der Übergang von einer Schulart in die andere ist für die Entwicklung des jungen Menschen von so weittragender Bedeutung, dass er mit aller Behutsamkeit und Sorgfalt vorbereitet und vollzogen werden muss. Die Entscheidung darüber, ob ein Kind eine andere Schulart besuchen soll, darf nicht ausschließlich durch das Ergebnis einer Prüfung von wenigen Stunden oder Tagen bestimmt sein, sie kann auch nicht der abgebenden oder weiterführenden Schule allein überlassen werden. Das Verfahren muss sich vielmehr über einen längeren Zeitraum erstrecken, der den Lehrern/innen hinreichende Gelegenheit zur Beobachtung des Kindes und zur Beratung der Eltern gibt. Das natürliche Recht der Eltern auf die Erziehung ihrer Kinder muss bei der Wahl des Bildungsweges beachtet werden. Das natürliche Recht der Eltern auf die Erziehung ihrer Kinder muss bei der Wahl des Bildungsweges beachtet werden."[19]

Struktur des bundesrepublikanischen Schulsystems

Die Struktur des bundesrepublikanischen Schulsystems zeichnet sich durch eine vertikale und horizontale Gliederung aus. So lässt sich das Schulwesen in eine Primar- und Sekundarstufe einteilen, in der die Klassenstufe 1 bis 4 die Primarstufe bilden, auf die die Klassen 5 bis 10 als Sekundarstufe 1 aufbauen.[20] Die Grundschule ist hierbei die erste Pflichtschule und umfasst die Jahrgangsstufen 1 bis 4 im Alter zwischen fünf und neun bis zehn Jahren. Eine Ausnahme bei der Dauer der Grundschule stellen die Bundesländer Brandenburg und Berlin dar, da dort die Grundschule die Jahrgangsstufe 1 bis 6 im Alter zwischen fünf und zwölf Jahren umfasst.

Im gegliederten Schulsystem setzten sich die Schulformen nachfolgend aus Haupt-/Werkrealschulen-, Realschulen und Gymnasien sowie Förder- oder Sonderschulen zusammen. Diese Aufteilung stellt eine äußere Differenzierung dar, bei der die Schüler/innen idealtypisch in leistungshomogenen Gruppen an räumlich getrennten Orten unterrichtet werden. In einigen Bundesländern werden die drei Schulformen der Sekundarstufe I um Gemeinschafts- oder Gesamtschule erweitert. In den 16 Bundesländern kommt es aufgrund der länderspezifischen Zuständigkeiten und politischen Konstellationen zu einer großen Vielfalt im Schulwesen. Modifikationen gibt es vor allem bei der 1970 eingeführten Orientierungsstufe,[21] die mit der Einführung von standard- und kompetenzorientierten Bildungsplänen in ihrer ursprünglichen Intention als Instrument zur Erweiterung der Durchlässigkeit immer mehr an Bedeutung verliert.

leistungshomogene Gruppen an räumlich getrennten Orten

Die Unterschiede der länderspezifischen Schulübergänge lassen sich grob in zwei Gruppen nach schul- und elternbezogener Entscheidungsträgerschaft einteilen. Die Gruppe der schulischen Entscheidungsträger kann dabei nochmals nach eingeschränkt und teilweise eingeschränkt differenziert werden. Teilt man diese drei Übergangsformen in einer Übersicht auf, so können in die Gruppe A (vgl. Abb. 2) unter der Rubrik „Eingeschränkte Schulformwahl" die Bundesländer Bayern, Brandenburg, Sachsen und Thüringen summiert werden, die alle die Schule als Entscheidungsträger festgeschrieben haben. In den vier Ländern ist ein zwei-, drei oder viergliedriges Schulsystem installiert, das den Zugang in die Sekundarstufe 1 über leistungsbezogene Beschränkungen in Form von verbindlichen Empfehlungen vorsieht. Werden die vorgegebenen Maßgaben oder Mindestanforderungen nicht erreicht, so ist eine Überprüfung mittels einer Aufnahmeprüfung (Sachsen), eines Probeunterrichts in der Wunschschule (Brandenburg, Bayern) oder beidem (Thüringen) möglich. In vier Ländern ist das Schulrecht dem Elternrecht und damit einer freien Wahl der Schulform übergeordnet.

länderspezifische Schulübergänge

Die Aufrechterhaltung eines wohnortnahen Schulangebots stellt für viele Kommunen angesichts der komplexen gegliederten Schulstruktur eine deutlich größere Herausforderung dar als bei den Grundschulen. Auch wenn die Verteilungsströme in den verschiedenen Bundesländern große Unterschiede aufweisen, wird deutlich, dass die Übergangsquote in die Hauptschule einen erheblichen Einfluss hat. Der Anteil an Schulwechseln von der Grund- in die Haupt-/Werkrealschule ist in vielen Bundesländern in den letzten Jahren kontinuierlich zurückgegangen und stellenweise auf unter 10 % gesunken. Seit dem Schuljahr 2014/15 ist die Haupt-/Werkrealschule erstmals nicht mehr die Sekundarstufenschulform mit dem dichtesten Standortnetz in Deutschland. In Thüringen und Sachsen sollte durch die Zusammenlegung der beiden Schulformen zu einer Regelschule die Problematik der Hauptschule als „Restschule" vermieden werden. So wurden in allen Ländern entweder flächendeckende, regionalspezifische oder als Modellversuche neue kombinierte Schulformen eingeführt.[22] Die Zahl der Schulen mit mehreren Bildungsgängen wie etwa die Gesamt- oder Gemeinschaftsschule ist von 2006 bis 2014 von rund 2.000 auf über 3.600 Einrichtungen angewachsen, was ein prozentualer Anstieg um 78 % bedeutet. Weitgehend gleichgeblieben sind die Zahl der Gymnasien und der Förderschulen, wenngleich auch hier die Schülerzahlen rückläufig sind.[23] Ein Vergleich des Abschneidens der Länder in internationalen Schulleistungstests scheint dem differenzierten Zuweisungsverfahren einen Vorteil hinsichtlich der Leistungsfähigkeit der dreigegliederten Schulsysteme einzuräumen.[24]

Die B-Gruppe der Kategorisierung der Schulformwahloptionen umfasst die Bundesländer Sachsen-Anhalt und Schleswig-Holstein auf der einen und Berlin, das Saarland, Nordrhein-Westfalen und Bremen auf der anderen Seite. In diesen Ländern ist die Schulformwahl im Falle des Gymnasiums eingeschränkt, wie in Sachsen-Anhalt und Schleswig-Holstein, oder kann, wie in Berlin, Bremen, NRW oder dem Saarland aus Kapazitätsgründen für alle weiterführenden Schulformen eingeschränkt sein oder werden. Vom Grundsatz her soll die Schulformwahl den Eltern und Kindern einen größeren Entscheidungsspielraum geben. Dennoch unterlag vor allem der gymnasiale Schulzweig bislang einer Zugangsbeschränkung, die sich deutlich an der Leistungsbewertung als Selektionskriterium orientierte. Dieser Trend ist mit dem Rückgang der Schüler/innenzahlen rückläufig. Wird eine festgelegte Leistungsnorm in den Kernfächern nicht erzielt, ist eine Zulassungsbeschränkung für den Übergang ins Gymnasium nur noch in Sachsen-Anhalt und Schleswig-Holstein vorgesehen. In Sachsen-Anhalt wurde die Aufnahme in ein öffentliches Gymnasium oder in den Gymnasialzweig einer kooperativen Gesamtschule an ein erfolgreiches Eignungsfeststellungsverfahren in Mathematik und Deutsch gebunden. Die Landesregierung wollte mit der 2005 durchgeführten Gesetzesänderung den Zugang an die Gymnasien erschweren, da bis dato knapp die Hälfte aller Grundschüler einen Gymnasialübergang vollzog. Von Seiten der Landespolitik wollte man durch die schulspezifische Entscheidungsreglementierung ein Schulversagen verhindern. Auch

Schule als Entscheidungsträger (Gruppe A+B)						Eltern als Entscheidungsträger (Gruppe C)	
Gruppe A	Eingeschränkte Schulformwahl	Gruppe B	Teilweise eingeschränkte Schulformwahl		Gruppe C	Freie Schulformwahl	
	1. Bayern 2. Brandenburg 3. Sachsen 4. Thüringen		Zugangsbeschränkung Gymnasium	Kapazitäre Einschränkung bei freier Schulwahl		1. Baden-Württemberg 2. Berlin[1] 3. Hessen 4. Mecklenburg-Vorpommern 5. Niedersachsen 6. Rheinland-Pfalz	
			1. Sachsen-Anhalt 2. Schleswig-Holstein	1. Saarland 2. Nordrhein-Westfalen 3. Bremen 4. (Berlin)			
	4 von 16 Bundesländer		2 von 16 Bundesländer	4 von 16 Bundesländer		6 von 16 Bundesländer	

[1] Berlin kann je nach Einschätzung der Gruppe B oder C zugeordnet werden. Offiziell ist eine freie Schulformwahl vorgesehen, aber es gibt vor allem für das Gymnasium kapazitäre Einschränkungen.

Abb. 2 | ▶ Übersicht zu den verschiedenen Schulübergängen in Deutschland

die politische Trendwende von einer schul- zu einer elternorientierten Entscheidungsfindung zeigt, dass nicht mehr nur Eltern als mündige, mitgestaltende und entscheindungsfähige Akteure gesehen werden, sondern zunehmend auch Kinder partizipieren können. Grundlage für die akteursspezifische Entscheidungsfindung ist in der Regel ein Beratungsprozess, der sich thematisch im Laufe des vierten Schuljahrs zunächst auf die Schulformwahl und dann auf die Wahl einer Schule fokussiert. In der zweiten Teilgruppe B besteht in den Bundesländern Bremen, Berlin, Nordrhein-Westfalen und das Saarland de facto das Vorrecht der Elternwahl. Dennoch kann die aufnehmende Schule im Fall einer „Überanwahl" entsprechender Auswahlkriterien die Schulformwahl einschränken. In Bremen werden in einem solchen Aufnahmeverfahren für den Übergang in das Gymnasium
1. Härtefälle (10 %)
2. erbrachte Leistung über dem Regelstandard (30 %)
3. die zugeordnete Grundschule berücksichtigt.

In der Gruppe C ist der Elternwillen nicht durch Vorgaben schulischerseits eingeschränkt. In Baden-Württemberg, Berlin, Hessen, Mecklenburg-Vorpommern und Niedersachsen gibt es gegenwärtig weder eine Aufnahmeprüfung noch eine Probezeit. Einzig der Elternwille ist für die aufnehmende Schule bindend, unabhängig von den in der Grundschule erzielten schulischen Leistungen. Die Abbildung 2 zeigt die drei Gruppen im Überblick.

4.3 | Die theoretische Perspektive auf den zweiten Übergang

Nach Einschätzung von Walther u. a. herrscht vor allem in den Industrieländern ein „Lebenslaufregime" vor, das für Schüler/innen an den bildungsbiografischen Entscheidungsfenstern die Orientierung an einem standardisierten Lebenslauf einfordert. Durch ein solches Regime, bedingt durch die Dreigliedrigkeit des Schulsystems und die unterschiedlichen Zugangsvoraussetzungen, werden vorherrschende Ungleichheiten nicht mehr kompensiert. Die Folge ist in einer immer komplexer werdenden Gesellschaft eine Diversifizierung von Übergangsverläufen, die aus dieser sozialwissenschaftlichen Perspektive zu vier verschiedenen Formen führt: Sie reichen von sogenannten glatten (einvernehmlichen) über sozial aufsteigende, alternative, institutionell korrigierte, stagnierende bis zu absteigenden Verläufen.[25] In der Bundesrepublik zeigen empirische Befunde aus der PISA-Vergleichsstudie,[26] dass etwa 50 % der Jugendlichen aus höheren sozialen Schichtengruppen das Gymnasium besuchen, hingegen nur 10 % der Jugendlichen aus dem Arbeitsmilieu stammen.

Erklärung von Bildungsungleichheit und -chancen

In den 90er Jahren fokussieren sich die theoretischen Arbeiten zum Schulübergang vorrangig auf die Erklärung von Bildungsungleichheit und -chancen. Es werden die Relevanz und Stabilität der Ungleichheitsstrukturen analysiert. Das gegenwärtige Forschungsinteresse verschiebt sich von der Makro- auf die Mikroebene und richtet sich am familiären Entscheidungsprozess aus. Der Ansatz von Walther macht diese Trendwende deutlich und verbindet die beiden Forschungsrichtungen miteinander. Mit der Fokussierung des Verhältnisses von Bildungsrenditen, -kosten und Erfolgswahrscheinlichkeiten „[...] ergab sich für die Schulformwahl in den Familien ein neuer Forschungsschwerpunkt".[27]

4.3 Die theoretische Perspektive auf den zweiten Übergang

Um eine interdisziplinäre Perspektive auf die Übergangsforschung zu erhalten und Erkenntnisse aus den verschiedenen Fachrichtungen miteinander zu vernetzen, sind aus den verschiedenen Fachrichtungen der Sozialwissenschaften theoretische Konzepte zur Übergangsthematik hervorgegangen. Nach dem Ansatz von Victor Turner ist die Übergangsphase als Krise und damit Ausgangspunkt für Neues zu beschreiben. Er vertritt als Ethnologe die symbolische Anthropologie und beschreibt, dass Schwellenphasen von erhöhter Sensibilität geprägt sind und somit als Krisen beschrieben werden können. Durch die Modifikation des Vertrauten können Individuen Neues entstehen lassen und Wandel erzeugen. In den Phasen der Veränderung erhalten Leidensgenossen eine besondere Bedeutung, mit denen sich leicht Gruppen bilden lassen.[28]

interdisziplinäre Perspektive auf die Übergangsforschung

Hingegen thematisiert Parkes in der Tradition der Stressforschung Übergang als psychosozialen Prozess, in denen sich der einzelne Beteiligte an die bedeutenden Veränderungen anpassen muss und dabei seine Orientierung in der Welt zwangsläufig verändert.[29] Er entwickelt ein Verlaufsmodell für Übergangsszenarien, in denen sich Kontinuitäten und Diskontinuitäten wechselseitig bedingen. Nachfolgend entwickelte Konzepte der Übergangsforschung kombinieren die verschiedenen wissenschaftlichen Ansätze miteinander, so dass eine Interdisziplinarität der theoretischen Konstrukte entsteht, die in der Abbildung 3 angedeutet sind. Weitere Fachrichtungen wie etwa die Neurowissenschaft oder die Ökonomie ergänzen die sozialwissenschaftlichen Forschungsansätze und leisten eine Erweiterung der Transitionsforschung.

Stressforschung

Die Entscheidungsforschung spielt in vielen Einzeldisziplinen eine wichtige Rolle und hat eine lange Tradition. Ihr theoretischer und empirischer Schwerpunkt liegt mittlerweile in der Ökonomie, Psychologie, Mathematik und Philosophie verankert. Wird der Entscheidungsprozess als Grundpostulat rationalen Handelns zugrunde gelegt, so lassen sich zwei einander ergänzende Forschungsrichtungen herausarbeiten. Zum einen ist es die präskriptive Entscheidungstheorie, die formalisierte Regeln und Verfahren zur Strukturierung und Verarbeitung von anfallenden Informationen liefert, um Akteuren in schwierigen Situationen eine unterstützende Handlungsanweisung zu geben (vgl. Jungermann u.a 2005[30]). Dagegen entwickelt die deskriptive Forschung Theorien und Modelle des realen Verhaltens in Entscheidungssituationen, um diese einer empirischen Überprüfung zu unterziehen.[31]

Entscheidungsforschung

Wissenschaftliche Ansätze zur Transitionsforschung (TF)					
1. Anthropologie	2. Soziologie	3. Pädagogik	4. Psychologie	5. aktuelle Ausrichtung	
Perspektive auf Übergänge =					
Anlagen u. Voraussetzung als Perspektive	Interaktion als Perspektive	Aufgaben u. Bedeutung als Perspektive	Einfluss Umwelt und Individuum	kombiniert.-ganzheitlich-systemtheoretisch	
Übergänge =					
Statuspassagen, Krisen, sozial u. kult. Kapitel	verändertes Beziehungsgeflecht mit gesellschaftlicher Relevanz	Ko-Konstruktion u. Entwicklungsaufgaben mit päd. Relevanz	Entscheidungsträger, Professionelle, Identitätskrise,	soziologisch-anthropologisch, entwicklungs-psychologisch	
			Bildungsübergänge als Integration von ökopsychologischen Systemen: U. Bronfenbrenner		

Abb. 3 | ▶ Klassifikation der wissenschaftlichen Ansätze der Übergangsforschung

Rational-Choice-Theorie (RC)

Als Theorieansatz zur Modellierung und Rekonstruktion der sozialwissenschaftlich relevanten Bildungsentscheidungsverläufe kann die aus ökonomischen Kontexten abgeleitete Rational-Choice-Theorie (RC) beispielhaft sein. Sie folgt den Grundsätzen des methodologischen Individualismus und entstammt den strukturell-individualistischen Richtungen (vgl. u. a. Abraham 2001;[32] König 2003[33]). Auf der Mikrostruktur des Handelns liefert die RC theoretische Konstrukte zur Systematisierung entscheidungsrelevanter Handlungen[34] und zwar in der Theorietradition des Utilitarismus. Die Vertragstheorie von Hobbes und Locke und die Tauschtheorie nach Hume und Smith werden in ihr zusammengeführt. Die Grundannahme der RC lautet, dass „intentionale Handlungen rational handelnder Akteure die Phänomene der Sozialwelt bestimmen".[35] Der Akteur legt seiner Entscheidung und der nachfolgenden Aktion oder Reaktion einen maximal zu erwartenden Nutzen zugrunde. Dabei kann sein Handeln als situativ abhängig vom Interdependenzgrad weiterer beteiligter Akteure beschrieben werden und gemäß der vorgegebenen

5. Aktuelle Ausrichtung Die theoretische Perspektive auf den zweiten Übergang

situativen Gegebenheiten lässt sich zwischen einer strategischen Unabhängigkeit und einer Interdependenz unterscheiden. Somit kann das Resultat einer Handlung von einer oder mehreren Personen abhängig sein.[36] Ist das Resultat einer Handlung nur durch die eigene Handlungswahl bedingt, spricht man von einer Situation strategischer Unabhängigkeit. Wenn das Ergebnis der Handlung und der nachfolgenden Entscheidung von der Wahlhandlung weiterer Personen abhängt, ist von einer Situation strategischer Interdependenz die Rede. Das heißt, dass egal auf welcher Ebene der Einzelne agiert, dessen sozialer Kontext und die entsprechenden Präferenz- oder Werteordnungen zu berücksichtigen sind. Generell gilt, dass die betroffenen Personen ihren individuellen Kontext als „Handlungssituation" wahrnehmen und „ihre Vorerfahrungen mit ähnlichen oder gleichen Situationen"[37] abgleichen. Unter der Annahme der Interdependenz weiterer Akteure kann ein Rahmenkonzept abgeleitet werden, dass die Handlungsebene der Individuen mit der Gesellschaftsebene verknüpft:

1. Die Makroebene bildet das kollektive Verhalten ab und
2. die Mikroebene erklärt die Handlungen des Individuums, das mit anderen ein soziales System bildet.

Handlungswahl

„Der Akteur kann zum einen aus verschiedenen Handlungsmöglichkeiten auswählen (resourceful), dennoch unterliegt er verschiedenen Beschränkungen (restricted), die seine Erwartungen hinsichtlich seiner Handlungsmöglichkeiten einschränken (expecting). Die gegebenen Optionen werden nach seiner Präferenzordnung bewertet und abgewogen (evaluating), damit er mit möglichst geringem Aufwand sein Ziel erreichen kann (maximizing). Diese Faktoren lassen sich auf das Handeln des Entscheidungsträges abbilden, der auf dem Hintergrund seiner begrenzten Informationsverarbeitung und seines Wissens agiert. Dabei muss er zunächst die Entscheidungssituationen spezifisch interpretieren, um prozedural rational zu handeln".[38]

Präferenzordnung

Im Rahmen der Schulformentscheidung wird der Entscheidungsfindungsprozess als Abwägen von zu erwartenden Kosten und Erträgen angenommen sowie des zu erwartenden möglichen Erfolgs über die Schullaufbahn hinweg erklärt.[39] Für die Entscheidungsträger kommen dabei nur die Alternativen in Frage, bei denen der erwartete Nutzen die angenommenen Kosten übertrifft oder in einem besseren Verhältnis steht. Das heißt, es erfolgt ein

Kosten und Erträge

immanentes oder kollektives Abwägen von Kosten etwa für Schuldauer und den zu erwartenden beruflichen Optionen eines Bildungsabschlusses.

Die Entscheidung für eine Schulform treffen die Beteiligten rational auf der Basis aller vorliegenden Informationen und entscheidungsrelevanten Kriterien. Mit Rationalität ist gemeint, dass der Handelnde „(...) die Alternative wählt, die ihm am vorteilhaftesten erscheint".[40] Das heißt, das auf Seiten des Schülers vielleicht stärker die Übergänge der Peers gewichtet werden, während bei den Eltern die eigene Bildungsbiographie kalkulatorisch mitbedacht wird.

Entscheidungstheorie Bezogen auf den Theoriezusammenhang wird unter rational vor allem das Handeln in „(...) Übereinstimmung mit den Annahmen (Axiomen) einer Entscheidungstheorie" verstanden[41]. Nach Lampert (2000)[42] legt das Vorgehen die implizite Voraussetzung zugrunde, dass der „(...) Nutzen eines Individuums objektiv bestimmbar ist und zwar aus den Merkmalen der objektiv vorliegenden Situation, in die das Individuum gerade involviert ist".

4.4 | Die empirische Perspektive auf den Übergang

Die Übergangsthematik ist seit der empirischen Wende ein wichtiges Forschungsfeld für die Sozialwissenschaft. Wichtige Fragestellungen zu Schulwechseln im Lebenslauf thematisierte Heinz bereits 2000[43] in einer interdisziplinären Untersuchung. Einige frühe empirische Ausführungen aus Grundschulsicht zum Übergang finden sich bei Hurrelmann (1992),[44] Hacker (1988, 1997)[45] und Portmann (1997).[46] Die Thematik wird seit den internationalen Schulleistungsvergleichen zunehmend unter sozialen Aspekten thematisiert. „Nicht die Schülerleistungen allein sind entscheidend, sondern die

soziale Herkunft soziale Herkunft stellt eine wichtige moderierende Variable dar".[47] Schüler/innen mit Migrationshintergrund oder „Arbeiterkinder" haben demnach weniger Chancen, den Übergang in höhere Schulen zu schaffen, als Akademikerkinder.[48] Müller-Benedict weist anhand der Ergebnisse der Pisa-Studie 2000 erstmals nach, dass der sekundäre soziale Effekt mit 24 % einen stärkeren Einfluss hat als der primäre Effekt, der nur rund 11 % ausmacht. An diesen Befunden hat sich bis heute nichts Wesentliches geändert.

Chancenungleichheit Eindrücklich belegt wird das Faktum der Chancenungleichheit in einer Längsschnittuntersuchung durch die sogenannten LAU-

4.4 Die empirische Perspektive auf den Übergang

Studien der „Lernausgangsuntersuchungen". Nahezu alle Hamburger Schüler/innen nahmen von 1996 bis 2005 alle zwei Jahre daran teil. Ein Teilergebnis der Forschung zeigt, dass von 43,1 % der Kinder, die einen Übergang in das Gymnasium vollzogen, 36,9 % auch wirklich eine Empfehlung für diese Schulart erhalten hatten.[49] Nur in 6,2 % der Fälle setzten sich die Eltern im Verlauf der Schulformwahl über den Vorschlag der Schule hinweg, da die Entscheidungshoheit bei ihnen lag. Bezogen auf die erzielten Leistungen ist zu sagen, dass auch Schülerinnen und Schüler mit einer Hauptschulempfehlung die höchste Kompetenzstufe im Lesen erreichen konnten.[50] Das bedeutet in letzter Konsequenz, dass die Lehrer/innen neben der Leistung weitere Kriterien für die Schulartempfehlung zugrunde legen.

Mit der Internationalen Grundschul-Leseuntersuchung (IGLU), an der Deutschland bereits 2001, 2006 und 2011 teilgenommen hat, wird u. a. der Einfluss des Berufsstands der Väter auf die Schulformwahl für das gesamte Bundesgebiet erhoben. Dieser zufolge liegen die Chancen von Kindern, deren Väter in „oberen Dienstklassen" tätig sind, etwa 2,68 Mal höher, eine Gymnasialempfehlung zu erreichen.[51] Nicht der primär soziale Effekt in Form des individuellen Leistungspotentials eines Kindes gibt den Ausschlag für einen Schulübergang, sondern es ist der sekundäre Effekt als entscheidungsbedingender Aspekt, der massiven Einfluss auf den Schulübergang hat.

IGLU

Neueste Untersuchungen zu dezidierten Problemstellungen regionaler Übergangsthematiken liegen für einzelne Bundesländern vor (u. a. Maaz, u. a. 2006[52]). Neben schulsystembezogenen Aspekten greifen diese für die Wahlentscheidung zum einen auf die Rational-Choice-Theorie oder auf die kulturtheoretischen Ansätze Bourdieus (u. a. Mahl-George 1999[53]) zurück, mit der sich bildungssoziologische Ungleichheitsphänomene erklären lassen. Thematisch ähnlich sind die Untersuchungen von Büchner, Koch (2001)[54] und Koch (2001),[55] in denen das Denken und Handeln von Schüler/innen, Eltern und Lehrern im Kontext des Sekundarstufenübergangs aus schulischer und außerschulischer Sicht mit quantitativen und qualitativen Methoden erforscht wurde.

bildungssoziologische Ungleichheitsphänomene

Diese Forschungsbefunde machen deutlich, dass Bildungsungleichheit durch das Zusammenspiel von primärem und sekundärem Herkunftseffekt bedingt wird. Nach Boudon (1974)[56] werden Schüler/innen unterschiedlicher Herkunft der differenten schuli-

Zusammenspiel von primärem und sekundärem Herkunftseffekt

schen Anforderung unterschiedlich gerecht und unterscheiden sich somit entsprechend ihren Leistungen. Dem primären Herkunftseffekt geschuldet, findet ihre kognitive Entwicklung unter verschiedenen kulturellen, sozialen und ökonomischen Bedingungen statt. Diese ungleichen Sozialisationsprozesse werden zudem durch unterschiedliche motivationale und kognitive Unterstützungs- und Fördersysteme in den Familien, darüber hinaus durch deren genetische Ausgangsfaktoren geprägt. Die primären Herkunftseffekte wirken sich indirekt auf die Bildungsübergänge aus. Kinder aus schwächeren sozialen Schichten sind von den primären Herkunftseffekten folglich stärker betroffen und sehen sich daher schlechteren Ausgangslagen ausgesetzt.[57]

Die sekundären Herkunftseffekte wirken dagegen direkt auf die Bildungsentscheidung, denn sie bewirken, dass sich Kinder unterschiedlicher sozialer Herkunft auch bei gleichen Leistungen darin unterscheiden, auf welche Schulform nach der Grundschule gewechselt wird. So wählen Eltern aus höheren sozialen Schichten, unabhängig von der Schulleistung des Kindes, meist einen höheren Bildungsweg. So lässt sich etwa erklären, dass die Bildungsmotivation und Bildungsaspiration sozialschwächerer Schichten schwächer ausgeprägt ist als die der höhergestellten Schichten.[58]

Migrationshintergrund

Selbst bei gleichem Sozialstatus besuchen Kinder mit Migrationshintergrund seltener das Gymnasium und dementsprechend häufiger die niedrige Schulform als Kinder ohne Migrationshintergrund.[59] Die Daten des Bildungsberichts 2014 stützen diesen Befund, kommen aber für die Jahrgangsstufe 5 zu dem Ergebnis, dass sich für Kinder mit Migrationshintergrund hinsichtlich des Gymnasialbesuchs keine zusätzlichen Nachteile ergeben.[60]

personale und familiale Ebene sozialer Herkunft

Boudon führt die Ursache für Ungleichheit auf die personale und familiale Ebene sozialer Herkunft zurück und baut sie auf einen primär-individuellen und einen sekundär-familiären Faktor auf, die beide von den ökonomischen Grundlagen der Familien bedingt sind. Nicht selten bewirkt die familienspezifische Zuwanderergeschichte, dass häufiger vom Besuch einer bestimmten Schulform abgeraten wird, mit dem Hinweis auf unzureichende Kenntnisse der deutschen Sprache und weniger Unterstützungsmöglichkeiten seitens der Eltern.[61] Wiedenhorn weist zudem den Bildungsstatus der Eltern als signifikanten Einflussfaktor auf den Schulübergang nach. Demnach sind Kinder, deren Eltern keinen oder einen niedrigen Schulabschluss haben, deutlich überrepräsentiert in der Hauptschule. Die berufliche Positionierung der Eltern und die Herkunft wirken sich dagegen auf den Übergang auf die Realschule aus. Kinder von Angestellten, die keinen Migrationshintergrund haben, wechseln demzufolge häufiger auf die Realschule. Insgesamt betrachtet wirken sich die primären Herkunftseffekte „höchster Schulabschlüsse der Eltern" und „berufliche Stellung der Eltern" am stärksten auf den Übergang in die Real- oder Haupt-/Werkrealschule aus. Demgegenüber wechseln Heranwachsende aus Elternhäusern mit höherem Schulabschluss und einer entsprechenden beruflichen Anstellung häufiger auf höhere Schulformen.[62] Empirisch interessant erscheint zudem, dass Eltern mit Migrationshintergrund zwar höhere Bildungsaspirationen aufwiesen, die Erfolgswahrscheinlichkeiten hingegen niedriger ausfielen.[63]

Tiedemann und Billmann-Mahecha[64] beschäftigen sich in ihrer Studie mit der Frage, welchen Einfluss Migration und Schulklassenzugehörigkeit auf die Übergangsempfehlung der Sekundarstufe 1 haben. Dezidiert lautete ihre Fragestellung, ob Kinder mit Migrationshintergrund bei den von Grundschullehrkräften ausgesprochenen Übergangsempfehlungen aufgrund individueller Migrationskriterien oder gar kollektiver Kriterien – vermittelt über die Art der Klassenzusammensetzung – benachteiligt werden.[65] Es wurden dazu 620 Schüler/innen aus insgesamt 31 hannoverschen Schulklassen befragt. Der Anteil der Jungen und Mädchen war etwa gleich groß, während 24,2 % aller Kinder einen Migrationshintergrund hatten. Die Kriteriumsvariable der Übergangsempfehlung wurde durch die Befragung der Lehrer/innen ermittelt. Zudem erfolgte eine Festlegung der Prädiktorvariablen auf der Individualebene, das heißt, es wurden Lese-, Rechtschreib- und allgemeine kognitive Kompetenzen erhoben. Des Weiteren erfragten sie die Familien- und Freizeitsprache und das Alter und Geschlecht der Testpersonen. In der Untersuchungsauswertung zeigten Tiedemann und Billmann-Mahecha, welche Übergangsempfehlungen beeinflusst werden und analysierten dazu den Einfluss auf den Übertritt in die jeweiligen Schulformen. Die Forscher kamen zu dem Ergebnis, dass günstige Voraussetzungen auf der Individualebene der Empfehlung zu einer höheren Schulform dienlich sind. „Dazu gehören neben einem geringen Alter eine gute Lesekompetenz, gute Rechtschreibleistungen, höhere kognitive Grundfähigkeiten und höhere elterliche Bildungsorientierung."[66] Ohne weitere Bedeutung blieb hingegen die Freizeit- und Familiensprache.

Migration und Schulklassenzugehörigkeit

Empirisch relevant war der Befund, dass auf der Klassenebene im Allgemeinen geringere Leistungen in den genannten Kategorien die Empfehlungen für den Einzelnen begünstigten. Ein hohes Leistungsniveau in der jeweiligen Klasse wirkte sich eher ungünstig aus. Das Phänomen wird als big-fish-little-pond (oder Fischteich-)Effekt beschrieben und zeigt, dass „zwei individuell gleich befähigte Schülerinnen und Schüler, die in unterschiedlich leistungsfähigen Klassen unterrichtet werden, unterschiedliche Fähigkeitskonzepte ausbilden, und zwar in der weniger befähigten Klasse („little pond") ein höheres („big fish") und in der befähigteren Klasse („big pond") ein niedrigeres („little fish").[67] Darüber hinaus führten ihre Untersuchungsergebnisse zu der Vermutung, dass eher die Klassenzusammensetzung und deren Leistungen eine negative oder positive Rolle für die Übergangsentscheidung spielte, nicht aber der Migrationshintergrund. Dollmann (2010) kommt in einer nachfolgenden Erhebung für türkischstämmige Sekundarstufenkinder zu einem ähnlichen Ergebnis wie Tiedemann und Billmann-Mahecha. Für die erste Passage ergeben sich deutliche Nachteile in Form eines selteneren Wechsels auf das Gymnasium für Kinder mit türkischer Herkunft. Diese Nachteile führt Dollmann in seiner Arbeit allerdings vollständig auf „Disparitäten in den schulischen Leistungen und auf die mit der sozialen Herkunft verbundenen unterschiedlichen Übergangsbedingungen" zurück.[68] Seiner Ansicht geben seine Daten keine Hinweise auf Diskriminierungen beim Übergang durch die Lehrkräfte und er sieht in den institutionellen Rahmenbedingungen keinerlei Einflussfaktor. Eine Schlüsselrolle weist er hingegen der sozialen Benachteiligung zu, von welche Kinder aus türkischen Familien vergleichsweise häufiger betroffen sind. Diese Kinder werden aber durch ihre sozialen und leistungsbezogenen Bedingungen, nicht nochmals durch ihre ethnische Herkunft beim Übergang in die weiterführenden Schulen benachteiligt.[69]

Richerts veröffentlicht 2012 eine deutschlandweite Studie, in der sie vor dem Hintergrund der bildungspolitischen Zugangsregelungen zu den Sekundarschulformen nach der Schulaufbahnpräferenz der Lehrkräfte fragt und die diagnostische Struktur dieser Präferenz abgleicht. In ihrer Arbeit berücksichtigt sie auch leistungsrelevante, emotional-motivationale und kognitive Schülermerkmale.[70] Dafür teilt sie die untersuchten Bundesländer nach Ländergruppen mit elterlicher oder schulischer Entscheidungsinstanz ein. Für die beiden Gruppen berücksichtigt sie Leistungsdaten der IGLU-Studie

(2006) und befragt die drei Akteursgruppen jeweils mit einem Eltern-, Schüler- und Lehrerfragebogen. Ein wichtiger Befund ist, dass Schüler/innen aus den Bundesländern mit überwiegender Elternentscheidung weniger leistungsängstlich sind. Zudem verfügen sie über ein positiveres Verhältnis zu ihrer Deutschlehrkraft und deren Unterricht. Das positivere Selbstkonzept der Schüler/innen und deren durch das erhöhte Selbstbewusstsein zum Teil besseren Leistungen können als positiver Effekt gewertet werden.[71] Unter Berücksichtigung der gegebenen empirischen Befunde ist die Elternentscheidung der lehrergebundenen Übergangsempfehlung scheinbar vorzuziehen.

Elternentscheidung

Ein Untersuchung zur Bildungsentscheidung an 21 staatlichen Schulämtern im Schuljahr 2013/14 in Baden-Württemberg, durchgeführt vom Ministerium für Kultus, Jugend und Sport, ergab, dass sich Eltern nach dem Wegfall der verbindlichen Bildungsempfehlung ernster genommen und tendenziell mehr wertgeschätzt sehen. Vertreterinnen aus dem Schulamt Backnang berichten von Eltern für die sich der Übergang nun wie eine „echte Grundschulempfehlung anfühlt".[72] Das Schulamt Mannheim berichtet davon, dass diese Form der Beratung mit offenem Ausgang von den Eltern mehr als Erziehungspartnerschaft wahrgenommen wird. Wodurch Eltern auch ein echtes Interesse an der Beratung und den Informationen zeigen.[73] Außerdem berichtet das Schulamt Markdorf, dass die neue Form des Übergangs von den Eltern als Zuwachs an Verantwortung wahrgenommen wird.

Peter H. Ludwig greift das Thema Chancenungleichheit im Kontext von Übergängen in Verbindung mit Mono- und Koedukation von Mädchen und Jungen auf. Er fragt, ob partielle Monoedukation eine Lösung ist, um die bestehenden Leistungsdifferenzen zu überwinden.[74] Er zeigt in seinen Analysen auf, dass für den Leistungsunterschied an ko- und monoedukativen Schulen weniger der Organisationstyp an sich verantwortlich ist, sondern vielmehr Faktoren wie Intelligenz, Sozialschicht und Leistungsmerkmale der Schüler/innen. Aufgrund des gegenwärtigen Forschungsstandes kann nicht belegt werden, dass Koedukation die Chancengleichheit erhöht oder Monoedukation zu mehr Chancengleichheit führt. Deshalb votiert Ludwig im Übergangsprozess weniger auf das Geschlecht zu achten, sondern vielmehr vorrangig die Leistungsfähigkeit aller benachteiligten Schüler/innen zu fördern.[75]

Mono- und Koedukation

Zusammenfassung

Aus Sicht der beteiligten Akteure ist der schulische Übergang in eine weiterführende Schule ein ereignisreicher Moment. Die Bildungsabschlüsse sind in modernen Gesellschaften zu einem wichtigen Faktor für die Lebenschancen von Individuen geworden. Mit der Ausprägung von arbeitsteiligem Lohnerwerb sind es Bildungswege, die auf ganz unterschiedlichen Ebenen Chancen für die zukünftige Positionierung in der Gesellschaft und am Arbeitsmarkt bieten. An deren Ende steht in der Regel ein Zertifikat, das über Schulabschlüsse und berufliche Ausbildung vergeben wird und formale Qualifikationen ausweist.

Der Begriff Übergang findet nicht nur in Bezug auf schulische Übergänge eine Anwendung, sondern wird interdisziplinär gebraucht. So verweist er in psychologischer, ethnologischer oder pädagogischer Sicht auf das Überschreiten von Grenzen und ein Betreten neuer Räume, deren (Regel-)Systeme erst verstanden und adaptiert werden müssen. Übergänge ereignen sich in unterschiedlichen Kontexten und gehören zu jeder Gesellschaft(sform), so können Übergänge im Kontext von Körperlichkeit, Kultur und des Bildungssystems voneinander abgegrenzt werden.

Die Übergänge als Bildungsübergänge beziehen sich auf drei Passagen beim Eintritt bzw. Wechsel von Bildungsinstitutionen: Als institutionelle Übergänge lassen sich die erste Passage vom Elementar- in den Primarbereich, die zweite von der Primar- in die Sekundarstufe und die dritte von der Sekundarstufe in den Beruf unterscheiden.

Eine Schulformwahl wird im Rahmen der Bildungsentscheidung definiert als eine Wahlmöglichkeit oder Handlungsoption auf der Grundlage von erfassbaren Entscheidungskriterien. Ihre Relevanz ergibt sich aus der Tatsache, dass in modernen Gesellschaften das Bildungszertifikat ein wichtiger Bestimmungsfaktor für Lebenschancen darstellt. Für das bundesrepublikanische Schulwesen ist das Strukturprinzip des Föderalismus bestimmend, welches im Grundgesetz verankert ist. Entsprechend der Kulturhoheit der Bundesländer gibt es eine Vielzahl vom unterschiedlichen Schulwesen, die entsprechend 16 verschiedene Schulübergangsformen mit sich bringen. Nach dem Grad der Einschränkungen lassen sich diese in drei Gruppen einteilen, in die sich die einzelnen Bundesländer von der schulischen bis zur elterlichen Schulformwahl einordnen lassen.

Ein besonderer Niedergang ist für die Schulform der Haupt- bzw. Werkrealschule zu verzeichnen. Entsprechend der steigenden Bil-

dungsaspirationen der Kinder und Eltern sehen immer mehr von ihnen von einer solchen Schulformwahl ab.
Der Übergang von der Sekundarstufe ist die erste Bildungsentscheidung, bei der Eltern und Schülern eine Handlungs- und somit Entscheidungsoption obliegt. Der Entscheidungsprozess stellt aus Akteursperspektive einen wesentlichen Aspekt des Übergangsverlaufs dar. Theoretisch kann der Übergang aus verschiedenen wissenschaftlichen Perspektiven untersucht werden und es gibt eine Reihe von sozialwissenschaftlichen Theorien zur Beschreibung des Konstrukts. Der Entscheidungsfindungsprozess im Übergang von der Primar- in die Sekundarstufe lässt sich aus ökonomischer Perspektive beschreiben. Dazu dient u. a. der Rational-Choice-Ansatz, der grundsätzlich soziale Phänomene, Prozesse oder Ereignisse der Makroebene durch Einbezug rationalen Handelns von Akteuren auf der Mikroebene erklärt. Als Handlungstheorie werden im Entscheidungsprozess die Folgen einer jeden Handlungsalternative ermittelt und zwar vor der Frage nach dem optimalen Nutzen bzw. Kosten für den Akteur. Bei der Wahl der Schulform treten vor dem Übergang die möglichen Bildungsabschlüsse in den Blick, die den Kindern zukünftige Berufsperspektiven eröffnen.
„Die Übergangsentscheidung am Ende der Grundschulzeit gilt immer noch als wichtigste Hürde bei der Verteilung von Bildungs- und Lebenschancen. Die hier getroffene Entscheidung für die eine oder die andere Sekundarschulform legt die Schulbiografie im Wesentlichen fest und ist bis heute nur begrenzt revidierbar."[76]
Der Fokus der empirischen Arbeiten zur Übergangsforschung richtet sich stark auf die Ungleichheits- und Chancengerechtigkeitsfragen. Da kein valides Instrument für die Vorhersage von Bildungsverläufen vorliegt, sind die empirischen Daten von besonderer Relevanz. In den vorgestellten Studien zum Übergang von der Primar- in die Sekundarstufe wird die Sicht der Akteure auf die Schulformwahl untersucht, um mögliche Benachteiligungen bezogen auf primäre oder sekundäre Herkunftseffekte nachzuweisen.

Literatur

Bellenberg, G./Forell, M. (Hg.)(2013): Bildungsübergänge gestalten – Ein Dialog zwischen Wissenschaft und Praxis. Münster.

Baden-Württembergisches Schulgesetz (SchG) in der Fassung vom 1.08.1983 (GBl. S. 397; K. u. U. S. 584), zuletzt geändert durch Gesetz vom 18.12.2006 (GBl. S. 378; K. u. U. 2007 S. 38).

Boudon, R. (1980): Die Logik des gesellschaftlichen Handelns. Eine Einführung in die soziologische Denk- und Arbeitsweise. Neuwied.

Brandenburgisches Schulgesetz (BSchG) (2005): Bekanntmachung der Neufassung des Brandenburgischen Schulgesetzes vom 02.08.2002 (GVBl. I S. 78 ff.).

Denner, L./Schumacher, E. (Hg.) (2004): Übergänge im Elementar- und Primarbereich reflektieren und gestalten. Beiträge zu einer grundlegenden Bildung. Bad Heilbrunn.

Piaget, J. (1985): The equilibrium of cognitive structures. The central problem of intellectual development. Chicago.

Cortina, K. S./Baumert, J./Leschinsky, A./Mayer, K. U./Trommer, L. (Hg.) (2008): Das Bildungswesen in der Bundesrepublik Deutschland. Strukturen und Entwicklungen im Überblick. Bericht des Max-Planck-Instituts für Bildungsforschung. Reinbek.

Hadjar, A.; Becker, R. (2006): Bildungsexpansion – Erwartete und unerwartete Folgen. Wiesbaden.

Hurrelmann, K. (1992): Von der Grundschule in die weiterführende Schulen. Warum der Übergang bei uns so kompliziert ist. In: Grundschule 24 (1992), S. 26 f.

Diekmann, A./Voss, T. (2004): Rational-Choice-Theorie in den Sozialwissenschaften – Anwendungen und Probleme. Oldenburg.

Coleman, J. S.; Fararo, T. J. (Hg.) (1992): Rational Choice Theory. Advocacy and Critique. Newbury Park.

Esser, H. (1999): Soziologie – Spezielle Grundlagen. Band 1: Situationslogik und Handeln. Frankfurt a. M.

Griebel W./Niesel, R. (2011): Übergänge verstehen und begreifen. Berlin.

Eckert, T. (2007): Übergänge im Bildungswesen. Münster.

Friebertshäuser, B./Prengel, A. (Hg.) (2013): Handbuch Qualitative Forschungsmethoden in der Erziehungswissenschaft. Weinheim und München.

Kristen, C./Dollmann, J. (2009): Sekundäre Effekte der ethnischen Herkunft: Kinder aus türkischen Familien am ersten Bildungsübergang. Zeitschrift für Erziehungswissenschaft (2009) 12, S. 205-229.

Richert, P. (2012): Elternentscheidung versus Lehrerdiagnose. Der Übergang von der Grundschule zur Sekundarstufe. Bad Heilbrunn.

Schroer, W./Stauber, B./Walther, A./Böhnisch, L./Lenz, K. (Hg.) (2013): Handbuch Übergänge. Weinheim.

4.4 Die empirische Perspektive auf den Übergang

Fragen

1. Welche institutionellen Übergänge sind im Bildungswesen der Bundesrepublik von der Kita bis in den Beruf zu meistern? Füllen Sie dazu die nachfolgende Tabelle für Ihr Bundesland aus.

Aufnehmende-/ Abnehmende Institution	Übertrittsalter	Anforderungen für den Übertritt
Kita-Grundschule	von 5 bis 7 Jahre	keine/ u. U. ein (psychologisches) Gutachten notwendig
Grundschule-Sekundarstufe 1	von 9 bis 13 Jahre (je nach Dauer der GS)	je nach Bundesland: keine bis spezifischer Notendurchschnitt erforderlich
Sek1 – Sek 2	von 14 bis 16 Jahre	Gymnasiale Oberstufe: keine; Wechsel Sek. I in gym. Oberstufe an einer anderen Schule meist mit erforderlichem Notendurchschnitt
Berufseintritt	ab 16 Jahren	Schulabschluss als Eintrittsvoraussetzung in eine Erwerbstätigkeit, ein Studium oder eine Berufsausbildung
Berufswechsel	ab Berufseintritt	Wechsel des Arbeitgebers, Ein- oder Übertritt in die Selbständigkeit
Weiterbildung (Quartärer Bereich)	ab 16 Jahren	Für Akademiker nach dem Berufseintritt, abgeschlossenes Studium

2. Vergleichen Sie den individuell-intrapersonalen mit dem institutionellen Übergang mittels einer Gegenüberstellung der Definitionen. Arbeiten Sie darüber hinaus die Unterschiede zwischen den beiden Formen heraus.
3. Recherchieren Sie die rechtlichen Übergangsrichtlinien von der Primar- in die Sekundarstufe für Ihr Bundesland. Erarbeiten Sie hierzu den Verlauf des Übergangs von der Grundschule in die Sekundarstufe.
4. Vergleichen Sie die aktuellsten Übergansquoten aus Bildungsberichten oder den Daten des jeweiligen Statistischen Landesamtes mit denen von 2000 und 2010. Welche Trends und Entwicklungen können Sie ausmachen?
5. Entwerfen Sie eine oder mehrere Forschungsfrage(n) und ein dazu konvenables Forschungsinstrument, das an eine der oben dargestellten empirischen Ergebnisse anknüpft. Überlegen Sie zu welchen Ergebnissen sie mit dem Instrument kommen könnten.

Didaktische Arrangements: Unterricht und Unterrichtsformen | 5

| Inhalt

5.2 Zur Differenzierung von Unterrichtsformen
5.2 Zur Systematik von Unterrichtsformen
5.3 Unterrichtsformen zwischen Theorie und Empirie
5.4 Diagnose, Förderung und Förderplanung als Grundlage von Unterricht
5.5 Unterrichtsplanung – von der Diagnostik zum förderorientierten Unterricht

Zur Differenzierung von Unterrichtsformen | 5.1

Unterricht ist ein geschichtlich entstandener Vorgang und hat als Kunstform des Lehrens und Lernens eine 2.000-jährige Tradition. Die hochentwickelten Industriegesellschaften vermitteln durch institutionalisiertes Massenlernen fortwährend relevantes Wissen, Kenntnisse und Kulturgüter an die nächste Generation. Dafür stehen fach- und schulformspeziell ausgebildete Lehrkräfte zur Verfügung, die systematische und geplante Lernsituationen erzeugen. Diese werden als geplante, systematische, methodische und zielgerichtete Unterweisungen lernbedürftiger Kinder, Jugendlicher oder Erwachsener inszeniert. Dabei liegt die Grundform pädagogischen Handelns „[...] in der Planung, Vorbereitung und Gestaltung des Unterrichts sowie der Nachbereitung im Sinne einer gezielten Weiterarbeit."[1]

zielgerichtete Unterweisungen

Über Unterricht wird aus den verschieden disziplinären Perspektiven und auf der Basis unterschiedlichster normativer Orientierungen nachgedacht. Entsprechend der jeweiligen Perspektive auf Unterricht treten einzelne Aspekte in den Vorder- oder Hintergrund:

Perspektive auf Unterricht

- Unterricht in der Grundschule wird nach Helmut Fend als Ort der Sozialisation, Qualifikation, Allokation, Integration und Selektion verstanden.
- Unterricht erscheint als Ort der Tradierung von Wissen und Kultur oder

- es ist ein Geschehen, bei dem – unter Berücksichtigung des Entwicklungsstandes der Lernenden – aufeinander abgestimmt gelehrt und gelernt wird. Professionell handelnde Lehrkräfte führen Lernende absichtlich, gezielt und planmäßig vom (relativen) Nichtwissen zum Wissen, vom (relativen) Nichtkönnen zum Können[2]
- oder Unterricht erscheint als strukturierte, sprachlich vermittelte Interaktion in Raum und Zeit, die einübt in selbstreguliertes und angeleitetes Lernen, in (Selbst-) Regulierung von Verhalten, in Verfahren des diskursiven Aushandelns von Interessen und der diskursiven Bearbeitung von Konflikten.[3]

Die zentralen Aspekte von Schule und Unterricht ergeben sich aus den unterschiedlichen Sichtweisen der Betrachter/in oder den jeweiligen fachspezifischen Perspektiven. Auf die Domänen oder Disziplinen bezogen lassen sich soziologische, psychologische oder kulturanthropologische Fragestellungen ableiten, womit die Suche nach der Definition von Unterricht zum Bestandteil der Kindheitsforschung wird.

Der schulische Unterricht erfolgt in der Regel in einem festgelegten Rahmen und kann in eine festgelegte Form münden. Daneben ist der Ort (Schulgebäude, außerunterrichtliche Lernorte), die Zeit (verschiedene Zeitfenster) – der Raum (z. B. Klassenzimmer, Fachraum) und die Anzahl an Personen in der jeweiligen Lerngruppe vorab geregelt.

Grundschullehrkraft als Experte für Unterricht

Wird hingegen die Grundschullehrkraft als Experte für Unterricht in den Blick genommen, dann ist der stattfindende Vermittlungsprozess von deren domänenspezifischem Grundwissen, den zu vermittelnden Inhalten und den Lernvoraussetzungen der Schülerinnen und Schüler abhängig. Lehrkräfte müssen den unterrichtlichen Lehr-/Lernprozess planen, in ihm interagieren, anleiten und begleiten, diagnostizieren, diesen evaluieren und reflektieren. Grundlage sollte eine Unterrichtstheorie sein, die Lehrkräfte im Handeln anleitet und Hilfestellungen gibt.

Rückt neben der Unterrichts- auch die Lerntheorie der Didaktik und der Erziehungswissenschaft in den Fokus, so zeichnen diese nach Einschätzung von Arnold[4] ein diffuses Bild über die individuellen Voraussetzungen eines nachhaltigen Lernens. Setzen sich Lehrende mit den Befunden der vorliegenden Lerntheorien auseinander, erscheint der Lernprozess als innere Bewegung des Lernenden.[5] Schüler/innen „sind Eigentümer ihres eigenen Lernprozesses. Ihr Lernen ist Selbstlernen, denn nur so bleiben die lernenden Subjekte die Unternehmer ihres eigenen Lernwegs, denn Lernen will unternommen werden."[6] Nach Spitzer bekommen „Gehirne nichts vermittelt, sondern sie produzieren selbst.[7] Die nachhaltige Aneignung von Wissen sowie die Einübung und Herausbildung von Kompetenzen ist ein hochgradig personenspezifischer Prozess,

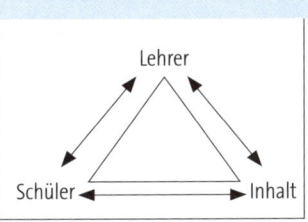

Abb. 4 | ▶
Didaktisches Dreieck

zu dem Lehrende aber „nur" anleiten können, indem sie die Lernenden unterweisen und im Lerngang begleiten, beraten und unterstützen. Weil Unterricht das Lernen also nicht direkt zu erzeugen vermag, zielen alle forschungs- und entwicklungsspezifischen Aspekte auf die Bedingungen, die den Lernprozess fördern.

Theoriegeleitete Überlegungen können in einfacher Form über das didaktische Dreieck vorgenommen werden, dass sich an das bühlersche Organon-Modell anlehnt und in seiner Intention zunächst auf eine Beschreibung eines instruierenden Unterrichts abzielt. Das Dreieck modelliert die Bindung von Schülerinnen oder Schülern, Inhalt und Lehrkraft in einer Trias, die die Interdependenz der Einzelaspekte aufzeigt.

Interdependenz der Einzelaspekte

Da Unterricht in seiner Gesamtheit und Komplexität als Mehrebenenmodell zu sehen ist, stellt sich im Rahmen der Qualitätsentwicklung die Frage, mit welchen Theorieansätzen, Konzepten und Praxiserfahrungen die institutionalisierte Form des Lernens optimiert werden kann. Im Zuge der Entwicklung von Qualitäts-, Bildungs- und Mindeststandards lassen sich die verschiedenen Aspekte zu einem Strukturmodell zusammenführen.

Historisch betrachtet gibt es eine lange Tradition einer vermittlungsdidaktischen Perspektive auf Unterricht, die von der Grundthese ausgeht, dass Unterricht ein lehrerzentrierter Unterricht sei. Die Annahme, dass Inhalte über den Lehrer vermittelt werden, legt auch das didaktische Dreieck nahe. Die Formalstufen gründen auf die klassischen Lernformen: Vortragen, Vorführen, Vormachen (Zeigen). Mit den drei Lernformen ist die Vorstellung verbunden, dass ein direkter Zusammenhang zwischen dem Vermittelten und den vom Lernenden abgespeicherten Wissen und dessen Reproduktion besteht. Selbst wenn die Herbartschen Formalstufen gegenwärtig keine Rolle mehr spielen, bleiben die Artikulationsschemata für die Unterrichtsform von Relevanz.[8] Nach Bönsch[9] lässt sich die didak-

Lernformen: Vortragen, Vorführen, Vormachen

5 Didaktische Arrangements

Trend zur Autodidaktik

tische Diskussion im Bereich der allgemeinbildenden Schule auf drei didaktische Grundformen reduzieren (s. Abbildung 5). Während Gudjons die Fokussierung Ende der 90er Jahre stark auf die handlungsorientierte Didaktik ausgerichtet sieht, geht der Trend gegenwärtig vor allem in der Grundschule hin zur Autodidaktik.

Vermittlungs-Didaktik	Handlungsorientierte Didaktik	Autodidaktik
Klassische Lernformen Vortragen Vorführen Vormachen Zeigen	**Ausgangspunkt Phänomen-Perspektive** Handlung ↙ ↘ Simulation Situation	**Kommunikatives Lernen** verbindliches Lernen (z. B. Lernverträge) Coaching, Beratung, Begleitung Kooperationen
Kognitivistisches Lernen Aufnahme, Verarbeitung und Bewertung von Informationen	**Handlungsorientiertes Lernen** ausgewogenes kognitives, affektives und psychomotorisches Lernen in 1. konkreter Übungssituation 2. Ableitung von Regelhaftigkeiten	**Selbstbestimmtes Lernen** Plan, Zielbestimmung Struktur, Sammeln Ausarbeitung, Veröffentlichen (z. B. Portfolio gestützt)
Mischformen gemeinsame Erarbeitung (Sozialformwechsel) Einführung, Überblick geben (Mind-Map, Advanced Organicer)		**Didaktisch vorstrukturierte Lernumgebung** Tages-, Wochen-, Monatsplan Pensenbücher Stationenlernen Lernwerkstätten

Abb. 5 | ▶ Die allgemeindidaktische Diskussion im Überblick[10]

Zur Systematik von Unterrichtsformen | 5.2

Für die Grundschule lassen sich verschiedene Formen von Unterricht unterscheiden, die in ihrer Wirkung sehr divergent sind. Bei der Planung und Realisierung eines kompetenzorientierten Unterrichts steht die Zielperspektive von schülergerechten und lernspezifisch erfolgreichen Lernprozessen im Vordergrund. Dabei geht es vor allem darum, alle Schülerinnen und Schüler zu erreichen. Der Unterricht kann nach Weinert erst dann als erfolgreich bezeichnet werden, wenn er „zugleich motivierend, leistungswirksam und entwicklungsförderlich ist."[11] Grundsätzlich lautet seine Forderung an einen guten Grundschulunterricht, mehr zu lernen als zu lehren. Dies lässt sich nur durch eine komplexe Unterrichtsform realisieren. Die Balance in der Mischung der methodischen Grundformen gewährleistet adäquatere Lernerfolge, höhere Leistungsbereitschaft der beteiligten Akteure und damit die Option auf einen kumulativen Lernverlauf. Dabei gilt es nicht, die verschiedenen Realisierungsarten gegeneinander auszuspielen, sondern für die jeweilige Lehrperson, die Lernenden und den Anforderungen des Umfelds ein gerechtes didaktisches Arrangement zu finden. Zunächst kann gemäß des didaktischen Dreiecks zwischen einem lehrer- und einem schülerorientierten Unterricht unterschieden werden.

erfolgreiche Lernprozesse

Der lehrergeleitete Unterricht oder die direkte Instruktion kann unterschiedlich aufgebaut und eingebunden sein. Er ist jedoch gekennzeichnet von einer lehrspezifischen Planung und in der Durchführung durch darbietende Lehrverfahren, vor allem das fragend-entwickelnde Unterrichtsgespräch oder das entdeckenlassende Lehrverfahren.[12] Im Vordergrund steht der Lehrer als Regisseur, der den Lernstand der Schülerinnen und Schüler kennt und sich von diesen immer wieder Feedback zu deren Lernentwicklung einholt, und das nicht nur, wenn Lernschwierigkeiten auftauchen. Eine verständliche Darbietung bei der Präsentation neuer Inhalte und das Aufwerfen von Fragen und Problemen auf verschiedenen Schwierigkeitsstufen bilden den Kern seiner Arbeit, was die direkte Instruktion, den Erkenntnissen der Hattie-Studie nach, auch zu einer besonders wirksamen Unterrichtsform macht.[13] Eine Vermittlung der Inhalte findet hier vorranging im Wechselspiel von Schüler/innen und Lehrer oder Lehrerin statt. Diese lässt sich nach dem Schema der allgemeindidaktischen Diskussion als Form der Vermittlungsdidaktik beschreiben.

lehrergeleiteter Unterricht

5 Didaktische Arrangements

klassen- oder schülerorientierte Unterrichtsformen

Die klassen- oder schülerorientierten Unterrichtsformen können nach einer Systematik von Bohl in fünf verschiedene Unterrichtsformen aufgeteilt werden.[14] Um eine strukturierte Differenzierung vornehmen zu können, stellt sich die Frage, wie die Lernenden mit den Lerninhalten in „Verbindung" gebracht werden, wenn nicht die Lehrkraft diese in instruierender Form vermittelt.

individualisierter Unterricht

Beim individualisierten Unterricht steht die individuumsbezogene Ausgangssituation des Lernenden im Mittelpunkt der planungsleitenden Überlegungen des Lehrenden. Dieser ist für die Diagnose der Lernausgangslage verantwortlich und orientiert sich bei der Didaktisierung des Lernmaterials an den Interessen der einzelnen Schülerinnen und Schüler. Klaus Schittko[15] definiert Individualisierung auf der Grundlage der Anerkennung unterschiedlicher Lernvoraussetzungen, was den Begriff in die Nähe der inneren Differenzierung führt. Er beschreibt Individualisierung im Unterricht als „die Berücksichtigung der individuellen intellektuellen, emotionalen, motorischen und sozialen Potenzen eines Lerners für seinen erfolgreichen Lernprozess bzw. die Orientierung des Unterrichts an dem individuellen Lernfortschritt und -bedürfnis des einzelnen Lerners." Grundlage für einen solchen Unterricht bildet die Klärung der Lernvoraussetzungen der Schülerinnen und Schüler. Ansonsten führen die didaktisierten Lernmaterialien, mit denen gearbeitet wird, zu einer vollkommenen Fremdbestimmung. Der Erstellung der Lernmaterialien geht die Diagnose der Lernvoraussetzungen voraus, sodass ein Abgleich von Bildungsplan und Lernstand stattfinden kann. Danach erfolgt die Anfertigung von aufgabengestütztem Material, welches der Schüler bearbeitet und das durch den Lehrer eine Korrektur erfährt. Ist das Lernmaterial bearbeitet, werden neue Ziele ausgehandelt und festgelegt. Dies ermöglicht dann, auf der Grundlage einer erneuten Diagnose des Lernstandes, neues Lernmaterial zur Verfügung zu stellen. Individualisierung im Unterricht gründet sich so theoretisch auf eine Pädagogik der Vielfalt.[16]

differenzierter Unterricht

Der differenzierte Unterricht zielt nicht auf das Lernen eines Einzelnen, sondern richtet sich in seinen spezifischen Voraussetzungen und Interessen auf eine merkmalsbezogene Gruppierung in einer Lerngruppe oder Klasse. Dabei kann nach den Merkmalen *Leistung* oder *Interesse* differenziert werden.[17] Während die äußere Differenzierung auf die einheitliche Gruppierung und Homogenisierung in etwa gleiche Jahrgänge oder Fördergruppen fokussiert, bezeichnet die innere „alle Formen der zeitlich befristeten und/oder dauerhaften Aufteilung eines Lernverbands (einer Klasse, eines Kurses) in arbeitsfähige Teilgruppen."[18] Die temporäre Differenzierung in Teilgruppen sollte dabei personell, (z. B. nach Leistungsfähigkeit oder nach Förderbedarf bzw. Interesse), didaktisch (z. B. nach Zielen, Inhalten oder auch Methodenkompetenz) und nach dem „Zufallsprinzip (z. B. durch Abzählen, durch zufällige Festlegung nach dem Alphabet usw.) erfolgen. Die unterschiedlichen homogenen Lerngruppen werden im differenzierten Unterricht mit entsprechenden passenden Lernmaterialen versorgt.

Beim sogenannten Offenen Unterricht, der auf die Selbsttätigkeit, Selbstbestimmung und Gestaltung des Lernraums abzielt, fällt die Auswahl der Inhalte den Schülerinnen und Schülern zu. Den Terminus *Offener Unterricht* an sich definiert die Literatur nur unscharf und er dient als Ober- oder Sammelbegriff. Die zu vermittelnden Inhalte erarbeitet sich der Lernende aus den zur Verfügung gestellten Materialien. In der Regel sind diese zwar didaktisiert, aber Umfang und Schwierigkeitsgrad wählt der Schüler oder die Schülerin selbst. Ein solcher Unterricht kann in verschiedenen Stufen geöffnet sein, was die Lernmaterialien, die Sozialformen, die Lernzeit und die Leistungsbewertungen angeht.[19] Der offene Unterricht versetzt den Schüler, die Schülerin in die Lage, seine Aktivitäten selbstständig zu planen, auszuwählen und durchzuführen. Der Lehrer gestaltet die Lernumgebung so, dass der Lernende entsprechende Möglichkeiten hat, je nach seinem Lernstand, sich Lernmaterialien selbstbestimmt zu suchen und zu finden. Diese Form des Unterrichts beinhaltet eine veränderte Beziehungsstruktur zwischen Lehrer und Schüler, weil sie eine gleichberechtigtere Form des miteinander Lernens darstellt.

Offener Unterricht

Eine weitere Unterrichtsform ist der adaptive Unterricht. Er ist in dieselbe Kategorie einzuordnen wie das Experiment der Naturwissenschaftler, die Fallmethode der Juristen und das Planspiel der Offiziere.[20] Dabei stellt er eine Entschulung des schulischen Lernens dar, was sich grundlegend durch die Merkmale der Schüler-, Wirklichkeits- und Produktorientierung ausrichtet. Adaptivität beschreibt die Anpassung des Lernangebots an die individuellen Voraussetzungen der Lernenden. Adaptive Instruktion kann als „Sammelbezeichnung für den unterrichtlichen Umgang mit interindividuellen Differenzen" bezeichnet werden.[21] Die Umsetzung des adaptiven Unterrichts lässt sich in verschiedenen Unterrichtsformen realisieren. Sowohl ein individualisierender als auch ein differenzierender oder Offener Unterricht kann adaptiv umgesetzt sein.

adaptiver Unterricht

|lineares und integratives Modell| Apel und Knoll unterscheiden diesbezüglich ein lineares und integratives Modell. Das lineare folgt dem didaktischen Prinzip vom Einfachen zum Schweren und teilt sich in zwei Phasen auf: Zunächst werden die Lernenden instruiert, um das erworbene Wissen und Können direkt anzuwenden. Das Integrative Modell durchläuft im Wesentlichen drei Phasen: Projektinitiative (1), Vorbereitung (2) und Detailplanung und Durchführung (3). Während das integrative Modell in seiner Grundständigkeit motivierender und überschaubarer erscheint, kennzeichnet das integrative Modell die klare Struktur und die Rollenverteilung von Schülern und Lehrern.[22]

|kooperativer Unterricht| Der kooperative Unterricht basiert auf der gegenseitig-unterstützenden Arbeit von Lernenden, die gemeinsame Ergebnisse anlegen und basiert in der Regel auf Partner- oder Gruppenarbeit. Unter Zuhilfenahme zahlreicher Methoden lassen sich in gut strukturierten, kooperierenden Lerngruppen ein hoher Grad an kognitiver Aktivierung, sozialer Anregung und handlungsorientierter Erfahrung der Lernenden erzielen. Problemlöse- und Sozialkompetenz können zudem aufgebaut werden und zu einer Stärkung der Selbstkompetenz der Lernenden führen.

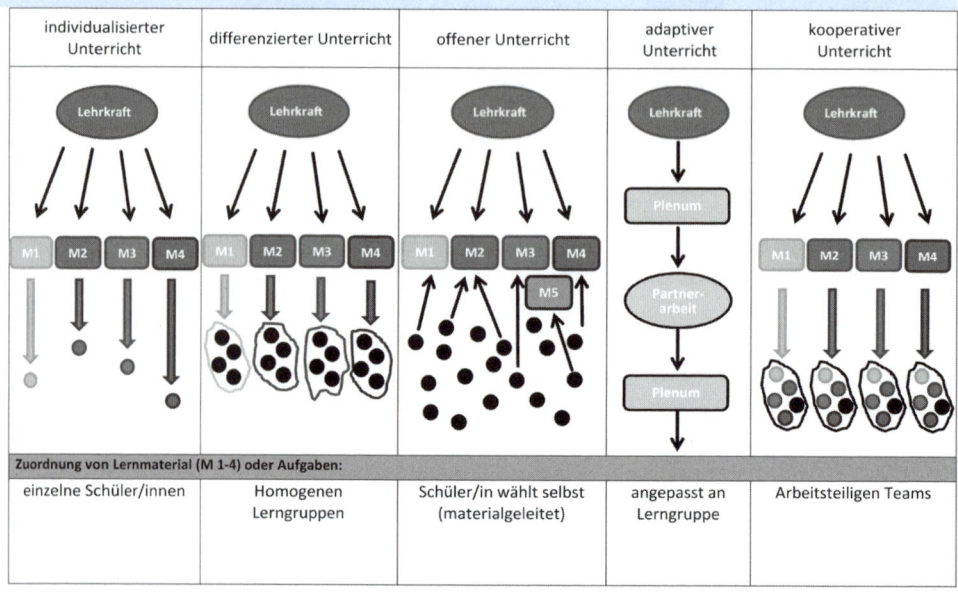

Abb. 6 | ▶ Systematik der Unterrichtsformen nach Bohl (2012), Folie 18.[23]

Unterrichtsformen zwischen Theorie und Empirie | 5.3

Es sind Bildungssysteme, die in ausdifferenzierten Gesellschaftssystemen mit Anpassungsprozessen auf neue gesellschaftliche Konstellationen mittels staatlicher und pädagogischer Reformanstrengungen reagieren. Sie transformieren die Normalsituation in der Schule durch Modernisierungsprozesse. Diese bringen zum Ausdruck, dass das Bildungssystem stets von Neuem an sich ändernde Bedürfnisse und Abnehmererwartungen angepasst werden muss. Seit der ersten Reformbewegung im 18. und 19. Jahrhundert ist die Auseinandersetzung um eine moderne Theorie pädagogischen Handelns in vollem Gange. Fortlaufend setzt sich die Erziehungstheorie mit dem Problem auseinander, „wie auf Lernprozesse Heranwachsender so eingewirkt werden kann, dass diese zur freien Selbsttätigkeit (Fichte, 1762-1814) und zum selbständigen Denken, Urteilen und Handeln (Kant, 1724-1804) aufgefordert werden. Im Zentrum der bildungstheoretischen Reflexion steht die Frage, was denn die Aufgabe eines pädagogischen Wirkens und Einflussnehmens sei, das die Heranwachsenden nicht mehr im Hinblick auf traditionelle Bestimmungen sozialisiert, sondern in einer freien Wechselwirkung von Mensch und Welt für mannigfaltige Situationen (Humboldt, 1767-1835) bildet."[24] Die Erfahrungs- und Erkenntnisgewinne der verschiedenen pädagogischen Transformationsphasen von Normal- zu Reformintervallen beziehen sich zumeist auf die Neufassung des Begriffs der individuellen Bildsamkeit des Menschen, der zugleich ein interaktiv gedachtes Generationenverhältnis beschreibt. Dennoch bleibt die immerwährende Frage nach dem, was guter Unterricht ist, und welche Lehr-/Lernformen diesen ausmachen.

interaktiv gedachtes Generationenverhältnis

Zu der wichtigsten beruflichen Kompetenz von Grundschullehrkräften gehört das Unterrichten, was sich nach Kiper und Mischke auf theoretisches sowie empirisches Wissen und Handlungskompetenz gründet.[25] Diese wurden viele Jahrzehnte als einfache „Unterrichtslehren" angeleitet und mit Ratgebern und Hinweisen zur Planungsarbeit der Lehrer untermauert. Während sich in der zweiten Hälfte der 60er Jahre die Lernzielorientierung durchsetzte, rückte Anfang der 90er Jahre die Kompetenz- und Standardorientierung in das didaktische Blickfeld. Diese richtete sich an der behavioristischen Lerntheorie aus. Während der Fokus auf den didaktischen Settings, Unterrichtsprinzipien oder die Konzeption von Unterricht lag, wurde nur ansatzweise der Versuch unternommen, eine Theorie des Unterrichts zu erstellen.²⁶ Aktuell überlagern die Vorschläge zu einer Neukonzeption der Lehrerrolle, die mit dem Paradigmenwechsel hin zu einer konstruktivistischen Lerntheorie einhergeht, die Bedeutung der Kompetenzen von Lehrkräften für die Planung, Vorbereitung, Durchführung, Analyse und Reflexion von Unterricht. Für Grundschullehrer/innen ist die Entwicklung eines immanenten Kategoriensystems zur Beschreibung von wichtigen Aspekten des beobachteten Unterrichtsgeschehens ebenso bedeutsam wie die Orientierung an impliziten oder expliziten Qualitätsindikatoren und Bezugssystemen zur Beurteilung von Unterricht.²⁷ Diese drei Aspekte einer personenspezifischen Unterrichtskonzeption bilden die Grundlage des eigenen Unterrichts, der anhand empirischer Befunde korrigiert und auf die Optimierung der Wirksamkeit ständig neu ausgerichtet werden sollte.

konstruktivistische Lerntheorie

Beurteilung von Unterricht

In der Bundesrepublik wurde lange Zeit eine normativ-orientierte Diskussion über die Qualität von Unterricht geführt, ohne dabei die internationalen empirischen Befunde in den Blick zu nehmen.[28] Die empirische Befundlage zur Wirkung von Unterricht bleibt allerdings nach wie vor uneinheitlich.[29] Klar ist aber, dass die Unterrichtsqualität stark von der Gruppenzusammensetzung abhängt[30] und die Bedeutung der Lehrkraft und seiner Kompetenzen ist unbestritten.[31] Terhart stellt für Grundschullehrkräfte die Fähigkeit zur Bereitstellung eines stärker individualisierten Angebots von Lernmöglichkeiten heraus und fordert die spezielle Kompetenz im Umgang mit der wachsenden Heterogenität der Schülerschaft ein. Die 2004 von der „Ständigen Konferenz der Kultusminister der Länder" (KMK) formulierten Basiskompetenzen *Unterrichten*, *Erziehen*, *Beurteilen/Beraten* und *Innovieren* führen im Bereich der Bildungswissenschaft die Diagnose und Förderung nicht explizit auf. Die Kompetenz, den Lernstand der Schülerinnen und Schüler zu erheben, ist unter *Beurteilen* subsumiert. Als Querschnittsthema kann die Klassenführung über die anderen Kompetenzfelder hinweggehen angeführt werden.[32]

Unterrichtsqualität

Zu der Frage, was Unterricht eigentlich darstellt, liefert die Untersuchung von Doyle[33] einen differenzierten Blick. Er analysiert mithilfe von sechs Dimensionen. Unterricht im Kontext einer Klasse mit der dazugehörigen Lehrer-Schüler-Interaktion. Er ist geprägt durch:

sechs Dimensionen

- Multidimensionalität – große Anzahl an Ereignissen, deren Vernetzung und multiple Konsequenzen
- Immediacy – unterrichtliche Abläufe erfolgen in rascher Abfolge

- Unpredicatibility – Ereignisse nehmen ungeplante, unerwartete Wendungen, werden gemeinsam produziert und sind so kaum antizipierbar
- History – Ereignisse und Erfahrungen bauen aufeinander auf und formen die nachfolgenden Abläufe
- Simultanity – es besteht Gleichzeitigkeit bei den Ereignissen
- Publicness – Unterrichts-, Klassenräume sind öffentliche Räume und die Ereignisse werden häufig von den meisten Schülerinnen geteilt und miterlebt[34]

Mit den im 19. Jahrhundert eingeführten Jahrgangsklassen zieht nicht nur ein besonderer Zustand der Lerneffizienz in die Unterrichtsräume ein, sondern auch eine dominante Form der Strukturierung von Schule mit einem besonderen Anforderungsprofil für Lehrerinnen und Lehrer. Der Stellenwert des didaktischen Arrangements an sich lässt sich etwa in der Studie von Wahlberg u. a. von 1993 ablesen, die neben der Lehrer-Schüler-Interaktion auf Platz 5 die Instruktionsmethoden auf Platz 12 und das Lehrer-Schüler Gespräch als Einflussfaktoren für das Lernen ausmachen.[35] Einen eigenen didaktisch-methodischen Aspekt führt die Studie jedoch nicht auf. Die Auflistung von mehr als 30 Einflussfaktoren stammt aus der Analyse von Materialien von 61 Unterrichtsforschungsexperten, 91 Metaanalysen und 179 Handbuchartikeln und Reviews.

Die Struktur des Unterrichts nimmt Helmke mit seinem Angebot-Nutzen-Modell (2003)[36] in den Blick: „Unterricht wird hier als ein Angebot verstanden, dass noch keine Wirkung per se garantiert, sondern diese ist davon abhängig, ob überhaupt und wie die Schüler/innen es nutzen."[37] Neben den Prozessfaktoren ist es die Lehrerperson als eine zentrale Größe, die den Unterricht und die Unterrichtsform gestaltet. Das Wirkungsmodell thematisiert im Kontext von Unterrichtsqualität etwa die Frage nach der Methodenvielfalt des ausgebrachten Unterrichts. Dabei erweisen sich die Merkmalskataloge nach wie vor als sehr beliebt, lösen sie doch die Jahrzehnte lang in Deutschland gebräuchlichen normativen Modelle der allgemeinen Didaktik ab wie das Hamburger Modell, das Berliner Modell oder die kritisch-konstruktive Didaktik nach Klafki. Dass die Merkmalskataloge nicht unproblematisch sind, darauf weisen Bohl und Kucharz hin.[38] Einzig in der Auflistung der Merkmale guten Unterrichts von Lipowski (2007) tauchen allgemeindidaktische und fachdidaktische Merkmale prominent auf. Nach der Markus-Studie

Jahrgangsklassen

Merkmalskataloge

zeichnen sich leistungsstarke Klassen durch die Unterrichtsmerkmale *effektive Klassenführung, Qualität des Unterrichts* und *didaktische Übungsqualität* aus. Dazu kommt, dass bei leistungsstarken Klassen Unterrichtsstörungen auch weniger häufiger auftreten und so eine effektive Lernzeitnutzung ermöglichen.

In der von Hascher aus der Literatur erhobenen Studie zu den Ursprüngen des Wohlbefindens von Schülerinnen und Schülern taucht neben der Anstrengungsbereitschaft und Selbstwirksamkeit auch die Gestaltung des Unterrichts auf.[39] Dabei steht nach Friedmann für Lehrerinnen und Lehrer bei den Aspekten, die sie Schülern geben möchten, ein individualisierter Unterricht im Vordergrund. Lehrkräfte möchten mit ihrem Unterricht jeden einzelnen Lernenden erreichen.[40]

curricularer Kompetenzerwerb

Im Mittelpunkt steht nach wie vor die Zielsetzung, den curricularen Kompetenzerwerb der Schülerinnen und Schüler hinsichtlich der Lernprozesse und -produkte erfolgreich zu gestalten. Das heißt, dass sich die geplanten Lernprozesse in möglichst gute Schülerleistungen, sprich Lernprodukte überführen lassen. So ließe sich der Kompetenzerwerb anhand vorgegebener Standards zeigen.

Franz E. Weinert führte im Nachgang der PISA-Studie aus, was Kinder und Jugendliche in der Grundschule lernen müssen, damit ihr Entwicklungsgang optimal verläuft. Ziel muss der Erwerb einer fundierten und vielfältigen Allgemeinbildung sein, es handelt sich dabei „[...] um Strategien zur praktischen Nutzung dieses Wissens, um Kompetenzen zum permanenten selbständigen Lernen und um ein System von Werteorientierung, damit aus kognitiven Fähigkeiten gesellschaftlich wertvolle und individuell reflexive Handlungskompetenzen werden."[41]

Aus den empirischen Befunden der verschiedenen genannten Studien lassen sich unterschiedliche Unterrichtskonzepte extrahieren, die auf unterschiedliche Planungsprozesse und Ausführungssteuerungen zurückzuführen sind. Es gilt in den unterrichtlichen Lehr- und Lernprozessen nicht nur die begabten Kinder zu fördern, sondern auch die aus den weniger begünstigten sozialen Schichten.[42] Dazu wird im Folgenden Näheres ausgeführt.

5.4 | Diagnose, Förderung und Förderplanung als Grundlage von Unterricht

Um pädagogisches Handeln mit förderlichen Entscheidungen vornehmen zu können, besteht die Notwendigkeit, dass Lehrer/innen den individuellen Lernstand ihrer Schüler/innen kennen.

5.4 Diagnose, Förderung und Förderplanung

Lehrer/innen praktizieren im Unterricht in vielfacher Weise implizite Formen des Diagnostizierens, wenn sie etwa aufgrund von Beobachtungen auf die Lernausgangslagen der Einzelnen schließen und dann in die nachfolgenden Planungen einbinden. Wichtig ist es, die Diagnose als *homogenen Akt* in den schulischen Alltag einzubinden, da es einer Vielzahl an diagnostischen Entscheidungen im Schulalltag bedarf, um eine kontinuierliche zu ermöglichen. Dazu hat ein grundlegender Paradigmenwechsel stattgefunden: Ziel ist heute eine differenzierte Sichtweise auf die individuelle Situation der Lernenden, was Brügelmann sinngemäß als die Streuung um eine Differenz zu einer (meist auf Seite der Lehrer/innen) unterstellten Norm versteht. Mit entsprechenden Verfahren und Instrumenten werden in druckfreien Konstellationen und Situationen, auf der Grundlage forschungsmethodischer Gütekriterien,[43] gezielt lernspezifische Informationen über Lehr- und Lernprozesse gesammelt. Voraussetzungen und Bedingungen für deren Ermittlung ist mehr als bloß eine, Leistungsbeurteilung, sondern schließt vielmehr „Aussagen über menschliches Verhalten und Erleben in Lehr-Lern- und Erziehungssituationen ein, motivationale und emotionale Aspekte ebenso wie die Beobachtung kognitiver, motorischer und sensorischer Fähigkeiten"[44] ein. Von besonderem Interesse bleibt die Verwobenheit der verschiedenen Einflüsse und Prozesse, wie sie die Abbildung mit der weitverbreiteten Definition nach Ingenkamp[45] zeigt:

Um diagnostische Entscheidungen für passende handlungsleitende Unterrichtssequenzen ableiten zu können, werten die Lernbegleiter die mittels standardisierten und nichtstandardisierten Tests erhobenen Ergebnisse aus, um lerner/innen-spezifische Lern- und Übungsaufträge erstellen zu können. — passende handlungsleitende Unterrichtssequenzen

Neben der Lernförderung wird auch Selektion oft mit einer Förderabsicht begründet, weil sie eine Passung des Lerners zur Lernumgebung, z. B. durch die Zuweisung in die aktuell passende Schulform oder in eine kleinere Klasse oder Lerngruppe, unterstellt. Um eine entsprechende Selektion von den Schüler/innen in unterschiedliche Leistungsniveaus vornehmen zu können, ist häufig eine äußere Differenzierung notwendig, der eine Diagnostik vorausgeht. Während die Statusdiagnostik auf die Erfassung des individuumsbezogenen Lernstands einer Person abzielt, etwa als Laufbahnempfehlung, richtet die Prozessdiagnostik das Augenmerk auf die Erfassung der Aspekte, die einen Modifikationsprozess ermöglichen, etwa in Hinblick auf das schüler- — Statusdiagnostik

individuumsbezogener Lernstand

Prozessdiagnostik

| Einhaltung wissenschaftlicher Gütekriterien | Lehr-Lern-Prozesse erheben, analysieren, kommunizieren | Einsatz wissenschaftlicher Methoden/ Instrumente |

Lernvorgänge optimieren

„Pädagogische Diagnostik umfasst alle diagnostischen Tätigkeiten, durch die bei einzelnen Lernenden und den in einer Gruppe Lernenden Voraus-setzungen und Bedingungen planmäßiger Lehr- und Lernprozesse ermittelt, Lernprozesse analysiert und Lernergebnisse festgestellt werden, um individuelles Lernen zu optimieren. Zur Pädagogischen Diagnostik gehören ferner die diagnostischen Tätigkeiten, die die Zuweisung zu Lerngruppen oder zu individuellen Förderungsprogrammen ermöglichen sowie die mehr gesellschaftlich verankerten Aufgaben der Steuerung des Bildungsnachwuchses oder der Erteilung von Qualifikationen zum Ziel haben." (Ingenkamp; Lissmann 2008, S. 13)

Lernerfolg optimieren

| Entscheidungsgrundlage pädagogischer Beurteilung | Förderung-, Platzierung- und Selektionsmaßnahmen | Integraler Bestandteil pädagogischen Handelns |

Abb. 7 | ▶ Definition Pädagogischer Diagnostik nach Ingenkamp (1992)

spezifische Stärken- und Schwächenprofil.[46] Im pädagogischen Alltagshandeln sind kompetente Diagnosen aufgrund der Suche nach der richtigen Passung, notwendiger Präventionsmaßnahmen oder Interventionen auch im Sinne einer möglichen integrativen Begabtenförderung (Entwicklungspotenziale erkennen) unabdingbar. Diagnostische Kompetenzen helfen auf der einen Seite den Lehrenden bei der Förderung einzelner Schüler/innen und auf der anderen stehen sie im Dienste der fachspezifischen Unterrichtsplanung und -gestaltung. Daraus ergibt sich eine doppelte Zielperspektive, da nicht nur der einzelne Lernende optimal lernen soll, sondern die Anforderung eines schülerorientierten Unterrichts in heterogenen Lerngruppen zu erfüllen ist. Auf Diagnose baut die Förderung auf, die in einem engeren Sinn als Interaktion zwischen Lernendem und Lernbegleiter/in und deren Intervention als Einzelmaßnahme verstanden werden muss. Förderung stellt die grundlegende Begleitung und Evaluation von Lernprozessen dar, die komplexe und ko-konstruktive Kommunikations-, Interaktions-, Passungs- und Evaluationsprozesse sind. Das professionelle Ergebnis einer nachvollziehbar-begründbaren Förderung kann dann in Form einer strukturierten Förderplanung umgesetzt werden. Wenn in die Förderung mehrere pädagogische Fachkräfte involviert sind, ermöglicht der Förderplan, die Effizienz der Lernprozessbegleitung insofern zu verbessern, indem sich darüber die Kooperations- und Interventionsmaßnahmen koordinieren lassen.

Förderplanung

Für die Planung einer Fördermaßnahme bedarf einer fortlaufenden Lernbegleitung, die am Vorwissen des Lernenden ansetzt und auf die größtmögliche Selbstständigkeit der Schüler/innen abzielt. Zwar sind geplante und zielgerichtete Aufgabenstellungen sinnvoll und eine lehrend orientierte An- und Begleitung notwendig, dennoch schränken sie sich unter Umständen gegenseitig ein.[47] Über eine begleitende Evaluation des Förderverlaufs lassen sich diese beiden Teilbereiche sinnvoll ergänzen. Ein Förderplan oder in Englisch Individual Education Plan (IEP) umfasst die Phasen *Diagnostik*, *Interventionsplanung und -durchführung* und *Evaluation*, wobei der Übergang zwischen den Phasen fließend erfolgt. Sander bestimmt in seiner weiten Definition den Förderplan als Förderplanung und schließt somit alle Phasen des Prozesses ein, der sowohl schriftlich als auch gedanklich gefasst werden kann.[48] Dem engen Verständnis nach stellt dies ein Element der Förderplanung dar, in deren Mittelpunkt eine konkrete Interventionsplanung mit ggfs. schriftlicher Fixierung steckt. Nach Heimlich, Lotter und März umfasst ein Förderplan „die systematische Beschreibung der Interventions- und Evaluationsphase (sonder-)pädagogischer Förderung einschließlich didaktisch-methodischer und organisatorischer Überlegungen".[49] Als Zeitraum für eine konkrete und übersichtliche Planung und Ableitung konkreter Maßnahmen hat sich ein halbes bis zu einem ganzen Jahr bewährt. Weil die Förderplanung auf einem Einzelfall beruht, besteht die Notwendigkeit einer individuumsbezogenen Formulierung von Lernentwicklungsdokumenten. Es ist jedoch fraglich, ob die Förderplanung wirklich ein neues Element der Unterrichtsgestaltung darstellt und welche Effekte mit ihr erzielt werden können.

Förderplan als Förderplanung

5.5 | Unterrichtsplanung – von der Diagnostik zum förderorientierten Unterricht

Unterricht stellt ein hochkomplexes Geschehen dar, das auf mehreren Ebenen gleichzeitig wirkt. Diese Komplexität kann von der Grundschullehrer/in zumindest mittel- und langfristig nur dann bewältigt werden, wenn sie Lernaktivitäten zielorientiert plant und längerfristig Verhaltensroutinen aufbaut, sodass sich Vorgehensweisen automatisieren. Für Studierende und angehende Lehrer/innen erweist sich gerade die Unterrichtsplanung als eine besondere Herausforderung. Sie müssen neben den bislang angestellten didaktischen Überlegungen auch noch den Inhalt und die Lerngruppe mit in ihre Planung einbeziehen. Die entscheidende Frage ist, wie die Lehrkraft den Lernenden einen Zugang zum Unterrichtsgegenstand ermöglicht. In welcher Form setzte sich der Lernende bereits mit dem Thema auseinander und welche Relevanz hat der Inhalt für ihn? Diese Fragen sind der Ausgangspunkt für die zu wählenden Unterrichtsmedien, die das Unterrichtsgeschehen und den Lernverlauf nachhaltig steuern können.

subjektive Didaktik

Nach einer Studie von Bromme[50] orientieren sich ausgebildete Lehrer/innen nicht zwangsläufig an den gängigen didaktischen Überlegungen und Standards, sondern erstellen eine eigene subjektive Didaktik, die sich auf eine pragmatisch-funktionale Ebene bezieht. Sie ermitteln in der Unterrichtspraxis, was didaktisch-methodisch für den jeweiligen Unterrichtsgegenstand funktioniert. Unterrichtsziele treten dabei (scheinbar) in den Hintergrund. Weiter spielen die eigenen curricularen-fachlichen Kompetenzen und die Kenntnisse zu bildungswissenschaftlichen Fragestellungen eine zentrale Rolle. Darüber hinaus hat die individuelle schulische Sozialisation von Grundschullehrern/innen enormen Einfluss auf die spätere Unterrichtsplanung und -durchführung. Die Wissensvermittlung allgemeindidaktischer Inhalte oder empirischer Erkenntnisse in Studium und Referendariat kann diesen Rückgriff auf die selbstgemachten schulischen Erfahrungen nur bedingt kompensieren. Der wesentlichste Unterschied zwischen Noviz/innen und Expert/innen in der Planungsphase liegt in der Fähigkeit einer ganzheitlichen und aufgabenbezogenen Vorbereitung auf Seiten der Experten. Sie halten sich nicht an strenge Entscheidungsketten, sondern sind in der Lage, sekundenschnell komplexe Unterrichtssituationen zu durchdenken, zu analysieren und darauf zu reagieren.

5.5 Unterrichtsplanung

Studierende hingegen empfinden in hochschulischen Praktikumsphasen Unterricht und Unterrichtsplanungen häufiger als Handeln unter Druck. Unterrichtsplanung wird im untersuchten Kontext als eine „eigenständige, zeitlich deutlich von der Handlungsausführung abgetrennte Handlungsplanung"[51] verstanden. Dabei sehen sie nicht nur die Planungsaufgaben als Herausforderung, sondern auch die Unterrichtsführung und -analyse.

Handlungsplanung

Planungsanfänger/innen fällt es in der Vorbereitung häufig schwer, sich alternative Szenarien für den gewählten Unterrichtsverlauf zu überlegen. Studierende erachten Alternativen nur als notwendig, „damit der Leser der Planungsunterlagen ‚sieht', dass dieser Planungsaspekt berücksichtigt worden ist".[52] Eine weitere Herausforderung für Noviz/innen in der hochschulischen Praxisphase besteht, neben der Planung, vor allem im Rollenwechsel von Schüler/in zur Lehrer/in und in der Multitasking-Fähigkeit im Unterricht. Das Verfassen eines Unterrichtsentwurfs soll zum Aufbau von Handlungssicherheit im Stundenverlauf führen. Eine Überstandardisierung und -formalisierung der Rahmenrichtlinien geht aber meist einher mit dem Verlust von Qualität.

Rollenwechsel

Im Grunde sind zwei Planungsprozesse zu unterscheiden:
1. der Vorgang der ausführlichen schriftlichen Unterrichtsplanung als Textproduktion
2. der Prozess der gedanklichen Vorwegnahme bzw. Handlungsplanung der unterrichtlichen Situationen

„Ein schriftlicher Unterrichtsentwurf sollte eine begründete Darstellung eins unterrichtlichen Vorhabens sein, in der der fachwissenschaftliche, fachdidaktische, pädagogische, psychologische und subjektive Aspekt zu einem schlüssigen (konkludenten), bedeutsamen (signifikanten) und zusammenhängenden (kohärenten) Handlungsentwurf integriert werden."[53] Dabei lassen sich individuelle Lehr-Lernprozesse nicht deterministisch planen, weil Lernen vom Schüler geleistet werden muss. Unterricht ist als Angebot zu verstehen, dass für sich noch keine Wirkung erzielt.

schriftlicher Unterrichtsentwurf

Lehr-Lernprozesse

Zusammenfassung

Der Zweck von Unterricht ist die Optimierung institutionalisierter Lehr- und Lernprozesse, die unter spezifischen räumlichen, sozialen, physiologischen und psychologischen Kontexten ablaufen, wobei die Lerner/innen das Angebot der Lehrkräfte ohne Garantien auf Erfolg und vor dem Hintergrund ihres eignen Vorwissens nutzen sollen. Es liegt in der Verantwortung der Lehrkräfte, die Unterrichtssituationen und den entsprechenden Lehr-/Lernprozess zu planen, darin zu interagieren, diese anzuleiten und zu begleiten, Lernstandsdiagnosen vorzunehmen sowie den Verlauf zu evaluieren und zu reflektieren. Grundlage für die Planung und Gestaltung der Lehr- und Lernprozesse sollte eine spezifische Unterrichttheorie sein, die Lehrkräfte im Handeln leitet und didaktisch-methodische Rahmenbedingungen bietet.

Bei der Realisierung von Unterrichtssituationen lassen sich die beiden Grundformen des lehrer- und schülergebundenen Unterrichts unterscheiden. Die lehrerzentrierte oder direkte Instruktion ist durch eine lehr- und lernspezifische Planung gekennzeichnet und basiert in der Regel auf darbietenden Lehrverfahren.

Die schülerorientierten Unterrichtsformen lassen sich in fünf verschiedene Varianten gliedern, die als Unterscheidungskriterium die Interdependenz von Lerninhalt und Schüler/in zugrunde legen: Der individualisierte Unterricht soll jedem Lernenden ein passendes Lernarrangement anbieten, das dann entsprechend dem Vorwissen, Lernmotivation, Leistungsniveau usw. bearbeitet werden kann. Dagegen gibt der differenzierte Unterricht das Lernmaterial an homogen gedachte Gruppen aus. Beim Offenen Unterricht wählen die Lernenden ihre Materialen selbst aus, während in der kooperativen Unterrichtsform heterogene Gruppen das passende Lernmaterial erhalten. Die adaptive Form nimmt das zielerreichende Lernen mittels einer inhaltlich-methodischen Passung an die Lerngruppe vor. Entsprechend der gewählten Unterrichtsmethode ist der Unterricht zu planen. Voraussetzung eines kompetenzorientierten Unterrichts ist die Erhebung des Lernstands (Diagnostik) und eine darauf aufbauende Unterstützung durch Fördermaßnahmen.

Literatur

Bönsch, M. (2010): Kompetenzorientierter Unterricht – Selbständiges Lernen in der Grundschule. Braunschweig.
Coriand, R. (2017): Allgemeine Didaktik: ein erziehungstheoretischer Umriss. Stuttgart.
Mischke, W. (2006): Theorie des Unterrichts. Weinheim.
Bauer, K.-O./Logemann, N. (2011) (Hg.): Unterrichtsqualität und fachdidaktische Forschung – Modelle und Instrumente zur Messung fachspezifischer Lernbedingungen und Kompetenzen. Münster.

Literatur

Einsiedler, W./Götz, M./Hartinger, A./Heinzel, F. (2014): Handbuch Grundschulpädagogik und Grundschuldidaktik. Stuttgart.
Freund, J./Gruber, H./Weidinger, W. (Hrsg.): Guter Unterricht – Was ist das? Aspekte von Unterrichtsqualität. Wien.
Grunder, H. U./Kansteiner, K./Moser, H. (2014): Professionswissen für Lehrerinnen und Lehrer. Baltmannsweiler.
Arnold, K.-H. u. a. (2008) (Hg.): Handbuch Förderung, Weinheim und Basel.
Horstkemper, M. (2006): Fördern heißt diagnostizieren. Pädagogische Diagnostik als wichtige Voraussetzung für individuellen Lernerfolg. In: Friedrich Jahresheft XXIV 2006.
Ingenkamp, K./Lissmann, U. (2008): Pädagogische Diagnostik. Weinheim.
Maier, U. (2012): Lehr- u. Lernprozesse in der Schule. Basel u. Weinheim.
Zierer, K./Speck, K./Moschner, B. (2013): Methoden erziehungswissenschaftlicher Forschung. München.
Gonschorek, G./Schneider, S. (2015): Einführung in die Schulpädagogik und die Unterrichtsplanung. Donauwörth.
Helmke, A. (2006): Unterrichtsforschung. In: Arnold, K./Sandfuchs, U./Wiechmann, K. (Hrsg.): Handbuch Unterricht. Bad Heilbrunn.
Standop, J./Eiko, J. (2015): Unterricht planen, gestalten und evaluieren. Bad Heilbrunn, Stuttgart.

Fragen

1. Erstellen Sie eine Mind-Map zum Themenfeld Unterricht und lassen Sie möglichst viel aufgeführte Aspekte aus dem Grundlagentext einfließen.
2. Fassen sie die Begriffe Diagnostik, Förderung und Förderplanung mit Hilfe des Textes in jeweils einer Definition zusammen.
3. Erklären sie einen Aspekt, der die Definition der Pädagogischen Diagnostik nach Ingenkamp (Abb. 7) rahmt, genauer.
4. Vertiefen Sie den Bereich der direkten Instruktion aus der Fachliteratur.
   Mögliche Vertiefungsliteratur zur direkten Instruktion:
   Köller, O. (2014[2]): „What works best in school? Hatties Befunde zu Effekten von Schul- und Unterrichtsvariablen auf Schulleistungen". In: Die Hattie-Studie in der Diskussion. Stuttgart.
   Kim, T./Axelrod, S. (2005): „Direct instruction: An educators' guide and a plea for action". In: The Behavior Analyst Today. Band 6, Nr. 2.
   Schnack, J. (2014): Direkte Instruktion. Themenheft. In: Pädagogik. 66./1
   Wellenreuther, M. (2016): „Direkte Instruktion – das hässliche Entlein der Pädagogik?". In: Lehren. Friedrich Jahresheft S. 82–84.

Fragen

5. Zeigen Sie auf, inwiefern sich im Kontext der Förderung eine geplante und zielgerichtete Aufgabenstellung und eine an Lernenden orientierte An- und Begleitung gegenseitig einschränken können.

Zeit und Raum in der Ganztagsgrundschule | 6

| **Inhalt**

6.1 Die Grundschule als Ganztagsgrundschule
6.2 Raum und (reform-)pädagogische Konzeptionen
6.3 Gestaltung von (Macht-)Räumen in der Ganztagsgrundschule

Die Grundschule als Ganztagsgrundschule | 6.1

Welche Bedeutung haben die Dimensionen Raum und Zeit für die Grundschulpädagogik? Diese Frage stellt sich insbesondere im Hinblick auf den gegenwärtigen Wandel der Grundschule von einer Halbtagesgrundschule zur Ganztagsgrundschule, ebenso welche Berücksichtigung bzw. Thematisierungen diese im Anschluss an (reform-)pädagogische Konzeptionen finden. Die räumliche und zeitliche Gestaltung des Unterrichts- und Schullebens in der Grundschule bezieht sich hierbei stets auch auf die Frage, ob und warum die Grundschule eine besondere Stufendidaktik benötigt, die sich von den Didaktiken anderer Stufen, der Elementarstufendidaktik oder der Sekundarstufendidaktik, unterscheidet.

Während die Grundschule in ihrem Selbstverständnis, eine Schule für alle Kinder zu sein, seit ihrer Gründung unangetastet bleibt (vgl. dazu Kapitel 1), verändern sich derzeit dennoch ihre Aufgaben, vor allem dadurch, dass sie sukzessive von der Halbtagesschule zur Ganztagsschule umgestaltet wird. Quantitativ hat der Ausbau der Ganztagsgrundschulen in den letzten Jahren in allen Bundesländern zugenommen, so wurden in ganz Deutschland etwa im Schuljahr 2012/2013 bereits über 30 % aller Schüler/innen an einer Ganztagsschule unterrichtet, ein prozentualer Anteil, der in den nächsten Schuljahren noch weiter zunehmen wird.[1] Während es beispielsweise 2009 in ganz Baden-Württemberg nur 249 Ganztagsgrundschulen gab, waren es 2013 bereits 358 öffentliche Ganztagsgrundschulen.[2] Als Ganztagsschulen definiert die Kultusministerkonferenz Schulen, bei denen „an mindestens drei Tagen in der Woche ein ganztägiges Angebot für die Schülerinnen und Schüler bereitge-

als Ganztagsschulen definiert die Kultusministerkonferenz ...

stellt wird, das täglich mindestens sieben Zeitstunden umfasst; an allen Tagen des Ganztagsbetriebs den teilnehmenden Schülerinnen und Schülern ein Mittagessen bereitgestellt wird; die Ganztagsangebote unter der Aufsicht und Verantwortung der Schulleitung organisiert und in enger Kooperation mit der Schulleitung durchgeführt werden sowie in einem konzeptionellen Zusammenhang mit dem Unterricht stehen."[3]

Eine einheitliche Konzeption zur Ganztagsschule gibt es indes nicht, vielmehr sind drei verschiedene Varianten im Feld vorhanden: Die Ganztagsschule als „voll gebundene Form", als „teilweise gebundene Form" und als „offene Form".[4] Andere ähnliche Begriffsbenennungen unterscheiden zwischen dem integrierten Modell und dem additiven Modell der Ganztagsschule. Das Adjektiv „additiv" verweist hierbei darauf, dass neben dem Vormittagsunterricht zusätzlich am Nachmittag ein Angebot vorgehalten wird. Unter teilgebunden wird indes verstanden, dass es an einer Schule gleichzeitig Halb- und Ganztagsklassen geben kann und die Nachmittagsangebote nur für einen Teil der Schülerschaft, aber nicht grundsätzlich verpflichtend sind. Dagegen verstehen viele Autor/innen lediglich das Modell der „integrierten" oder „voll gebundenen Form" als echte Ganztagsschule, nicht aber die offene, additive oder teilweise-gebundene Form, die das Nachmittagsangebot auf freiwilliger Basis nur für einzelne Ganztagsklassen oder Ganztagskinder, nicht jedoch verpflichtend für alle Grundschulkinder der Schule vorhält.[5]

Die Idee der Ganztagsschule ist nicht neu, sondern hat eine Geschichte z. B. wurden bereits in der Zeit nach dem Zweiten Weltkrieg „Tagesheimschulen" gegründet, um die Kinder in der Nachkriegszeit pädagogisch zu unterstützen. Auch wurde schon damals von einzelnen Erziehungswissenschaftlern und Bildungspolitikern (v. a. Herman Nohl, Hellmut Becker) eine flächendeckende Einführung der Ganztagsschule in Westdeutschland gefordert.[6] Während in der Deutschen Demokratischen Republik die Ganztagsschule als Fortführung der Ganztagseinrichtungen im Elementarbereich, in denen auch gegessen und geschlafen wurde, die Regel darstellte, war dies zeitgleich in den 1960er Jahren in der Bundesrepublik Deutschland die Ausnahme. Jedoch gab es hier in den 1970er Jahren im Bestreben der „Bildungsexpansion" ebenfalls bildungspolitische Vorschläge für einen verstärkten Ausbau der Schulen zu Ganztagsschulen. Erst als drei Dekaden später, mit den Sekundäranalysen zu den internationalen Vergleichsuntersuchungen wie PISA erneut

6.1 Die Grundschule als Ganztagsgrundschule

eine enge Kopplung zwischen sozialer bzw. familialer Herkunft der Schüler/innen und ihrem Bildungserfolg attestiert wurde, hat man flächendeckend in den 16 Bundesländern in die Ganztagsschulentwicklung investiert, um sozialer Ungleichheit entgegenzusteuern. Während in den Anfangsjahren des 21. Jahrhunderts vornehmlich Grundschulen in marginalisierten Quartieren zu Ganztagsgrundschulen ausgebaut wurden, wird heute das Ganztagsschulkonzept nicht mehr auf die eindimensionale Begründungslinie reduziert, diese seien insbesondere für Kinder aus sozial schwachen Familien oder Familien mit Migrationshintergrund wichtig.

In der gegenwärtigen Theorie und Forschung wird die Ganztagsgrundschule aufgrund ihrer Struktur als ein für die Kinder wichtiger „Lern-, Lebens-, Erfahrungs- und Kulturraum"[7] charakterisiert. Damit wird der Raumfrage (Nutzung und Wirkung vorhandener Räume, Raumkonzepte, Raumerfahrungen) und der Frage nach der sinnvollen Strukturierung der (verlängerten) Zeit in der Grundschule ein zentraler Stellenwert beigemessen. In der Ganztagsgrundschule verändern bzw. erweitern sich die Aufgabenfelder der Grundschullehrkräfte, denn stärker als in der Halbtagsschule kommen hier erzieherische bzw. sozialpädagogische Aufgaben hinzu sowie Aufgaben der Schulentwicklungsarbeit und der Teamarbeit mit Vertreter/innen anderer Professionen. Auch der veränderte Umgang mit Zeit wirkt sich auf unterschiedlichen Ebenen aus: Grundschullehrer/innen an einer Ganztagsgrundschule unterrichten eben nicht nur am Vormittag. Damit wird beispielsweise auch das Mittagessen von Lehrer/innen betreut und es wird „erwartet und teilweise verordnet, dass die Lehrer Angebote für die Gestaltung der Freizeit machen, Arbeitsgemeinschaften anbieten oder auch nur Aufsicht führen."[8] Erziehungswissenschaftler/innen, die im Bereich der Schulentwicklung ihren Schwerpunkt haben, wie etwa Heinz-Günter Holtappels, weisen in diesem Kontext kritisch auf das Desiderat hin, dass die Lehrerbildung und Lehrerbildungsforschung bislang nur marginal die Aufgaben in der Ganztagsschule thematisiert und damit auch die angehenden Lehrer/innen bislang nur wenig auf spezifisch zur Ganztagsschule gehörende Tätigkeiten wie Freizeit- und AG-Angebote, Hausaufgabenbetreuung, Einzelförderung von Schüler/innen sowie die Beratung von Kindern und Eltern vorbereitet werden.[9]

Als große grundschulpädagogische Herausforderung kann zudem der Anspruch angesehen werden, dass der Umgang mit der

Schulentwicklungsarbeit

(längeren) in der Institution Schule zu verbringenden Zeit eine Grundschul- und Ganztagsschulkultur erfordert, in der es eine sinnvolle Rhythmisierung gibt. Eine solche Rhythmisierung wird in der Theorie und Empirie zur Ganztagsschule verstanden als ein „zeitlich ausgewogene(r) Wechsel von: Anspannung und Entspannung, Anstrengung und Erholung, Bewegung und Ruhe, kognitiven und praktischen Arbeitsphasen, aufnehmen und besinnen, gelenktem Arbeiten und Selbstständigkeit."[10] Formuliert wird ein stufenbezogener Anspruch einer „am Kind orientierten" Rhythmisierung des Schul- und Unterrichtstages sowie des Schuljahres insgesamt, der in der Ganztagsgrundschule, aber auch bereits in der Halbtagsschule, als äußere und innere Rhythmisierung umgesetzt werden soll. Damit geht es einmal um organisatorische Strukturen der Stunden- und Tagesplangestaltung, zum anderen um eine Orientierung an den vermuteten „kindlichen Bedürfnissen", zu denen maßgeblich auch jene nach Bewegung, Ruhe und Spiel gehören. Um eine Pädagogik der Ganztagsschule theoretisch zu begründen, kann, wie es etwa Alexander Scheuerer oder Angelika Speck-Hamdan empfehlen, auf den Ansatz der „Chronobiologie" zurückgegriffen werden, der sich auf die Natur als Vorbild und den dort vorfindbaren Rhythmen im Wechsel der Jahreszeiten, von Ebbe und Flut, von Helligkeit und Dunkelheit, von Anspannung und Entspannung bezieht.[11]

Innerhalb der wissenschaftlichen bzw. schulpädagogischen Thematisierung[12] der Ganztagsschule werden vor allem die konzeptionellen und organisatorischen Aspekte sowie die Herausforderung einer theoriebezogenen Schulentwicklung zur Ganztagsschule bearbeitet, während, was gerade aus einer erziehungswissenschaftlichen Perspektive relevant erscheint, nur vereinzelt (z. B. von Heike Deckert-Peaceman[13]) die negative Konnotation der Ganztagsschulentwicklung im Hinblick auf eine zunehmende Institutionalisierung und Verplanung sowie Kontrolle und Überwachung von Kindern und Kindheit bearbeitet wird.

6.2 | Raum und (reform-)pädagogische Konzeptionen

Der Begriff *Raum* im schulpädagogischen Kontext bezieht sich zum einen auf ein architektonisches Verständnis von Raum, d. h auf den Raum, der durch äußere Begrenzungen wie Wände und Decken geschaffen wird. In der Grundschule sind dies die Klassen- und Fach-

Abb. 8 | ▶ Sitzordnung

räume, die Turnhalle, der Pausenhof, die Sanitäranlagen, Räume für die Ganztagsgrundschule wie die Schulmensa u. a. Schulische Räume werden jedoch zum anderen auch erschaffen, gestaltet, belebt und erlebt und sind damit nie bedeutungslos in ihrer Wirkung und Wechselwirkung auf und mit dem Menschen. Gerade in Bezug auf den konzeptionellen und damit stets auch räumlichen Ausbau der Grundschule zur Ganztagsgrundschule zeigt sich deutlich, dass die Dimensionen Zeit und Raum im grundschulischen Alltag zusammen gehören, denn „beide dominieren in der Schule das gesamte Geschehen".[14]

Eine erste theoriebezogene erziehungswissenschaftliche Auseinandersetzung mit der Bedeutung des Raumes in Bezug auf das Lernen und die Entwicklung der Kinder erfolgte bereits ab dem späten 18. bzw. beginnenden 19. Jahrhundert. Vor allem sind hier Friedrich Fröbel (1782-1852) und seine Ideen zu einem Kindergarten als „Bildungsraum" für Kinder, ausgestattet mit „Spielgaben", zu nennen oder Johann Pestalozzi (1746-1827) als ein weiterer Vertreter. Pestalozzi prägte hierbei die Vorstellung einer „Schulwohnstube", ein Terminus, der bereits semantisch darauf verweist, dass das Wohlbefinden in schulischen Räumen wichtig ist für und bei der pädagogischen Arbeit mit Kindern. Einige Jahrzehnte nach Johann Pestalozzi und Friedrich Fröbel setzten sich in der Epoche der

Reformpädagogik (ca. 1880 bis 1933) Ellen Key (1849-1926), Maria Montessori (1870-1952), Peter Petersen (1884-1952) und Rudolf Steiner (1861-1925) neben anderen in theoretischer und konzeptioneller Weise mit der Bedeutung des Schulraums und der Schulraumgestaltung auseinander.

Schulraumgestaltung

Ellen Key gehört hierbei zu den Ersten, die bereits um die Jahrhundertwende vom 19. auf das 20. Jahrhundert die „Schule der Zukunft"[15] als Gesamtschule charakterisiert. Sie spricht von Bibliotheken, Schulgärten und anderen wichtigen, und für den damaligen Zeitpunkt in der Vorstellung neuen Lern- und Bildungsorten für Kinder, wobei sie selbst als Autodidaktin weder eine Schule besucht, noch eine gegründet hat. Ganz im Gegenteil zu Peter Petersen, der nicht nur als Hochschullehrer lehrte und forschte sowie gemeinsam mit seiner Mitarbeiterin und zweiten Frau die sog. „pädagogische Tatsachenforschung"[16] entwickelte, sondern sich auch als Schulgründer und Schulentwickler betätigte. In seinem Ansatz der Lebensgemeinschaftsschule und dem „Jenaplankonzept", in dem das jahrgangsgemischte Lernen ein zentraler Anker der Konzeption darstellt, hat er sich ausführlich mit einem pädagogischen Raumkonzept beschäftigt, zu der zentral die Frage gehört, wie der Schulraum für die Schüler/innen wohnlich gestaltet werden kann. Nach Peter Petersen stellen die gemeinsame Arbeit, das Spiel, das Gespräch und die gemeinsame Feier, die in den Schulräumen stattfinden sollen, die relevanten Bildungsgrundformen dar. Für ihn sind dies „Formen des natürlichen Lernens, wie sie vor der Schulzeit allein herrschen".[17]

Jenaplankonzept

Maria Montessoris konzeptionelle Gedanken beziehen sich zunächst auf Kinder in der frühen Kindheit und das Lernen in „Kinderhäusern", die für Kinder bis zum Schuleintritt und damit für den Elementarbereich gedacht sind. Der didaktische Ansatz des Elementarbereiches wird hierbei in der Montessori-Pädagogik fließend im Primarbereich weitergeführt: Material und Raum unterstützen hierbei die Kinder in ihrer Entwicklung, dem Durchlaufen „sensibler Phasen" und dienen den Prozessen der „Normalisation". In der Montessori-Pädagogik steht damit die für die Kinder „vorbereitete Lernumgebung", die sowohl eine „kindgerechte" Einrichtung als auch entwicklungsförderliche Materialien einschließt, im Mittelpunkt der Methodik und Didaktik, vor allem auch um Lernanreize für die „Freie Wahl" bzw. „Freie Arbeit" der Kinder zu schaffen und ihre Selbsttätigkeit zu fördern. Für Montessori war es wichtig, dass sich die Kinder entscheiden können, mit welchen Materialien sie arbeiten möchten

Montessori-Pädagogik

6.2 Raum und (reform-)pädagogische Konzeptionen

und dass diese in offenen Regalen im Raum untergebracht werden, um für die Kinder leicht zugänglich zu sein.[18] In Montessoris Schulkritik wird die Schule der damaligen Zeit von ihr als ein „Unort" für Kinder charakterisiert. Ihre Kritik bezieht sich in diesem Zusammenhang explizit auch auf eine nicht kindgemäße, das Kind unterdrückende Innen- und Außenarchitektur: „Die Schule war für das Kind die Stätte größter Trostlosigkeit. Jene ungeheuren Gebäude scheinen für eine Menge von Erwachsenen errichtet. Alles ist hier auf den Erwachsenen zugeschnitten: die Fenster, die Türen, die langen Gänge, die kahlen einförmigen Klassenzimmer. Und drinnen trug der Schüler seit vielen Generationen stets die schwarze Uniform, das Trauerkleid, eine ganze Kindheit hindurch."[19]

Sowohl die Raumgestaltung und Raumnutzung als auch das Material im Raum hat in der Montessori-Pädagogik eine intentionale, und damit eine keineswegs zufällige und beliebige, Funktion. Gearbeitet wird in Montessori-Grundschulen in der Freiarbeit in Einzel-, Partner- oder Kleingruppenarbeit an unterschiedlichen Orten im Klassen- oder Schulraum (auf dem Boden auf einem Teppich, am Tisch, im Flur oder einem weiteren Differenzierungsraum), mit jeweils spezifischen für die Freiarbeitsphase vorgesehenen Montessori-Materialien (Mathematische Materialien, Sprachmaterialien, Sinnesmaterialien, Materialien für die Kosmische Erziehung), die klassischerweise nur einmal im Klassenzimmer vorhanden sind, und noch von Maria Montessori selbst oder der Montessori-Gesellschaft als Montessori-Materialien genehmigt bzw. patentiert wurden.

Freiarbeit

Ein weiteres prominentes Beispiel, das aus der Epoche der Reformpädagogik stammt und eine nachhaltige Wirkung und Verbreitung bis in die Gegenwart hinein zeigt, ist die Waldorfpädagogik. Wie die Montessori-Pädagogik, von der sie sich jedoch in Bezug auf das Erziehungs- und Bildungsverständnis unterscheidet, beschäftigt sie sich konzeptionell mit der Bedeutung des Raumes bzw. der Raumgestaltung und der Bedeutung von Materialien im und für den Raum.

Waldorfpädagogik

Die Theorie und Praxis der Waldorfpädagogik findet hierbei ihren Ursprung in der Anthroposophie Rudolf Steiners. Unter dem Terminus der „Anthroposophie", der an den der „Anthropologie" erinnert, wird hierbei die von Rudolf Steiner „begründete Erkenntnismethode zur wissenschaftlichen Erforschung der real-geistigen Welt und zur Entwicklung der dazu notwendigen Erkenntnisfähigkeit" verstanden. Dieses theoretische sowie weltanschauliche Ziel ist sowohl leitend für die methodisch-didaktische Konzeption der Waldorfschule und des Waldorfkindergarten, aber auch für andere Gebiete wie die anthroposophische Medizin, die anthroposophische Landwirtschaft und die anthroposophische Architektur.[20] In der klassisch tradierten Waldorfbauweise wird etwa auf den „rechten Winkel" verzichtet, natürliche Materialien wie Holz dominieren, Materialien sowie Formen und Farben (z. B. in Bezug auf die Wandfarben in den Klassenräumen) werden verschiedenen Eigenschaften und Entwicklungsstufen zugeordnet.

Formen und Farben

Während in der Waldorfpädagogik die Farbauswahl bzw. Bedeutungszuschreibung der Farben auf die Rudolf Steiner'sche Auseinandersetzung mit Goethes Farbenlehre zurückgeht und in einem anthroposophischen Begründungskontext steht, kann in Bezug auf Farben und Formen jedoch auch generell davon ausgegangen werden, dass „starke Farbkontraste, bunte Karos oder senkrechte Streifen" eher unruhig wirken und deshalb als Farbgestaltung für Ruhe und Rückzugsräume, aber auch insgesamt für die Gestaltung von Räumen in der Schule weniger geeignet sind.[21]

Reggio-Pädagogik

Wie in der Montessori-Pädagogik oder der Waldorfpädagogik bezieht sich auch die spätere Reggio-Pädagogik nicht nur auf Kinder im Schulalter, sondern bereits auf Kinder in frühpädagogischen Einrichtungen. Sie versucht den Fragen nach Raumnutzung, -gestaltung und Bedeutung mit dem Bezugspunkt des „kindgemäßen" Ausdruckes nachzugehen.[22] In der von Loris Malaguzzi (1920-1994) in Italien begründeten Reggio-Pädagogik wird die Bedeutung des Raumes für die Pädagogik insgesamt stark betont und der Raum, neben den Lehrer/innen, Mitschüler/innen, in der Funktion des „dritten Erziehers" charakterisiert. Die einzelnen reggiopädagogischen Kindertageseinrichtungen unterscheiden sich indes voneinander in Bezug auf die „unterschiedlichen Bauzeiten und Bautypen. Wichtiger jedoch ist, dass jede Einrichtung ein Spiegel der sie umgebenen Kultur und der Menschen ist, die in ihr leben. Bei der Einrichtung setzt man auf Individualität und Liebe zum Detail. Die Einrichtungsgegenstände werden von Eltern, Verwandten und Bürgern zusammengetragen."[23]

Raum in der Funktion des „dritten Erziehers"

Freinetpädagogik

Eine weitere für die Grundschulpädagogik relevante reformpädagogische Schulkonzeption, in der die Raumgestaltung bedeutsam ist, ist die Freinetpädagogik. Sie hat sich im Gegensatz zur Reggio-Pädagogik in umgekehrter Weise vom Primarbereich auf den Elementarbereich ausgedehnt. So gibt es gegenwärtig viele Kindertagesstätten, in denen es eine Bauecke/einen Bauraum, ein Malatelier, eine Druckecke etc. gibt. Die vom Ehepaar Célestin Freinet (1896-1966) und Elise Freinet (1898-1983) in Frankreich Anfang der 1930er Jahre gegründete L'Ecole Freinet-Schule verfügte hierbei über ein weitläufiges, einen Hektar großes Außengelände und über zehn Gebäude, in denen Werkstätten für die Schüler/innen untergebracht waren. Ateliers im Sinne von Elise und Célestin Freinet können sich damit innerhalb (z. B. Schuldruckerei, Kunstateliers) und außerhalb (z. B. Tiergehege, Felder, Gartenanlagen) des eigentlichen Schulgebäudes befinden. In der Freinetpädagogik wird ferner unterschieden zwischen dem „Lernen nach der Natürlichen Methode", die an den Bedürfnissen der Kinder ansetzt und die sich im „freien Ausdruck" und im „Freien Text" äußern kann, und dem „systematischen Lernen", das im Unterricht überwiegend zu finden ist.[24] Als Beispiele für den freien Ausdruck können, neben den „Freien Texten", die in der Schuldruckerei entstehen, das Theaterspielen, die Darstellende und die Bildende Kunst genannt werden. Da Freinetschulen jahrgangsübergreifend arbeiten, hat die Klassenraumgestaltung bzw. die Ausgestaltung des Schulraumes, in Bezug auf Regale mit Arbeitsmaterialien, thematische Arbeitsecken und die Anordnung der Gruppentische zur Gruppenarbeit, eine besondere Bedeutung für die Methodik und Didaktik im Unterricht.

Ateliers

Die Frage nach dem Kindsein in der Institution Schule ist in allen reformpädagogischen Konzeptionen, die häufig unter der Überschrift „Pädagogik vom Kinde aus" (vgl. Kapitel 2) in einer vereinfachenden Weise subsumiert werden, zentral und beeinflusste in direkter und indirekter Weise die Diskurse der historischen und aktuellen Grundschulpädagogik. Bereits in den 1980er und 1990er Jahren fand innerhalb der Grundschulpädagogik eine intensive Auseinandersetzung mit dem Thema der Raumgestaltung und deren pädagogisch-didaktischen Implikationen für den Grundschulunterricht statt. So wird etwa im „Handbuch Grundschule. Allgemeine Didaktik: Voraussetzungen und Formen grundlegender Bildung"[25] formuliert: „Die Grundschule muß jedem Kind ausreichende Möglichkeiten geben, sich produktiv in ihr Feld einzubringen."[26] Ähnlich beschrieben wird im Grundlagenwerk der Grundschulpädagogik von Ilse Lichtenstein-Rother und Edeltraud Röbe „Grundschule. Der Pädagogische Raum für die Grundlegung der Bildung"[27] das Klassenzimmer nicht „primär als Raum für Unterricht mit überwiegend lehrergesteuertem Lernen", sondern es wird vielmehr „als Raum individuellen, aktiven Miteinanderlernens und -lebens verstanden", was sich widerspiegelt „in der Ausstattung und auch in der Weise, wie Schüler ihn erobern und mitgestalten dürfen".[28] (Offener) Unterricht und Raumkonzeptionen stehen hier, wie bereits an diesen Textpassagen deutlich wird, in einem direkten Zusammenhang. Der Rekurs auf einschlägige grundschulpädagogische Literatur aus dieser Zeit verweist auf den engen Zusammenhang von räumlicher, zeitlicher, methodischer und inhaltlicher Öffnung des Unterrichts in der Grundschule. „Der Einbezug der Raumgestaltung in das pädagogische Schulkonzept ist ein wesentliches Merkmal nahezu aller reformpädagogischen Konzepte; der Raum ist nicht länger Mittel zu Schulzucht und Unterrichtsdisziplin. Er stellt die Struktur, die Verordnung dar, über die kindliches Lernen und Erfahren in Gang gesetzt, ermöglicht und begleitet werden soll. So machte es sich der Erzieher zunächst zur Aufgabe, dem lernenden Kind eine Umgebung zu schaffen, die dem Kind in seiner Art und zugleich den pädagogischen Zielsetzungen adäquat war."[29]

(Offener) Unterricht und Raumkonzeptionen

6.3 | Gestaltung von (Macht-)Räumen in der Ganztagsgrundschule

In der Frage nach der Gestaltung der Innen- und Außenräume von Schule spiegeln sich grundsätzliche Fragen wie etwa die nach dem anthropologischen Verständnis von Kindheit und damit auch nach einem dahinter liegenden Bild des Kindes (vgl. Kapitel 2) und einem spezifischen Bildungsverständnis (vgl. Kapitel 3) wider, die als Bezugsfolien ebenfalls in Raumgestaltung sowie Raumnutzung und methodisch-didaktische Entscheidungen hineinwirken.

Grundsätzlich kommt jedem Raum, damit auch dem Schulraum, eine Wirkung zu, die negative oder positive Gefühle auslösen kann. Mit der Architekturpsychologie gibt es eine eigene Richtung, die sich mit der spezifischen Wirkung des Raumes auf das Individuum beschäftigt, der von diesem über unterschiedliche Sinneskanäle wahrgenommen wird. Die verschiedenen Reaktionsweisen auf den Raum in der Schule werden deutlich am Beispiel der je subjektiven Reaktion auf vorhandenes oder fehlendes (Tages-)Licht bzw. auf eine direkte oder indirekte Beleuchtung des Raumes. Katharina Rödder und Rotraut Walden sprechen hier von einer „Interaktion zwischen

Architekturpsychologie

Mensch und Schulraum aus psychologischer Perspektive", die sich auf der Gefühlsebene durch (vorhandenes/nicht-vorhandenes) Wohlbefinden im Raum und auf der physiologischen Ebene durch einen Mangel an Konzentrationsfähigkeit ausdrücken kann.[30]

Die Wahrnehmung des Raumes und der Schularchitektur erfolgt zwar mehrheitlich unbewusst, es bleibt jedoch nicht ohne Folge, ob die Kinder den Raum Schule positiv oder negativ wahrnehmen. Erziehungswissenschaftler/innen wie Christian Rittelmeyer gehen vielmehr davon aus, dass Schulkinder, die eine positiv besetzte Raumwahrnehmung haben, auch generell zu einer positiveren Einstellung gegenüber der Schule als Institution neigen.[31] Erwiesen ist auch, dass da, wo Kinder selbst ihre Räume mitgestalten und pflegen, eine höhere Achtsamkeit und Verantwortung und weniger Vandalismus vorhanden sind.

Schularchitektur

Neben der Architekturpsychologie gibt es weitere Forschungsbereiche aus anderen Disziplinen, die ebenfalls die Frage nach der Wirkung und Nutzung des Raumes durch Kinder thematisieren. Beispielsweise kann hier auf Ergebnisse der aus der anglo-amerikanischen Forschung nach Deutschland kommenden „Children's Geography" hingewiesen werden, die zeigen, dass Kinder Räume anders sehen und wahrnehmen als Erwachsene und über eigene, teilweise auch widerständige, Raumnutzungskonzepte verfügen. So sind die sanitären Anlagen bevorzugte Orte für peerkulturelle Aktivitäten von Schulkindern, auch wenn diese bei der Raumplanung nicht spezifisch als „Orte für Kinder" konzipiert wurden. In der Schulentwicklungsarbeit bzw. in Veröffentlichungen zum Thema Ganztagsschulentwicklung, die sich auf der konzeptionellen Ebene mit dem Thema Schulraum beschäftigen, wird zudem häufig Bezug auf wissenschaftliche Erkenntnisse aus der Neurobiologie und der Gehirnforschung genommen, vertreten etwa durch Gerald Hüther[32] und Manfred Spitzer,[33] die in den letzten Jahren mit Nachdruck auf den Zusammenhang zwischen dem subjektiven Gefühl des Wohlbefindens und dem Lernzuwachs bzw. dem Lernvermögen der Kinder verweisen.

Weniger neurowissenschaftlich als geisteswissenschaftlich angelegt ist die Analyse von Ilse Lichtenstein-Rother und Edeltraud Röbe, die in ihrem Buch „Grundschule. Der pädagogische Raum für Grundlegung der Bildung"[34] bereits durch den Titel den engen Zusammenhang zwischen Raum und Bildung in der Grundschule aufzeigen. Sie beziehen sich hier vor allem auf den Aspekt der Raumaneignung durch die Kinder, da sich gerade Grundschulkinder aktiv mit ihrer Lernumwelt auseinandersetzen, sich diese aneignen. Damit folgen die genannten Autorinnen der Argumentation des früheren Martin Langevelds[35] bzw. dessen anthropologischen Ausführungen zum Entdecken und Begreifen und Ergreifen von Gegenständen, Materialien und Räumen (vgl. auch Kapitel 2).[36] Auch Cornelia Rehle und Pius Thoma betonen in ihrer „Einführung in grundschulpädagogisches Denken"[37] die anthropologische Dimension bei der Raumgestaltung und Raumnutzung in der Grundschule. Sie verweisen hier einerseits auf die Notwendigkeit heller Räume, die Bewegungsfreiheit zulassen, um den kindlichen physischen Bedürfnissen zu entsprechen. Daneben „soll das Gebäude auch den anthropologischen Bedingungen dieses Lebensalters entsprechen, d. h es muss Nischen und Ecken geben, in die sich die Kinder zurückziehen können, es muss Plätze geben, an denen sie sich treffen und versammeln können und Orte, an denen sie ungehindert lernen oder auch spielen können." [38]

Die Grundschule bietet als pädagogisch gestalteter Raum vielfältige Anlässe zur gemeinsamen (Weiter-)Gestaltung. Vor allem eignen sich auf der methodisch-didaktischen Ebene Projekte im Sinne von John Dewey (1859-1952) und William Kilpatrick (1871-1965), die als amerikanische Reformpädagogen die Projektmethode (weiter-) entwickelt haben. Durch die Projektmethode, die häufig in der Grundschule nur in einer reduzierten und künstlichen Weise eingesetzt wird, anstatt in einem „echten" Projekt innerhalb und außerhalb der Unterrichtsräume Lerngelegenheiten und Erfahrungsräume zu schaffen, beispielsweise beim Anlegen und Pflegen eines Schulgartens, können Grundschüler/innen sich als selbstwirksam erleben.

Projektmethode

Gerade im gegenwärtigen Diskurs zur Differenzierung und Individualisierung im Unterricht zeigt sich abermals deutlich die methodisch-didaktische Dimension des Raumes. Neue Wortschöpfungen wie „Lernbüros" und „Lernateliers", analog zur Terminologie die Lehrer/innen im Offenen Unterricht (v. a. an Gemeinschaftsschulen) als Lernbegleiter/innen oder Lerncoaches zu bezeichnen, verweisen bereits darauf, dass hier eine Abgrenzung zu einem tradierten engen Verständnis von Klassenzimmer und Unterricht erfolgt und die Gestaltung und Nutzung des Schulraumes einen relevanten Teil der Konzeption darstellt.

„Lernbüros" und „Lernateliers"

6.3 Gestaltung von (Macht-)Räumen

Für die methodisch-didaktische Umsetzung von Gruppenunterricht, kooperativen Lernformen, Stationenarbeit und Kreisgesprächen braucht es vor allem Platz im Klassenraum und die Möglichkeit einer flexiblen Neugruppierung von Tischen, Stühlen, Sitzkissen, Schemeln u. a., um die verschiedenen im Unterricht relevanten Sozialformen wie Einzel-, Partner- oder Gruppenarbeit oder den Plenumsunterricht als „Form der sozialen Organisation" von Unterricht im Klassenraum umzusetzen.³⁹

Gruppenunterricht, kooperativen Lernformen, Stationenarbeit und Kreisgesprächen

Abb. 9 | ▶
Ganztagsschulräume

Gerade im Zuge der zunehmenden Beachtung der Ungleichzeitigkeit des Lernens in heterogenen Lerngruppen, werden hierbei bevorzugt Räume und Raumanordnungen genutzt, um innere und äußere Differenzierungen im Unterricht zu ermöglichen. Zudem werden auch bei den heutigen Schulneubauten gleich Differenzierungsräume und Räume für die Ganztagsschule eingeplant. Spezifische Lernangebote oder Lernarrangements brauchen entsprechende räumliche Voraussetzungen, so gibt es in vielen Grundschulklassen, ähnlich wie in Einrichtungen des Elementarbereichs, im Klassenraum spezifische Funktionsecken wie Bauecken, Leseecken, Computer- oder Medienecken, Künstlerecken oder eigene Funktionsräume wie spezielle Ateliers oder Werkstätten, um z. B. Kunst- oder Sachunterrichtsprojekte oder Schreibwerkstätten anzubieten.

Funktionsecken

Einige Schulen orientieren sich ebenfalls an neueren Konzepten wie z. B. dem Konzept „Bewegte Schule" und statten ihre Klassenzimmer mit flexiblen Möbeln aus, die zum Sitzen, Schreiben, aber auch zum Bauen und zum Balancieren genutzt werden können. Unter dem Stichwort des Klassenzimmers als Bewegungsraum bzw. der Schule als Bewegungsraum sind zudem im Zuge der Umsetzung der UN-Konvention über die Rechte der Menschen mit Behinderung Fragen der Raumgestaltung und Raumnutzung in der Schule im Hinblick auf den gemeinsamen Unterricht von Kindern mit und ohne Behinderung relevant geworden, zu denen maßgeblich auch

Fragen des „Behindertengerechten Bauens" bzw. die Dimension der Barrierefreiheit in Schulgebäuden gehören.[40] Der Behindertenbegriff der UN-Konvention (vgl. Kapitel 7) bezieht sich darauf, dass Behinderung keine mitgebrachte Eigenschaft eines Kindes ist, sondern vielmehr „die strukturell bedingte und im Vergleich zu nichtbehinderten Menschen größere Einschränkung der individuellen Rechte von Menschen mit Beeinträchtigungen. Sie erkennt eine Behinderung dort, wo die Wechselwirkung zwischen einer Beeinträchtigung und einer gesellschaftlichen Barriere dazu führt, dass Menschen mit Behinderungen an der vollen, wirksamen und gleichberechtigten Teilhabe an der Gesellschaft gehindert werden."[41] Mit einem solchen Verständnis und dem durch Paragraph 24 der UN-Behindertenrechtskonvention formulierten Anspruch einer „inklusiven Bildung" und dem Grundanliegen der Partizipation und Teilhabe von Menschen mit Behinderung an der Gesellschaft, werden Raumfragen für die Schule zunehmend bedeutsam.

In den letzten Jahren haben sich im Bereich der Schulforschung, neben Forschungsprojekten zur (herkömmlichen) Lern- und Unterrichtsforschung, auch Forschungsgruppen etabliert, die sich spezifisch mit der Ganztagsschulkultur sowie der Raum- und Materialnutzung im Offenen Unterricht sowie der Bedeutung von Materialien und Dingen im weiteren Sinne im Kontext von Schule und Unterricht beschäftigen.

Materialien und Dinge

Mit qualitativen, vorrangig ethnographischen Methoden können im Kontext einer praxis- und kulturtheoretischen Forschung in der Schule (v.a Reh/Rabenstein,[42] Rabenstein/Reh/Ricken/Idel[43] und Reh/Fritsche/Idel/Rabenstein[44]) pädagogische Praktiken rekonstruiert und analysiert werden, beispielsweise Praktiken des Suchens und Aufräumens von Material in der Freiarbeit und des Arrangierens von Möbeln, um die Sitzordnung zu verändern, z. B. für den Stuhlkreis. Die Forschergruppe Kerstin Rabenstein, Sabine Reh und Till-Sebastian Idel[45] hat sich intensiv mit der Nutzung von Räumen und Material bzw. Praktiken an der Ganztagsschule beschäftigt. In dieser Forschungsrichtung innerhalb der Schulforschung wird davon ausgegangen, dass Dinge im Unterricht nicht eindeutig, sondern mehrdeutig sind und auch zweckfremd gebraucht werden können, z. B. Arbeitsblätter, die Papierflieger werden können, oder Mäppchen, die als Abgrenzungslinien zwischen Kindern dienen. Dinge und Räume können in ihrer Bedeutung als soziale Ordnungen und Machtverhältnisse gesehen und interpretiert werden.

soziale Ordnungen und Machtverhältnisse

Zudem sind gerade in Bezug auf den Ort „Schule" Forschungsfragen und -ergebnisse der qualitativen Sozialraumforschung interessant, die sich mit Wahrnehmungen und dem Raumerleben sowie den (sozialen) Prozessen von Menschen in Räumen beschäftigt.[46] Die Gestaltung von Schulräumen sowie die intendierte und nicht-intendierte Wirkung von Schularchitektur können damit auch unter der Fragestellung betrachtet werden, wie sich die „Schule als pädagogischer Machtraum" zeigt und welche „schulischen Machtentwürfe" rekonstruierbar sind.[47]

Der Begriff des Raumes ist in der Erziehungswissenschaft bzw. den Sozialwissenschaften insgesamt in den letzten Jahren zu einer wichtigen Kategorie geworden. In Analogie zum „linguistical term" wird hier der Begriff „spatial turn" verwendet, der sich auf eine „veränderte Perspektive auf den Raum bezieht, in der nach den Prozessen und der Hervorbringungen eines relationalen Raums sowie nach der Bedeutung der hervorgebrachten Raumordnungen gefragt wird."[48] Es gibt jedoch nicht ein einheitliches sozialwissenschaftliches Raumverständnis, sondern eine Vielzahl, die Gemeinsamkeiten, aber auch Unterschiede aufweisen. Als ein wichtiger Vertreter der Sozialraumtheorien kann Pièrre Bourdieu[49] genannt werden. Bourdieu unterscheidet hierbei in seinem Ansatz „zwischen dem physisch (angeeigneten) Raum und dem sozialen. Den sozialen Raum versteht er im metaphorischen Sinn als soziale Welt, der aus verschiedenen Feldern besteht. (...) Die Position, die Subjekte im sozialen Raum einnehmen, wird maßgeblich durch die Wahrnehmungs- und Handlungsmuster der Akteure bestimmt."[50]

„spatial turn"

Gerade in der Ganztagsgrundschule ist die Frage nach den Machtverhältnissen in Bezug auf den sozialen und den geographischen Raum relevant. So gibt es etwa in der (Ganztags-) Grundschule klare, von den Erwachsenen vorgegebene, räumliche Gebots- und Verbotszonen für die Raumnutzung in der Schule. Gleichzeitig haben Kinder das Bedürfnis nach selbstgestalteten Räumen und nach Rückzugsräumen sowie danach, eigene Räume fernab didaktisierter Settings zu besetzen, teilweise in widerständigen Praktiken, z. B. treffen sich Cliquen an bestimmten Orten auf dem Pausenhof oder in Rückzugsräumen wie Toiletten und deuten diese Räume damit anders als Erwachsene.

Raumnutzung

Aus einer kultur- und gesellschaftskritischen Perspektive kann festgestellt werden, dass gerade durch die Entwicklung der Halbtagsschule zur Ganztagsschule eine zunehmende Reglementierung und Institutionalisierung der Kindheit stattfindet und es in der Gegenwartsgesellschaft immer weniger Räume (ohne Erwachsene, ohne Pädagogisierung ihrer Umwelt) für Kinder gibt. Gerade in Bezug auf die Ganztagsgrundschule kann danach gefragt werden, wo es noch unbeobachtete „Orte für Kinder" gibt, die nicht reguliert werden.[51]

Diese Tendenzen sind nicht nur in Bezug auf eine Analyse der Schulkindheit, sondern vor allem auch der außerschulischen Kindheit, z. B. in den Strukturmomenten der „veränderten Kindheit" (vgl. Kapitel 2) auffindbar. Die Kindheitssoziologin Doris Bühler-Niederberger[52] spricht in diesem Zusammenhang davon, dass in der deutschen Gegenwartsgesellschaft Normen vorhanden wären, zu denen neben der Norm, Kinder schützen zu wollen, maßgeblich auch die Norm der Förderung gehörte. „(B)ehütete und geförderte Kindheiten" gibt es in Deutschland nicht nur in deutschen Mittelschichtsfamilien, sondern kennzeichneten das Aufwachsen heute generell.[53] Die Kritik an einer übertriebenen Betreuung oder Beaufsichtigung bzw. Kontrolle der Kinder ist indes keine neue, sondern sie wird in der Erziehungswissenschaft seit den 1980er im Kontext der „veränderten Kindheit", als eine „verplante" und „verschulte", „verinselte" u. a. dargestellt.[5]

Zusammenfassung

Eine Veränderung von der im kulturellen Gedächtnis als Halbtagesschule tradierten und biographisch mehrheitlich so erlebten Grundschule hin zur konzeptionellen Ganztagsschule stellt eine große Herausforderung und Entwicklungsaufgabe dar. Durch die Schulentwicklung zur Ganztagsgrundschule verändern bzw. erweitern sich die Aufgabenfelder der Grundschullehrer/innen. So kommen neben der unterrichtlichen Tätigkeit stärker als in der Halbtagesschule erzieherische bzw. sozialpädagogische Aufgaben und Kooperationsaufgaben hinzu. Gleichzeitig lässt sich neben den Bemühungen um eine pädagogisch durchdachte Rhythmisierung des Schulalltags die Tendenz einer zunehmenden Institutionalisierung der Kindheit und Kontrolle der Kinder konstatieren.

Der Begriff „Raum" bezieht sich im Kontext von Schule zum einen auf ein architektonisches Verständnis von Räumen, zum anderen werden diese aber auch erschaffen, belebt und erlebt und sind damit nie bedeutungslos. In der Erziehungswissenschaft gibt es hierbei seit den Anfängen bei Friedrich Fröbel und Johann Pestalozzi Ansätze, die explizit die Bedeutung von Raum und Raumgestaltung im Rahmen von Bildungskonzeptionen oder didaktischen Konzeptionen thematisieren. Reformpädagogische Vertreter/innen wie Maria Montessori, Rudolf Steiner und Célestin Freinet haben sich konzeptionell mit der Bedeutung des Schulraumes und seiner Veränderung beschäftigt. Historisch gesehen ist es damit vor allem das Verdienst der Epoche der Reformpädagogik, dass die Frage nach dem Kindsein in der Schule als relevant anerkannt wurde und eine (erziehungs-)wissenschaftliche Beschäftigung mit der Funktion und Wirkung von Raum bzw. Räumen in der Grundschulpädagogik erfolgte.

Die Ganztagsgrundschule ist für Schüler/innen wie für Lehrer/innen und andere, die im Bereich des Ganztags arbeiten, ein bedeutender Raum, der von diesen gestaltet wird und in mehrfacher Weise eine Wirkung hat. Im Sinne der Sozialraumtheorien (z. B. bei Pièrre Bourdieu) geht es darüber hinaus um das Einnehmen und das Positionieren im sozialen Raum und damit um Machtverhältnisse.

Literatur

Böhme, J. (Hg.) (2009): Schularchitektur im interdisziplinären Diskurs. Territorialisierungskrise und Gestaltungsperspektiven des schulischen Bildungsraums. Wiesbaden.

Burk, K./Deckert-Peaceman, H. (Hg.) (2006): Auf dem Weg zur Ganztags-Grundschule. Frankfurt/Main.

Fischer, N./Holtappels, H./Klieme, E./Rauschenbach, Th./Stecher, L./Züchner, L. (Hg.) (2011): Ganztagsschule: Entwicklung, Qualität, Wirkungen: Längsschnittliche Befunde der Studie zur Entwicklung von Ganztagsschulen (StEG). Weinheim und Basel.

Hagemann, K./Jarausch, K. (Hg.) (2016): Halbtags oder Ganztags. Zeitpolitiken von Kinderbetreuung und Schule nach 1945 im europäischen Vergleich. Weinheim.

Höhmann, K./Holtappels, H.- G. (Hg.) (2006): Ganztagsschule gestalten. Konzeption, Praxis. Impulse. Seelze-Velber.

Kahlert, J./Nitsche, K./Zierer, K. (Hg.) (2013): Räume zum Lernen und Lehren. Perspektiven einer zeitgemäßen Schulraumgestaltung. Bad Heilbrunn.

Kamski, I./Holtappels, H./Schnetzer, Th. (Hg.) (2009): Qualität von Ganztagsschule. Konzepte und Orientierungen für die Praxis. Münster/München/Berlin.

Opp, G./Brosch, A. (Hg.) (2010): Lebensraum Schule. Raumkonzepte planen, gestalten, entwickeln. Stuttgart.

Otto, H.-U./Coelen, Th. (Hg.) (2008): Grundbegriffe der Ganztagsbildung. Beiträge zu einem neuen Bildungsverständnis in der Wissensgesellschaft. Wiesbaden.

Reh, S./Fritzsche, B./Idel, Th.-S./Rabenstein, K. (Hg.) (2015): Lernkulturen. Rekonstruktion pädagogischer Praktiken an Ganztagsschulen. Wiesbaden.

Rittelmeyer, C. (1994). Schulbauten positiv gestalten. Wie Schüler Farben und Formen erleben. Wiesbaden.

Literatur

Schönig, W./Schmidtlein-Mauderer, Ch. (2013): Gestalten des Schulraums. Neue Kulturen des Lernens und Lebens. Bern.

Stecher, L./Krüger, H.-H./Rauschenbach, T. (Hg.) (2011): Ganztagsschule – Neue Schule? Eine Forschungsbilanz. Sonderheft 15 der Zeitschrift für Erziehungswissenschaft.

Tunsch, C. (2015): Bildungseffekte urbaner Räume. Raum als Differenzkategorie für Bildungserfolge. Wiesbaden.

Zeitschrift für Pädagogik (2016): Themenheft Bildungsqualität und Wirkung von Angeboten in der Ganztagsschule, Heft 6/2016. Weinheim.

Fragen

1. Worin liegen Ihrer Meinung nach die Vor- und Nachteile der Ganztagsgrundschule? Beziehen Sie die unterschiedlichen Akteur/innen von Schule in Ihre Überlegungen mit ein.
2. Welche reformpädagogischen Vertreter/innen haben sich konzeptionell mit der Bedeutung des Raumes beschäftigt?
3. Wie sähe Ihrer Meinung nach, vorausgesetzt die finanziellen Ressourcen sind uneingeschränkt, die ideale Grundschule von innen und von außen aus?

Heterogenität und Differenz in der Grundschule | 7

| Inhalt

7.1 Heterogenität und Heterogenitätsdiskurse
7.2 (Re-)Produktion von Differenz und Ungleichheit in der Schule
7.3 Migrationsspezifische Heterogenität
    7.3.1 Migrationshintergrund und sprachlich-kulturelle Differenz
    7.3.2 Forschung und Forschungsdesiderata
7.4 Behinderungsspezifische Heterogenität oder Inklusion?
    7.4.1 Die inklusive Grundschule als Schule für alle
    7.4.2 Gemeinsamer Unterricht in der Grundschule

Heterogenität und Heterogenitätsdiskurse | 7.1

Die normative Forderung nach einem (positiven) „Umgang mit Heterogenität" ist gegenwärtig bestimmend für die Arbeit in pädagogischen Institutionen wie Kindertageseinrichtungen und Schulen. Heterogen sind die Lerngruppen in Bezug auf das Alter bzw. die Entwicklung der Kinder, Schicht/Milieu, Gender, Kultur/Ethnie, Religion, Behinderung[1] etc. Mittlerweile hat nach der Definition der Statistischen Landes- und Bundesämter im Durchschnitt jedes dritte Grundschulkind einen sog. Migrationshintergrund. In den letzten Jahren haben damit Heterogenitätsdiskurse nicht zuletzt durch bildungspolitische Bestrebungen, schulpädagogische Veröffentlichungen und bildungspolitische Programme, die „Heterogenität als Chance" (z. B. Bräu/Schwerdt[2]) und den „positiven" Umgang mit Heterogenität in Bezug auf das Fördern aller Kinder betonen, eine hohe Relevanz. Mit Nadine Rose[3] lässt sich „Heterogenität als neue Normalität" charakterisieren, denn zumindest auf der rhetorischen Ebene kann eine „Normalisierung von Heterogenität" festgestellt werden.

    Neben dem Begriff der Heterogenität ist der Begriff der Differenz bedeutsam für die Erziehungswissenschaft bzw. die Schulpädagogik. Beide Begriffe beziehen sich auf die Frage nach einer für Schule und Unterricht relevanten Unterscheidung bzw. nach Unterscheidungslinien zwischen Kindern oder Schüler/innen, die in Bezug auf implizite oder explizit festgelegte Kategorien miteinander verglichen werden. Da der „Umgang mit Heterogenität und Differenz" in den letzten Jahren sowohl in der Grundschul- und Schulpädagogik als auch in der Allgemeinen Pädagogik und der Kindheitsforschung (im Rahmen der Pädagogik der Frühen Kindheit und der Soziologie der Kindheit) zu einem relevanten Topos geworden ist, der theoretisch und empirisch bearbeitet wird, soll im Folgenden auch nach der Relevanz der Begriffe Heterogenität und Differenz sowie der dazugehörigen Diskurse gefragt werden.

Begriff des Diskurses

Der Begriff des Diskurses ist hierbei der Definition Michel Foucaults[4] entlehnt, der damit darauf verweist, dass sich Wissen und Wissenschaft nach Regeln transformieren und Wissen als Inhalt aus diskursiven Praktiken definiert werden kann. Ein Diskurs in Foucaults Sinne ist hierbei etwas Mächtiges, was nicht vom Einzelnen oder einer kleinen Gruppe ausgeht, jedoch Begriffe hervorbringt und sie zirkulieren lässt, was nichts mehr mit den einzelnen Akteur/innen, also z. B. den Lehrer/innen, den Studierenden, den Bildungspolitiker/innen als Einzelpersonen zu tun hat, vielmehr einem spezifischen historischen und gesellschaftlichen Kontext geschuldet ist, aus dem er hervorgegangen ist. Der Diskurs ist damit „durch und durch historisch: Fragment der Geschichte, Einheit und Diskontinuität in der Geschichte selbst, und stellt das Problem seiner eigenen Grenzen, seiner Einschnitte, seiner Transformationen, der spezifischen Weisen seiner Zeitlichkeit eher als seines plötzlichen Auftauchens inmitten der Komplizitäten der Zeit."[5] Wie Jürgen Budde in seiner Diskursanalyse[6] zum Begriff der Heterogenität deutlich aufzeigt, hat sich die Erziehungswissenschaft, ablesbar an der Anzahl an Veröffentlichungen, insbesondere nach 2001, nach der Wahrnehmung der ersten Sekundäranalysen zur internationalen Vergleichsuntersuchung PISA (Programme for International Student Assessment) und dann ebenfalls noch einmal nach 2008 verstärkt mit der Frage der Heterogenität im Kontext von Bildung und Bildungsinstitutionen beschäftigt.

PISA

Der Begriff der Heterogenität wird jedoch, wie beispielsweise Matthias Trautmann und Beate Wischer in ihrem Überblick über aktuelle schulpädagogische Veröffentlichungen zur Thematik der „Heterogenität in der Schule"[7] aufzeigen, nicht einheitlich verwendet, sondern auf unterschiedliche – enger oder weiter gefasste – Heterogenitätsdimensionen bezogen. Dazu gehören:

Heterogenitätsdimensionen

7.1 Heterogenität und Heterogenitätsdiskurse

- die kognitive Leistungsfähigkeit, die mit Stichworten wie „Intelligenz", „Leistung" oder „Lernbehinderung" charakterisiert wird
- die soziale Herkunft, als Oberbegriff für v. a. die soziale Schicht bzw. Struktur der Familie sowie der Status als Migrant/innen, Ausländer/innen oder Deutscher
- die Geschlechtszugehörigkeit, wobei hier in der Regel nur bipolar zwischen männlich und weiblich unterschieden wird
- das Alter[8]

Auch wenn es keine einheitliche Definition zur „Heterogenität in der Schule" gibt, die in der (Grund-)Schulpädagogik eine Anwendung findet, kann Heterogenität im schulischen und unterrichtlichen Kontext insgesamt als Gegenbegriff zu Homogenität bzw. zu Vorstellungen homogener Lerngruppen gesehen werden. Bereits durch das Wort wird deutlich, dass sich der Begriff Heterogenität, der Verschiedenartigkeit, Ungleichartigkeit, Uneinheitlichkeit bedeutet, auf ein Gegenteil, nämlich Homogenität, Ausgeglichenheit, Ausgewogenheit, Gleichheit, Gleichmaß[9] bezieht.

Wenn von heterogenen Lerngruppen in der Grundschule die Rede ist, bezieht sich dies in einem engen Heterogenitätsverständnis vorrangig auf schulleistungsbezogene kognitive oder sprachbezogene Unterschiede (Deutsch als Erst-, Zweit- oder Fremdsprache) und damit auf eine unterschiedliche sozio-kulturelle Herkunft, zu der Sprache als relevanter Teil gehört. Andere, ebenfalls vorhandene Unterschiede, werden außer Acht gelassen. So lassen sich nach Heyer/Preuss-Lausitz/Sack[10] aus der Sicht der Grundschulforschung mindestens acht Dimensionen bzw. Bereiche benennen, die den schulischen Umgang mit Heterogenität bestimmen. Demnach gebe es in jeder Lerngruppe:

acht Dimensionen im schulischen Umgang mit Heterogenität

- „Unterschiede hinsichtlich der kognitiven Leistungsvoraussetzungen"
- „Unterschiede in den sprachlichen Kompetenzen im Allgemeinen und in der deutschen Verkehrssprache im Besonderen"
- „Unterschiede in den sozialen Kompetenzen"
- „Unterschiede in den Interessen und Neigungen, in der Leistungsmotivation und den Erwartungen an Lehrer/innen, Gleichaltrige und Schulinhalte"
- „Unterschiede in den physischen und gesundheitlichen Voraussetzungen"
- „Unterschiede im Alter"

- „Unterschiede in den Traditionen, Wertmustern und Normen, die durch den sozialen und kulturellen Hintergrund der Familien in die Schulen mitgebracht werden"
- „Unterschiede, die sich aus der geschlechtsspezifischen Sozialisation ergeben."[11]

Auch wenn die seit 2001 stattfindende intensive Beschäftigung mit dem Sujet der Heterogenität in Schule und Unterricht, sichtbar an der diesbezüglicher Veröffentlichungen und der bildungspolitischen Thematisierung, die in der Forderung nach Reformen in Bezug auf Strukturen und Anschlüsse pädagogischer Institutionen mündete, den Anschein erweckt, dass hier eine neue erziehungswissenschaftliche und bildungspolitische Fragestellung bearbeitet wird, zeigt die historische Analyse, dass es sich hier nicht um einen neuen, sondern vielmehr um einen alten Topos handelt.

Seit Comenius (1592-1670) werden didaktische Fragestellungen in Bezug auf die gemeinsame Unterrichtung Verschiedener im Hinblick auf Unterschiede im Geschlecht, dem Alter und der Herkunft (kritisch) thematisiert. Als innovatives bildungspolitisches Moment wurde im 18. Jahrhundert hierbei die *Jahrgangsklasse* eingeführt, um durch altersgleiche Gruppen und vorgegebene Einschulungstermine mehr Kinder zur gleichen Zeit beschulen zu können und damit die allgemeine Schulpflicht als Fortschrittsidee durchzusetzen. Altershomogenität wurde in der Folge an die Vorstellung der *Leistungshomogenität* gekoppelt und begründete über Jahrhunderte hinweg ein formal gleichschrittiges Voranschreiten im Unterricht.

Im geschichtlichen Rückblick zum Umgang mit Altersmischung und der Einführung von Jahrgangsklassen in der Schule zeigt sich bereits deutlich die Ambivalenz, dass eine Einteilung der Schüler/innen in Alterskohorten einerseits zu einem wichtigen Merkmal wurde, um Homogenität im Unterricht herzustellen, und andererseits bereits im frühen 20. Jahrhundert Konzepte der Alters- bzw. Jahrgangsmischung entstanden, um eine konzeptionelle Antwort auf die vorhandene Heterogenität der Kinder zu finden. Zu den wichtigsten reformpädagogischen Konzeptionen (vgl. auch Kap. 2.2) zur Jahrgangsmischung zählen hierbei die historischen von Berthold Otto (1859-1933), Maria Montessori (1870-1952), Peter Petersen (1884-1952) und Célestin (1896-1966) sowie Elise Freinet (1898-1983). Die historische reformpädagogische Schulkritik der genannten Vertreter/innen vereint, bei aller Unterschiedlichkeit der Konzeptionen, eine gemeinsame Kritik an der „alten Schule" und deren Verständnis, „nicht das Kind", sondern nur Schüler/innen zu sehen im (unpädagogischen) Bestreben „einen möglichst homogenen Lernkörper" herzustellen. Diese Kritik richtete sich auf die damals verbreitete Praxis und Lehrmeinung, den Unterricht an den „Mittelköpfen" auszurichten bzw. auf diese hin zu planen, wie es etwa Ernst Christian Trapp (1745-1818) als ehemaliger Lehrer und späterer Pädagogikprofessor Ende des 19. Jahrhunderts prominent formulierte.[12]

„Mittelköpfe"

Geprägt von Gedanken der Reformbewegungen der alten Jahrhundertwende, zu denen auch die Frauenbewegung, Arbeiterbewegung und Jugendbewegung zu zählen sind, fand mit Einführung der ersten Demokratie in Deutschland zu Beginn des 20. Jahrhunderts eine ausführliche bildungspolitische und schulpädagogische Thematisierung der Heterogenitätsdimension der familialen bzw. sozialen Herkunft statt, in deren Konsequenz als Weimarer Kompromiss die Grundschule als eine *demokratiegemäße* Schule für *alle* Kinder unabhängig von der sozialen Herkunft eingeführt wurde. Zusammen mit Vorstellungen einer demokratiegemäßen und modernen Schule entwickelt sich mit dem beginnenden 20. Jahrhundert in der Folge ein Heterogenitätsbegriff, der „Verhältnisse zwischen Verschiedenen, die einander nicht untergeordnet sind" beschreibt. Diese „Vorstellung von einander nicht untergeordneten Verschiedenen ist für die Entwicklung von Menschrechts- und Demokratiemodellen zentral."[13]

Ein wichtiges Anliegen der Weimarer Schulreform war, die bisherige Praxis aufzulösen, durch getrennte Einrichtungen bereits im Vorschul- und Grundschulbereich soziale Ungleichheit als Bildungsungleichheit zu reproduzieren, indem Kinder aus bürgerlichen Familien von Kindern aus Arbeiter- und Bauernfamilien getrennt wurden. Erneut wurde in den 1960er/1970er Jahren die Forderung nach der Aufhebung von Bildungsbenachteiligung bzw. Bildungsungleichheit, die eine Folge der sozialen Ungleichheit in der Gesellschaft darstellt, zu einem Reformanliegen. Im Zuge der sogenannten Bildungsexpansion setzte sich der Begriff bzw. das Konzept der „Kompensatorischen Erziehung" in der Kindheit durch. Gefordert wurde u. a., dass pädagogische Institutionen die (familiäre, soziale) Verschiedenheit oder Ungleichheit, aus der Bildungsungleichheit werden kann, ausgleichen sollen. In diesem Kontext wurden bereits um 1970 die Bedeutung der frühen Förderung im Elementarbereich und die Frage des Anschlusses

Weimarer Schulreform

Bildungsexpansion

Abb. 10 | ▶
Merkmale der Bildungsbenachteiligung

Bildungsungleichheit

Bildungsbenachteiligung

Chancengleichheit und Chancengerechtigkeit

vom Elementar- zum Primarbereich thematisiert. Zudem fand im Zuge der Einführung der Grundschulpädagogik als einer eigenen Wissenschaftsdisziplin an den Universitäten bereits in den 1970ern eine intensive Auseinandersetzung mit dem Topos „Umgang mit Verschiedenheit" in Bezug auf eine spezifische Methodik und Didaktik im Grundschulunterricht und in Bezug auf die Übergänge der Grundschule statt.

Während 1920 primär die soziale Herkunft der Kinder im Kontext von Bildungsungleichheit thematisiert wurde, werden in der Debatte der 1960er/1970er Jahre, weitere Benachteiligungsmerkmale, hier vor allem das Geschlecht, berücksichtigt. Kritisiert wurde zwar eine generelle Benachteiligung der Kinder unterer sozialer Klassen, vor allem aber die der Mädchen. Die katholische Arbeitertochter vom Lande wurde im Folgenden, geprägt von den Ausführungen des Soziologen Ralf Dahrendorf, zur soziologischen Kunstfigur, die alle Merkmale der damaligen Bildungsbenachteiligung in Deutschland vereinte.[14] Vergleicht man die historischen Diskurse zur schulischen Benachteiligung, dann stehen gegenwärtig die ethnische Herkunft und sprachlich-kulturelle Verschiedenheit neben der sozialen Lage der Kinder im Mittelpunkt der (tendenziell problemorientierten) Diskussionen.

Chancengleichheit und Chancengerechtigkeit sind hierbei bestimmende Begriffe aus der (Bildungs-)Soziologie, welche die diskursive erziehungswissenschaftliche Auseinandersetzung um Heterogenität in der Schule seit dieser Zeit rahmen. Auch wenn die beiden Begriffe häufig synonym verwendet werden, verweist der Terminus der Chancengleichheit stärker auf die grundsätzliche, hier vor allem rechtliche Gleichheit der Möglichkeiten, während sich der Terminus der Chancengerechtigkeit stärker bezieht auf „die faire Chance zur freien Teilhabe an der Gesellschaft, die auch gewährleistet wird durch eine gerechte Institution Schule, in der Schüler aufgrund ihrer sozialen und natürlichen Merkmale keine zusätzlichen Nachteile erfahren".[15]

Soziale Startgleichheit

Im Anschluss an die angloamerikanische Forschung, die sich stärker mit dem Zusammenhang zwischen Sozialpolitik und Bildungspolitik beschäftigt und in der Tradition einer kritischen Erziehungswissenschaft (vgl. Sünker/Krüger[16], Sünker/Timmermann/Kolbe[17]), die Bildungstheorie und Gesellschaftsanalyse verbindet, können die Begriffe Chancengleichheit und Chancengerechtigkeit im Anschluss an die Kritische Theorie der Frankfurter Schule[18] durch den Terminus der „sozialen Startgleichheit" ersetzt werden, der stärker als die beiden anderen bei der Darstellung von Ungleichheit in Bezug auf Bildung auf die vorhandene gesellschaftliche Ungleichheit auf der Makroebne und Fragen klassenspezifischer Reproduktionsmechanismen verweist.

Exkurs

Terminus der „sozialen Startgleichheit"

Die mit dem Thema der Ungleichheit bzw. der Forderung nach Chancengerechtigkeit korrespondierenden Debatten um eine möglichst frühe Förderung (v. a. im Bereich der sprachlichen Bildung) sowie um einen veränderten Unterricht (mit mehr Differenzierung), die in Deutschland in den letzten Jahren parallel zur bildungspolitisch forcierten Einführung von Verfahren der Sprachstandserhebung und -förderung im Elementarbereich erfolgten, sind historisch gesehen keine neuen, sondern alte, wie die Schulstrukturdebatte auch, die damals zur Einführung der Gesamtschulen in den 1970er Jahren führte. Im Zuge der aktuellen migrationsbedingten Heterogenität werden Fragestellungen, wie auf der methodisch-didaktischen Ebene Deutsch als Zweit- oder Fremdsprache unterrichtet werden kann und wie sich der mehrsprachige Sprachentwicklungsprozess vom einsprachigen unterscheidet, gleichfalls derzeit (wieder) entdeckt. Bereits vor über 45 Jahren hat der Deutsche Bildungsrat im „Strukturplan für das Bildungswesen" auf die Bedeutung des „individuellen Lernens" und des „Förderns und Forderns aller Kinder hingewiesen: „Die Grundsätze der Chancengleichheit und der bestmöglichen Förderung des einzelnen verlangen, dass die unterschiedlichen Interessen, Motivationen und Fähigkeiten der Lernenden von allen Bildungseinrichtungen zu berücksichtigen sind. Deswegen müssen die Lernangebote so vielfältig sein, dass der Lernende seinen Bildungsweg individuell gestalten kann."[19] Die Auseinandersetzung mit der Frage der Verschiedenheit der Kinder in Bezug auf die Methodik und Didaktik des Unterrichts, die hier 1970 bereits mit dem Stichwort der individuellen Gestaltung der Lernwege thematisiert wird, erfährt derzeit in der Terminologie der

Deutsch als Zweit- oder Fremdsprache

Differenzierung und Individualisierung und des „selbstbestimmten Lernens" eine Renaissance.

Neu, nach einer jahrzehntelangen Debatte um die Heterogenitätsdimension soziale Herkunft und die Dimension Geschlecht, ist durch die Ratifizierung des „Übereinkommen über die Rechte von Menschen mit Behinderungen" (Original: „Convention on the Rights of Pesons with Disabilities"[20]) die Einbeziehung der behinderungsspezifischen Heterogenität. Diese wird mit der Ratifizierung der Konvention zu einer weiteren wichtigen Heterogenitätsdimension im erziehungswissenschaftlichen Heterogenitätsdiskurs, auch wenn es bereits seit Mitte der 1970er in Deutschland integrativ arbeitende Einrichtungen gab sowie Wissenschaftler/innen, die in diesem Feld forschen und sich theoretisch wie empirisch mit Integrationspädagogik[21] beschäftigten.

„Übereinkommen über die Rechte von Menschen mit Behinderungen"

Der Topos „Umgang mit Verschiedenheit" ist also ein systeminhärenter, der aus schul- und professionstheoretischer Sicht ein dauerhaftes Spannungsfeld und Herausforderung unterrichtlichen Handelns ist und per se zur Schule als einer gesellschaftlichen Institution mit (ambivalenten) Zielsetzungen gehört. Der Grundschule kommt als Schule, im Gegensatz zum Kindergarten, aus soziologischer Sicht, wie es Helmut Fend in seiner „Theorie der Schule", einführte, eine Integrationsfunktion, Enkulturations-, Qualifikations- und eine Allokationsfunktion zu, mit der eine Selektionsfunktion einhergeht für unsere Gesellschaft, die sich keineswegs als eine egalitäre beschreiben lässt.[22] Exemplarisch lässt sich das Dilemma der Leistungsbewertung in der Grundschule anführen. Das meint schultheoretisch, dass die Schule eine wichtige gesellschaftliche Sozialisationsinstanz darstellt, zu der unterschiedliche Funktionen gehören, die sich teilweise widersprechen. Lehrer/innen in der Grundschule haben die Aufgabe, auf die Heterogenität der Lerngruppe einzugehen und die unterschiedlichen Lernausgangsvoraussetzungen der Kinder zu berücksichtigen, bei gleichzeitiger Anforderung der Benotung der individuell gezeigten Leistung im Kontext eines Bezugsrahmens. Zu diesem gehört maßgeblich die Orientierung an Bezugsnormen, zu der neben der Individualnorm, die Sach- und die Sozialnorm zählen, sowie die Begrenzung der Grundschule auf vier oder sechs Jahre und damit die Zuordnung auf eine weiterführende Schule mittels Leistung. Bei aller Forderung nach einem „pädagogischen Leistungsbegriff"[23] für die Grundschule, hat diese die Aufgabe, auf eine leistungsorientierte Gesellschaft vorzubereiten und bei der Zuweisung zu sozialen Positi-

Leistungsbewertung

onen im gesellschaftlichen Raum, die an Bildungszertifikate bzw. Notenzeugnisse gekoppelt sind, mitzuwirken.

Der Elementarbereich mit seinen Bildungseinrichtungen Kinderkrippe, Kindergarten bzw. Kindertagesstätten kann zwar auf direkte Formen der Leistungsbewertung und Beurteilung in Form von Ziffernoten und verbalen Beurteilungen in Zeugnissen etc. verzichten, jedoch findet auch hier, wenngleich auch nicht so deutlich wie in der Grundschule, eine Leistungszuordnung oder Ordnung nach Leistungsperformanz statt in Bezug auf das, was das Kind kann oder noch nicht kann, vor allem Übergang zur Schule (vgl. Kapitel 3). Auffällig ist hier jedoch, dass die erziehungswissenschaftlichen Diskurse um die Verschiedenheit der Kinder und deren Bedeutung innerhalb der institutionellen Grenzen (Kindergarten und Grundschule) bzw. disziplinarischen Grenzen (Kindheitspädagogik und Grundschulpädagogik) unterschiedlich verlaufen. Während in der Pädagogik der Frühen Kindheit eine ausführliche und kritische Debatte zum Thema der Sprachförderung (vgl. z. B. Seifert 2012[24]) erfolgte und statt einer exkludierenden Sondergruppenbehandlung eine alltagsnahe und integrierte (teilweise auch mehrsprachige) Sprachförderung gefordert wird sowie eine interkulturelle Erziehung, die sich auf alle Bildungsbereiche im Kindergartenalltag bezieht, thematisiert die methodisch-didaktische Auseinandersetzung der (Grund-)Schulpädagogik in Bezug auf Heterogenität stärker die Aspekte und Auswirkungen der unterschiedlichen (primär kognitiven) Leistungsentwicklung der Kinder. Die unterrichtliche Konsequenz aus der Heterogenität der Kinder ist damit in erster Linie eine Unterrichtsplanung, die das Prinzip der Differenzierung, als innere und äußere Differenzierung, und die Forderung nach mehr Individualisierung beim Lernen und „einer Lernkultur, die vom Individuum ausgeht", aufnimmt.[25] An dieser Stelle kann auf das Buch „Heterogenität in der Schule. Eine kritische Einführung" von Matthias Trautmann und Beate Wischer[26] verwiesen werden, das einen ausführlichen Überblick zur Thematik der Heterogenität als der zentralen schul- und organisationstheoretischen Herausforderung gibt. Die Autoren thematisieren ausführlich die Herausforderungen der Differenzierung und der dazugehörenden notwendigen Differenzierungskriterien (z. B. über Leistung) und zeigen verschiedene Ebenen bzw. Strukturprinzipien der Differenzierung auf, in denen u. a. auf relevante schultheoretische Argumentationslinien wie die von Helmut Fend (siehe oben) zurückgegriffen wird.

Prinzip der Differenzierung

In der in den letzten Jahren durch neue Studien- und Prüfungsordnungen reformierten (Grundschul-)Lehrerbildung nimmt sowohl in den theoretischen als auch in den schulpraktischen Ausbildungsteilen das Thema der Differenzierung im Unterricht, zu dem Fragen der unterrichtlichen Diagnostik und zieldifferenten Förderung gehören, einen prominenten Stellenwert ein. Auch wenn in den Standards für die Lehrerbildung der Kultusministerkonferenz[27] formuliert wird, dass Grundschullehrer/innen für ihre „Beurteilungs- und Beratungsaufgabe im Unterricht" über „hohe pädagogisch-psychologische und diagnostische Kompetenzen"[28] verfügen, gibt es jedoch keinen einheitlichen Diagnostikbegriff, auf den sich die Grundschulpädagogik und die dazugehörigen Grundschul(fach)didaktiken beziehen könnten. Eine fachdidaktische Diagnostik im Fach Deutsch zur Rechtschreibung mit der Hamburger Schreibprobe[29] verfolgt beispielsweise eine andere Zielsetzung als das „diagnostische" Beobachten eines Kindes im Unterricht, das Probleme zu haben scheint, sich am Gruppentisch auf die Aufgaben zu konzentrieren.

Mit dem Diagnostikbegriff, der mittels der Beschreibung von Lehreraufgaben durch die Kultusministerkonferenz als „Standards in der Lehrerbildung" Einzug gehalten hat, wird an eine spezifische Begrifflichkeit und bildungsstandardorientierte Zielsetzung angeknüpft, die bis 2004 kaum in Kontext der Grundschullehrerbildung auftauchte. In der Konsequenz wurden in den letzten Jahren im Zuge der Reformen in der Grundschullehrerbildung in den lehrerbildenden Studiengängen an den Universitäten und Hochschulen verpflichtende Module zum Bereich der Diagnostik implementiert. Diagnostik im Unterricht wird hier einerseits als Ausgangspunkt der „individuellen Förderung" gesehen sowie andererseits auch als Ausgangspunkt für eine gruppenbezogene Lernstandsfeststellung, beispielsweise durch eine Vergleichsanalyse. Diese ist etwa über die Vergleichsarbeiten VERA (VERgleichsArbeiten) möglich, die seit dem Schuljahr 2007/8 in der dritten und achten Klasse in allen Bundesländern verpflichtend durchgeführt werden. Gleichzeitig findet in der Erziehungswissenschaft im Hinblick auf die Durchführung und Instrumente der Diagnostikmaßnahmen eine kritische Auseinandersetzung auch innerhalb der Grundschulpädagogik statt. Diese bezieht sich zum einen auf einen pädagogischen Diagnostikbegriff und eine differenzierte Abgrenzung zwischen Förderdiagnostik und Selektionsdiagnostik (z. B. in Bezug auf die Übergänge der Grundschule) sowie eine Abgrenzung zwischen Ergebnis- und Prozessdiagnostik. Zum anderen fragt sie danach, wie aus hochschuldidaktischer Sicht im Studium „pädagogisch-diagnostisches Lernen" adäquat thematisiert werden kann.[30]

Das „Diagnostizieren" der unterschiedlichen Lernausgangsvoraussetzungen der einzelnen Kinder als Ausgangspunkt für eine Unterrichtsplanung, in der Heterogenität berücksichtigt wird, ist indes nicht neu, sondern prinzipieller Teil der Unterrichtsplanung und des unterrichtlichen Handelns, auch wenn es bislang nicht explizit „Diagnostik", sondern Bedingungsanalyse oder Analyse der Ausgangsvoraussetzungen genannt wurde. Ein grundschulpädagogisches Diagnostikverständnis bezieht sich hierbei nicht auf einen medizinischen oder sonderpädagogischen Hintergrund, um Krankheiten, Defizite oder Abweichungen festzustellen, sondern auf die Frage, welche Informationen relevant sind, um den Unterricht bzw. die unterrichtlichen Inhalte darauf abzustimmen und die einzelnen Schüler/innen entsprechend dieser Ausgangslage (besser) zu fördern.

> Lernausgangsvoraussetzungen der Kinder als Ausgangspunkt für eine Unterrichtsplanung

In den letzten Jahren haben eine Reihe von Studien und Veröffentlichungen auch aus der Grundschulpädagogik (z. B. Hartinger/Grittner/Lang/Rehle[31] sowie Prengel[32]) zeigen können, dass neben fach- und methodenbezogenen Kompetenzen der Einstellung der Lehrer/innen in Bezug auf die vorhandene Heterogenität eine hohe Bedeutung zukommt. Aus theoretischer Sicht haben hier Axel Honneths anerkennungstheoretische Studien, die vor allem über Annedore Prengels „Pädagogik der Vielfalt"[33] seit den 1990er Jahren Eingang in den (grund-)schulpädagogischen Diskurs gefunden haben, diese Studien gerahmt und einen interdisziplinären (v. a. auch gesellschaftsphilosophischen) Bezug hergestellt.[34]

Mit Matthias Trautmann und Beate Wischer[35] können innerhalb der erziehungswissenschaftlichen Bearbeitung der Thematik „Heterogenität in der Schule" zwei paradigmatische Richtungen unterschieden werden: zum einen lehr- und lernpsychologische Zugänge, die Lernmerkmale, die für die Unterrichtsgestaltung wichtig sind, identifizieren und verbessern wollen, und zum anderen sozial- und erkenntniskritische Zugänge, die sich mit der (problematischen) Konstruktion und damit (Wieder-)Herstellung sozialer Unterschiede in Schule und Unterricht beschäftigen (vgl. Kapitel 7.2). Marcus Emmerich und Ulrike Hormel verweisen in ihrem Buch „Heterogenität – Diversity – Intesektionalität. Zur Logik sozialer Unterscheidungen in pädagogischen Semantiken der

Differenz"[36] zudem kritisch darauf hin, dass insbesondere im deutschsprachigen, schulpädagogischen Diskurs zur Heterogenität auch bei einer progressiven Rhetorik doch wieder das Streben nach Homogenität und homogenen Lerngruppen leitend ist. Es wird, so die Interpretation des Autors und der Autorin weiter, davon ausgegangen, dass die Ursachen der vorhandenen und zunehmenden schulischen Heterogenität einseitig außerhalb der Schule liegen: Traditionelle Milieus und Familienformen lösten sich auf, aber auch Migration und Zuwanderung können hier genannt werden.

Heterogenitätsbegriff in zweierlei Richtungen

Nach Emmerich/Hormel wird der Heterogenitätsbegriff in zweierlei Richtungen benutzt: einmal als Klassifikation, also zur Klassifizierung von sozialer Herkunft und Geschlecht, zum anderen, um Leistungsmerkmale bzw. die Ungleichartigkeit der Schüler/innen in Bezug auf Leistung zu charakterisieren. Diese Ungleichartigkeit der Leistung wird aber auch, wie z. B. ethnographische Studien im Bereich der Unterrichts- und Schulforschung[37] zeigen können, erst in der Schule bzw. im Unterricht hergestellt oder sichtbar. Der Begriff der Differenz ergänzt und fundiert damit in einer relevanten Weise den erziehungswissenschaftlich und schulpädagogisch wichtigen Begriff der Heterogenität, der primär die Unterschiede der Lernausgangsvoraussetzungen der Kinder in Bezug auf das Lernen thematisiert.

7.2 | (Re-)Produktion von Differenz und Ungleichheit in der Schule

In der Theoriediskussion der Grundschulpädagogik wird der Begriff der Differenz häufig synonym zum Begriff der Heterogenität gebraucht und hier vor allem auf Unterschiede der Schüler/innen in Bezug auf Leistung und soziale bzw. familiale Herkunft bezogen. Jürgen Budde benennt folgende Felder des Heterogenitätsdiskurses:
- Pädagogischer Umgang mit Heterogenität
- Soziale Ungleichheit
- Subjektkritischer Diskurs und Gleichheit und Differenz
- Konstruktivistische Perspektiven auf soziale Kategorien in Schule und Unterricht

Davon findet vor allem der erste Bereich eine wissenschaftliche Thematisierung und Kontextualisierung.[38]

7.2 (Re-)Produktion von Ungleichheit in der Schule

Beide in der Schulpädagogik und in der Erziehungswissenschaft gebräuchlichen Begriffe beziehen sich auf eine Unterscheidung bzw. auf spezifische Unterscheidungslinien: So werden etwa Kinder mit „Migrationshintergrund" von Kindern ohne „Migrationshintergrund", Kinder mit Deutsch als Erstsprache von Kindern mit Deutsch als Zweit- oder Fremdsprache, Kinder mit einem diagnostizierten Förderbedarf von Kindern ohne sonderpädagogischem Förderbedarf, oder Kinder, die auf einem „grundlegenden Niveau" arbeiten können von jenen, die auf einem „erweiterten Niveau" arbeiten, im Kontext von Schule und Unterricht unterschieden. Neuere Ansätze in der Schul- und Unterrichtsforschung machen hier deutlich, dass das, „was jeweils im Kontext Schule als Gleichheit oder Differenz wahrgenommen und mit Bewertungen belegt wird" abhängig von dem jeweiligen Zusammenhang ist. In dieser Denkart ist die Schule als Institution „weniger aufgefordert, mit Heterogenität umzugehen, sondern im Sinne eines reflexiven Selbstverständnisses gewahr zu werden, dass Differenz und deren Bedeutung in sämtlichen Feldern – so auch im schulischen – verhandelt und ausgedeutet und überhaupt hergestellt werden."[39]

Beim Begriff der Differenz handelt es sich um einen interdisziplinären Begriff, der in der Fachliteratur v. a. in der modernen Soziologie und Sozialwissenschaft, aber auch der Sozialphilosophie und in der erziehungswissenschaftlichen Fachdisziplin vor allem in der interkulturellen Erziehungswissenschaft[40] gebraucht wird. Von Interesse sind Fragen nach der Genese gesellschaftlicher und soziokultureller Differenzen oder Differenzlinien (arm und reich), der Differenz zwischen Männlichem und Weiblichem bzw. Fragen nach der Zuweisung eines sozialen, statt eines biologischen Geschlechts („Doing Gender") oder die nach der generationalen Differenz (vgl. dazu auch Kapitel 2).

Begriff der Differenz

Die erziehungswissenschaftliche Theoriebildung zum Differenzbegriff bezieht sich hierbei stark auf unterschiedliche philosophische und soziologische Zugänge. In der postmodernen Philosophie haben sich im Dekonstruktivismus bzw. Poststrukturalismus u. a. Gilles Deleuze[41] sowie Jean Francois Lyotard[42] und Jacques Derrida[43] mit der Frage der Differenz beschäftigt, in der Soziologie vor allem neben Pierre Bourdieu[44] auch Niklas Luhmann,[45] der in seiner Systemtheorie darauf verweist, dass Unterscheidungen gebraucht werden, um Systeme von anderen Systemen und ihrer Umwelt abzutrennen. Das Verdienst der Dekonstruktivist/innen ist vor allem darin zu sehen,

Theoriebildung zum Differenzbegriff

Dekonstruktion dass sie deutlich machen, dass sich (erst) in der Dekonstruktion die (als normal erachtete oder als natürlich vorausgesetzte) Hierarchie der Differenzkonstruktion zeigt. In der Dekonstruktion von Judith Butler[46] und Jacques Derrida zeigen sich deutlich die der Differenz immanenten „Kontingenzen" und Machtverhältnisse, vor allem an den Kategorien Geschlecht und Sexualität ablesbar mit dem binären Code männlich-weiblich und der heterosexuellen Dominanz.

Innerhalb der konstruktivistisch-interaktionistischen Geschlechtertheorie, die von der Schulpädagogik aufgegriffen wird, wird davon ausgegangen, „dass man nicht ein Geschlecht ‚hat', also *Geschlechterdifferenzen* Geschlechterdifferenzen nicht ‚natürlich' sind, sondern die Zugehörigkeit zu einem Geschlecht ‚erworben' und dann immer wieder ‚getan' wird (doing gender) (West/Zimmerman 1991). In den alltäglichen Interaktionen erfolgt durch die Beteiligten ständig eine Inszenierung bzw. Darstellung von Geschlecht und zugleich eine Zuschreibung der Gleich- oder Gegengeschlechtlichkeit. Beides beruht auf, reproduziert und produziert Wissen um die ‚Normalität' der Geschlechterverhältnisse."[47] Deutlich wird dies am Beispiel der Kleidung: so wird Kleidung in der Einteilung als Männer- oder Frauenkleidung verkauft, getragen und bipolar zugeschrieben, Kosmetika und hochhakige Schuhe traditionell den Frauen zugeordnet und in diesen Vorgängen und Interaktionen werden Unterschiede sowie Wirkungen überbetont oder erst erzeugt.

Mit Helma Lutz/Norbert Wenning[48] können unterschiedliche sozial bewertete hierarchische Differenzlinien in unserer Gesellschaft aufgezeigt werden, die sich als bipolare Differenzlinien bzw. soziale Ordnungskategorien darstellen lassen. Zu diesen gehören, neben den erwähnten Kategorien Geschlecht (männlich/weiblich) und Sexualität (heterosexuell/homosexuell), die der Hautfarbe (weiß/schwarz), der Ethnizität (dominante Gruppe/ethnische Minderheit(en) bzw. nicht ethnisch/ethnisch), des Alters (Erwachsene/Kinder bzw. alt/jung), der Gesundheit (nicht-behindert/behindert), der Klasse (oben/unten bzw. etabliert/nicht etabliert), des Besitzes (reich/arm), der Kultur („zivilisiert"/„unzivilisiert"), der Sesshaftigkeit/Herkunft (sesshaft-nomadisch bzw. angestammt/zugewandert), der Nation/Staat (Angehörige/Nicht-Angehörige) sowie die Kategorie Nord–Süd/Ost–West und gesellschaftlicher Entwicklungsstand.[49]

Innerhalb der Disziplin Grundschulpädagogik hat sich v. a. Annedore Prengel mit ihrem Buch „Pädagogik der Vielfalt". Verschiedenheit und Gleichberechtigung in Interkultureller, Feministischer und Integrativer Pädagogik",[50] in dem sie sich grenzüberschreitend mit Differenzpädagogiken, die sich mit dem (pädagogischen) Umgang mit Differenz beschäftigen, und der sozialphilosophischen Anerkennungstheorie, die in den letzten Jahren neben Axel Honneth[51] v. a. auch durch Nancy Fraser[52] und Thomas Bedorf[53] geprägt wurde, auseinandergesetzt und sich zu diesem Thema positioniert. Die von ihr benannte „Pädagogik der Vielfalt" geht hierbei vom Begriff oder Ansatz einer „egalitärer Differenz" im Gegensatz zu „kategorialen Differenz" und „hierarchisierenden Differenz" aus. Annedore Prengel verweist auch in ihren späten Veröffentlichungen und Studien darauf, dass „die Denkfigur der egalitären Differenz, die den Kern des Heterogenitätstheorems ausmacht" anregen soll, die Pluralität verschiedener Forschungsperspektiven anzuerkennen und schlägt vor, in Anknüpfung an die sogenannte Intersektionalitätstheorie darauf zu achten, dass mit jeder Form von „Klassifizierungen Gefahren des Normierens, Identifizierens, Konstruierens und Reifizierens sowie des Diskriminierens, Etikettierens und Stigmatisierens sowie im Gegensatz dazu auch des Idealisierens und Glorifizierens einhergehen."[54] Unter dem Fachterminus „Reifizieren" kann hierbei der Prozess der Vergegenständlichung verstanden werden. Beispielsweise führt der Gebrauch des Begriffes „Migrationshintergrund", der Schüler/innen in zwei Gruppen teilt (mit und ohne Migrationshintergrund) dazu, dass ihnen in der Folge pauschale Eigenschaften zugeschrieben werden. Aus dem Blickwinkel der „Intersektionalitätstheorie" ist zudem weiter relevant, dass die einzelnen Schüler/innen nicht nur von einer, sondern auch von mehreren Diskriminierungsformen, z. B. neben Rassismus auch von Sexismus oder Diskriminierung aufgrund einer Behinderung, betroffen sein können.

Im Gegensatz zur deutschen Schulforschung wird in der anglo-amerikanischen Forschung bereits seit Jahrzehnten der Zusammenhang zwischen gesellschaftlicher Realität, sozialer Ungleichheit und schulischer Heterogenität thematisiert und in Theorie und Empirie Fragen der sozialen Diskriminierung und (fehlenden) Gerechtigkeit im Kontext von Bildungsinstitutionen bearbeitet. Erwähnt werden kann hier in Bezug auf die Altersgruppe der Kinder im Grundschulalter etwa die frühe Veröffentlichung von Bruce Carrington und Geoffrey Short mit dem Titel „Race and the primary school. Theory into practice"[55] und die Studie „How Young Children Perceive Race"[56] von Robyn M. Holmes, auf die sich viele nachfolgende Stu-

Differenzpädagogiken

„Pädagogik der Vielfalt"

dien zum Thema Rassismus in frühen pädagogischen Einrichtungen beziehen. Während in der deutschsprachigen Theoriediskussion, sowohl in der Zeit der späten 1960er/1970er als auch in den letzten Jahren, ausführlich die ungleichen Ausgangsvoraussetzungen der Kinder eher deskriptiv dargestellt wurden, wurde in der angloamerikanischen Auseinandersetzung stärker thematisiert, wie sich „Culture and power" im Klassenzimmer auswirkten, worin sich dort die gesellschaftlichen Machtverhältnisse zeigen und wie sie dort (mit) produziert werden. Auf der theoretischen Ebene werden damit in der Schulforschung – und nicht nur in der sozialpädagogischen Forschung oder jener zu (Jugend-)Subkulturen – relevante gesellschaftstheoretische Analysen bzw. eine theoriebezogene Auseinandersetzung mit gesellschaftlicher Ungleichheit zu relevanten Bezugsfolien für empirische Arbeiten in pädagogischen Institutionen. In der angloamerikanischen Forschung bezieht sich die Schul- und Unterrichtsforschung stark auf die so genannten Cultural Studies oder Post Cultural Studies sowie Curriculum Studies, wie Karin Amos in ihrem Überblick „Aspekte der angloamerikanischen pädagogischen Differenzdebatte: Überlegungen zur Kontextualisierung"[57] aufzeigt. Der „Culture War" der US-amerikanischen Gesellschaft werde gerade auch im Zusammenhang mit Schule deutlich, und zwar dadurch dass „Schulen und Curricula als reale und symbolische Kampfarenen" dienten.[58]

Während in Deutschland in den angrenzenden Feldern der Kindheitsforschung (vgl. Kapitel 2) und Familienforschung[59] sowie in Bezug auf die Pädagogik der Frühen Kindheit eine stärkere Kontextualisierung der Forschung zu Ungleichheit und Differenz in pädagogischen Institutionen (Familie, Kindergarten, Schule) im Hinblick auf gesellschaftliche Makrostrukturen erfolgt, werden die ungleichen Ausgangsvoraussetzungen von Kindern in der Grundschul- und Unterrichtsforschung primär mit dem Fokus auf Didaktik und Diagnostik – Differenzierung und Individualisierung bzw. individualisierte Lernangebote als Reaktion auf Heterogenität – thematisiert, wenngleich sich bereits in den 1980er Jahren einzelne Veröffentlichungen mit der Frage nach der sozialen Ungleichheit der Kinder im Zusammenhang von Offenem Unterricht beschäftigten.

Innerhalb der derzeitigen grundschulpädagogischen Forschung und Theoriebildung kritisieren deshalb Heike Deckert-Peaceman und Gerold Scholz[60] in der Tradition der Curriculum Studies, dass sich an einer „progressiven Rhetorik" – als Beispiele können hier

Lernbüros, Lerncoaches, individualisierende Unterrichtsformen, Kompetenzorientierung, Bildungsstandards genannt werden – erneut eine „ökonomische Fortschrittsideologie" zeige, die lediglich wettbewerbsorientierte Schüler/innen erzeugen will. Sie weisen zudem auf die Verwechslung der Begriffe bzw. Konzepte von Individualisierung und Individuation hin, da die derzeitige Umsetzung individualisierender Konzepte im Grundschulunterricht, trotz progressiver Rhetorik, durch ihre Vorgaben und Rahmung (durch die Auswahl an Materialien nach Niveaustufen etc.) genauso oder sogar stärker der Idee der Standardisierung (oder Homogenisierung) entspreche als z. B. ein „traditioneller" klassenöffentlicher Unterricht.

Studien zur Erforschung von Ungleichheit und Ungleichheitsherstellung[61] in der Schule befassen sich einerseits mit den Mechanismen einer institutionellen Diskriminierung (wie z. B. bei Schuleingangsuntersuchungen) oder mit schulischen Praktiken und Interaktionen zwischen Lehrer/innen und Schüler/innen sowie der Schüler/innen untereinander. Schulische Praktiken sind hierbei vielfältig. Dazu zählen etwa die in vielen Grundschulen vorfindbaren Redekreise zum Wochenanfang als Erzählkreis zu den Erlebnissen am Wochenende oder in der Form eines Klassenrates oder Rückblickes als Wochenabschluss genauso wie die Art und Weise, Klassenarbeiten zurückzugeben und zu besprechen oder das Melden und Aufrufen im Unterricht. Praktiken können hierbei definiert werden als „alltagsweltliche Handlungen". Sie sind „Weisen der Unterscheidung", die Unterschiede erzeugen und „durch Unterscheidungen erzeugt" werden.[62] Damit wird forschungsmethodologisch begründbar, dass Differenzpraktiken in der Analyse von Beobachtungen und interaktionistischen Analysen aufgezeigt werden können. Exemplarisch kann hier auf die theoretischen und empirischen Arbeiten von Jürgen Budde[63] sowie Bettina Kleiner und Nadine Rose[64] oder von Melanie Kuhn, Isabell Diehm und Claudia Machold[65] verwiesen werden, die neben anderen aufzeigen, dass Differenz im institutionellen Kontext nicht einfach vorhanden ist, sondern vielmehr von den Akteur/innen, den Erzieher/innen, den Lehrer/innen und den Kindern auch hergestellt wird, was gleichermaßen auch für die Forschung gilt.

In den letzten Jahren gibt es in diesem Bereich eine zunehmende Anzahl an erziehungswissenschaftlichen Studien und Veröffentlichungen, die mit qualitativen Forschungsmethoden bzw. Methodologien der Frage der „sozial selektiven Herstellung von Schulerfolg

Ungleichheit und Ungleichheitsherstellung

im Unterricht" (Rabenstein/Reh 2013[66]) nachgehen oder noch spezifischer der Frage nach der Herstellung von Ungleichheit im Kontext eines „fortschrittlichen" differenzierenden und individualisierenden Unterrichts und der Lernkultur- und Schulentwicklung zur Ganztagsschule (z. B. Reh/Fritsche/Idel/Rabenstein[67]).

Ungleichheitsforschung   In einer praxistheoretisch begründeten Ungleichheitsforschung wird in der Analyse von pädagogischen Praktiken der Frage nachgegangen, wie Ungleichheit in der Schule bearbeitet und thematisiert wird. So finden sich derzeit dezidierte Forschungsprojekte (z. B. an der Universität zu Köln oder der Universität Flensburg), die sich mit der empirischen Rekonstruktion von Homogenitäts- bzw. Normierungsvorstellungen (auch) im inklusiven Unterricht beschäftigen. Nur marginal wird in der Grundschulforschung, die sich in ihrer Selbstbeschreibung als eine Schule für *alle* Kinder versteht, indes das Forschungsdesiderat schulischer und unterrichtlicher Inklusions- und Exklusionspraktiken bearbeitet.

Annedore Prengel[68] zeigt etwa in einer neueren Studie, in der 1100 Unterrichtsszenen protokolliert und ausgewertet wurden, auf, dass gerade auch der Unterricht in der Grundschule geprägt ist von der Anwesenheit und Abwesenheit von demokratischen und undemokratischen Handlungen.

Exkurs

Jacques Derridas Demokratiebegriff

Annedore Prengel bezieht sich ebenfalls auf Derridas (1930-2004) poststrukturalistischen Demokratiebegriff, der darauf verweist, dass jede Demokratie immer unvollendet bleibe und eine Gleichzeitigkeit demokratischer und undemokratischer Tendenzen vorherrsche. Übertragen auf das System (Grund-)Schule bedeutet dies, dass in dieser gleichzeitig demokratische sowie undemokratische Strukturen und Mechanismen vorhanden sind.

Demokratisch ist, wie die INTAKT-Studie zeigt, auf der strukturellen und schulorganisatorischen Ebene das Recht auf Bildung bzw. das Recht auf Zugang zur Bildung für alle Kinder. Undemokratisch hingegen ist, dass sich die gesellschaftlich vorhandenen sozialen Hierarchien durch das Bildungssystem reproduzieren und die ehemalige geburtsspezifische Zuweisung im Schulwesen durch andere Zuweisungsmechanismen (wie die tatsächliche oder vermutete Leistungsbereitschaft) abgelöst wurden und auf der unterrichtlichen Ebene sich vor allem auch anerkennendes und verletzendes oder abwertendes Verhalten auf der Beziehungsebene zwischen Lehrer/innen und Schüler/innen finden. Ge-

7.2 (Re-)Produktion von Ungleichheit in der Schule

rade auf der Mikroebene des Unterrichts zeigt sich in der Analyse der beobachteten Interaktionen, dass zwar jede Lehrkraft das gesamte Repertoire von Anerkennung, neutralem und missachtendem Verhalten zeigt, jedoch in unterschiedlicher Verteilung. In der Auswertung der INTAKT-Studien wurde zusammenfassend festgestellt, dass die meisten Schüler/innen-Lehrer/innen-Interaktionen anerkennend oder neutral sind, während etwa ¼ der Interaktionen zwischen Schüler/innen und Lehrer/innen als undemokratisch missachtend kategorisiert werden können.

Bei der Frage, wie Differenzkonstruktionen entstehen und die machtsymmetrischen Verhältnisse aufgezeigt werden können, bieten sich forschungsmethodisch gerade auch im Anschluss an sozialkonstruktivistische und dekonstruktivistische Perspektiven qualitative Zugänge zur Erforschung von Differenz und Ungleichheit an.[69] In jeder Gesellschaft, vor allem in Migrationsgesellschaften, zu denen auch die deutsche zu zählen ist, gibt es hegemoniale Differenzordnungen, die nicht nur außerhalb, sondern vor allem auch innerhalb der pädagogischen Institutionen wirksam sind. Vor allem ethnographische Forschungen, z. B. als teilnehmende Beobachtung, über einen längeren Zeitraum im Unterricht einer Grundschulklasse, eignen sich für die Untersuchung „wie Unterscheidungen in Interaktionen hergestellt werden", denn in einer solchen Forschungshaltung wird primär nicht danach gefragt, „ob Migrant/innen besser oder schlechter als Nicht-Migrant/innen in der Schule abschneiden, sondern mit welchen Mitteln in der schulischen Interaktion von Lehrer/innen und Schüler/innen die Differenz „Migrant/in/Nicht-Migrant/in erzeugt wird."[70]

Mit Schule und Unterricht einhergehende Differenzpraktiken lassen sich vor allem in der Analyse von Beobachtungen und interaktionistischen Analysen in Fallstudien feststellen. Es wird hier deutlich, dass in Schule und Unterricht „Unterschiede produziert werden, ohne dass es den Akteuren bewusst sein muss, dass es sich um von ihnen hergestellte Unterschiede handelt."[71] Viele Fallstudien im erziehungswissenschaftlichen Kontext knüpfen in einem solchen Forschungsverständnis auch an die Begrifflichkeit der „Anrufung" und „Adressierung" bzw. an die amerikanische Philosophin Judith Butler und deren Konzept der „Subjektiviation" an, das in den letzten Jahren in der deutschsprachigen Erziehungswissenschaft aufgegriffen wurde, um die (Re-)Produktion von Ungleichheiten im Schulalltag analytisch darstellbar zu machen und etwa auf den „Kontext von Heteronormativität und Rassismus"[72] zu verweisen.

> **Exkurs**
>
> **Judith Butlers Verständnis von Subjektivation**
>
> Judith Butler (*1956) definiert in ihrem Werk „Psyche der Macht"[73] Subjektivation dabei wie folgt: „Die Subjektivation (…) markiert eine ursprüngliche Verletzlichkeit gegenüber dem Anderen als Preis, der für das Dasein zu zahlen ist"[74] und verweist mit ihrem Zitat darauf, dass Anrufungen und Anerkennungen auch mit Verletzungen und Beschämungen einhergehen können.
> Subjektivierung im Sinne von Judith Butler entsteht also durch die Anerkennung durch den Anderen. Bezogen auf das Forschungsfeld Schule und Unterricht bedeutet dies, dass der einzelne Schüler/die einzelne Schülerin von der Anerkennung der Anderen (der Mitschüler/innen, der Lehrer/innen) abhängig ist.

Konzept der Adressierung

Gerade für die Grundschulforschung kann das Konzept der Adressierung, wie es etwa Friederike Heinzel und Thorsten Eckermann[75] es in ihrer praxistheoretischen Forschung zu „Kooperativen Schülerrückmeldungen bei der Textüberarbeitung im Deutschunterricht" aufzeigen, gewinnbringend sein, um Interaktions- und Aushandlungsprozesse von Grundschüler/innen zu analysieren. Friederike Heinzel und Thorsten Eckermann[76] sehen hier den Zugewinn darin, dass sich das Konzept der Akteurskonstitutionen der neueren sozialwissenschaftlichen Kindheitsforschung (vgl. Kapitel 2) sowie das der Subjektkonstitution gegenseitig theoretisch und empirisch in Bezug auf eine differenzorientierte Kindheitsforschung in pädagogischen Institutionen wie Kindergarten, Familie und Schule ergänzen können.

7.3 | Migrationsspezifische Heterogenität

Seit Beginn des 21. Jahrhunderts ist die Virulenz eines Diskurses festzustellen, der sich mit „Kindern mit Migrationshintergrund" als einer Sonder- oder Risikogruppe in deutschen Bildungsinstitutionen beschäftigt. Zahlen zum Anteil der Kinder, die der bildungsstatistischen Kategorie „Migrationshintergrund" zugerechnet werden können, werden in den letzten zehn Jahren regelmäßig auf Bundes-

und auf Länderebene erfasst und veröffentlicht, z. B. auch in den regelmäßig veröffentlichten Bildungsberichten. Der Diskurs zum Umgang mit migrationsbedingter Heterogenität und ethnischer bzw. sprachlich-kultureller Differenz im Kontext pädagogischer Institutionen findet nicht zuletzt deshalb statt, weil Sekundäranalysen internationaler Vergleichsuntersuchungen wie v. a. PISA (Programme for International Student Assessment)[77] deutlich machten, dass Kinder, deren Eltern in Deutschland geboren sind, eine bessere schulische Leistung zeigen als Kinder mit mindestens einem im Ausland geborenen Elternteil.

Migrationshintergrund und sprachlich-kulturelle Differenz | 7.3.1

Migration und Re-Migration sind zwar einerseits bestimmende Themen für die deutsche Gesellschaft als Migrationsgesellschaft und deren inhärente (bildungs-)politische Felder, andererseits werden die zirkulierenden Begriffe Migration, Migrationshintergrund, Migrationsgesellschaft ohne eine Referenz auf eine spezifische Definition oder Kontextualisierung gebraucht. Der Begriff Migrationshintergrund, der den Analysen der statistischen Bundes- und Landesämtern zugrunde liegt, bezieht sich auf eine sehr große Bevölkerungsgruppe, nämlich auf Personen, „die selbst oder deren Eltern nach 1949 nach Deutschland zugewandert sind, ungeachtet ihrer gegenwärtigen Staatsangehörigkeit". In diesem weiten Migrationsverständnis wird „neben dem rechtlichen Status der Personen (Deutsche/Ausländer) auch die Zuwanderungskonstellation nach der individuellen (1. Generation) und familialen Migrationserfahrung (2. Generation) berücksichtigt."[78] Bezogen auf die Gesamtbevölkerung und die demografische Entwicklung in Deutschland zeigt sich, an diese Definition anschließend, dass in der Alltagsgruppe der Kinder bis drei Jahre in westdeutschen Großstädten und Ballungsgebieten bis zu 72 % der Gruppe der Kinder mit Migrationshintergrund zugeordnet werden können. Bei den unter sechsjährigen hat, bezogen auf die Daten des Berichtes „Bildung in Deutschland 2014", bereits jeder/jede Dritte einen Migrationshintergrund.[79] Die Definition des Migrationshintergrundes, wie sie hier zugrunde liegt, bezieht sich indes allein auf die Einwanderung nach der Gründung der Bundesrepublik, hingegen gab es bereits zuvor eine Geschichte der Einwanderung nach Deutschland, beispielsweise im 19. Jahrhundert die Arbeitsmigration polnischer Arbeitskräfte ins Ruhrge-

Begriff Migrationshintergrund

biet. „Multikulturalität, Multiethnizität und Mehrsprachigkeit", wie sie die deutsche Gesellschaft der Gegenwart auszeichnen, sind damit „keine Neuerscheinungen, sondern stetige Momente der Geschichte".[80]

Schulpflicht — Während in der ersten Hälfte des 20. Jahrhunderts die Schulpflicht nicht für Kinder einer anderen Staatsangehörigkeit galt, werden diese seit den 1960er Jahren in die Schulpflicht miteinbezogen. Zuvor erachtete es der Staat nicht als seine Pflicht, ausländische Schüler/innen zu beschulen.[81] Das „Recht des Kindes auf Bildung" als ein allgemeines Menschenrecht, das für alle Kinder gültig ist, ist in der UN-Kinderrechtskonvention festgeschrieben und gilt damit auch für „statuslose" Kinder und Kinder, die geflüchtet sind.

Erst Ende der 1990er Jahre wurde in den Empfehlungen der Kultusministerkonferenz für den Bildungsbereich formuliert, dass in Deutschland Lerngruppen in der Schulen bezogen auf Sprache, Kultur und Religion heterogen sind und dies auch dauerhaft bleiben. In der Folge wurde die interkulturelle Kompetenz als relevante Kompetenz der Lehrer/innen angesehen und als unterrichtliche Querschnittsaufgabe erachtet, wenngleich diese Bestrebungen in der Lehrer/innenaus- bzw. Fortbildung mehrheitlich nie verbindlich verankert wurden.

interkulturelle Kompetenz — Der Terminus der interkulturellen Kompetenz, der aus der Sozialpädagogik stammt, ist, wie es Paul Mecheril[82] in seiner Heuristik beschreibt, zu einem Schlüsselbegriff geworden „in der Diskussion einer pädagogischen Fachöffentlichkeit, die sich dem Umstand kultureller und ethnischer Pluralität gegenübersieht und bestrebt ist, zu einer verbesserten Handlungsfähigkeit durch den Erwerb und die Bestärkung spezifischer Handlungsvermögen zu gelangen".[83] Andere theoretische Zugänge fokussieren eher die Aspekte des Lernens (als Interkulturelles Lernen) oder die der Erziehung und Bildung als „Interkulturelle Erziehung und Bildung".[84] „Die sich in der Bundesrepublik entwickelnden Ansätze Interkultureller Erziehung sind wesentlich geprägt durch Anregungen aus Ländern mit längerer Tradition in der pädagogischen Respektierung und Förderung sprachlicher und kultureller Minderheiten, vor allem aus Großbritannien, den USA, Kanada, Australien", damit ist ebenfalls „die Förderung von Zweisprachigkeit"[85] eng mit diesen Konzepten verbunden.

Umgang mit sprachlich-kultureller Verschiedenheit — Der Umgang mit sprachlich-kultureller Verschiedenheit und die Förderung interkultureller Kompetenzen wurden in den letzten Jahren sowohl in der internationalen als auch in der europäischen und deutschen Bildungspolitik zu einem relevanten Thema. Beispielsweise forcierte die Europäische Kommission mit ihrem 2007 überarbeiteten „Guide for the Development of language education policies in Europe. From linguistic diversity to plurilingual education"[86] das Leitbild einer „plurilingualen" (in Abgrenzung zum Terminus einer „mulitilingualen") Bildung und Erziehung im Kontext einer gelebten und anerkennenden Mehrsprachigkeit, ungeachtet um welche Erstsprachen der Kinder es sich hierbei handele und welches Prestige diesen zukäme, um einen vorhandenen „Ethnozentrismus" zu reflektieren und zu überwinden.

Mehrsprachigkeit

Der Begriff „Ethnozentrismus", der in der deutschen Erziehungswissenschaft stark von Wolfgang Nieke[87] geprägt wurde, verweist darauf, dass das pädagogische Handeln von Erzieher/innen, Lehrer/innen u. a. in pädagogischen Institutionen Tätigen geprägt ist von der eigenen ethnischen, sprachlich-kulturellen Zughörigkeit zu einer bestimmten gesellschaftlichen Majoritäts- oder Minoritätengruppe und der durch Erziehung und Sozialisation erworbenen Wertorientierungen. Die interkulturelle Pädagogik formuliert hier die Forderung an die pädagogischen Fach- und Lehrkräfte, die mit Kindern arbeiten, durch Reflexivität als Basiskategorie professionellen pädagogischen Handelns den eigenen unumgänglichen „Ethnozentrismus" in einen „aufgeklärten Ethnozentrismus" zu transformieren. Eine Ethnie bezeichnet hierbei eine Gruppe von Menschen, die durch gemeinsame Eigenschaften wie Sprache, Kultur, Tradition, Gebräuche verbunden sind und sich in der Fremd- und Selbstwahrnehmung von anderen unterscheidet. Die Ethnie ist dabei nicht an Staatsgrenzen und den Begriff der Nation gebunden. Das Adjektiv ethnisch bzw. der Terminus der ethnischen Herkunft ist indes ein problematischer bzw. enthält mit Blick auf die Geschichte und das kollektive Gedächtnis in Bezug auf „ethnische Säuberungen" negative Konnotationen. Während in der angloamerikanischen Erziehungswissenschaft von Rasse/race und deren Bedeutung für und in Bildungsinstitutionen auch im wissenschaftlichen Bereich gesprochen wird, ist aufgrund der Vergangenheit im nationalsozialistischen Deutschland der Begriff der Rasse aus dem erziehungswissenschaftlichen und pädagogischen Repertoire verschwunden. Häufig wird in der erziehungswissenschaftlichen Literatur und Forschung auch anstelle der ethnischen Differenz auf eine sprachlich-kulturelle Differenz[88] verwiesen und darauf, dass Sprache zu einem wichtigen Konstitutionselement von Kultur

Ethnozentrismus

Ethnie

gehört und sprachlich-kulturell verschiedene Personengruppen voneinander unterschieden werden können.

Kultur   Der Begriff der Kultur, der ebenfalls in der Benennung der interkulturellen Pädagogik enthalten ist, die sich aus der Ausländerpädagogik der 1970er entwickelte, ist indes kein originär erziehungswissenschaftlicher, wenngleich er eine hohe Bedeutung für diese hat. Der Terminus Kultur stammt vom lateinischen „colere" und bedeutet wörtlich so viel wie „Bebauen", „Pflegen" und findet interdisziplinär in der Kultursoziologie und in der Kulturphilosophie, in den Wissenschaftsdisziplinen Germanistik, der Philosophie, der Kunst, der Sozialwissenschaft/Soziologie etc. Anwendung. Die Kulturpsychologie verweist etwa darauf, dass die jeweilige Kultur, zu der maßgeblich der sprachliche Ausdruck gehört, einen hohen Einfluss auf die Psyche des Menschen, auf sein Denken, seine Gefühle und sein Handeln hat und sie sinn- und bedeutungsstiftend ist für die biographische Entwicklung. Die Kultursoziologie beschäftigt sich hingegen stärker mit den Alltagsgegenständen und Alltagsphänomenen des kulturellen Lebens, mit der kulturellen Symbolik und versteht Kultur als relevante Bedingung und Form sozialen Handelns, während die Kulturphilosophie stärker die Bedingungen, die Kultur ermöglichen, und die kulturellen Ausdrucksformen des Menschen (in Schrift, Sprache, Mythos, Religion) thematisiert.

Interkulturelle Pädagogik   Die Interkulturelle Pädagogik, die sich in den 1980er/1990er Jahre entwickelte, verweist nach Paul Mecheril im Gegensatz zur vorherigen Ausländerpädagogik, die sich als eine „Zielgruppenpädagogik" für die Gruppe der Ausländer/innen in Deutschland verstand, stärker darauf, dass eine „Anerkennung gegebener kultureller Differenz"[89] eine zentrale Voraussetzung darstellt. Während der Begriff der kulturellen Differenz oder sprachlich-kulturellen Differenz bzw. der kulturellen oder sprachlich-kulturellen Heterogenität derzeit in einer Vielzahl an erziehungswissenschaftlichen Veröffentlichungen,[90] gebraucht wird, wird er gleichzeitig auch kritisiert. Der Terminus der kulturellen Differenz eigne sich anstelle der ethnischen Differenz nur hinlänglich, da – z. B. der Kritik Stonjanovs oder Mecherils folgend – der Begriff der Kultur als „Sprachversteck für Rassekonstruktionen"[91] gesehen werden kann. Mit Paul Mecheril, Maria Do Mar Castro Varela, Inci Dirim, Annita Kalpaka und Claus Melter[92] finden die Begriffe Migrationsgesellschaft, Migrationspädagogik und Migrationsandere Einzug in die Erziehungswissenschaft

das Migrationsandere   und über diese in die Grundschulpädagogik. Der Terminus „Migrationsandere" verweist hier bereits semantisch darauf, dass es sich um sprachliche Konstruktion handelt, der Begriff „Migrationsandere ist ein Werkzeug der Konzentration, Typisierung und Stilisierung, das auf Kontexte, Strukturen und Prozesse der Herstellung der in einer Migrationsgesellschaft als Andere geltenden Personen verweist. Der Wert des begrifflichen Werkzeugs Migrationsandere bemisst sich an der Erkenntnis über die gesellschaftliche Wirklichkeit, Erfahrungen von Menschen und Bildungsprozesse, die mithilfe dieses Instruments ermöglicht wird."[93]

Aus der Sicht der migrationspädagogischen Forschung ist es relevant, wo und wie in der Schule das Bild von „natio-ethno-kulturell Anderen"[94] erzeugt wird, beispielsweise durch das Malen von Flaggen aus den Herkunftsländern der Familien, die im Klassenzimmer aufgehängt werden, obschon die Mehrzahl der Kinder mit dem statistischen Merkmal Migrationshintergrund bereits in Deutschland geboren ist. Aus der Perspektive einer gesellschaftstheoretisch orientierten Interkulturellen Pädagogik[95] sind Kindergärten und Schulen in Deutschland stets Institutionen der deutschen Mehrheitskultur, mit denen gleichsam Macht einhergeht und damit die Zementierung von sprachlich-kulturellen und ethnischen Differenzlinien zwischen verschiedenen gesellschaftlichen hierarchisch-gegliederten Gruppen. Zwar ist eine sprachliche Homogenität in den meisten Nationalstaaten wie Deutschland, Frankreich, Spanien u. a. in den letzten Jahrhunderten der Einwanderung die Ausnahme geblieben, jedoch zeigt sich aus einer historischen Perspektive deutlich, dass das Streben nach sprachlicher Homogenität, das mit den Mitteln des Bildungssystems durchgesetzt werden soll, stets Teil der zugehörigen nationalstaatlichen Politik ist. Auf dem Gebiet der Sprachpolitik und Bildungspolitik artikuliert sich damit deutlich der symbolische Kampf um gesellschaftliche Macht, der (auch) in pädagogischen Institutionen stattfindet.[96]

Das Verdienst der Sekundäranalysen[97] zu den seit Ende der 1990er Jahre durchgeführten internationalen Vergleichsuntersuchungen, zu der maßgeblich die in regelmäßigen Abständen durchgeführte PISA-Studie (Programme for International Student Assessment) zählt, kann vor allem darin gesehen werden, empirisch die Abhängigkeit zwischen sozialer Herkunft und schulischem Erfolg sowie zwischen Migrationshintergrund (Deutsch als Erst- oder Zweit- und Fremdsprache) und schulischem Erfolg aufzuzeigen. Der Beherrschung der deutschen Bildungssprache, die sich von der all-

Interkulturelle Pädagogik
Institutionen der deutschen Mehrheitskultur

Sprachpolitik und Bildungspolitik

Bildungssprache

tagssprachlichen Nutzung stark unterscheidet, kommt, wie nachdrücklich deutlich wird, im deutschen Bildungssystem eine hohe Bedeutung in Bezug auf eine erfolgreiche Bildungsbiographie zu. Kindergarten und Grundschule sind hierbei Bildungsinstitutionen, in denen sich der „monolinguale Habitus der multilingualen Schule"[98] zeigt, wie Ingrid Gogolin es bereits in einer Studie in den frühen 1990er Jahren formulierte. Multilingual bezieht sich hier auf die Tatsache, dass in großstädtischen Grundschulen unterschiedliche Familiensprachen der Kinder vorhanden sind, die in der Regel jedoch im unterrichtlichen Alltag keine Rolle spielen. Die Forschung von Chlosta/Ostermann[99] kann hier ebenfalls exemplarisch aufgeführt werden, um aufzuzeigen, dass allein in den Grundschulen der Ruhrgebietsstadt Essen 122 verschiedene Sprachen als gelebte Sprachen der Grundschulkinder nachweisbar sind.

Bourdieus Ungleichheitssoziologie

Bourdieus Ungleichheitssoziologie (z. B. Bourdieu 1983[100]) kann hier als ein Ansatz herangezogen werden, um zu erklären, dass die Institution Schule bereits in der Grundschule bzw. sogar zuvor im Kindergarten das in der Familie vorhandene oder nicht-vorhandene sprachlich-kulturelle Kapital, das zum „Bildungskapital" werden kann und die „feinen Unterschiede" zu Differenzlinien werden lässt. In Bourdieus Sozialraumtheorie wird davon ausgegangen, dass soziale Akteur/innen bzw. Vertreter/innen unterschiedlicher Berufsgruppen eine spezifische Position im sozialen Raum einnehmen und unterschiedlichen sozio-ökonomischen Milieus angehören, die sich durch ihren jeweiligen Zugang zum ökonomischen und kulturellen Kapital unterscheiden.[101] Bourdieu geht weiter davon aus, „dass die Übertragung von Kulturkapital zweifellos die am besten verschleierte Form erblicher Übertragung von Kapital ist. Deshalb gewinnt sie in dem System der Reproduktionsstrategie von Kapital umso mehr an Gewicht, je mehr die direkten und sichtbaren Formen der Übertragung sozial missbilligt und kontrolliert werden."[102]

„Institutionelle Diskriminierung"

Eine wichtige Theorie, die sich mit der Ungleichheit von Kindern mit Migrationshintergrund im deutschen Bildungssystem beschäftigt, ist die der „Institutionellen Diskriminierung". Der organisationstheoretische Ansatz einer „Institutionellen Diskriminierung", der über Mechthild Gomolla und Frank-Olaf Radtke[104] in den erziehungswissenschaftlichen Diskurs zur migrationsspezifischen Heterogenität eingeführt wurde und sich auf die Systemtheorie von Niklas Luhmann bezieht, grenzt sich hierbei in seiner Begrifflichkeit von einer direkten oder „böswilligen Diskriminierung" ab. In ihren

7.3 Migrationsspezifische Heterogenität

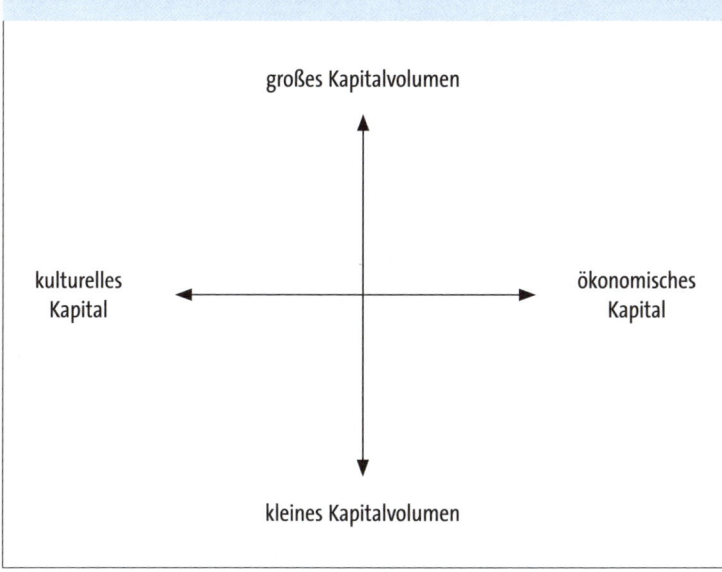

Abb. 11 | ▶ Soziale Felder nach Bourdieu[103]

analytischen Studien zu Einschulungen im Raum Bielefeld zeigen Gomolla/Radtke auf, welche institutionalisierten Prozesse und Argumentationslinien gerade im Hinblick auf Kinder aus türkischen Herkunftsfamilien bei der Entscheidung, ob das Kind „schon" oder „noch nicht" eingeschult werden kann, greifen und wie Stereotypisierungen und Zuschreibungen gerade Übergangsentscheidungen terminieren. Die Autor/innen zeigen in ihren Analysen auf, dass der Erziehungsstil in türkischen Familien häufig pauschal bewertet werde und es damit zu einer Häufung an Übertragungsfehlern bzw. zu Fehlern der Analogiebildung auf Seiten der Erzieher/innen und Lehrer/innen komme könne. Ein Mangel an personalen und sozialen Kompetenzen verursacht durch (falsche) türkische Erziehung entspräche damit Sprachdefiziten, die durch einen längeren Kindergartenaufenthalt ausgeglichen werden sollten. Erziehungswissenschaftliche Vertreter/innen wie Mechthild Gomolla und Frank-Olaf Radtke[105] oder Krassimir Stojanov[106] u. a. verweisen in einer systemtheoretischen Perspektive darauf, dass Bildungsinstitutionen „die Komplexitätserhöhung für Unterricht und pädagogischen Umgang mit Kindern und Jugendlichen, die sich durch eine Abweichung vom

Abweichung vom ‚Normalschüler'

Postulat des in einer Mittelschichtsfamilie monolingual und im Einklang mit der ‚Leitkultur' sozialisierten Normalschülers'" vermeiden wollen und deshalb „kulturelle Ursachen" (aufgefächert als Sprachdefizite, Identitätskonflikte, fehlende Integrationsbereitschaft) als Begründung für den „Misserfolg" von Kindern mit dem Merkmal Migrationshintergrund benennen. Damit erfüllten „solche Argumentationshaushalte eine zentrale systemische Funktion, da sie das Teilsystem Schule durch Komplexitätsreduzierung stabilisieren, und es von Heraus- und Überforderungen entlasten."[107]

Auch andere Forschungsergebnisse zeigen, dass gerade in Bezug auf Übergangsentscheidungen von Kindern mit Migrationshintergrund Mechanismen der institutionellen Diskriminierung und Vorstellungen von Normierung, Normalisierung und Standardisierung von Kindheit[108] greifen, die für pädagogische Fach- und Lehrkräfte u. a. leitend sind und ihr pädagogisches Handeln als epistemologische (berufsbezogene) Überzeugungen (mit-)bestimmen.

Gerade hinter pädiatrischen Vorsorgeuntersuchungen sowie bei der Sprachstandsdiagnostik und bei den Schuleingangsuntersuchungen der Kinder im Kindergartenalter steht die Idee einer Normalentwicklung (vgl. Kapitel 2 und Kapitel 3), wie etwa Helga Kelle[109] in einer kritischen Studie, die diese These stützt, unter einer kulturanalytischen Perspektive in Bezug auf die gängige Praxis der Kindervorsorge- und Schuleingangsuntersuchungen als entwicklungsdiagnostischen Verfahren in der frühen Kindheit aufzeigt. Untersucht wird häufig, ob das einzuschulende Kind der Erwartung an eine Durchschnittsentwicklung entspricht und altersgemäß entwickelt ist. Beispielsweise werden Kinder, die nicht Deutsch als Erstsprache erlernt haben, häufig am Stand der Kinder mit Deutsch als Erstsprache gemessen. Zudem unterscheiden sich in den 16 Bundesländern die vorhandenen Sprachstandserhebungsinstrumente und Sprachfördermaßnahmen, die im Elementarbereich eingesetzt werden, signifikant voneinander. So werden, obschon bekannt ist, dass ein zunehmender Anteil an Kleinkindern mehrsprachig erzogen wird, nur partiell Verfahren zur Erhebung des Sprachstandes bei Kindern mit Migrationshintergrund, die unter den Bedingungen von Mehrsprachigkeit aufwachsen, eingesetzt, die den Stand der Erstsprache bzw. die Mehrsprachigkeit berücksichtigen.[110] Vertreter/innen der Erziehungswissenschaft und Kindheitsforschung wie u. a. Hans Brügelmann, Gerd Schäfer, Doris Bühler-Niederberger, Johanna Mierendorff, Helga Kelle und Anja Tervooren[111] stellen v. a.

in Bezug auf die frühen Bildungsübergänge eine zunehmende Orientierung an einer vermeintlichen Normkindheit fest, die in Stufen oder Phasen verläuft, (ver)messbar ist und sich am Ideal eines einsprachigen Mittelschichtskindes orientiert.

Normkindheit

Innerhalb der Grundschulpädagogik findet sich bislang nur wenig Bezug zu den vorhandenen erziehungswissenschaftlichen Studien und Theorieansätzen, die sich stärker auf den Differenzbegriff (als auf den der Heterogenität) beziehen und nach den Bedingungen der Differenzherstellung im schulischen Kontext fragen. Die Auseinandersetzung mit der sozialphilosophischen Theorie der Anerkennung, v. a. vertreten durch Axel Honneth aus dem Kontext der Kritischen Theorie,[112] die sich auf den Kontext gegenwärtiger Gesellschaften, die durch die Bedingungen von Migration bezieht, hat indes bereits in den frühen 1990er Jahren durch die sogenannten Anerkennungspädagogiken Eingang in die Erziehungswissenschaft gefunden und ist vor allem in der „Pädagogik der Vielfalt" von Annedore Prengel[113] umfänglich bearbeitet und in der Grundschulpädagogik aufgegriffen worden.

Theorie der Anerkennung

Prengels Ansatz, der sich um einen demokratischen Differenzbegriff im schulischen Kontext (der Selektion, der Segregation und der Exklusion) bemüht und die interkulturelle, feministische und integrative (heute inklusive) Pädagogik in ihrem Ansatz der „Pädagogik der Vielfalt" zusammenführt, prägte hierbei den Terminus einer „egalitären Differenz", der als leitend für pädagogische Handlungsformen in Gruppen unter den Bedingungen von Heterogenität erachtet wird und innerhalb der Grundschulpädagogik eine starke Rezeption erfährt. Eine „Pädagogik der Vielfalt" in Prengels Sinne fußt auf der bewussten Gestaltung professioneller Beziehungen unter dem normativen Primat der Menschenrechte und dem der Anerkennung: „Intentionale Kerngedanken der Pädagogik der Vielfalt gehen – auf der Basis nichtausgrenzender Bildungseinrichtungen für alle Kinder und Jugendlichen – mit bestimmten relationalen Konzepten einher: mit der Anerkennung der Verschiedenen in heterogenen Lerngruppen und mit der Erziehung zur Selbstachtung und Anerkennung der Anderen."[114]

„Pädagogik der Vielfalt"

Forschung und Forschungsdesiderata

7.3.2

Seit den 1990er Jahren gibt es ausgewiesene Forschungsprojekte innerhalb der Interkulturellen Pädagogik, die sich mit dem interkulturellen Lernen in der (Grund-)Schule bzw. dem Unterrichten und Lernen in sprachlich-kulturell heterogenen Gruppen beschäftigen und in diesem Kontext auch die Mehrsprachigkeit der Kinder thematisieren. Zu den namhaften Erziehungswissenschaftler/innen, die bereits seit dieser Zeit das Feld prägen, gehören etwa Georg Auernheimer[115] oder Ingrid Gogolin,[116] die sich in dem abgeschlossenen Projekt FÖRMIG (Förderung von Kindern und Jugendlichen mit Migrationshintergrund[117]) spezifisch der Frage nach der sprachlichen Förderung mehrsprachiger Kinder und Jugendlicher im deutschen Bildungssystem widmete.

Projekt FÖRMIG

Schaut man spezifischer auf das Feld der Grundschulforschung (Forschung zur Grundschule und zur Verschiedenheit der Grundschulkinder), zeigt sich schnell, dass auf der Forschungsebene in den letzten Jahren thematisch in Bezug auf das Forschungssujet der migrationsspezifischen Heterogenität, neben der Thematisierung berufsbezogener Überzeugungen von Lehrkräften zur (migrationsspezifischen) Heterogenität (u. a. Büker/Rendtorff[118] und Hartinger/Grittner/Lang/Rehle[119]), vor allem Themen aus dem Bereich der Lehr-Lern-Forschung bzw. methodisch-didaktische Fragestellungen (z. B. Formen der Förderung der Zielsprache Deutsch, Vorteile des jahrgangsgemischten Unterrichts) bearbeitet werden. Zwar gibt es einige Studien, wie die von Chlosta/Ostermann[120] und Fürstenau/Gogolin/Yagmur,[121] die nach den tatsächlich im Alltag gelebten Sprachen der Grundschüler/innen fragen, jedoch zeigt sich in Bezug auf die Fragestellung, welche Sprachen mehrsprachige Kinder in ihren Lebenswelten (Familie, Kindergarten, Schule) und in welchen situationsbezogenen Kontexten verwenden (dürfen), dass hier ein Forschungsdesiderat besteht und in der Grundschulforschung der (einsprachige) unterrichtliche Fokus dominiert. In der grundschulpädagogischen Forschung finden sich zudem weitaus weniger als in den angrenzenden Arbeitsbereichen der Kindheitspädagogik und der erziehungswissenschaftlichen und soziologischen Kindheitsforschung Forschungsaktivitäten, die sich mit dem Thema der vorhandenen Mehrsprachigkeit von Kindern und Eltern sowie den Bedingungen und Schwierigkeiten einer institutionalisierten Sprachstandsdiagnostik und Sprachförderung etc. beschäftigen. In der Kindheitsforschung der Pädagogik der Frühen Kindheit gibt es hier, im Gegensatz zur Grundschulpädagogik, derzeit eine Reihe an Forschungsprojekten und Studien (z. B. von Sascha Neumann und Claudia Seele,[122] Melanie Kuhn[123] oder Claudia Machold[124]), die zudem, im Duktus einer kritisch-reflexiven Erziehungswissenschaft, Fragen der ethnischen Differenz(herstellung) in

Förderung der Zielsprache Deutsch

institutionalisierte Sprachstandsdiagnostik und Sprachförderung frühen pädagogischen Institutionen und im Übergang vom Elementar- zum Primarbereich thematisieren. Vor allem die kritische Erziehungswissenschaft, zunehmend auch mit Bezug auf poststrukturalistische Ansätze,[125] fokussiert hier, wie aus der sozialen Ungleichheit Bildungsungleichheit werden kann und auf welche Weise Kinder mit Migrationshintergrund zu den Anderen gemacht werden. Mit Kleiner/Rose, die an Judith Butlers Konzept der Subjektiviation anknüpfen und nach Formen der (Re-)Produktion von Ungleichheiten im Schulalltag fragen, wären Einteilungen und Benennungen (in Bezug auf Migrationshintergrund, Ausländerstatus, Deutsch als Zweitsprache etc.) grundsätzlich kritisch zu betrachten, da sie als Wertungen gesehen werden können und eine niedere Position in einem hierarchischen System markieren.[126] Es handelt sich nach Kleiner/Rose, die sich hier auf die Arbeiten von Paul Mecheril[127] und Stuart Hall[128] beziehen, um eine Form von Rassismus, die als eine „subjekt- wie wissensproduktive Ordnung bezeichnet werden" kann und eine Ordnung darstellt, „die Bestandteil unserer Alltagskultur ist und ein Klassifikationssystem anbietet, für das der binären Unterscheidung in ‚eigen' und ‚fremd' eine zentrale Bedeutung zukommt."[129]

_{Einteilungen und Benennungen}

Neben Zugängen, die dem qualitativen Forschungsparadigma zuzuordnen sind und die sich der Frage nach der Art und Weise der Herstellung von (ethnischer) Ungleichheit z. B. mit der Methode der Ethnographie beschäftigen, sind weitere Theorie- und Forschungszugänge relevant, um die (normative) Frage, wie pädagogische Institutionen und deren Akteur/innen mit migrationsspezifischer Heterogenität umgehen (sollen), im Kontext einer erziehungswissenschaftlichen Forschung zu thematisieren, die sich der „Empirie des Pädagogischen"[130] widmet.

Deutlich verweist hier aber auch die Bildungsstatistik und empirisch-quantitative Bildungsforschung v. a. mit Sekundäranalysen (normativ) auf die bislang unbefriedigende Bearbeitung der Thematik „Umgang mit migrationsspezifischer Heterogenität". Beide Übergänge der Grundschule stellen nach wie vor im deutschen Bildungssystem gerade für Kinder aus zugewanderten Familien eine große Hürde dar. Die Zahlen zur Verteilung der Schüler/innen auf die unterschiedlichen Schulformen sowie Quoten, die sich auf die Übergänge der Grundschule beziehen, wie sie alle zwei Jahre im deutschen Bildungsbericht[131] veröffentlicht werden, zeigen in einer Fokussierung des statistischen Merkmals der Herkunft deutlich, dass nicht nur beim zweiten Übergang zur weiterführenden Schule,

Übergänge der Grundschule

sondern bereits beim ersten formalen Bildungsübergang eine (soziale) Ungleichheit vorhanden ist. So werden bereits beim Übergang vom Kindergarten in die Grundschule Kinder mit Migrationshintergrund häufiger zurückgestellt als Kinder aus deutschen Familien (vgl. Bildungsberichte der Jahre 2010, 2012 und 2014).[132] Bildungsstatische Analysen zeigen auch, dass 35 % der Kinder mit nichtdeutscher Familiensprache und 34 % der Kinder mit Elternhäusern mit niedrigem allgemeinbildendem Schulabschluss im Kindergarten als sprachförderbedürftig diagnostiziert werden.[133]

Kinder aus deutschen Familien

Deutlich zeigen die Ergebnisse der internationalen Vergleichsuntersuchungen, die im quantitativ-empirischen Forschungsparadigma verortet sind, die Beziehung zwischen Migrationshintergrund und schulischem Erfolg.[134] Während die PISA-Vergleichsuntersuchung sich der Altersgruppe der 15-Jährigen widmet, bezieht sich die IGLU-Studie (Internationale Grundschul-Lese-Untersuchung) als internationale Vergleichsuntersuchung auf die Gruppe der Grundschüler/innen am Ende des vierten Jahres. Festgestellt wurde hier, dass in Bezug auf die Lesekompetenzen (Leseverständnis, Leseintention, Lesemotivation) der deutschen Grundschüler/innen eine Diskrepanz zwischen Kindern mit und ohne Migrationshintergrund zwar vorhanden ist und Kinder mit Migrationshintergrund in den Kompetenzbereichen schlechter abschneiden als Kinder ohne Migrationshintergrund, jedoch tritt dies nicht in der drastischen Ausprägung auf wie bei den 15-Jährigen im PISA-Test. Gezeigt hat sich zudem, dass die Motivation zum Lernen bei beiden Schüler/innen-Gruppen insgesamt am Ende der vierten Klasse noch sehr hoch ist und sie ein hohes Interesse an naturwissenschaftlichen und mathematischen Fragestellungen haben.[135] Die IGLU-Studie zeigt damit auch, dass es vor allem den weiterführenden Schulen nicht gelingt, das Kompetenzniveau der Grundschüler/innen am Ende ihrer Grundschulzeit zu halten, wenngleich auch hier deutlich wird, dass auch die Grundschule sehr starke oder sehr schwache Schüler/innen bereits zu wenig fördert.[136]

IGLU-Studie

Bildungsungleichheit zeigt sich, wie die Bildungsstatistik verdeutlicht, nicht erst im Sekundarbereich und in Bezug auf den zweiten Übergang der Grundschule und die Übergangquoten von Kindern mit Migrationshintergrund in statushöhere weiterführende Schulen, sondern bereits beim ersten Übergang der Grundschule und im Elementarbereich und wird damit zu einem relevanten Forschungsfeld. Im Bildungsbericht aus dem Jahr 2014 wird etwa mit

Verweis auf die NEPS-Studie (National Educational Panel unter der Leitung von Prof. Roßbach, Universität Bamberg[137]) aufgeführt, dass ein Viertel der Fünfjährigen einen diagnostizierten Sprachförderbedarf hat. „Während bei 22 % der 5-Jährigen, die zu Hause überwiegend Deutsch sprachen, eine verzögerte Sprachentwicklung festgestellt wurde, sind es etwa 35 % der Kinder mit nicht-deutscher Familiensprache; Kinder mit Elternhäusern mit niedrigem allgemeinbildenden Schulabschluss werden zu 34 % als sprachförderbedürftig diagnostiziert, Kinder aus Elternhäusern mit mittlerem zu 27 % und mit hohem Abschluss zu 14 %. Jungen weisen häufiger einen Sprachförderbedarf auf als Mädchen (...)."[138] Die Idee der „Chancengerechtigkeit" und „kompensatorischen Erziehung" steht hinter den Aktivitäten, bereits im Kindergarten sprachliche Defizite festzustellen und zu beheben, um bis zum Schulbeginn eine Annäherung an gleiche Startchancen zu erreichen. Dass dieses Ziel nicht erreicht wird, zeigt der Blick in die Bildungsberichterstattung bzw. Bildungsstatistik. In den Bildungsberichten 2010, 2012 und 2014 wird bei den Zahlen zu vorzeitiger Einschulung und zu Rückstellungen deutlich, dass Kinder mit einem sog. Migrationshintergrund signifikant häufiger von der Einstellung zurückgestellt werden und weniger häufig vorzeitig eingeschult werden aufgrund sprachlicher Defizite. Zudem kommt der Bildungsbericht hier zu dem Fazit, dass es nicht gelingt, durch Sprachfördermaßen den Entwicklungsabstand zwischen Kindern mit und ohne festgestelltem Sprachförderbedarf auszugleichen.

Die NEPS-Studie, auf die sich der Bildungsbericht bezieht, beschäftigt sich in einer langzeitlichen Forschungsperspektive mit den individuellen Bildungsverläufen vom Kind bis zum Erwachsenenalter. Aufgezeigt werden konnte in der Analyse der bislang erhobenen Daten, dass bereits „die subjektive Einschätzung zum möglichen Einschulungszeitpunkt des Kindes durch die pädagogische Fachkraft in der Kindertageseinrichtung sehr stark mit den gemessenen sprachlichen Kompetenzen des Kindes in Zusammenhang steht"[139] und damit zu einem ausschlaggebenden Kriterium für den Schuleintritt wird. In der NEPS-Studie wurden hierbei die sprachlichen Kompetenzen im Deutschen in Bezug auf einen festgelegten rezeptiven Wortschatz und definierte Grammatikkompetenzen von fünfjährigen Kindern erfasst: „Kinder, die nach Einschätzung der Fachkräfte vorzeitig eingeschult werden können, weisen höhere Wortschatz- und Grammatikkompetenzen in der deutschen Spra-

NEPS-Studie

„kompensatorische Erziehung"

Wortschatz- und Grammatikkompetenzen

che auf als Kinder, von denen angenommen wird, dass sie verspätet eingeschult werden sollten. Dies verdeutlicht, dass es eine hohe Übereinstimmung zwischen dem von der Erzieherin beobachteten Entwicklungsstand und den gemessenen Sprachfähigkeiten gibt."[140] Deutlich zeigt sich der enge Bezug auf Deutsch als Bildungssprache als ein Garant für den (erwarteten) Schulerfolg bzw. das (erwartete) Schulversagen zukünftiger Grundschulkinder, die unter ungleichen Bedingungen aufwachsen. In der Analyse von Daten, die der Erklärung herkunftsbedingter Disparitäten dienen, zeigt sich indes aber auch in gegenteiliger Weise, ähnlich wie bei den Sekundaranalysen im Rahmen der internationalen Vergleichsuntersuchung PISA, dass Kinder mit einer anderen Familiensprache als Deutsch eine hohe schulische Motivation bzw. Anstrengungsbereitschaft zeigen: „Bei ansonsten vergleichbaren Hintergrundsmerkmalen tendieren also Schülerinnen und Schüler, die zu Hause nicht Deutsch sprechen, eher dazu, sich beim Lernen anzustrengen, über ein positives akademisches Selbstkonzept zu verfügen und einen höheren Bildungsabschluss anzustreben als Jugendliche aus Familien, in denen die Umgangssprache Deutsch ist."[141]

Motivation

Beeinflussend für die deutsche Forschung, insbesondere auch im Kontext der Bildungsübergänge der Grundschule, ist eine ähnlich wie die NEPS-Studie, jedoch breiter angelegte wissenschaftliche Untersuchung aus Großbritannien. Die englische EPPE-Studie (Effective Provision of Preschool Education),[142] die sich nach den ersten Erhebungen in der frühen Kindheit langzeitperspektivisch mit dem weiteren Bildungsverlauf der Kinder beschäftigt, fragt in der Auswertung der erhobenen Daten u. a. danach, welche Bedeutung der Qualität der frühkindlichen Bildungseinrichtung zukommt, insbesondere auch in Bezug auf die Entwicklung schulrelevanter Kompetenzen, und wie sich eine hohe – als eine durch spezifische Kriterien wie Gruppengröße, Ausbildung der pädagogischen Fachkräfte zu definierende – Qualität in nachhaltiger Weise auf die individuelle Entwicklung der Kinder auswirken kann.

EPPE-Studie

Eine zentrale Forschungsdesiderat nationaler wie internationaler Forschung ist, in unterschiedlichen Forschungssettings danach zu fragen, wie aus der vorhandenen familialen bzw. herkunftsbedingten Ungleichheit Bildungsungleichheit wird und wie (zu bestimmende) Benachteiligungseffekte minimiert werden können. Eine wichtige soziologische Theorie ist hierbei die von Pièrre Bourdieu[143] (vgl. Kap. 7.3.1). Das bildungssprachliche Kapital, von dem

zentrales Forschungsdesiderat

der Soziologe Pièrre Bourdieu in seiner Ungleichheitsforschung spricht, wird zwar in der Herkunftsfamilie gleichsam „einverleibt", gleichfalls wird aber durch die genannte EPPE-Studie empirisch aufgezeigt, dass gerade eine frühe Förderung eine hohe Relevanz hat.

Andere Arbeiten aus dem Kontext der Frühen Bildung weisen deutlich darauf hin, wie ethnische Differenz gerade erst im Kontext von Unterricht hergestellt wird und wie schwierig es ist, „ethnische Differenz durch Forschung nicht zu reifizieren",[144] obschon gleichzeitig eine Forschung zu Fragestellungen im Kontext von migrationsspezifischer Heterogenität und Differenz notwendig ist. Anzumerken ist, dass sich gerade in der deutschen Forschung die Tendenz zeigt, dass ein enges „funktionalistisches Bildungsverständnis", das in Anknüpfung an Bourdieus Habituskonzept gerade an Familien mit Migrationshintergrund angelegt wird, um den Zusammenhang von Bildung und sozialer Herkunft theoretisch zu fundieren, zu einer stereotypisierenden Zuschreibung führen kann, indem z. B. Familien mit einem bestimmten Migrationshintergrund und einem spezifischen Milieu als eine homogene Gruppe gesehen werden. Arbeiten, wie die von Hans-Rüdiger Müller aus der Familienforschung, zeigen indes auf, dass es gerade bei Familien mit Migrationshintergrund und Familien in marginalisierten Quartieren unterschiedliche Formen von „Differenz und Differenzbearbeitung in familialen Erziehungsmilieus"[145] und damit auch widerständige oder unerwartete Bearbeitungspraktiken gibt, denn die Familienmitglieder gehören nicht nur einer sozialen Schicht oder kategorialen Gruppe an, sondern folgen (auch) unterschiedlichen Orientierungsmustern.

Eine grundsätzliche Herausforderung bleibt jedoch, gerade in Bezug auf die Thematik der Erforschung von Heterogenität und Differenz im Kontext von Kindheit und pädagogischen Institutionen, gleich ob in der nationalen oder der internationalen Forschung und unabhängig von der gewählten forschungsparadigmatischen Richtung und der damit korrespondierenden quantitativen oder qualitativen empirischen Methoden, dass eine solche Forschung stets einen normativen Hintergrund hat. Die im Kontext von formaler, informeller und non-formaler Bildung im Hinblick auf Differenz und Ungleichheit zu bearbeitenden Fragen sind keine (wert)neutralen. Vielmehr beziehen sich die relevanten Fragen danach, wie soziale Ungleichheit in Bildungsungleichheit transferiert wird und wie ein solcher Transfer verringert werden kann oder, wie gerade in

normativer Hintergrund

Bildungsinstitutionen (wie Kindergarten und Schule) mit Heterogenität umgegangen wird (oder werden soll) sowie danach, wie auch im institutionellen Kontext Differenz produziert und reproduziert wird, auf normative Vorstellungen. Als besonders bedeutsam kann hier mit Annedore Prengel[146] die „Normativität menschenrechtlicher oder kinderrechtlicher Orientierung"[147] angeführt werden und die Vorstellung, dass Kinder nicht grausam und erniedrigend behandelt werden dürfen.

Nach einer längeren Pause entdeckt die Disziplin der Erziehungswissenschaft, zu der die Grundschulpädagogik gehört, in den letzten Jahren allmählich das Problem bzw. die Herausforderung der „Normativität und Normative (in) der Pädagogik"[148] neu. Damit gilt gerade für die Grundschulpädagogik die Frage, wie sich eine erziehungswissenschaftliche Forschung der „Empirie des Pädagogischen"[149] der Grundschule als der „Schule für alle Kinder" annähern kann.

7.4 Behinderungsspezifische Heterogenität oder Inklusion?

Zwar erhebt die moderne Grundschule seit ihrer Einführung im Jahr 1920 den formalen Anspruch, eine Schule für *alle* Kinder zu sein, jedoch wurden zur damaligen Zeit Kinder mit Behinderung als nicht bildungsfähig angesehen und in der Folge von der gemeinsamen Grundschule ausgeschlossen. Derzeit bezieht sich die Formulierung, dass die Grundschule „eine Schule für alle" sein soll, auf die Leitidee, Kinder mit und ohne Behinderung gemeinsam in der Regelschule zu unterrichten und auf eine Selektion bzw. Segregation bereits zu Beginn der formalen Schullaufbahn über Zuweisungen in ein Sonderschulwesen zu verzichten. Auch wenn es bereits seit den 1970er Jahren integrative Grundschulen bzw. integrative Grundschulklassen gab und bereits vor der wichtigen UN-Konvention über die Rechte von Menschen mit Behinderung einige Bundesländer (z. B. Berlin, Bremen) ihre Schulgesetze verändert hatten, um ein zieldifferentes gemeinsames Unterrichten von Kindern mit und ohne Behinderung in der Grundschule zu ermöglichen, ist die erziehungswissenschaftliche sowie schulische und unterrichtliche Thematisierung des adäquaten Umganges mit behinderungsspezifischer Heterogenität erst mit Beginn des 21. Jahrhunderts im Kontext von Inklusion zu einem zentralen Thema der aktuellen bildungspolitischen Agenda und Schulentwicklung an Grundschulen geworden.

Die inklusive Grundschule als Schule für alle | 7.4.1

Deutschland hat das „Übereinkommen der Vereinten Nationen über die Rechte von Menschen mit Behinderungen" aus dem Jahr 2006 unterzeichnet und sich damit verpflichtet, dieses umzusetzen. Mit der Ratifizierung der UN-Konvention über die Rechte der Menschen mit Behinderung, die zeitversetzt im März 2009 erfolgte, ist Inklusion zu einer zentralen Entwicklungsaufgabe, nicht nur für das deutsche Bildungssystem, auch für die deutsche Gesellschaft insgesamt, geworden, um die dort formulierten Ziele einer gleichberechtigten gesellschaftlichen Teilhabe und Partizipation von Menschen mit Behinderung nicht nur in Bezug auf Schule und Unterricht, sondern vor allem auch in außerschulischen Lebensbereichen (wie Arbeit und Wohnen) umzusetzen.

UN-Konvention

Der Artikel 24 der UN-Konvention bezieht sich explizit auf das Recht auf Bildung und Erziehung und fordert eine „inclusive education". Bereits bei der Übersetzung gab es hier, was für den erziehungswissenschaftlichen bzw. schulpädagogischen Kontext nicht unwichtig ist, die Schwierigkeit bzw. Uneindeutigkeit, ob das englische Wort „inclusive" mit dem deutschen Adjektiv „integrativ" oder mit dem Adjektiv „inklusiv" übersetzt werden soll. Artikel 24 der englischen Fassung beginnt mit der folgenden Erklärung: „States Parties recognize the right of persons with disabilities to education. With a view to realizing this right without discrimination and on the basis of equal opportunity, States Parties shall ensure an inclusive education system at all levels and lifelong learning", die im Deutschen übersetzt wurde als: „Die Vertragsstaaten anerkennen das Recht von Menschen mit Behinderungen auf Bildung. Um dieses Recht ohne Diskriminierung und auf der Grundlage der Chancengleichheit zu verwirklichen, gewährleisten die Vertragsstaaten ein integratives Bildungssystem auf allen Ebenen und lebenslanges Lernen."[150]

Artikel 24 der UN-Konvention

Strittig war und ist der Punkt der Sicherstellung eines integrativen oder inklusiven Bildungssystems, da hinter den Begriffen unterschiedliche theoretische Begründungslinien stehen. Der Begriff der Integration leitet sich hierbei vom Lateinischen integrare (ergänzen) und „integer" (unberührt, ganz) ab und bedeutet im deutschen

Sprachgebrauch eine „Wiederherstellung eines Ganzen". Bereits in den 1960er Jahren wurde der Begriff Integration im Kontext von Schule und Erziehungswissenschaft gebraucht, bevor er in den 1990er Jahren allmählich in anglo-amerikanischen Ländern durch den Begriff „inclusion" ersetzt wurde. Auch war bereits 1994 im Rahmen eines UNESCO-Kongresses zur Gleichstellung von Behinderten in der sogenannten Salamanca-Erklärung, die prägend wurde für die deutsche Integrationsbewegung, von „inclusion" bzw. „inclusive education" die Rede, wobei auch hier das englische „inclusion" im Deutschen mit Integration übersetzt wurde.

Während nicht nur auf bildungspolitischer Ebene, sondern auch im Kontext von Schulpraxis und Veröffentlichungen zum Theorie-Praxis-Transfer (wie Handreichungen, Materialien für Lehrer/innen etc.) häufig die Begriffe eine synonyme Verwendung finden, erfolgt in Fachkreisen eine ausdifferenzierte theoretische Verortung und terminologische Unterscheidung. Im deutschsprachigen Diskurs wurde der Begriff „Inklusion", neben dem Bezug auf englischsprachige Forschung und Publikationen zum gemeinsamen Lernen von Kindern mit und ohne Behinderung auch vom deutschen Soziologen Niklas Luhmann[151] geprägt. In der Systemtheorie Luhmanns steht „Inklusion" als Gegenbegriff zu „Exklusion" und bezieht sich hierbei auf Systeme bzw. gesellschaftliche Teilsysteme und ihre Funktionen.

Begriff „Inklusion"

Auch wenn häufig auf eine präzise begriffliche Differenzierung verzichtet wird und die Begriffe „Integration" und „Inklusion" synonym verwandt werden, finden gerade in Deutschland auf der Theorieebene und der bildungspolitischen Ebene kontroverse Debatten und Positionierungen statt. Herbert Altrichter und Ewald Feyerer,[152] die sich in Bezug auf das österreichische Bildungssystem intensiv mit der Frage auseinandersetzen, ob und wie Inklusion im Schulsystem implementiert werden kann und inwieweit Inklusion über Steuerungsmaßnahmen von oben (durch Gesetze) oder von unten (durch die Motivation und Intentionen der Akteur/innen) umgesetzt werden kann, stellen in diesem Zusammenhang fest, dass im Anschluss an die Ratifizierung der UN-Konvention im Vergleich zu Österreich im Nachbarland Deutschland eine weitaus stärker emotionale, ideologische und programmatische Debatte geführt wird. Auch der Wissenschaftler Bernd Ahrbeck[153] spricht hier von einer ideologischen Inklusionsdebatte, wie sie ähnlich vor Jahrzehnten im Kontext der Antipsychiatriebewegung der 1960er/1970er Jahre

Inklusionsdebatte

7.4 Behinderungsspezifische Heterogenität oder Inklusion?

zu finden war; denn damals wie heute fehle auch in der heutigen wissenschaftlichen Thematisierung häufig Neutralität und Distanz, die stattdessen durch Nähe und Parteilichkeit (für oder gegen Inklusion) ersetzt werde.

Gleichzeitig findet gerade in Deutschland eine große fachwissenschaftliche Auseinandersetzung in der Sonderpädagogik und der Erziehungswissenschaft sowie vereinzelt auch in den Didaktiken der Unterrichtsfächer um Termini und Konzepte in Bezug auf Integration und Inklusion im Kontext von Schule und Unterricht statt. Inklusionstheoretiker wie der Erziehungswissenschaftler Kersten Reich[154] verstehen hierbei Inklusion als einen Zielzustand oder ein Ideal der größtmöglichen Teilhabe, das zwar nicht zu erreichen, aber dennoch anzustreben sei. Insgesamt gesehen kann der Inklusionsbegriff aus theoretischer Sicht als eine Kritik am Integrationsbegriff verstanden werden sowie als seine Weiterentwicklung bzw. Überwindung, wobei es unterschiedliche Abstufungen von der Integration zur Inklusion gibt, die in der Literatur, insbesondere bei Alfred Sander[155] und Hans Wocken,[156] benannt werden. Integration wird damit nicht nur von deutschen Inklusionstheoretiker/innen wie Andreas Hinz und Ines Boban, sondern auch im englischen Sprachraum von Forscher/innen wie Antony Booth[157] (nur) als ein wichtiger Zwischenschritt zum Ziel Inklusion angesehen, im Sinne der Idee der UN-Konvention wird Inklusion hierbei als „größtmögliche Teilhabe" definiert.

von der Integration zur Inklusion

Die Kritik der Inklusionstheoretiker richtet sich hier deutlich gegen die in der Integration bestehende Zwei-Gruppen-Theorie: Es gibt im Kontext der Integration weiterhin eine als normal definierte Gruppe der Nichtbehinderten sowie daneben die Integrationskinder, die in diese Gruppe integriert werden sollen. Ein analoges Beispiel stellt die Trennung bzw. Zweiteilung von Kindergruppen in einheimische/normale/deutsche Kinder und Kinder mit Migrationshintergrund dar. Während sich Inklusion in einem engen Inklusionsverständnis ausschließlich auf Kinder mit und ohne Behinderung bezieht, schließt ein weiter Inklusionsbegriff auf der inklusionstheoretischen Ebene alle Heterogenitätsdimensionen ein und kritisiert jede Form eines Zwei- oder Mehrgruppendenkens. Ein solches Inklusionsverständnis, das z. B. durch Andreas Hinz, Kerstin Merz-Atalik oder Annedore Prengel[158] vertreten wird, findet jedoch im derzeitigen Bildungsdiskurs bzw. bei den derzeitigen schulischen Reformen bislang nur wenig Anwendung. Schnell wird deut-

Zwei-Gruppen-Theorie

lich, dass die Aufhebung eines Mehrgruppendenkens zu strukturellen Passungsproblemen mit dem historisch gewachsenen Aufbau des deutschen Schulsystems (Mehrgliedrigkeit und Segregation, Übergang nach nur vier gemeinsamen Jahren, Übergänge und Selektion, Ausdifferenzierung des Sonderschulwesens) führt und weitgehende(re) Schulstrukturveränderungen hier notwendig wären. Gefordert werden mit diesem theoretischen Hintergrund weitreichende schulstrukturelle Veränderungen wie u. a. die Abschaffung des Sonderschulwesens und eine Verlängerung der gemeinsamen Schulzeit in der Grundschule als einer Gesamtschule für *alle* Kinder. Inklusionsvertreter/innen wie Ines Boban und Andreas Hinz[159] unterscheiden hier zudem nicht nur zwischen den Begriffen bzw. Theorien von Integration und Inklusion, sondern zudem ausdifferenzierter zwischen verschiedenen Formen wie der „selektiven Integration" oder der „totalen" bzw. „umfassenden Inklusion".

In der Bildungsberichterstattung wird Inklusion indes in vereinfachter Form als Gegenbegriff zur Exklusion von Kindern mit Behinderung außerhalb der Regelschule angesehen und unter einer schulischen Inklusionsquote das Gegenteil einer Exklusionsquote verstanden. Exklusionsquoten beziehen sich in einem bildungsstatistischen Kontext damit auf den Anteil an Schüler/innen mit sonderpädagogischem Förderbedarf, die separat, also wie bisher mehrheitlich üblich, in Sonder- und Förderschulen, unterrichtet werden. So heißt es etwa in der Bertelsmann-Studie[160] einführend: „Inklusionsquoten geben den Anteil der Schüler und Schülerinnen mit Förderbedarf an, die inklusiv in allgemeinen Schulen unterrichtet werden."[161]

Auch wenn hier keine direkten Aussagen gemacht werden, welche Formen und Modelle des gemeinsamen Unterrichtes hier greifen bzw., ob es sich im theoretischen Sinne um integrative oder inklusive Beschulungen handelt, hat eine quantitativ-empirische Bildungsforschung im Feld der Inklusionsforschung eine Relevanz, insbesondere, um Entwicklungen und Veränderungen abzubilden. In der Analyse des Datenreports 2014 wird darauf hingewiesen, dass zwar der Inklusionsanteil, also der Anteil der Förderschüler/innen, die an allgemeinen Schulen unterrichtet werden, zwischen dem Schuljahr 2008/9 von vormals 18,4 Prozent auf 28,2 Prozent im Schuljahr 2012/13 angewachsen sei, jedoch die Exklusionsquote auch beim wachsenden Inklusionsanteil weiterhin bei durchschnittlich 4,8 Prozent liegt. Zudem sind die Exklusionsquoten in den ein-

7.4 Behinderungsspezifische Heterogenität oder Inklusion?

zelnen Bundesländern höchst unterschiedlich; von einer niedrigen Exklusionsquote in Bremen 2,3 % bis zu einem hohen Exklusionswert von 7,1 Prozent im Bundesland Sachsen-Anhalt.[162] Im Vergleich der Schulformen zeigt sich indes in allen Bundesländern gleichermaßen, dass der Primarbereich die höchste schulische Inklusionsquote vorzuweisen hat. Seit der Ratifizierung der UN-Konvention im Jahr 2009 zeigt sich in Deutschland im Zuge inklusiver Bestrebungen gleichzeitig aber auch die (paradoxe) Entwicklung einer drastischen Zunahme an Kindern, denen ein Förderbedarf attestiert wird, wie u. a. Klaus Klemm[163] mit bildungsstatistischen Analysen belegt, so gibt es etwa im Jahr 2015 im Vergleich zu 2003 (also vor der Einführung der Inklusionsgesetze) 40 % mehr Kinder, die als nicht-normal entwickelt gelten.[164] Nicht zuletzt lässt sich diese Zunahme an sonderpädagogischen Verfahren damit erklären, dass dies geschieht, um mehr personelle und ökonomische Ressourcen für einen differenzierenden Unterricht zu erhalten bzw. sicherzustellen.

Zunahme an Förderbedarf

Während in Deutschland bislang die Mehrheit aller Kinder mit einem diagnostizierten Förderbedarf die Sonderschule besucht und der gemeinsame Unterricht die Ausnahme darstellt, ist dies in skandinavischen Ländern genau umgekehrt. Dort besucht nur ein Fünftel der Kinder im Schulalter eine gesonderte Einrichtung. Gerade im Vergleich zu anderen europäischen Bildungssystemen zeigt sich deutlich, dass Deutschland einen Sonderweg geht, mit einer nur vierjährigen gemeinsamen Grundschulzeit und einem immer noch sehr stark ausdifferenzierten Sonderschulwesen. Zum Beispiel wurde im deutschsprachigen Südtirol bereits in den 1960er Jahren das Thema der schulischen Integration von Kindern mit Förderbedarf bearbeitet und wie in Gesamtitalien wurden in der Folge 1977 die Sonderschulen abgeschafft und eine „Inklusionspflicht" für die Regelschule beschlossen.[165]

Vergleich zu anderen europäischen Bildungssystemen

Inklusion wird gegenwärtig als eine der wichtigsten Schulentwicklungsaufgaben in der Grundschule angesehen. Das gemeinsame Beschulen von Kindern mit und ohne Behinderung hat Auswirkungen auf die Organisation und Durchführung des Unterrichts sowie das Lehrerhandeln bzw. das Selbstverständnis der Lehrer/innen, die mit den Kindern arbeiten, und kann zudem nicht unabhängig von generellen Fragen der Schulkultur und Schulentwicklung thematisiert werden. Während einige Schulen bereits vor der UN-Konvention integrativ gearbeitet haben und hier an ihre Erfah-

eine der wichtigsten Schulentwicklungsaufgaben

rungen anknüpfen können, sind viele Schulen durch den äußeren Anlass dazu gezwungen worden, sich (auch) mit der Frage der Inklusion zu beschäftigen. Viele Schulen arbeiten im Bereich ihrer Schulentwicklungsarbeit mit dem in England von Tony Booth und Mel Ainscow entwickelten und von Andreas Hinz und Ines Boban ins Deutsche übersetzten „Index für Inklusion".[166] Dieser stellt ein Instrument für die Schulentwicklung dar, das darauf beruht, dass die Schulen in ihrem Ausbau an ihre vorhandenen Ressourcen anschließen und diese schrittweise erweitern. Zudem werden hier alle Akteur/innen der Schulgemeinschaft (Eltern, Schüler/innen, Lehrer/innen) einbezogen.

„Index für Inklusion"

Altrichter/Feyerer,[167] die sich mit der Frage der Steuerung im Bildungsbereich beschäftigen und für den Ansatz einer „educational governance" stehen, hinterfragen in Bezug auf Inklusion indes kritisch, ob sich diese überhaupt „steuern" lässt. Sie bewerten Schulentwicklungsprozesse, die allein durch Gesetze und Erlasse (Top-Down-Verfahren) erzeugt werden sollen, als nur bedingt wirksam. Auf der Bundesländerebene werden derzeit, zusätzlich zu den Schulgesetzänderungen, unterschiedliche Wege beschritten. Neben den Reformen in der Lehrerausbildung wie der Einführung von „Inklusionsmodulen" und dem Angebot spezifischer Fortbildungen für Lehrer/innen, die bereits berufstätig sind, gibt es gesonderte Projekte und Modelle. Beispielsweise gibt es im Bundesland Nordrhein-Westfalen an der Universität Bielefeld eine gemeinsame Ausbildung für Lehrer/innen an Grund- und Sonderschulen (Inklusionslehrer/innen) oder im Bundesland Schleswig-Holstein ein Projekt, in dem der Inklusionstheoretiker und -forscher Andreas Hinz Lehrer/innen zu „Begleiterinnen für inklusive Schulentwicklung"[168] ausbildet, die dann in ihren jeweiligen Herkunftsschulen für die Schulentwicklung zur Inklusion zuständig sind.

Projekte und Modelle

Auch wenn die Kritik berechtigt ist, dass sich viele erziehungswissenschaftliche Veröffentlichungen sehr stark pro oder kontra Inklusion[169] positionieren, was als tendenziös oder unwissenschaftlich kritisiert werden kann, bleibt die aus der UN-Konvention ableitbare Herausforderung für die nächsten Jahre offen, wie sich die schulische Inklusion insgesamt steuern lässt. Ungeklärt bleibt damit, wie aus „normativen Festlegungen, wie sie in der UN-Konvention festgelegt sind, eine verlässliche Handlungspraxis entstehen" kann.[170]

7.4.2 Gemeinsamer Unterricht in der Grundschule

Eine bildungspolitische und menschenrechtsdidaktische Begründung bzw. die Forderung einer gemeinsamen inklusiven Beschulung für Kinder mit und ohne Behinderung muss sich mit Fragen einer (spezifischen) Methodik und Didaktik im gemeinsamen Unterricht zu beschäftigen. Zur Schlüsselfrage des inklusiven Unterrichtens wird hier maßgeblich die Frage nach dem Grad und dem Ausmaß der Lernzieldifferenzierung im Unterricht, dem Verhältnis zwischen äußerer und innerer Differenzierung im gemeinsamen Unterricht und damit einhergehend auch die Frage nach den Möglichkeiten der Bewertung unterschiedlicher Leistungen innerhalb einer heterogenen Lerngruppe. Wenn Heterogenität, wie die beiden Vertreterinnen der Wissenschaftsdisziplin der Grundschulpädagogik Annedore Prengel und Friederike Heinzel[171] es aufzeigen, als Grundbegriff einer inklusiven Pädagogik angesehen werden kann, dann kann bei der Suche nach einer Didaktik im inklusiven Unterricht insbesondere auf Modelle und Theorien der Grundschuldidaktik zurückgegriffen werden, in der eine jahrzehntelange Auseinandersetzung und Erfahrung im Umgang mit heterogenen Lerngruppen vorhanden ist. Dazu gehört auch die Frage nach einem pädagogischen Leistungsbegriff, der die Grundschulpädagogik seit den 1970ern beschäftigt, beispielsweise durch Wolfgang Klafki,[172] der 1975 das Problem der Leistungsbewertung in der Grundschule in den Kontext von Reformbemühungen stellte, und dessen Ansatz einer kritisch-konstruktiven Didaktik in den folgenden Jahrzehnten zu einem wichtigen Bezugspunkt der Auseinandersetzung um eine inklusive Didaktik wurde.

Methodik und Didaktik

Leistungsbewertung

Will der Grundschulunterricht die unterschiedlichen Lernausgangsvoraussetzungen der Kinder berücksichtigen, so muss sich auch die Gewichtung der Normen der Leistungsbewertung (die Individualnorm, die Sachnorm und die Sozialnorm) am Einzelfall, am einzelnen Grundschulkind, orientieren. Im inklusiven Grundschulunterricht können alternative Leistungsbewertungsformen (wie Portfolioansätze, individuelle Leistungsrückmeldungen) eingesetzt werden, und zwar nicht nur zur Bewertung der Leistung der Kinder mit sonderpädagogischem Förderbedarf, sondern aller Kinder. Das gilt, da die Frage nach einem pädagogischen Umgang mit dem „Dilemma der Leistungsbewertung"[173] keine Frage der inklusiven Grundschule per se ist, sondern vielmehr insgesamt der Grundschu-

Lernausgangsvoraussetzungen

le (vgl. dazu auch 7.1 und die Ausführungen zu Helmut Fends „Theorie der Schule").

schulrechtliche Voraussetzungen

Während Bundesländer wie Baden-Württemberg, Sachsen, Sachsen-Anhalt oder das Saarland erst im Zuge der Ratifizierung der UN-Konvention flächendeckende schulrechtliche Voraussetzungen für ein zieldifferentes Beschulen geschaffen haben, haben andere Bundesländer wie Schleswig-Holstein oder Berlin bereits vor etlichen Schuljahren die Voraussetzungen dafür hergestellt, dass alle Kinder auch zieldifferent, mit unterschiedlichen Bildungsplänen, innerhalb einer Schulform beschult werden können. In Berlin wurde bereits 2005 bei einer Grundschulreform, also weit vor der Ratifizierung der UN-Konvention, auf die Feststellung des sonderpädagogischen Förderbedarfs für die Förderschwerpunkte „Lernen" und „Emotional-soziale Entwicklung" verzichtet. Das heißt, während es in einem Bundesland offiziell diese Förderschüler/innen nicht mehr gibt, werden in anderen Bundesländern die in diesem Förderbereich diagnostizierten Schüler/innen weiterhin in gesonderten Schulen unterrichtet.[174]

Integrationsmodelle

Aufgrund der Kulturhoheit der Länder verlief die Veränderung der Schulgesetze und damit die Einführung der schulischen Inklusion in den einzelnen Bundesländern unterschiedlich schnell, z. B. hat das Bundesland Baden-Württemberg die geplante Schulgesetzänderung zunächst verschoben und erst mit dem Schuljahr 2015/16 umgesetzt. Auch wenn vor dieser Schulgesetzänderung eine zieldifferente Beschulung von Kindern mit und ohne Behinderung in einer Klasse rechtlich nicht vorgesehen war, gab es auch hier bereits zuvor praktizierte Integrationsmodelle für die Grundschule. Hier ist v. a. die Einzelintegration zu nennen, in der ein „Integrationskind" zielgleich, mit demselben Bildungsplan wie die anderen Mitschüler/innen gemeinsam mit den anderen nicht-behinderten Schüler/innen, beschult wird. Bei dieser Form der Integration finden bevorzugt Kinder mit einer Körperbehinderung oder einer Seh- oder Hörbehinderung einen Integrationsplatz an einer Regelgrundschule. Die Hauptgruppen der Förderkinder sind indes nicht die Kinder, die eine körperliche Beeinträchtigung haben oder eine Sinnesschädigung, sondern Schüler/innen mit einer Beeinträchtigung der kognitiven oder geistigen Entwicklung, der emotionalen und sozialen Entwicklung und der Sprache.

Neben der Einzelfallintegration sind in Baden-Württemberg, um bei diesem Beispiel zu bleiben, andere Integrationsformen bzw. Integrationsmodelle wie die Kooperation zwischen einer Grundschule und einer Sonderschule üblich, die dann eine oder mehrere Außenklassen an der Regelschule mit getrenntem Unterricht vorhält, mit der Möglichkeit regelmäßig, etwa einmal wöchentlich oder bezogen auf Feiern, Feste, Projekte, den Unterricht zu öffnen und die Kinder beider Schulformen gemeinsam zu unterrichten. Die Grundform bleibt aber auch hier der zielgleiche Unterricht, also die schulformbezogene Arbeit mit dem jeweiligen Bildungsplan. Auch in anderen Bundesländern, z. B. in Nordrhein-Westfalen, gab es bereits vor der derzeitigen Schulgesetzänderung spezielle integrative Schulentwicklungsprojekte und -modelle im Sinne eines Gemeinsamen Unterrichts. Gemeinsamer Unterricht bezeichnet hier als Terminus „die Form der Integration, in der Behinderte und Nicht-Behinderte zusammen in einer Schulklasse lernen."[175]

Gemeinsamer Unterricht

Kontrovers wird indes innerhalb der Erziehungswissenschaft, Sonderpädagogik und Fachdidaktik diskutiert, ob der Gemeinsame Unterricht eine besondere Didaktik benötigt. Für die Planung und Durchführung des „inklusiven Unterrichts" sind, wie die beiden Forscher der Bildungs- und Inklusionsforschung Klaus Klemm und Ulf Preuss-Lausitz[176] aufzeigen, grundsätzlich alle Merkmale, die aus der Perspektive der Unterrichtsforschung für einen „guten Unterricht" zutreffen, relevant. Dazu zählen die „klare Strukturierung des Unterrichtsprozesses", ein „lernfreundlich-anerkennender Lehrerstil", „inhaltliche Klarheit, sinnstiftendes Kommunizieren zwischen Lehrern und Schülern und zwischen den Schülern" sowie „Methodenvielfalt" und „Beachtung der individuellen Lernausgangslagen („individuelle Passung")."[177] Diese allgemeinen Merkmale können aus der Sicht der Forschung ergänzt werden um weitere:

weitere Merkmale inklusiven Unterrichts

- „Lernen mit allen Sinnen,
- Lernen durch Handeln,
- häufiger Wechsel der Sozialformen,
- kommunikatives Lernen (Peer-Peer-Lernen),
- Lernen durch verstärkte Partizipation (Einführung von Wahlmöglichkeiten beim Anspruchsniveau, bei Teilthemen, Zeitdauer, Medien, Sozialformen, Präsentationsarten), Verantwortungsübergabe auch an ‚schwierige' Schüler/innen bei Teamarbeit,
- Förderung *im* Raum,
- Realisierung des Vier-Augen-Prinzips,

- Einführung von Zielvereinbarungen in Entwicklungsgesprächen generell und durch Förderpläne mit SEN-Schülern (SEN=Special Educational Needs, die Autoren),
- Einführung transparenter Rechenschaftslegung bzw. Dokumentation des Erreichens von Zielvereinbarungen, die individuell in Lernbüchern/Portfolios festgehalten werden."[178]

Neben der Beschäftigung der empirischen Unterrichtsforschung bzw. der Lehr-Lern-Forschung mit dem Sujet des „inklusiven Unterrichts" gibt es eine ausgewiesene erziehungswissenschaftliche Theoriedebatte, die sich mit der Grundsatzfrage auseinandersetzt, wie viel Lernen am gleichen Unterrichtsgegenstand zur gleichen Zeit unter Berücksichtigung des Inklusionsgedankens stattfinden soll, sowie in bildungstheoretischer Tradition danach fragt, was eine Inklusive Didaktik als Allgemeine Didaktik auszeichnet. Kersten Reichs „Inklusive Didaktik"[179] und Georg Feusers „Subjekt- und Entwicklungslogische Didaktik"[180] stehen hierbei für unterschiedliche Richtungen bzw. Ansätze einer Didaktik für den inklusiven Unterricht.

Inklusive Didaktik als Allgemeine Didaktik

Eine „inklusive Didaktik" bezieht sich hierbei bereits auf der Planungsebene auf alle Kinder einer Klasse und geht nach Georg Feuser,[181] der seinen Ansatz einer „entwicklungslogischen Didaktik" als Teil einer „Allgemeinen (integrativen) Pädagogik" versteht, davon aus, dass jeder Unterrichtsgegenstand soweit reduziert werden kann, dass er für alle Schüler/innen einer Klasse, auch die schwer behinderten Schüler/innen einer Lerngruppe, geeignet ist. In diesem Sinne wird von einem „Kerncurriculum" ausgegangen, das für alle Kinder mit und ohne Behinderung eine Relevanz hat, da jedem Kind das Recht zukomme, alles „Wichtige über die Welt" zu lernen. Inklusive Didaktik im Sinne von Georg Feuser versteht sich ergo als eine Didaktik für alle Kinder, die auf ein künstliches Nebeneinander von Regel(schul)didaktik und Sonder(schul)didaktik bewusst verzichtet und die gängige Praxis im gemeinsamen Unterricht kritisiert, dass in den Richtlinien bzw. Bildungsplänen für geistigbehinderte Grundschüler/innen andere Inhalte und Ziele vorgegeben und andere Themenbereiche genannt werden als in den entsprechenden Bildungsplänen für die Regelgrundschule.[182]

Kerncurriculum für alle Kinder

Ansatz der „Natürlichen Differenzierung"

Auch im Ansatz der „Natürlichen Differenzierung" wird Feusers Didaktik als eine entwicklungslogische und subjektorientierte Didaktik aufgegriffen. Er findet Anwendung in der Didaktik verschiedener für die Grundschule relevanter Fächer, z. B. in der inklusiven Mathematikdidaktik und hat zum Ziel, Aufgabenstellungen auf unterschiedlichen Schwierigkeitsniveaus (im Sinne der Elementarisierung von ganz abstrakt bis elementar) auszuformulieren, sodass auf ein gleichzeitiges und gleichschrittiges Vorgehen im Unterricht verzichtet werden kann.[183] Insbesondere Simone Seitz[184] hat sich mit der Frage der Stufendidaktik und der Grundschuldidaktik im Zusammenhang mit inklusiver Didaktik im Sachunterricht der Grundschule beschäftigt. Sie verweist darauf, dass es sich in Bezug auf eine „Inklusive Fachdidaktik" um eine Forschungslücke handelt. Detlef Pech und Marcus Rauterberg[185] bearbeiten ebenfalls auf der theoretischen Ebene dieses Desiderat, indem sie nach dem „Verhältnis von Sachunterrichtsdidaktik und Inklusion" und noch grundlegender nach dem Ziel der Didaktik fragen. Aus ihrer Sicht ist es fraglich, ob es den (geforderten) unterrichtlichen „gemeinsamen Gegenstand" im Unterricht überhaupt gibt, „(n)icht plausibel erscheint aus didaktischer Sicht indes, dass bei Annahme einer heterogenen Lerngruppe ausgerechnet der Gegenstand weiterhin ein gemeinsamer sein muss/soll oder kann."[186]

Die zentrale methodisch-didaktische Herausforderung des „inklusiven Unterrichts" liegt maßgeblich im Anspruch an eine adäquate Differenzierung und Individualisierung, die in drei Handlungsfeldern stattfinden kann:
1. Individualisierung der Lernziele.
2. Individualisierung der Lernwege und
3. Individualisierung der Lernevaluationen."[187]

Handlungsfelder

Hans Wocken verweist in seinen Publikationen zum „Haus der inklusiven Schule"[188] in diesem Kontext ebenfalls deutlich darauf, dass sich die Idee der Individualisierung und damit einhergehend die der Lernzieldifferenz mit dem deutschen Schulsystem und seinem gegliederten Aufbau reibt und damit das System Schule selbst die Grenzen der Inklusion festlegt, in dem eine „zieldifferente Inklusion in den höheren Schulformen" ausgeschlossen bzw. schwer durchführbar wird.[189] In einer inklusionstheoretisch stringenten Argumentation für eine „Inklusive Pädagogik" werden deshalb die Reform der Schulstruktur und die Aufhebung des mehrgliedrigen Schulsystems gefordert, um auf jede Form der äußeren Segregation und Exklusion verzichten zu können. Der Terminus „Inklusive Pädagogik" bezieht sich hierbei als ein Oberbegriff auf unterschiedliche

Bildungs- bzw. Erziehungstheorien, die sich auf das gemeinsame Verständnis der größtmöglichen Teilhabe bzw. Partizipation der Kinder beziehen und auf Formen der Ausgrenzung und Etikettierung verzichten wollen.[190]

Zusammenarbeit der unterschiedlichen Professionen

Teamarbeit und Formen der Kooperation im Lehrerberuf

Ebenfalls vor dem Hintergrund der Inklusionstheorie ist Forschung in Bezug auf die Zusammenarbeit der unterschiedlichen Professionen, die im inklusiven Unterricht miteinander arbeiten, notwendig. Zwar gibt es seit den späten 1980er Jahren zahlreiche Veröffentlichungen, die darauf verweisen, wie wichtig Teamarbeit und Formen der Kooperation im Lehrerberuf sind,[191] gerade im Hinblick auf Integration und Inklusion. Jedoch gibt es hier bislang nur wenig theoriebezogene Zugänge und nur eine geringe Anzahl an empirischen Arbeiten, die sich überhaupt mit den Aufgaben der Lehrer/innen in der inklusiven Grundschule beschäftigen.[192]

Lehreraufgaben Diagnostizieren und Innovieren

Grundschul- und Sonderpädagog/innen

Im Bereich der Lehrerforschung im Kontext des inklusiven Unterrichts geht es hierbei damit zum einen um die Frage nach veränderten und erweiterten Aufgabenbereichen (v. a. in Bezug auf die Lehreraufgaben Diagnostizieren und Innovieren), zum anderen um verschiedene Formen der Kooperation und deren Wirkungen z. B. in Bezug auf die Zusammenarbeit zwischen Grundschul- und Sonderpädagog/innen im Rahmen einer durchgängigen Doppelbesetzung im Unterricht oder einer partiellen Zuweisung von sonderpädagogischen Stunden für mehrere Klassen sowie in Bezug auf die häufig praktizierte Zusammenarbeit zwischen einer/m Lehrer/in und einer unterstützenden Integrationskraft.

Vernetzung von Inklusionsforschung und Lehrerforschung

Es zeigt sich deutlich, dass sowohl in Bezug auf die Grundschulpädagogik als Wissenschaftsdisziplin als auch in Bezug auf grundschulpädagogisches Handeln eine stärkere Vernetzung von Inklusionsforschung und Lehrerforschung (als einer Forschung zum Lehrerberuf und zur Ausbildung von Lehrer/innen), notwendig ist. Martin Heinrich, Michael Urban und Rolf Werning beschäftigen sich in diesem Feld als deutsche Erziehungswissenschafter etwa mit der Frage, „welche Grundlagen, Handlungsstrategien und Forschungsperspektiven für die Ausbildung und Professionalisierung von Fachkräften für inklusive Schulen"[193] notwendig sind. Sie beziehen sich hierbei auf einschlägige internationale Forschungsergebnisse zum Thema Einstellungen, Werte und Überzeugungen (engl. beliefs and attitudes), die darauf verweisen, dass eine rein theoretische Beschäftigung mit Inklusion und inklusivem Unterricht wenig(er) effektiv erscheint, um für den Umgang mit Heterogenität und Inklusion zu

7.4 Behinderungsspezifische Heterogenität oder Inklusion?

qualifizieren. Vielmehr sind hier Praktika, Unterrichtserfahrungen in inklusiven Lernsettings, von Bedeutung, also eine direkte Begegnung mit den Akteur/innen im Feld, auch um mitgebrachte bzw. vorhandene *beliefs* zu verändern.[194]

Ein relevantes Forschungsdesiderat der nächsten Jahre ist das einer inklusiven Unterrichtsforschung und Schulforschung, zu der einerseits die Lehrer- und Professionalisierungsforschung gehören, andererseits aber auch Ansätze einer rekonstruktiven Inklusionsforschung,[195] die sich mit Inklusions- und Exklusionspraktiken im gemeinsamen Unterricht beschäftigen und gerade in Bezug auf unterschiedliche didaktische Settings aufzeigen, dass ein inklusiver Unterricht (ungewollte) Nebenwirkungen von Exklusionsprozessen mit sich bringt. Damit ist auch zu fragen, inwiefern gerade die qualitative Unterrichtsforschung „einen Beitrag zur didaktischen Theoriebildung inklusiven Unterrichts zu leisten" vermag.[196]

Forschungsdesiderat

Zusammenfassung

Ein zentrales Thema der erziehungswissenschaftlichen Disziplin ist der Umgang mit Heterogenität und Differenz in pädagogischen Institutionen, das sowohl in der Grundschul- und Schulpädagogik als auch in der Allgemeinen Pädagogik sowie in der Kindheitsforschung und der Elementarpädagogik zunehmend theoretisch und empirisch bearbeitet wird. Der Begriff der Differenz wird in der (grund-)schulpädagogischen Literatur hierbei häufig mit dem der Heterogenität gleichgesetzt, was zugleich auf der theoretischen Ebene bemängelt werden kann.

Migrationsbedingte Heterogenität und Differenz wird in der gegenwärtigen (Grund-) Schulpädagogik zum einen in Bezug auf schul- und organisatorische Fragen thematisiert, zum anderen erfolgt eine Auseinandersetzung mit sozial- und erkenntniskritischen Zugängen, die sich mit Konstruktionsprozessen (sozialer) Unterschiede in Unterricht und Schule beschäftigen.[1] Der Begriff der Differenz prägte hierbei bereits die erziehungswissenschaftliche Fachdiskussion der 1990er, deutlich ablesbar an den ausgewiesenen Veröffentlichungen im Bereich der Differenzpädagogiken, der Geschlechterforschung, der Migrations- und der Integrationsforschung. Es zeigt sich, dass in Bezug auf die migrationsspezifische Heterogenität, ähnlich wie bei der behinderungsspezifischen Heterogenität, innerhalb der Erziehungswissenschaft eine große theoretische Auseinandersetzung um begriffliche Abgrenzung und Weiterentwicklung erfolgte, deutlich erkennbar etwa an der Modifizierung der defizitorientierten und fremdzuschreibenden Ausländerpädagogik der 1970er/1980er Jahre zu einer Differenzen anerkennenden Interkulturellen Pädagogik.

Auch wenn sich die Grundschule seit ihrer Gründung in der Weimarer Republik als Schule für *alle* Kinder versteht, bezieht sich erst der gegenwärtige Diskurs zur „Schule für alle" im Kontext von Inklusion auch auf Kinder mit Behinderungen. Es gibt jedoch weder ein einheitliches Inklusionsverständnis, noch einen einheitlichen Gebrauch der Begriffe „Integration" und „Inklusion", da häufig Inklusion in vereinfachender Weise als Äquivalent für Integration angesehen wird. Vor allem ausgelöst durch die UN-Konvention über die Rechte von Menschen mit Behinderung taucht in den aktuellen Bildungsreformdiskursen und schulpädagogischen Veröffentlichungen mehrheitlich nur noch der Inklusionsbegriff auf und es wird nicht mehr zwischen Integration und Inklusion unterschieden, was zumindest aus theoretischer Sicht falsch ist. Ein weiter Inklusionsbegriff kritisiert und erweitert den bisherigen Integrationsbegriff und bezieht sich zudem auf alle Heterogenitätsmerkmale, indem er darauf abzielt, ein im Integrationsbegriff noch vorhandenes Zwei- oder Mehrgruppendenken (behindert versus nicht-behindert, Kinder mit/ohne Migrationshintergrund etc.) aufzulösen.

Neben der Möglichkeit einer inneren Differenzierung durch die Wahl der Methoden und der Sozialformen oder durch unterschiedliche Aufgabentypen, gibt es inklusive didaktische Ansätze, die sich auf einer übergeordneten Ebene, mit der Frage einer inklusiven Didaktik als einer allgemeinen Didaktik in bildungstheoretischer Tradition beschäftigen. Beispielsweise wird bei der „natürlichen Differenzierung", die sich auf die „entwicklungslogische Didaktik" bezieht, auf ein gleichschrittiges Vorgehen im Unterricht verzichtet und von einer Unterrichtsvorbereitung auf verschiedenen Lernniveaus ausgegangen.

Literatur

Ahrbeck, B. (2014): Inklusion – Eine Kritik. Stuttgart.
Amrhein, B./Dziak-Mahler, M. (Hg.) (2014): Fachdidaktik inklusiv: Auf der Suche nach didaktischen Leitlinien für den Umgang mit Vielfalt in der Schule. Münster.
Blanck, B. (2012): Vielfaltsbewusste Pädagogik und Denken in Möglichkeiten – Theoretische Grundlagen und Handlungsperspektiven. Stuttgart.
Blömer, D./Jüttner, A./Krüger, M./Lichtblau, D./Werning, R. (Hg.) (2014): Perspektiven auf inklusive Bildung. Wiesbaden.
Breyvogel, W. (Hg.) (2010): Wie aus Kindern Risikoschüler werden. Frankfurt/Main.
Bräu, K./Schlickum, Ch. (Hg.) (2015): Soziale Konstruktionen in Schule und Un-

terricht: Zu den Kategorien Leistung, Migration, Geschlecht, Behinderung, soziale Herkunft und deren Interdependenzen. Opladen.
Budde, J. (Hg.) (2013): Unscharfe Einsätze: (Re-)Produktion von Heterogenität im schulischen Feld. Wiesbaden.
Budde, J. (2012): Die Rede von der Heterogenität in der Schulpädagogik. Diskursanalytische Perspektiven. In: Forum Qualitative Sozialforschung 13 (2012), Heft 2.
Budde, J./Dlugosch, A./Sturm, T. (2017): (Re-)Konstruktive Inklusionsfoschung. Differenzlinien – Handlungsfelder – Empirische Zugänge. Opladen.
Budde, J./Offen, S./Tervooren, A. (Hg.) (2016): Das Geschlecht der Inklusion. Wiesbaden.
Büker, P./Rendtorff, B. (2015): Sichtweisen von Lehrkräften auf Ethnizität und Geschlecht. In: Zeitschrift für Pädagogik, 61. Jahrgang, Heft 1, S. 101-117.
Dannenbeck, C./Dorrance, C. (Hg.) (2013): Doing Inclusion – Inklusion in einer nicht inklusiven Gesellschaft. Bad Heilbrunn.
Diehm, I./Kuhn, M./Machold, C. (Hg.) (2016): Differenz – Ungleichheit – Erziehungswissenschaft. Wiesbaden.
Döbert, H./Weishaupt, H. (Hg): Inklusive Bildung professionell gestalten. Situationsanalyse und Handlungsempfehlungen. Münster.
Emmerich, M./Hormel, U. (2012): Heterogenität – Diversity – Intersektionalität. Zur Logik sozialer Unterscheidungen in pädagogischen Semantiken der Differenz. Wiesbaden.
Faulstich-Wieland, H. (2011): Umgang mit Heterogenität und Differenz. Professionswissen für Lehrerinnen und Lehrer. Bad Heilbrunn.
Feuser, G. (Hg.) (2013): Lehrerbildung auf dem Prüfstand: Welche Qualifikationen braucht die inklusive Schule? Gießen.
Franz, E./Trumpa, S./Esslinger-Hinz, I. (Hg.) (2013): Inklusion eine Herausforderung für die Grundschulpädagogik. Hohengehren.
Gogolin, I. (1994): Der monolinguale Habitus der multilingualen Schule. Münster.
Gogolin, I./Krüger-Potratz (2006): Einführung in die Interkulturelle Pädagogik. Opladen.
Gomolla, M./Radtke, F.-O. (2003/2009): Institutionelle Diskriminierung. Die Herstellung ethnischer Differenz in der Schule. 3. Auflage. Wiesbaden.
Häcker, Th./Walm, M. (Hg.) (2015): Inklusion als Entwicklung. Konsequenzen für Schule und Lehrerbildung. Bad Heilbrunn.
Hartinger, A./Grittner, F./Lang, E./Rehle, C. (2010): Ein Vergleich der Einstellung von Lehrkräften zu Heterogenität in jahrgangsgemischten und jahrgangshomogenen Lerngruppen. In: Arnold, K.-H. u. a. (Hg.): Zwischen Fachdidaktik und Stufendidaktik. Wiesbaden, S. 77-80.
Hellmich, F./Blumberg, E. (Hg.) (2016): Inklusiver Unterricht in der Grundschule. Stuttgart.
Hensen, G./Beck, A. (Hg.) (2015): Inclusive education. Internationale Strategien und Entwicklungen Inklusiver Bildung. Weinheim und Basel.
Jerg, J./Merz-Atalik, K./Thümmler, R./Tiemann, H. (2009) (Hg.): Perspektiven auf Entgrenzung. Erfahrungen und Entwicklungsprozesse im Kontext von Inklusion und Integration. Bad Heilbrunn.
Kelle, H./Tervooren, A. (Hg.) (2008): Ganz normale Kinder. Heterogenität und Standardisierung kindlicher Entwicklung. Weinheim.
Kluczniok, K./Große, Ch./Roßbach, H.-G. (2014): Heterogene Lerngruppen in der

Grundschule. In: Einsiedler, W./Götz, M./Hartinger, A./Heinzel, F./Kahlert, J./ Sandfuchs, U. (Hg.): Handbuch Grundschulpädagogik und Grundschuldidaktik. Bad Heilbrunn, S. 194-200.

Kleiner, B./Rose, N. (Hg.) (2014): (Re-)Produktion von Ungleichheiten im Schulalltag. Judith Butlers Konzept der Subjektivation in der erziehungswissenschaftlichen Forschung. Opladen.

Koller, H.-Ch./Casale, R./Ricken, N. (Hg.) (2014): Heterogenität. Zur Konjunktur eines pädagogischen Konzepts. Paderborn.

Mecheril, P./Do Mar Castro Varela, M./Dirim, I./Kalpaka, A./Melter, C. (2010): Migrationspädagogik. Weinheim.

Miethe, I./Ricken, N./Tervooren, A. (Hg.) (2017): Bildung und Teilhabe. Zwischen Inklusionsforschung und Exklusionsdrohung. Wiesbaden.

Moser, V./Lütje-Klose, B. (2014): Schulische Inklusion. 62. Beiheft der Zeitschrift für Pädagogik. Weinheim.

Prengel, A. (2013): Pädagogische Beziehungen zwischen Anerkennung, Verletzung und Ambivalenz. Opladen.

Prengel, A. unter Mitarbeit von Horn, E. (2013): Inklusive Bildung in der Primarstufe. Eine wissenschaftliche Expertise des Grundschulverbandes. Frankfurt/Main.

Rabenstein, K./Reh, S. (2013): Ethnographie pädagogischer Differenzordnungen. Methodologische Probleme einer ethnographischen Erforschung der sozial selektiven Herstellung von Schulerfolg im Unterricht. In: Zeitschrift für Pädagogik, H. 5, S. 668-690.

Ramseger, J./Wagener, M. (Hg.) (2008): Chancenungleichheit in der Grundschule. Ursachen und Wege aus der Krise. Wiesbaden.

Reh, S./Fritsche, B./Idel, Th./Rabenstein, K. (Hg.) (2015): Lernkulturen. Rekonstruktionen pädagogischer Praktiken. Wiesbaden.

Reich, K. (2014): Inklusive Didaktik: Bausteine für eine inklusive Schule. Weinheim und Basel.

Sturm, T. (2013): Lehrbuch Heterogenität in der Schule. Paderborn.

Rendtorff, B./Mahs, C./Wendel, C./Wille, K./Wecker, V. (Hg.) (2011): Geschlechterforschung. Theorien, Thesen, Themen zur Einführung. Stuttgart.

Tervooren, A./Engel, N./Göhlich, M./Miethe, I./Reh, S. (Hg.) (2014): Ethnographie und Differenz in pädagogischen Feldern. Internationale Entwicklungen erziehungswissenschaftlicher Forschung. Bielefeld.

Trautmann, M./Wischer, B. (Hg.) (2011): Heterogenität in der Schule. Eine kritische Einführung. Wiesbaden.

Urban, M./Schulz, M./Meser, K./Thoms, S. (Hg.) (2015): Inklusion und Übergang. Bad Heilbrunn.

Wagener, M. (2014): Gegenseitiges Helfen. Soziales Lernen im jahrgangsgemischten Unterricht. Wiesbaden.

Wernstedt, R./John-Ohnesorg, M. (Hg.) (2011): Inklusive Bildung. Die UN-Konvention und ihre Folgen. Bonn.

Fragen

1. *Das Thema der Koedukation und Monoedukation in der Grundschule wurde hier nur kurz skizziert und kann deshalb ausführlich im Selbststudium erfolgen:*

7.4 Behinderungsspezifische Heterogenität oder Inklusion?   225

Recherchieren Sie z. B. über die FIS-Datenbank oder Ihre Bibliothek, welche Autor/innen sich in den letzten Jahren mit dem Thema beschäftigt haben und welche Themen hier bearbeitet wurden.
2. Was versteht man unter „Doing Gender" im Kontext von Schule und Unterricht? Greifen Sie in der Erklärung beispielsweise auf die Online-Veröffentlichung Gender und Schule zurück: http://docplayer.org/12744557-Sabine-joesting-malwine-seemann-hrsg-gender-und-schule-geschlechterverhaeltnisse-in-theorie-und-schulischer-praxis.html
3. Diskutieren Sie, ob Mädchen und Jungen Ihrer Meinung nach (zeitweise) getrennt unterrichtet werden sollten?
4. Versuchen Sie, die hier verwendeten Begriffe Heterogenität und Differenz voneinander abzugrenzen und in Beziehung zu setzen.
5. Schauen Sie sich den aktuellen Bildungsbericht (www.bildungsbericht.de) an und vergleichen die dort aufgeführten Zahlen zu den Teilgruppen Kinder bzw. Schüler/innen mit und ohne Migrationshintergrund.
6. Was verstehen Sie unter Ethnozentrismus? Schlagen Sie den Begriff nach und diskutieren Sie, warum es in Ihrem künftigen Berufsfeld wichtig sein könnte, den eigenen ethnozentristischen Blick zu reflektieren.
7. Diskutieren Sie den Grundgesetzartikel 3, Absatz 3 und die UN-Behindertenrechtskonvention (z. B. www.institut-fuer-menschenrechte.de oder http://www.behindertenrechtskonvention.info). Wo liegen die Herausforderungen, diese rechtlichen Grundlagen umzusetzen?
8. Recherchieren Sie anhand aktueller Bildungs- und Inklusionsberichte (z. B. Bertelsmann Stiftung (Hg.): Update Inklusion. Datenreport zu den aktuellen Entwicklungen. www.bertelsmann-stiftung.de oder www.bildungsbericht.de) Zahlen zur schulischen Inklusion für die Grundschule bezogen auf ihr Bundesland und vergleichen diese mit Zahlen anderer Bundesländer (z. B. Rheinland-Pfalz versus Mecklenburg-Vorpommern).
9. Warum kann es in der Grundschule einfacher sein, als in anderen Schulformen, die Forderung einer inklusiven Bildung für alle Kinder umzusetzen? Wo sehen Sie hier mit Blick auf die Inklusionstheorie Schwierigkeiten und mögliche Grenzen?
10. Überlegen Sie für den Sachunterricht, zum Beispiel für das Unterrichtsthema „Bäume und Wald", wie Sie eine Unterrichtsreihe zieldifferent für eine inklusive Grundschulklasse vorbe-

reiten würden, mit einem Schüler/eine Schülerin mit geistiger Behinderung mit einem Integrationshelfer/einer Integrationshelferin sowie zwei Kindern, die erst seit zwei Monaten in Deutschland sind und noch wenig Deutschkenntnisse haben. Zeigen Sie an Ihrem Entwurf auf, was bei der Planung des Unterrichtes beachtet werden muss.

Lösungen zu den Fragen

Kapitel 1

1.

Implementierung einer Volks-/Einheitsschule	Ideengeschichte für ein einheitliches Schulsystem	Einheitsschulbewegung
Bereits im 16. Jahrhundert taucht die Idee einer elementaren Schule mit Schulpflicht für alle Kinder vorrangig in den evangelischen Schulordnungen (z. B. sächsische Schulordnung von 1530; württembergische Kirchen- und Schulordnung von 1559) auf. Im Auftrag ihrer absoluten Herrscher und Obrigkeiten in den Städten und Teilterritorien entwerfen evangelische Theologen neue Gesellschafts-, Kirchen- und Schulordnungen.	Der erste Pädagoge, der ein einheitliches Schulwesen entwirft, welches das niedere und höhere Schulwesen miteinander zu verbinden sucht, ist der tschechische Gelehrte Johann Amos Comenius (1592-1670). Er entwickelt ein stufenförmiges Schulmodell mit einer Grundschule als sogenannte Mutterschule.	Ein Ausgangspunkt für die Einheitsschulbewegung liegt in der Volksschulbewegung, die einem großen Teil der Kinder aus unteren Schichten den Zugang zum niederen Bildungswesen ermöglicht. Die stärksten Impulse für die Einheitsschulbewegung gehen seit der bürgerlich-nationalen Revolution von 1848 von den Vertretern der Sozialdemokratie und den Lehrervereinen aus.

2. Mit der Grundschule soll nach einem leistungsgerechten Leitmotiv die Chancengerechtigkeit und eine Institution zur Vermittlung von Allgemeinbildung für alle Schüler/innen realisiert werden.
Gegen die Einführung einer verbindlichen Grundschule sprechen sich vor allem Vertreter aus dem Lager der höheren Schulformen aus, die argumentieren, dass nicht zugunsten einiger ein sozialpädagogischer Vorteil für Bedürftige eingeführt werden solle.

3. Die erste Funktion der Grundschule liegt in einer angemessenen Grundbildung durch die Vermittlung von Lese-, Schreib- und Rechenkompetenzen, während zum Zweiten die notwendigen Voraussetzungen für einen gelingenden Übergang in die weiterführende Schule zu schaffen sind. Eine Aufgabe, die zu einer spannungsreichen Ambivalenz zwischen Förderung und Selektion auf der einen und Gleichheit und Differenz auf der anderen Seite führt.

4.

Unterschiede/ Gemeinsamkeiten	Grundschule der BRD	Grundschule der DDR
Politisierung der Grundschule (Unterschiedlichkeit)	Eine direkte Einflussnahme der unterschiedlichen Landesregierungen im Föderalismus der Bundesländer auf die Schulen ist nicht vorgesehen.	Mit der Ernüchterung über die ausbleibende Effektivität der neu implementierten Einheitsschule nimmt der politische Einfluss der Sozialistischen Einheitspartei Deutschlands (SED) auf die Schule zu.

Lösungen zu den Fragen

4.

Unterschiede/ Gemeinsamkeiten	Grundschule der BRD	Grundschule der DDR
Orientierung an wissenschaftlichen Maßstäben (Gemeinsamkeit)	Die westdeutsche Grundschulreform der 1970er-Jahre ist gekennzeichnet durch eine Wissenschaftsorientierung und einen curricularen Aufbau des Unterrichtsstoffs.	Dazu wird der gesamte Unterricht „auf allen Stufen nach Lehrplänen erteilt, welche die Systematik und Wissenschaftlichkeit des Unterrichts gewährleistet", so lautet ein Zitat aus einem Curriculum für ostdeutsche Schulen in den 1960er-Jahren
Fokussierung auf reformpädagogische Konzepte (Unterschiedlichkeit)	Ab den 1970er-Jahren wird in den nachfolgenden Lehrplankonzeptionen wieder stärker auf die individuellen Lernbedürfnisse der Schüler/innen, die möglichen Formen von unterrichtlicher Differenzierung und der Öffnung von Unterricht abgezielt.	Ab den 1950er-Jahren richtet sich die Kritik der Bildungspolitiker auf die Orientierung der Lehrpläne an der Reformpädagogik.

5. Top Down: Ein schulisches Reglement wird von oben nach unten verordnet, d. h., der Gesetzgeber delegiert Anweisungen, Verordnungen oder Gesetze an die Schulen.
Als Herausforderungen für die Lehrer/innen könnten sich ergeben:
– Als Repräsentant des Staates müssen sie die Reglements gegenüber den Schüler/innen und den Eltern vertreten und umsetzen. Das Lehrerkollegium und die Schulleitung haben keinen Einfluss auf die Vorgaben.
– Die Reformen besitzen in der Regel nicht in der Kontinuität der Schulentwicklung der einzelnen Schulen, sondern müssen dort kommuniziert und mittels Fortbildungen implementiert werden.
– Es kommt zu einem Anpassungs- und Legitimationsdruck auf Seiten der Lehrer/innen, die im weiteren Hierarchie- und Machtfragen auf verschiedenen Ebenen provozieren.

Kapitel 2

1. In der Grundschule können die Ausdrucksformen sprachlicher und nichtsprachlicher Art der Kinder unterstützt werden durch unterrichtliche und außerunterrichtliche Angebote zum Tanzen, Malen, Zeichnen, Bauen, Gestalten und Singen. Mit einer Referenz der anthropologischen Perspektive ist es wichtig, die Schöpfungskraft und Kreativität der Kinder nicht einzuengen. Gerade Kinderfragen können als „Zugang zur Welt" gesehen werden. Es lassen sich hier jedoch Unterschiede in der Kindheitspädagogik und Grundschulpädagogik in der Art und Weise ausmachen, wie Spielen und Lernen in der jeweiligen Institution vernetzt wird. In der Grundschule bzw. im Grundschulunterricht findet häufig das Spiel nur in einer didaktisierten Weise einen Einsatz, beispielsweise ist das Spiel häufig ein didaktisches Mittel für einen Einstieg in eine Thematik oder es wird zur Auflockerung eingesetzt.

Dem Spiel an sich kommt indes kein oder zu wenig Selbstzweck zu. Wichtig erscheint, Räume für den kulturellen Ausdruck der Kinder zu schaffen im Sinne einer „kulturellen Selbstbildung", um den kulturellen Ausdruck der Kinder, der sich vor allem im Spiel zeigt, zu ermöglichen.

2. In der mittleren Kindheit geht es um den Aufbau sozialer Beziehungen, das Einüben eines (geschlechtlichen) Rollenverhaltens, den Umgang mit dem System Schule, die Entwicklung (kognitiver) Kompetenzen, das Erlernen der Kulturtechniken Lesen, Schreiben, Rechnen und die Entwicklung eines eigenen Wertesystems. Wenn jedoch eine zu starke Orientierung an einer Normerwartung erfolgt, wie die Entwicklung eines Kindes in der mittleren Kindheit ablaufen soll, ist die Gefahr gegeben, dass zu wenig Berücksichtigung der individuellen Entwicklung erfolgt. Eine Orientierung an einer „Norm-Kindheit", an einer standardisierten Vorstellung kindlicher Entwicklung und damit an einem fiktiven Durchschnittskind kann kein Maßstab für (reale) Kinder sein.

3. Es gibt nicht eine Theorie zur Kindheit, sondern verschiedene. Kindheit ist Gegenstand einer interdisziplinär angelegten Kindheitsforschung, die abhängig von der jeweiligen Herkunftsdisziplin, vorrangig der Erziehungswissenschaft, der Psychologie, der Soziologie und der Medizin, mit unterschiedlichen theoretischen und methodischen Zugängen arbeitet und diese darauf aufbauend in unterschiedlicher Weise zum Forschungsgegenstand macht. Zugänge und Methoden der (sozialwissenschaftlichen) Kindheitsforschung können in der Grundschulpädagogik bzw. in der grundschulpädagogischen Forschung in diesem Kontext, je nach Vorverständnis und forschungsmethodologischer Verortung, unterschiedlich eingesetzt werden.

Kapitel 3

1. Es gab drei Reformzeitpunkte im 20. Jahrhundert. Der erste kann auf 1920 datiert werden und bezieht sich auf die Einführung der Grundschule, der zweite um 1970 im Zuge der Bildungsexpansion und Empfehlungen des deutschen Bildungsrates und der dritte Ende der 1990er/2000 mit seinen (erneuten) Bemühungen um eine Neugestaltung der Schuleingangsphase.

2. Um noch mehr Flexibilität zu erreichen, wurden 1997 in Baden-Württemberg das Schulgesetz und 1998 die Grundschulversetzungsordnung geändert und damit die Antragsstellung für eine vorzeitige Einschulung erleichtert und die Möglichkeit der Direkteinschulung in Klasse und das Überspringen einer Klasse geschaffen. In diesem Bundesland gibt es mit der Verwaltungsvorschrift des Kultus- und Sozialministerium aus dem Jahr 2002 eine Kooperationsverpflichtung. In Baden-Württemberg wurden bezogen auf den Schulanfang in den letzten Jahren drei verschiedene Neuerungen eingeführt. Neben den Programmen zum „Schulreifen Kind" (Förderung der Kinder vor der Schule, im Kindergarten und in der Schule, um „schulreif" respektive schulfähig zu werden) und dem „Schulanfang auf neuen Wegen", der eine größere Flexibilität ermöglichen soll durch ein längeres oder kür-

zeres Verbleiben in der Schuleingangsphase sowie durch die Möglichkeit der vorzeitigen Einschulung, dem Überspringen einer Klasse oder der Direkteinschulung in Klasse 2, wurde das Bildungshaus für drei- bis zehnjährige Kinder geschaffen.

3. Solange Elementar- und Primarbereich strukturell getrennt sind und pädagogische Fach- und Lehrkräfte unterschiedlich ausgebildet werden, wird die Übergangsgestaltung eine komplexe Herausforderung darstellen.

4. Bildungspläne im Elementar- und Primarbereich stellen ein Verständigungs- und Steuerungsinstrument dar und haben, neben einer Orientierungs- und Anregungsfunktion, eine Kontroll- und Entlastungsfunktion für die pädagogischen Fach- und Lehrkräfte, die sich in ihrer Arbeit auf diese beziehen (sollen). Bildungspläne für die Arbeit in (frühen) pädagogischen Institutionen dienen im Sinne einer herzustellenden Anschlussfähigkeit zudem dazu, Lernbrücken und methodisch-didaktische Kontinuität herstellen zu können. Als Gefahr ist hier die einer zunehmenden „Verschulung" des Kindergartens zu nennen und eine starke Orientierung am Fächerkanon der Grundschule. Schwierigkeiten liegen zudem darin, dass es durch die unterschiedlichen Professionen bzw. unterschiedlichen Ausbildungs- und Studiengänge unterschiedliche Referenztheorien gibt, auf die die erziehungswissenschaftlichen Grundbegriffe wie Bildung, Erziehung, Lernen je nach Herkunftsprofession bezogen werden, und diese damit unterschiedliche Konnotationen beinhalten. Beispielsweise kann Lernen als formales, informelles und non-formales Lernen verstanden werden, Lernen durch Instruktion oder stärker orientiert an einer konstruktivistischen Didaktik bzw. der Idee des Ko-Konstruktivismus und der Selbstbildung.

5. Im ethnologisch fundierten Theoriemodell von Arnold van Gennep, das hier als ein Theoriemodell angeführt werden kann, wird das Leben insgesamt als eine Ansammlung von Übergängen gesehen: „Es ist das Leben selbst, das die Übergänge von einer sozialen Situation zur anderen notwendig macht." Das Leben besteht aus einer Folge von Etappen, deren Anfangs- und Endphasen einander ähnlich sind (Geburt, Elternschaft usw.). Zudem gehören zu jedem sozialen Ereignis Zeremonien, die die Intention haben, das Individuum aus einer genau definierten Situation in einen andere, ebenso definierte hinüberzuführen.

6. Grundsätzlich ist es wichtig, das sich die Praktiker/innen nicht nur auf ihre subjektiven Theorien, wie Übergänge zu gestalten und zu begleiten sind, beziehen, sondern, dass sie sich mit relevanten Theorien zur Thematik beschäftigen, um ihr eigenes pädagogische Handeln theoriegeleitet reflektieren und begründen zu können. Der Transitionsansatz eignet sich hier vor allem deshalb, weil er davon ausgeht, dass sich nicht nur die Kindern, sondern auch deren Eltern im Übergang befinden bzw. Übergangsaufgaben auf unterschiedlichen Ebenen zu bewältigen haben. Kritisch wird am Transitionsansatz gesehen, dass er in seinem modellhaften Ansatz ein psychologisches Verständnis voraussetzt. Jede Art von Übergängen, von den ersten Übergangen von der Familie in die Krippe oder in die Kindertageseinrichtung, vom Kindergarten in die Grundschule bis hin zu späteren berufsbezogenen Über-

gängen, erfordert eine Anpassungsleistung. Veränderungen auf unterschiedlichen Ebenen sind zu durchlaufen und bisherige Verhaltensweisen müssen modifiziert werden, was zu (psychischem, psychosomatischem) Stress führen kann, von den meisten Kindern jedoch ohne signifikante Probleme bewältigt werden kann.

7. Forschung zur Schulvorbereitung, zur Arbeit mit Bildungsplänen und zu den unterschiedlichen Perspektiven der Akteur/innen im oder auf den Übergang wie benötigt, genauso wie Begleitforschungen zu neu-eingeführten Übergangsmodellen und -projekten. Weitere Felder sind die Forschung zu Schulvorläuferfähigkeiten und der Entwicklung bzw. Weiterentwicklung schulbezogener Kompetenzen zu berufsbezogenen Einstellungen und Haltungen von pädagogischen Fach- und Lehrkräfte, Forschungen, die einen europäischen oder internationalen Kulturvergleich thematisieren sowie Forschung zur Ungleichheit am Schulanfang bzw. und zu Fragen der Produktion und Reproduktion von Ungleichheit und Differenz durch Praktiken und durch die Institution festgelegte Abläufe (wie die der Schuleingangsuntersuchungen, Sprachtests). Sekundäranalysen zu Zahlen der offiziellen Statistik der Bundes- und Landesämter wie speziell in Auftrag gegebene bildungsstatistische Analysen geben ebenfalls Aufschluss zu den unterschiedlichen Gruppen im Übergang.

Kapitel 4

2.

Übergangsform	Individuell-intrapersonale Übergang	Institutioneller Übergang
Definition	Übergänge können auf individuell-intrapersonaler Ebene völlig verschiedene Lebensereignisse darstellen, wie das Laufenlernen oder die Geburt eines Kindes oder der Verlust eines Arbeitsplatzes. Das Individuum tritt in den verschiedensten Lebensphasen von einer „alten" in einen situativ neuen Lebenszustand ein, der sich anhand spezifischer Konstellation vom vorherigen unterscheidet und der in der Regel irreversibel ist. Zur Bewältigung der neuen Situation und den mit ihr einhergehenden Anforderungen sind ein aktives Subjekt und eine fördernd und fordernde Umwelt notwendig. An das gegenseitige Verstehen geknüpft ist und nicht nur eine Addition von Handlungen darstellt. Werden dauerhafte Interaktionen in gleichbleibenden Personenkonstellationen angenommen, entstehen Beziehungen aus denen eine gegenseitige Beeinflussung, d.h. eine Reziprozität erwächst. Mit dieser Zuordnung wird die Subjektivität, an	Beim institutionellen Übertritt handelt es sich um eine „Schnittstelle, die eine personelle, räumliche, strukturelle und inhaltliche Zäsur für die Schüler mit sich bringt".[2] Dabei scheint die Bewältigung zunächst nur Sache des Kindes zu sein, denn es muss sich u.a. mit den veränderten lokalen, sozialen, interaktionalen, kommunikativen oder personalen Realitäten und mit neuen didaktisch-methodischen und pädagogischen Konzepten zurechtfinden. Zudem gilt es sich auf neue Lehrkräfte mit ihren jeweiligen Lehr-, Lern- und Lebensbiografien, deren spezifischen Normen- und Wertekodex und den erforderlichen Leistungsindikatoren einzustellen. Das Übergangsergebnis kann als offen bezeichnet werden, selbst, wenn sich die meisten Kinder auf das Ereignis freuen: „Im gegenwärtigen Schulsystem kann er jedoch alles sein: Bruch, Brücke, völlig unproblematisch und sogar eine Chance zum Neuanfang."[3] Den Begriff des

2.

Übergangs-form	Individuell-intrapersonale Übergang	Institutioneller Übergang
	die Interaktionsprozesse gebunden sind, deutlich.[1]	institutionell-schulischen Übergangs definiert Kuschka als „den komplexen Zusammenhang institutioneller Beziehungen zwischen Individuen und gesellschaftlich organisierten Einrichtungen an der Schnittstelle des dauerhaften Wechsels von einer in eine andere Einrichtung."[4]
Vergleich der beiden Ansätze	Die Perspektive der beiden Modelle unterscheidet sich hinsichtlich des Blickwinkels und der Perspektive. Mit dem institutionellen Ansatz wird ein alle Akteur/-innen umspannender Blick auf den Verlauf ermöglicht. Der Ansatz geht auf eine systemische Sichtweise zurück, der Umwelt und System unterscheidet. Dagegen fokussierte der individuell-intrapersonale Ansatz eine Perspektive auf die Befindlichkeiten des Einzelnen bzw. der Einzelnen, der auf einen hermeneutischen Verstehensprozess zurückgeht.	

[1] König, A, (2009): Interaktionsprozesse zwischen Erzieherinnen und Kindern. Eine Videostudie aus dem Kindergartenalltag. Wiesbaden.
[2] Wiedenhorn, T. (2011): Die Bildungsentscheidung aus Schüler, Eltern und Lehrersicht. Wiesbaden.
[3] Weitzel, C. (2004): Bruch, Brücke, Chance – oder nur ein nutzloses historisches Relikt? Übergänge nach dem 4. Schuljahr. In: Denner, L./Schumacher, E. (Hg.) Übergänge im Elementar- und Primarbereich reflektieren und gestalten. Beiträge zu einer grundlegenden Bildung. Bad Heilbrunn. S. 114.
[4] Gruschka, G. (1991): Übergangsforschung – Zu einem neuen Forschungsbereich: In: Beck, K./Kell, A. (Hg.): Bilanz der Bildungsforschung. Weinheim. S. 113–117.

3.

Rechtlichen Übergangsrichtlinien	Verlauf des Übergangs am Beispiel Baden-Württemberg
Verwaltungsvorschrift des Kultusministeriums über das Aufnahmeverfahren für die auf der Grundschule aufbauenden Schularten; Orientierungsstufe; Verwaltungsvorschrift vom 4. November 2015- Az: 33/31-6810.1/572 u.a. Stärkung der Rechte der Erziehungsberechtigten = Wegfall der verbindlichen Bildungsempfehlung, Eltern und Kinder können die Schulform notenunabhängig wählen 2. Beratung der Erziehungsberechtigten während der Grundschulzeit = Klassenlehrer/innen beraten Erziehungsberechtigte regelmäßig in dokumentierten Informations- und Beratungsgesprächen über den Lern- und Entwicklungsstand der Kinder.	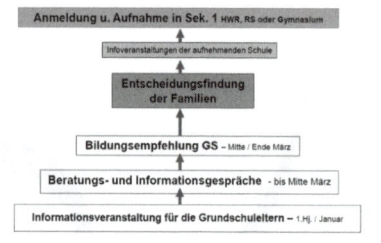

3. Übergangsverfahren in die auf der Grundschule aufbauenden weiterführenden Schularten = das Übergangsverfahren verläuft in vier Phasen:
3.1 Informationsveranstaltungen
3.2 Grundschulempfehlung
3.3 Das besondere Beratungsverfahren und
3.4 Aufnahme in die Orientierungsstufe

4. **Beschreibung der Entwicklung seit 2000**

Der Trend zum Übergang in die Hauptschule (HS) ist seit den 1990er Jahren absteigend. Im Schuljahr (SJ) 2000/01 schneidet sich die abfallende Hauptschulkurve (34,2%) mit der ansteigenden Gymnasialkurve (33,7%).
Ein drastischer Abfall der Schülerzahlen geht für die HS mit der Einführung der Gemeinschaftsschule (GS) im SJ 2011/12 einher. Die Übergangszahlen ins Gymnasium (GY) nimmt seit 2000 von knapp 35% auf 45% kontinuierlich zu. Mit dem Wegfall der verbindlichen Bildungsempfehlung im gleichen Jahr steigen die Zahlen nochmals deutlich um fast 5% an. Davon profitiert auch die Realschule deren Schüleranzahl um knapp 4% zunimmt. Während sich am Anfang des Jahrtausends die Schüler gleichgewichtig in das Gymnasium, die Realschule und die Haupt-/Werkrealschule aufteilte, sinkt die HWRS nach fünfzehn Jahren auf 7,2%.
Die Zahl derjenigen Schüler/innen, die eine Gemeinschaftsschule besuchen steigt seit der Einführung im SJ 11/12 auf knapp 13% an.

5.

Forschungsfrage	Leitfragen für ein leitfadengestütztes Interview
Welche bedingenden Entscheidungsfaktoren sind für Eltern- und Schüler bei den zu erwartenden Übergängen relevant?	Welche persönlich-individuelle Kriterien spielen für Sie bei der Schulwahl eine Rolle? – Wie ist die persönliche Entwicklung ihres Kindes im letzten Jahr verlaufen? – Wie wird Ihr Kind ihrer Einschätzung nach mit dem Schulübergang und den Anforderungen der neuen Schulart zurechtkommen? – Was möchte Ihr Kind später einmal werden? – Wo liegen die Stärken persönlichen Stärken und Schwächen (Talente/ Neigungen) ihres Kindes?

Kapitel 5

1. Grafik zu Frage 1

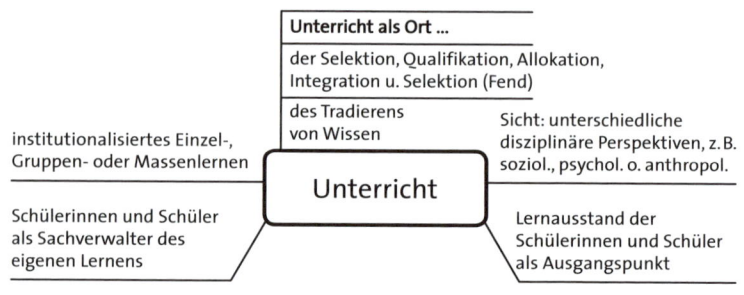

2.

Diagnostik	Förderung
Definition:	
Diagnostik ist eine differenzierte Sichtweise auf die individuelle Situation der Lernenden, was als die Streuung um eine Differenz zu einer unterstellten Norm verstanden werden kann. Mit entsprechenden Verfahren und Instrumenten werden in druckfreien Konstellationen und Situationen auf der Grundlage forschungsmethodischer Gütekriterien gezielt lernspezifische Informationen über Lehr- und Lernprozesse gesammelt. Die Datengrundlage kann eine empirische sein, d. h. mittels Beobachtungen, Tests oder Befragungen selbst generiert werden.	Förderung ist die grundlegende Begleitung und Evaluation von Lernprozessen, die theoretisch auf dem lerntheoretischen Ansatz des Konstruktivismus fundiert. Diese kann auf der Grundlage von Kommunikations-, Interaktions-, Passungs- und Evaluationsprozessen erfolgen. Das professionelle Ergebnis einer nachvollziehbar-begründbaren Förderung kann dann in einer strukturierten Förderplanung münden.
Förderplanung	
Nach Heimlich, Lotter und März ist ein Förderplan „die systematische Beschreibung der Interventions- und Evaluationsphase (sonder-)pädagogischer Förderung einschließlich didaktisch-methodischer und organisatorischer Überlegungen".	

3. Einhaltung wissenschaftlicher Gütekriterien am Beispiel der Beobachtung:

4. Der Pädagogischen Diagnostik liegt die Erhebung von Daten nach wissenschaftlichen Standards zugrunde. Am häufigsten setzen Lehrer/innen hierzu die Beobachtung ein, die sie im Unterrichtsverlauf fortwährend durchführen, zumeist als unstrukturierte Alltagsbeobachtung (z. B. weist ein Kind, das über Unwohlsein klagt, äußere Symptome auf). Die wesentlichen Rahmendaten sind Ort, Zeit, Raum, Teilnehmer/innen, Situation/Kontext, Schwerpunkt und Anlass der Beobachtung. Ein wesentliches Ziel von strukturierten Beobachtungen besteht darin, bestimmte Hypothesen zu überprüfen, indem Beobachtungen anhand bestimmter Kriterien oder Kategorien vorgenommen werden. Auf diesen lassen sich dann ggfs. bestimmte statistische Daten

berechnen. Wichtig im Hinblick auf die Gütekriterien: Die vorgenommenen Zuordnungen sollten zu den Beobachtungskriterien und -kategorien möglichst objektiv (unabhängig vom Beobachter) und reliabel (zuverlässig) sowie valide (gültig) sein.

5. Die Förderung der Lernenden zielt auf die individuelle Entwicklung des einzelnen Lernsubjekts ab. Ausgangspunkt hierfür ist der diagnostizierte individuelle Lernstand. Bei der Diagnose und Förderung soll die soziale Kompetenz der Selbständigkeit und Selbstbestimmung des Lernenden immer mit unterstützt und mit gefördert werden. Ein fortdauerndes Abhängigkeitsverhältnis von Lernendem und Lernendem soll durch die Fördermaßnahme immanent reduziert werden. Der Lehrperson muss bewusst sein, dass ihr Eintreten in den Lernprozess eine Fremdsteuerung mit externalisierten Zielbestimmungen wird.

Kapitel 6

1. Der Vorteil von Ganztagsgrundschulen kann darin gesehen werden, dass andere zeitliche Ressourcen vorhanden sind, um rhythmisiert den Tagesablauf zu gestalten und neben kognitiven Lernangeboten, künstlerische und bewegungsorientierte Angebote zu integrieren. Einige Ganztagsschulen verfügen neben dem Angebot, an unterschiedlichen Freizeitbeschäftigungen teilzunehmen, auch über spezielle individuelle Förderangebote für die Kinder. Damit können Eltern entlastet werden, zumal wenn die Hausaufgaben in speziellen Lernzeiten bereits in der Schule erledigt werden. Da Ganztagsgrundschulen über unterschiedliche Konzeptionen (z.B. additive Ganztagsschule) und über unterschiedliche räumliche und personelle Ressourcen verfügen, ist die Umsetzung und Qualität höchst verschieden. Mit der Ganztagsgrundschule verändern bzw. erweitern sich die Aufgaben der Grundschullehrer/innen und ihre Arbeitszeiten. Kritisch kann auch gesehen werden, dass sich die Kindheit in der Ganztagsschule dadurch verändert, dass sie noch stärker als bisher in der Halbtagsgrundschule institutionalisiert und reglementiert wird und sich der Freiraum außerhalb der pädagogischen Betreuung und Gestaltung für die Kinder sukzessive verringert.

2. Peter Petersen, Maria Montessori, Rudolf Steiner haben sich in besonderer Weise konzeptionell mit der Bedeutung des Raumes beschäftigt. Daneben können andere wie Ellen Key oder Elise und Célestin Freinet sowie weitere Vertreter vor der Reformpädagogik als klassischer Reformpädagogik-Epoche mit Reformgedanken genannt werden wie Friedrich Fröbel. Zudem gab es auch ab Mitte des 20. Jahrhundert Pädagog/innen, die sich konzeptionell mit der Bedeutung des Raumes beschäftigt haben, wie etwa Loris Malaguzzi in Italien.

3. Gerade Ganztagsgrundschulen brauchen neue und andere Räume, damit die Kinder nicht sowohl am Vormittag als auch am Nachmittag in den gleichen Klassenräumen lernen, essen und spielen. Rückzugs- und Entspannungsmöglichkeiten sollten hier sowohl für die Kinder als auch für die Lehrkräfte vorhanden sein. In einer „idealen" Grundschulen wären dafür, neben einer

ansprechenden Architektur und einer für die Altersgruppe ansprechenden Einrichtung – was auch bedeutet, dass Schalter, Türgriffe, Kleiderhaken etc. für die Kinder erreichbar sind – Entspannungs- und Bewegungsecken im Gebäude – und nicht nur außerhalb – sowie eine Schülerbibliothek zum Lesen und Arbeiten vorhanden. Hieran könnte sich das Lehrerzimmer anschließen, damit die Lehrer/innen ebenfalls die Bücher und Materialien nutzen können, um ihren Unterricht vorzubereiten. Dafür sollten im Lehrerraum genügend Arbeitstische mit Computern und Internetanschluss zur Verfügung stehen, sodass, falls gewünscht, die gesamte Vor- und Nachbereitung am Arbeitsplatz Schule erfolgen kann. Die Klassenräume haben alle einen Haupt- und einen Nebenraum sowie Tischgruppen vor der Türe, um ein differenziertes Lernen zu ermöglichen.

Kapitel 7

1. Neben einer seit den 1960er Jahren bestehenden Debatte zur Frage nach der Veränderung der Bildungsbenachteiligung von Mädchen (Kunstfigur: Die katholische Arbeitertochter vom Land), sind in den letzten beiden Jahrzehnten auch vermehrt die „benachteiligten" Jungen und die Jungenförderung in den Fokus gerückt. Mit dem „Handbuch Gender und Erziehungswissenschaft" als einem Herausgeberband von Edith Glaser, Dorle Klika und Annedore Prengel aus dem Jahr 2004 werden in der Auseinandersetzung mit theoretischen Perspektiven zunehmend (de)konstruktivistische und kulturtheoretische Beiträge bedeutsam, die die damals noch recht jungen Ansätze von „Doing Gender" und Differenztheorien als Bezugspunkte nehmen. Zudem ist das Thema Männer im Grundschullehrerberuf, Jungenpädagogik und die Frage nach den „Männlichkeiten" zu einem wichtigen geworden (z.B. Baader/Bilstein/Tholen 2012) und „Gender Mainstreaming" wird als Bezugspunkt für die Lehrerbildung erachtet (vgl. z.B. Paseka 2008).

2. Der feststehende Terminus „Doing Gender" verweist einerseits auf die theoretische Unterscheidung zwischen einem „biologischen" und einem „sozialen" Geschlecht und darauf aufbauend darauf, dass das Geschlecht in Interaktionen hergestellt wird. Gerade im Kontext der Grundschule, in der zu über 90% Frauen tätig sind, und im Hinblick auf die Thematik, Jungen und Mädchen im Unterricht gleichermaßen zu fördern, kann es schnell zu Zuschreibungen unterschiedlicher Fähigkeiten kommen, die sich am biologischen Geschlecht orientieren, beispielsweise in dem geschlechtergetrennte Angebote gemacht werden, die sich an Stereotypisierungen orientieren und Jungen und Mädchen nach gesellschaftlich tradierten Normvorstellungen in zwei Gruppen kategorisieren. Auch wenn es durchaus in zeitlich begrenztem Umfang richtig und notwendig sein kann, spezielle Unterrichtsangebote nur für Mädchen oder nur für Jungs anzubieten (z.B. im Bereich des Aufklärungsunterrichtes), ist es wichtig für alle Lehrkräfte ihre eigenen Einstellungen (wie sich Jungen/Mädchen verhalten) vor der Folie des Geschlechts als soziale Konstruktion zu reflektieren.

3. Einerseits hat sich die Diskussion um die spezifische Förderung der katholischen Arbeitertochter vom Lande (vgl. Dahrendorf) historisch überholt und gerade Mädchen kommen mit den schulischen Leistungsanforderungen bes-

ser zurecht als Jungen. Andererseits weisen auch weiterhin Studien daraufhin, dass es abhängig vom jeweiligen Kontext (z.B. im naturwissenschaftlichen Unterricht) sinnvoll sein kann, geschlechtergetrennt zu unterrichten, um mögliche Ängste und Vorbehalte abzubauen. Auch im Aufklärungsunterricht, der bereits in der Grundschule einsetzt, ist es wichtig, Zeiten und Räume bereitzustellen, um auf die unterschiedlichen Fragen und Themen der Mädchen und Jungen einzugehen. Auch das Thema der Jungenförderung ist in den letzten Jahren zunehmend bearbeitet worden (vgl. z.B. Strobel-Eisele).

4. Heterogenität ist der Gegenbegriff zu Homogenität und wird im Bereich der Schulpädagogik benutzt, um auf die Verschiedenheit der Kinder in Bezug auf ihre körperliche und kognitive Entwicklung, ihr Alter, ihr Geschlecht, ihre ethnisch-kulturelle bzw. soziale Herkunft, aber auch ihre unterschiedlichen Interessen und Neigungen zu verweisen. Die Auseinandersetzung um die Verschiedenheit der Kinder im Unterricht ist hierbei einerseits keine neue, andererseits im Zuge des PISA-Schocks wieder zu einer bildungspolitisch relevanten geworden. Der Begriff der Heterogenität hat in den letzten Jahren den Begriff der Differenz in der Schulpädagogik und Erziehungswissenschaft zunehmend abgelöst bzw. wird mit diesem gleichgesetzt, was auf theoretischer Ebene falsch ist. Differenztheorien stammen aus der Soziologie und Philosophie und waren in den 1990er Jahren in der Pädagogik gerade in Bezug auf sogenannte Differenzpädagogiken sichtbarer als heute und verweisen stärker auf Dimensionen wie gesellschaftliche Ungleichheit und (machttheoretische) Fragen nach den Modalitäten einer (Re-)Produktion von Ungleichheit (auch) in der Schule und im Unterricht.

5. Die Zahlen zur Verteilung der Schüler/innen auf die unterschiedlichen Schulformen sowie Quoten, die sich auf die Übergänge der Grundschule beziehen, belegen, dass nicht nur beim zweiten Übergang zur weiterführenden Schule, sondern bereits beim ersten formalen Bildungsübergang eine Ungleichheit vorhanden ist. So werden bereits beim Übergang vom Kindergarten in die Grundschule Kinder mit Migrationshintergrund häufiger zurückgestellt als Kinder aus deutschen Familien und Kinder mit nicht-deutscher Familiensprache, wie auch Kinder aus Elternhäusern mit niedrigem allgemeinbildendem Schulabschluss, werden im Kindergarten häufiger als sprachförderbedürftig diagnostiziert.

6. Der Begriff (vgl. auch Nieke) verweist darauf, dass die Art und Weise des Denkens und des Handelns geprägt ist von den Sozialisationserfahrungen. Angehörige einer gesellschaftlichen Mehrheits- oder Minderheitengruppe haben unterschiedliche Erfahrungen, auf die sie sich beziehen. Es geht also darum, gerade als Lehrkraft für die Grundschule, in der die Lerngruppen sprachlich-kulturell sehr heterogen sind, die eigenen durch Erziehung und Sozialisation erworbenen Wertorientierungen zu hinterfragen.

7. Im Grundgesetzartikel 3 wird darauf verwiesen, dass alle Menschen vor dem Gesetz gleich sind. Es wird die Gleichberechtigung von Männern und Frauen formuliert sowie das Verbot der Diskriminierung und Bevorzugung. Der Grundgesetzartikel verweist deutlich auf die Gleichheit aller Menschen. An

die grund- und Menschenrechte anknüpfend wird auch in der UN-Behindertenrechtskonvention 2008 formuliert, dass es um die gleichberechtigte soziale Partizipation aller geht. Im Sinne des empowerment werden Menschen mit Behinderung nicht als Kranke gesehen, sondern als Menschen, die einen Anspruch auf Selbstbestimmung, Diskriminierungsfreiheit und Teilhabe haben. Menschen mit Behinderung haben ein Recht auf „inklusive Bildung", ein Recht auf schulische und berufliche Bildung und ein Recht auf Arbeit und soziale Sicherung. Es geht damit einerseits darum, Barrierefreiheit in einem sozialräumlichen Sinne herzustellen, damit Menschen mit Behinderung Zugang zu allen Gebäuden etc. haben und aussuchen können, wo und wie sie leben möchten, anderseits geht es auch um die Barrierefreiheit in den Köpfen, um segregierende und diskriminierende Einstellungen zu verändern, neben der Kernfrage, wie der Anspruch auf inklusive Bildung in Bezug auf auszubauende räumliche, personelle und finanzielle Ressourcen sukzessive in den nächsten Jahren nach der Modifizierung der Schulgesetze in den letzten Jahren umgesetzt wird.

8. Schüler/innen mit Förderbedarf wurden im Bundesland Baden-Württemberg mit einer Inklusionsquote von 27,7% (für das Schuljahr 2012/13 unterrichtet, während es im Vergleich dazu bei Schüler/innen mit Förderbedarf im Bundesland Schleswig-Holstein eine Inklusionsquote von 57,5% gab. Die höchste Inklusionsquote war im Bundesland Bremen mit 63,1%, die niedrigste im Bundesland Niedersachsen mit 14,7% zu finden. Damit besuchte in Deutschland etwa jeder vierte Schüler mit einem Förderbedarf in Deutschland eine Regelschule (28,2%), wobei die Inklusionsquoten seit der Ratifizierung der UN-Konvention von Schuljahr zu Schuljahr anwachsen, wobei allerdings auch der Anteil der Sonderschüler/innen insgesamt, was zu erwarten wäre, nicht rückläufig ist, sondern es sogar immer mehr Schüler/innen mit Förderbedarf gibt.

9. Die Grundschule ist seit ihrer Gründung eine Schule für alle Kinder, auch wenn 1920 die Kinder mit Behinderung nicht gemeint waren. Damit verfügt die Grundschule als einzige Schulform bereits seit Jahrzehnten über Erfahrungen im gemeinsamen Unterricht, der davon ausgeht, dass Kinder auch gleichen Alters unterschiedlich sind und unterschiedliche Stärken, Schwächen und Interessen haben. Es ist in der Grundschule einfacher als in den höheren Schulformen gemeinsames Arbeiten an einer Sache unter zielgleichen und zieldifferenten Voraussetzungen anzubieten. Methodik und Didaktik im Grundschulunterricht bezieht sich auf eine spezifische Stufendidaktik, die sich als Primarstufendidaktik von der Sekundarstufendidaktik unterscheidet (Spielen und Lernen, ganzheitliches Lernen, Arbeit mit Rhythmisierung und Ritualen u.a.). Auch wenn die Grundschule schon immer von einer „heterogenen Lerngruppe" ausgegangen ist, bestehen auch hier Schwierigkeiten. Zu finden ist hier in Bezug auf eine behinderungsspezifische Heterogenität ebenfalls das dichotome Denken in zwei Gruppen: Kinder mit/ohne Behinderung oder der Anspruch bei einer Klassengröße von 25 Kindern alle gleichermaßen zu fördern. Anknüpfend an Inklusionstheorien (z.B. vertreten von Andreas Hinz und Ines Boban) braucht Inklusion eine Zusammenarbeit unterschiedlicher Professionen im Team, die sich gleichermaßen verantwortlich für alle Kinder der Lerngruppe zeigen.

10. Exemplarisch am Unterrichtsgegenstand „Bäume im Wald" kann aufgezeigt werden, dass eine Unterrichtsplanung für eine inklusive Grundschule herausfordernd ist, will man nicht einfach auf vorhandene Unterrichtsmaterialien zurückgreifen, die von einem Schulbuchverlag für drei Differenzierungsniveaus bereits fertig als Print- oder Kopiervorlage vorbereitet sind. Um am gleichen Lerngegenstand zu arbeiten, bedarf es einer Sachanalyse und didaktischen Analyse. Wird in der Gruppe gearbeitet, muss geklärt werden, wie die Gruppen aufgeteilt werden, damit sie arbeitsfähig sind und wer in der Gruppe welche Zuständigkeit hat, damit alle Gruppenmitglieder beteiligt sind. Bilder von Bäumen können zugeordnet werden, um die Namen der unterschiedlichen Bäume zu lernen, Bilder und Namen sowie Blätter und Namen könnten als Legekarten dazu vorbereitet sein. Bäume könnten fotografiert oder gemalt, Blätter unterschiedlicher Bäume gesammelt werden. Diese könnten, je nach Vorkenntnissen und Sprach- und Abstraktionsvermögen, geklebt oder zugeordnet werden, Teil eines Steckbriefes sein, in unterschiedlichen Jahreszeiten gemalt werden mit mehr oder weniger starkem Bezug auf (Schrift)Sprache. Die Kinder, die über wenig Deutschkenntnisse verfügen, können hierbei mit Bildern und Symbolen arbeiten und genügend Zeit für Übungsphasen zur Zuordnung von Baum, Blatt und Namen bekommen, was jedoch gleichermaßen für die Kindern mit geistiger Behinderung, je nach Vermögen, gelten kann, die jedoch ebenfalls mit Blättern, Holz, Rinde, Stämmen stärker orientiert an sinnlichen Wahrnehmungen arbeiten könnten. Bei der Planung ist zu beachten, unterschiedliche Angebote und Zugänge anzubieten und ein handelndes Lernen alleine und in der Gruppe zu ermöglichen alle Materialien auf sprachlich unterschiedlich komplexen Niveaus vorzubereiten.

Anmerkungen

1. Geschichte und Wandel der Grundschule

1. Luther, M. (1524): Martin Luther. Pädagogische Schriften. In: H. Lorenzen (Hg.): Schöninghs Sammlung Pädagogischer Schriften. Quellen zur Geschichte der Pädagogik, 2. erweit. u. überarb. Aufl. 1969, S. 62-81.
2. Vgl. Nave, K.H. (1961): Die allgemeine deutsche Grundschule. Weinheim.
3. Rousseau, J. J. (1998[13]): Emile oder über die Erziehung. Stuttgart, S. 9.
4. Rousseau, J. J. (1750/1998[5]): *Über Kunst und Wissenschaft*. Hamburg. S. 46.
5. Raithel, J./Dollinger, B./Hörmann, G. (2007): Einführung Pädagogik. 2. Aufl. Wiesbaden, S. 105.
6. Prinz, D./Schwippert, K. (2016): Der Forschung – Der Lehre – Der Bildung: Aktuelle Entwicklungen der empirischen Bildungsforschung. Münster, S. 49 (eigene Abbildung).
7. Condorcet, (1792; 1966): Bericht und Entwurf einer Verordnung über die allgemeine Organisation des öffentlichen Unterrichtswesens (1927): Hg. v. H.-H. Schepp. Bd. 36. Weinheim, S. 22.
8. Combe, A./Helsper, W. (1996): Pädagogische Professionalität. Untersuchungen zum Typus pädagogischen Handelns. Frankfurt a.M., S. 11.
9. Condorcet, (1792; 1966), S. 58.
10. Ebd. S. 43 f.
11. Ebd. S. 22.
12. Prinz, D./Schwippert, K. (2016): Der Forschung – Der Lehre – Der Bildung: Aktuelle Entwicklungen der empirischen Bildungsforschung. Münster, S. 51.
13. Götz, M./Sandfuchs, U. (2011): Geschichte der Grundschule. In: Einsiedler, W. u. a. (Hg.): Handbuch Grundschulpädagogik und Grundschuldidaktik. Stuttgart. S. 33.
14. Fend, H. (2006): Geschichte des Bildungswesens – Der Sonderweg im europäischen Kulturraum. Frankfurt, S. 163 f.
15. Ebd. S. 164.
16. Vgl. Der Volksschullehrer. Ausgabe 11.031920. Köln, S. 1.
17. Briefe an Konrad Haenisch: Nachlass Haenisch in: Bundesarchiv N 2104/350, S. 54 f.
18. Braune, P. (2003): Die gescheiterte Einheitsschule – Heinrich Schulz – Parteisoldat zwischen Rosa Luxemburg und Friederich Ebert. Berlin, S. 176.
19. Götz, M./Sandfuchs, U. (2011): Geschichte der Grundschule. In: Einsiedler, W./Götz, U./Hartinger, A./Heinzel, F./Kahlert, F./Kahlert, J./Sandfuchs, U. (Hg.): Handbuch Grundpädagogik und Grundschuldidaktik, Bad Heilbrunn, S. 33.
20. Tews, J. (2001): Die Deutsche Einheitsschule: Freie Bahn jedem Tüchtigen. Hg. Düsseldorf, K. Heinsbeck. S. 151.
21. Ebd.
22. Götz, M./Sandfuchs, U. (2011): Geschichte der Grundschule. In: Einsiedler, W./Götz, U./Hartinger, A./Heinzel, F./Kahlert, F./Kahlert, J./Sandfuchs, U. (Hg.): Handbuch Grundpädagogik und Grundschuldidaktik, Bad Heilbrunn, S. 34.
23. Huber, E. R. (1978): Deutsche Verfassungsgeschichte seit 1789, Bd. V. Weltkrieg, Revolution und Reichserneuerung 1814-1919. Stuttgart. S. 1202 f.

24 Vgl. ebd. (S. 14)
25 Vgl. Jung, u. a. 2011, S. 21
26 Götz, M./Sandfuchs, U. (2011): Geschichte der Grundschule. In: Einsiedler, W./Götz, U./Hartinger, A./Heinzel, F./Kahlert, F./Kahlert, J./Sandfuchs, U. (Hg.): Handbuch Grundpädagogik und Grundschuldidaktik, Bad Heilbrunn, S. 33.
27 Tenorth, H.-E. (2004): Bildungsstandards und Kerncurriculum. Systematischer Kontext, bildungstheoretische Probleme – In: Zeitschrift für Pädagogik 50 (2004) 5, S. 650-661.
28 Gesetz betreffend die Grundschulen und Aufhebung der Vorschulen vom 28.April 1920: www.documentarchiv/de/wr.html, eingesehen am 15.01.2016
29 Vgl. Götz, M. (1997): Die Grundschule in der Zeit des Nationalsozialismus. Bad Heilbrunn. Klinkhardt.
30 Ebd. S. 28.
31 Tenorth, H.-E. (2011): Bildungspolitische Geschichte der „Grundschule" in der SBZ und der frühen DDR, 1945/46-1951/1952. In: Jung, J./König, B./Krenig, K./Stöcker, K. u. Vogt, M. (Hg.): Die zweigeteilte Geschichte der Grundschule 1945 bis 1990. Ausgewählte und kommentierte Quellentexte zur Entwicklung in Ost- und Westdeutschland. Münster.
32 Grundgesetz der Bundesrepublik Deutschland vom 23.04.1949. Art. 7 (1); URL: http://www.verfassungen.de/de/gg/index.htm (Recherchedatum: 01.04.2016).
33 Zymek, B. (2011): Bildungspolitik und -statistik – Westeuropa. In: Jung, J./König, B./Krenig, K./Stöcker, K. u. Vogt, M. (Hg.): Die zweigeteilte Geschichte der Grundschule 1945 bis 1990. Ausgewählte und kommentierte Quellentexte zur Entwicklung in Ost- und Westdeutschland. Münster. S. 44.
34 Teichler, U. (1974): „Struktur des Hochschulwesens und ‚Bedarf' an sozialer Ungleichheit. Zum Wandel der Beziehungen zwischen Bildungssystem und Beschäftigungssystem." In: Mitteilungen aus der Arbeitsmarkt- und Berufsforschung, 7. issue, 974, S. 203.
35 vgl. kritisch zu diesem „Manpower-Ansatz" Hartung, D./Nuthmann, R./Teichler, U. (1976): Hochschulexpansion und Bedarf der Gesellschaft. Stuttgart.
36 vgl. Picht, G. (1964): Die deutsche Bildungskatastrophe. Analyse und Dokumente. Olten/Freiburg i. Br.
37 Hanf, T. (1975): Reproduktionseffekte oder Wandelrelevanz der Bildung. In: Funk Kolleg: Sozialer Wandel. 2. Bd. Frankfurt, S. 128.
38 Dahrendorf, R. (1965). Bildung ist Bürgerrecht. Plädoyer für eine aktive Bildungspolitik. Hamburg.
39 vgl. kritisch Ortmann, H. (1971): Arbeiterfamilien und sozialer Aufstieg. München.
40 Trotha, v. T. (1982) Zur Entstehung von Jugend. In: Kölner Zs. f. Soz. u. Sozialpsychol. 34 (1982). S. 271, sich auf den Bildungsgesamtplan 1973 beziehend.
41 Lütkens, C. (1959): Die Schule als Mittelklasseninstitution. In: Heintz, P. (Hg.): Soziologie der Schule. Köln, S. 22-39.
42 Dahrendorf 1965b: 21 f f.
43 vgl. Preißer, R. (1982): Literatur- und Forschungsdokumentation zum Thema Arbeiterkinder als Gegenstand der deutschen Hochschulforschung. (Max-Planck-Institut für Bildungsforschung) Berlin.
44 Schorch, G. (2006²): Die Grundschule als Bildungsinstitution. Leitlinien einer systematischen Grundschulpädagogik. Bad Heilbrunn, S. 130.

45 Ebd. S. 131.
46 Zitiert n. ebd. S. 131.
47 Ebd. S. 131.
48 Ebd. S. 51.
49 Ebd. S. 73.
50 Ebd. S. 55.
51 Geißler, G./Wichmann, U. (1995): Schule und Erziehung in der DDR. Studien und Dokumente. Neuwied/Kriftel/Berlin, S. 33 f.
52 Reyer, J. (2000): Einführung in die Geschichte des Kindergartens und der Grundschule. Bad Heilbrunn, S. 190.
53 Tenorth, H.-E. (2011): Bildungspolitische Geschichte der „Grundschule" in der SBZ und der frühen DDR, 1945/46-1951/1952. In: Jung, J./König, B./Krenig, K./Stöcker, K. u. Vogt, M. (Hg.): Die zweigeteilte Geschichte der Grundschule 1945 bis 1990. Ausgewählte und kommentierte Quellentexte zur Entwicklung in Ost- und Westdeutschland. Münster, S. 76.
54 Reimers, B. I./Wiegmann, U. (2011): Institutionelle Entwicklung – Ostdeutschland. In: Jung, J./König, B./Krenig, K./Stöcker, K. u. Vogt, M. (Hg.): Die zweigeteilte Geschichte der Grundschule 1945 bis 1990. Ausgewählte und kommentierte Quellentexte zur Entwicklung in Ost- und Westdeutschland. Münster, S. 125.
55 Gesetz über das einheitliche sozialistische Bildungssystem (25. Februar 1965); abgedruckt in Baske, S. (1979): Bildungspolitik in der DDR. Dokumente. Wiesbaden, S. 97-130.
56 Reimers, B. I./Wiegmann, U. (2011), S. 137.
57 Hepp, G. F. (2011): Bildungspolitik in Deutschland: Eine Einführung. Wiesbaden.
58 Helbig, M./Nikolai, R. (2015): Die Unvergleichbaren. Der Wandel der Schulsysteme in den deutschen Bundesländern seit 1949. Bad Heilbrunn.
59 Ebd. S. 54.
60 Weinert, F. E./Helmke, A. (1987): Schulleistungen – Leistungen der Schule der Kinder? Bild der Wissenschaft, 24 S. 62-73.
61 Peschel, F. (2002): Öffnung des Unterrichts – ein Stufenmodell. In H. Bartnitzky & R. Christiani (Hg.), Berufseinstieg: Grundschule. Leitfaden für Studium und Vorbereitungsdienst. Berlin.
62 Cortina, K. S. /Baumert, J./Leschinsky, A/Mayer, K. U./Trommer, L. (2008)(Hg.): Das Bildungswesen der Bundesrepublik Deutschland. Reinbek.
63 Kansteiner, K./Höke, J./Hille, K. (2012): Lehrerzentrierter versus schülerorientierter Unterricht. Erweiterung eines differenzierten Blicks auf das Lernverhalten von Schüler/innen in offenen Lehr-Lernformen. In Unterrichtswissenschaft 40. Jg. 2012, H. 4. S. 371-384
64 Tews, J. (2001): Die Deutsche Einheitsschule: Freie Bahn jedem Tüchtigen. Hg. Düsseldorf, K. Heinsbeck. S. 151

2. Kindheit und Kindsein in der Grundschule

1 Fölling-Albers, M. (2003): Grundschulpädagogik, Grundschulforschung und Kindheit. In: Panagiotopoulou, A./Brügelmann, H. (Hg.): Grundschulpädagogik meets Kindheitsforschung. Zum Wechselverhältnis von schulischem Lernen und außerschulischen Erfahrungen im Grundschulalter. Opladen, S. 34.

2   Prekop, J. (1997): Der kleine Tyrann. München.
3   Sptizer, M. (2012): Digitale Demenz. Wie wir unsere Kinder um den Verstand bringen. München.
4   Vgl. dazu auch: Burk, K./Deckert-Peaceman (2006) (Hg.): Auf dem Weg zur Ganztags-Grundschule. Frankfurt/Main.
5   Fölling-Albers, M. (Hg.) (1989): Veränderte Kindheit – veränderte Grundschule. Frankfurt/Main.
6   Vgl. Fölling-Albers, M. (2003): Grundschulpädagogik, Grundschulforschung und Kindheit. In: Panagiotopoulou, A./Brügelmann, H. (Hg.): Grundschulpädagogik meets Kindheitsforschung. Zum Wechselverhältnis von schulischem Lernen und außerschulischen Erfahrungen im Grundschulalter. Opladen, S. 35.
7   Honig, M.-S. (1999): Forschung „vom Kinde aus"? Perspektivität in der Kindheitsforschung. In: Honig, M.-S. /Lange, A./Leu, H.-R. (Hg.): Aus der Perspektive von Kindern? Weinheim und München, S. 46.
8   Honig, M.-S. (1999): Forschung „vom Kinde aus"? Perspektivität in der Kindheitsforschung. In: Honig, M.-S. /Lange, A./Leu, H.-R. (Hg.): Aus der Perspektive von Kindern? Weinheim und München, S. 46.
9   Behnken, I. (2004): Bilder von Kindheit: Konstruktionen in den Köpfen der Erwachsenen. In: Friedrich Jahresheft, Seelze, S. 40-42.
10 Behnken, I./Zinnecker, J. (2001): Kinder. Kindheit. Lebensgeschichte. Ein Handbuch. Seelze.
11 Vgl. Behnken, I./Zinnecker, J. (2001): Kinder. Kindheit. Lebensgeschichte. Ein Handbuch. Seelze, S. 26-32 sowie Behnken, I. (2004): Bilder von Kindheit: Konstruktionen in den Köpfen der Erwachsenen. In: Friedrich Jahresheft, Seelze, S. 40-42.
12 Tomasello, M. (2011): Die Ursprünge der menschlichen Kommunikation. Frankfurt.
13 Steiner, R. (2015): Allgemeine Menschenkunde als Grundlage der Pädagogik. Menschenkunde und Erziehungskunst. Ein pädagogischer Grundkurs 1919. Stuttgart.
14 Langeveld, M. J. (1956/1964): Studien zur Anthropologie des Kindes. Tübingen, S. 1.
15 Langeveld, M. J (1956/1964).: Studien zur Anthropologie des Kindes. Tübingen, S. 42 f.
16 Wulf, Ch. (Hg.) (1994): Einführung in die pädagogische Anthropologie. Weinheim.
17 Wulf, Ch. (Hg.) (1994): Einführung in die pädagogische Anthropologie. Weinheim, S. 8.
18 Zirfas, J. (2012): Anthropologie. In: Horn, K.-P./Kemnitz, H./Marotzki, W./Sandfuchs, U. (Hg.): Klinkhardt Lexikon Erziehungswissenschaft. Bad Heilbrunn, S. 47.
19 Vgl. Duncker, L./Scheunpflug, A./Schultheis, K. (2005): Schulkindheit: Anthropologie des Lernens im Schulalter. Stuttgart.
20 Duncker, L. (2016): Vortrag im Rahmen der DGFE Grundschulforschungstagung an der Universität Bielefeld am 27.09.2016.
21 Ullrich, H. (2011): Rudolf Steiner. Leben und Lehre. München.
22 Huizinga, J. (1938): Homo Ludens: Versuch einer Bestimmung des Spielelements der Kultur. Basel.
23 Vgl. Nießeler, A. (2003): Formen symbolischer Weltaneignung. Würzburg.

24 Vgl. Duncker, L./Lieber, G./Neuss, R./Uhlig, B. (Hg.) (2010): Bildung in der Kindheit. Das Handbuch zum Lernen in Kindergarten und Grundschule. Seelze
25 Vgl. Schäfer, G. (2005): Bildungsprozesse im Kindesalter. Selbstbildung, Erfahrung und Lernen in der frühen Kindheit. Weinheim.
26 Stenger, U. u. a. (2010): Kinderwelten – Bildungswelten. Berlin, S. 59.
27 Stenger, U. u. a. (2010): Kinderwelten – Bildungswelten. Berlin, S. 60.
28 Deibl, Ch. (2012): Phänomenologische Pädagogik. In: Horn, K.-P./Kemnitz, H./Marotzki, W./Sandfuchs, U. (Hg.): Klinkhardt Lexikon Erziehungswissenschaft. Bad Heilbrunn, S. 7.
29 Flitner, A. (2002): Spielen – Lernen. Praxis und Deutung des Kinderspiels. Weinheim, S. 27.
30 Vgl. Götz, M. (2011): Kindorientierung – ein gesellschaftlicher Anspruch der Grundschule. In: Heinzel, F. (Hg.) (2011): Generationenvermittlung in der Grundschule. Ende der Kindgemäßheit? Bad Heilbrunn, S. 26-39.
31 Vgl. Heinzel, F. (Hg.) (2011): Generationenvermittlung in der Grundschule. Ende der Kindgemäßheit? Bad Heilbrunn.
32 Vgl. Deckert-Peaceman, H./Scholz, G. (2016): Vom Kind zum Schüler. Diskus-Formationen zum Schulanfang und ihre Bedeutung für die Theorie der Grundschule. Opladen.
33 Vgl. u. a. Precht, R.-D. (2013): Anna, die Schule und der liebe Gott. Der Verrat des Bildungssystems an unseren Kindern. München sowie Rittelmeyer, Ch. (2007): Kindheit in Bedrängnis. Zwischen Kulturindustrie und technokratischer Bildungsreform. Stuttgart.
34 Key, E. (1902/1992): Das Jahrhundert des Kindes. Weinheim, S. 164.
35 Key, E. (1902/1992): Das Jahrhundert des Kindes. Weinheim, S. 166.
36 Vgl. Gudjons, H. (2006): Pädagogisches Grundwissen. Klinkhardt, S. 112 f.
37 Vgl. Flitner, A. (2001): Reform der Erziehung. Weinheim/Basel, S. 30 f f.
38 Eßer, F. (2010): Imaginationen kindlicher Selbsttätigkeit in pädagogischen Entwürfen um 1900. In: Diskurs Kindheits- und Jugendforschung. Heft 3/2010, S. 292.
39 Heinzel, F. (2002): Kindheit und Grundschule. In: Krüger, H.-H./Grunert, C. (Hg.): Handbuch der Kindheits- und Jugendforschung. Opladen, S. 546.
40 Vgl. Gudjons, H. (2006): Pädagogisches Grundwissen. Klinkhardt, S. 112 f.
41 Vgl. Gudjons, H. (2006): Pädagogisches Grundwissen. Klinkhardt, S. 118.
42 Hurrelmann, K./Bründel, H. (2003): Einführung in die Kindheitsforschung. Weinheim und Basel, S. 27.
43 Vgl. Gudjons, H. (2006): Pädagogisches Grundwissen. Klinkhardt, S. 124.
44 Denner, L./Schumacher, E. (2015): Übergänge in die Schule und Lehrerbildung. Stuttgart.
45 Müller, U. B. (2014): Kinder im verzahnten Übergang vom Elementar- zum Primarbereich. Opladen.
46 Vgl. Kern, Artur (1951): Das Sitzenbleiberelend. Freiburg.
47 Vgl. z. B. Bronfenbrenner, U. (1979): The Ecology of Human Development. Cambridge: Harvard University Press. Deutsche Fassung: Bronfenbrenner, U.: Die Ökologie der menschlichen Entwicklung natürliche und geplante Experimente. Stuttgart. 1981.
48 Vgl. z. B. Nickel, H. (1990): Das Problem der Einschulung aus ökologisch-systemischer Perspektive. In: Psychologie in Erziehung und Unterricht, 37/3, S. 217-227.

[49] Vgl. Gudjons, H. (2006): Pädagogisches Grundwissen. Klinkhardt, S. 110 f.
[50] Vgl. Denner, L./Schumacher, E. (2004): Der Übergang vom Elementar- zum Primarbereich. Bad Heilbrunn, S. 21.
[51] Kelle, H./Mierendorff, J. (2013): Normierung und Normalisierung der Kindheit. Weinheim.
[52] Kelle, H./Tervooren, A. (2008): Ganz normale Kinder. Heterogenität und Standardisierung kindlicher Entwicklung. Weinheim.
[53] Kelle, H. (Hg.) (2010): Kinder unter Beobachtung. Kulturanalytische Studien zur pädiatrischen Entwicklungsdiagnostik. Opladen.
[54] Kelle, H./Mierendorff, J. (2013): Normierung und Normalisierung der Kindheit. Weinheim.
[55] Bühler-Niederberger, D. (2011): Lebensphase Kindheit. Theoretische Ansätze, Akteure und Handlungsräume. Weinheim.
[56] Brügelmann, H. (2015): Vermessene Schulen – standardisierte Schüler. Weinheim und München.
[57] Deckert-Peaceman, H./Scholz, G. (2016): Vom Kind zum Schüler. Opladen.
[58] Vgl. dazu ausführlich den Band von Lange, A./Xyländer, M. (Hg.) (2011): Bildungswelt Familie. Theoretische Rahmung, empirische Perspektiven und Befunde. Weinheim und München.
[59] Hurrelmann, K./Bründel, H. (2003): Einführung in die Kindheitsforschung. Weinheim und Basel, S. 8.
[60] Popp, U. (2009): Sozialisationsforschung als gemeinsame Perspektive von (Jugend-)Soziologie und Erziehungswissenschaft? In: Diskurs Kindheits- und Jugendforschung 4/2009, 3, S. 347-363, v. a. S. 351.
[61] Andresen, S. /Hurrelmann, K. (2010): Kindheit. Weinheim.
[62] Andresen, S. /Hurrelmann, K. (2010): Kindheit. Weinheim, S. 41.
[63] Deckert-Peaceman, H./Dietrich, C./Stenger, U. (2010): Einführung in die Kindheitsforschung. Darmstadt, S. 52.
[64] Deckert-Peaceman, H./Dietrich, C./Stenger, U. (2010): Einführung in die Kindheitsforschung. Darmstadt.
[65] Heinzel, F./Kränzl-Nagl, R./Mierendorff, J. (2012): Sozialwissenschaftliche Kindheitsforschung. Annäherungen an einen komplexen Forschungsbereich. In: Theo-Web. Zeitschrift für Religionspädagogik. 11 (2012), H.1, S. 11.
[66] Deckert-Peaceman, H./Dietrich, C./Stenger, U. (2010): Einführung in die Kindheitsforschung. Darmstadt, S. 8.
[67] Z.B. Zinnecker, J./Honig, M.-S. (2000): Entwurf einer Theorie der Kindheit. Frankfurt/Main.
[68] V.a. Honig, M.-S. (1999): Entwurf einer Theorie der Kindheit. Frankfurt/Main; Honig, M.-S. (2009): Ordnung der Kindheit. Problemstellungen und Perspektiven der Kindheitsforschung. Weinheim.
[69] Vgl. Andresen, S. /Hurrelmann, K. (2010): Kindheit. Weinheim.
[70] Andresen, S. /Diehm, I. (2006) (Hg.): Kinder, Kindheiten, Konstruktionen. Erziehungswissenschaftliche Perspektiven und sozialpädagogische Verortungen. Wiesbaden, S. 11.
[71] Honig, M.-S. (1999): Entwurf einer Theorie der Kindheit. Frankfurt/Main, S. 324.
[72] Ariès, Ph. (1975): Geschichte der Kindheit. München/Wien.
[73] Parsons, T. (1951): The social system. New York.
[74] Parsons, T. (Hg.) (1968): Sozialstruktur und Persönlichkeit. Frankfurt/Main.

75 Andresen, S. /Hurrelmann, K. (2010): Kindheit. Weinheim, S. 35.
76 Heinzel, F. (Hg.) (2012): Methoden der Kindheitsforschung. Ein Überblick über Forschungszugänge zu kindlichen Perspektive. Weinheim, S. 24.
77 Vgl. Hurrelmann, K. (1983): „Das Modell des produktiv realitätsverarbeitenden Subjekts in der Sozialisationsforschung." In: Zeitschrift für Sozialisationsforschung und Erziehungssoziologie, Jg. 3, H. 1, S. 91-104.
78 Alderson, P. (1995): Listening to Children: Children, Ethics and Social Research. London.
79 James, A./Prout, A. (Hg.) (1990): Constructing and Reconstructing Childhood: Contemporary Issues in the Sociological Study of Childhood. London.
80 Qvortrup, J./Bardy, M./Sgritta, G./Wintersberger, H. (Hg.) (1994): Childhood Matters: Social Theory, Practice and Politics. Aldershot.
81 Roche, J. (1999) 'Children: Rights, Participation and Citizenship', Childhood 6(4): 475–93.
82 James, A./Prout, A. (Hg.) (1990): Constructing and Reconstructing Childhood: Contemporary Issues in the Sociological Study of Childhood. London.
83 Corsaro, W. (1997): The Sociology of Childhood. New York.
84 Honig, M.-S. /Lange, A./Leu, H.-R. (Hg.) (1999): Aus der Perspektive von Kindern? Weinheim und München.
85 Vgl. Honig, M.-S. (1999): Entwurf einer Theorie der Kindheit. Frankfurt/Main, S. 15.
86 Z.B. Einarsdottir, J. (2007): Research with children. Methodological and ethical challenges. In: European Early Childhood Research Journal. Routhlege/Canada, Band 15. S. 197-211.
87 Z.B. Dockett, S. /Einarsdottir, J./Perry, B. (2009): Researching with children. Ethical tensions. In: Journal of Early Childhood Research. London 2009/10/1, S. 283-298.
88 Andresen, S. /Hurrelmann, K. (2010): Kindheit. Weinheim, S. 39.
89 Deckert-Peaceman, H./Dietrich, C./Stenger, U. (2010): Einführung in die Kindheitsforschung. Darmstadt, S. 9.
90 Deckert-Peaceman, H./Dietrich, C./Stenger, U. (2010): Einführung in die Kindheitsforschung. Darmstadt.
91 Vgl. Deckert-Peaceman, H./Scholz, G. (2016): Vom Kind zum Schüler. Opladen.
92 Vgl. z. B. Sünker, H. (1993): Kindheit zwischen Individualisierung und Institutionalisierung. In: Zentrum für Kindheits- und Jugendforschung, S. 15-31.
93 Bühler-Niederberger, D./Sünker, H. (2006): Der Blick auf das Kind. Sozialisationsforschung, Kindheitssoziologie und die Frage nach der gesellschaftlich-generationalen Ordnung. In: Andresen, S. /Diehm, I. (2006) (Hg.): Kinder, Kindheiten, Konstruktionen. Erziehungswissenschaftliche Perspektiven und sozialpädagogische Verortungen. Wiesbaden, S. 25-52.
94 Bühler-Niederberger, D. (2011): Lebensphase Kindheit. Theoretische Ansätze, Akteure und Handlungsräume. Weinheim.
95 Bühler-Niederberger, D. (2011): Lebensphase Kindheit. Theoretische Ansätze, Akteure und Handlungsräume. Weinheim, S. 219 f.
96 Vgl. Fölling-Albers, M. (2003): Grundschulpädagogik, Grundschulforschung und Kindheit. In: Panagiotopoulou, A./Brügelmann, H. (Hg.): Grundschulpädagogik meets Kindheitsforschung. Zum Wechselverhältnis von schulischem Lernen und außerschulischen Erfahrungen im Grundschulalter. Op-

laden, S. 36.
[97] Heinzel, F. (Hg.) (2012): Methoden der Kindheitsforschung. Ein Überblick über Forschungszugänge zu kindlichen Perspektive. Weinheim.
[98] Vgl. dazu auch Heinzel, F. (Hg.) (2011): Generationenvermittlung in der Grundschule. Ende der Kindgemäßheit? Bad Heilbrunn.
[99] Deckert-Peaceman, H./Dietrich, C./Stenger, U. (2010): Einführung in die Kindheitsforschung. Darmstadt.
[100] Heinzel, F. (Hg.) (2012): Methoden der Kindheitsforschung. Ein Überblick über Forschungszugänge zu kindlichen Perspektive. Weinheim.
[101] Vgl. Deckert-Peaceman, H./Dietrich, C./Stenger, U. (2010): Einführung in die Kindheitsforschung. Darmstadt, S. 32-58.
[102] Krappmann, L./Oswald, H. (1995): Alltag der Schulkinder. Beobachtungen und Analysen von Interaktionen und Sozialbeziehungen. München.
[103] Petillon (1993): Das Sozialleben der Schulanfänger. Weinheim.
[104] Beck, G./Scholz, G. (1995): Soziales Lernen – Kinder in der Grundschule. Reinbek bei Hamburg.
[105] Heinzel, F. (2001): Kinder im Kreis. Kreisgespräche in der Grundschule als Sozialisationssituation und Kindheitsraum. Halle.
[106] Beck, G./Scholz, G. (2000): Beobachten im Schulalltag. 2. Auflage. Berlin, S. 157.
[107] Vgl. Krüger, H.-H. (2006): Forschungsmethoden in der Kindheitsforschung. In: Diskurs Kindheits- und Jugendforschung. S. 91-115.
[108] Heinzel, F. (Hg.) (2012): Methoden der Kindheitsforschung. Weinheim und Basel, S. 23.
[109] Vgl. dazu auch Heinzel, F. (Hg.) (2012): Methoden der Kindheitsforschung. Weinheim und Basel, S. 24 f.
[110] Heinzel, F. (2002): Kindheit und Grundschule. In: Krüger, H.-H./Grunert, C. (Hg.): Handbuch der Kindheits- und Jugendforschung. Opladen, S. 555.
[111] Vgl. Fuhs, B. (2012): Kinder in qualitativen Interviews – Zur Erforschung subjektiver kindlicher Lebenswelten. In: Heinzel, F. (Hg.): Methoden der Kindheitsforschung. Weinheim und Basel, S. 80-103 sowie Mey, G. (2003): Zugänge zur kindlichen Perspektive. Methoden der Kindheitsforschung. Forschungsbericht der Abteilung Psychologie, Institut für Sozialwissenschaften der technischen Universität Berlin, Vol. 2003/1.
[112] Hülst, D. (2012): Das wissenschaftliche Verstehen von Kindern. In: Heinzel, F. (Hg.) (2012): Methoden der Kindheitsforschung. Weinheim und Basel, S. 52-77.
[113] Auf der jährlich stattfindenden Tagung der European Early Childhood Research Association zeigt sich die Bandbreite der laufenden Forschungsprojekte in diesem Bereich.
[114] Vgl. dazu auch Heinzel, F. (Hg.) (2012): Methoden der Kindheitsforschung. Weinheim und Basel, S. 24 f.
[115] Kelle, H. (2004): Der Beitrag der sozialwissenschaftlichen Kindheitsforschung für die Grundschulforschung. In: Zeitschrift für Erziehungswissenschaft Heft 7/2004, S. 85-102.
[116] Kelle, H. (2004): Der Beitrag der sozialwissenschaftlichen Kindheitsforschung für die Grundschulforschung. In: Zeitschrift für Erziehungswissenschaft Heft 7/2004, S. 98.
[117] Breidenstein, G. (2013): Schulkinder zwischen Peer-Kultur und Unterrichtsanforderungen oder: Wortsymbole kleben in der Morgensonne. In:

Wannack, E./Bosshart, S. /Eichenberger, A./Fuchs, M./Hardegger, E./Marti, S. (Hg.): 4- bis 12-Jährige. Ihre schulischen und außerschulischen Lern- und Lebenswelten. Münster, S. 101-116.

[118] Budde, J. (Hg.) (2013): Unscharfe Einsätze. (Re-)Produktion von Heterogenität im schulischen Feld. Wiesbaden.

[119] Eckermann, Th. (2017): Kinder und ihre Peers beim kooperativen Lernen. Differenz bearbeiten – Unterschiede herstellen. Wiesbaden.

[120] Eckermann, Th./Heinzel, F. (2015): Kinder als Akteure und Adressaten? Praxistheoretische Überlegungen zur Konstitution von Akteuren und (Schüler-)Subjekten. In: Zeitschrift für Soziologie der Erziehung und Sozialisation, 35 (2015), 1, S. 23-38.

[121] Flügel, A. (2015): Schülerinnen und Schüler zwischen Schule und Peers – Peerkulturelle Praktiken der Differenzkonstruktion im Unterricht. In: http://www.schulpaedagogik-heute.de/conimg/Archiv/SHHeft13/06_Ausserthematischeforschungsbeitraege/06_02.pd f.

[122] Machold, C. (2014): Kinder und Differenz. Eine ethnographische Studie im elementarpädagogischen Kontext. Wiesbaden.

[123] Honig, M.-S. /Lange, A./Leu, H.-R. (Hg.) (1999): Aus der Perspektive von Kindern? Weinheim und München.

[124] Langeveld, M. J. (1956/1964): Studien zur Anthropologie des Kindes. Tübingen.

[125] Vgl. Krüger, H.-H./Grunert, C. (2002): Geschichte und Perspektive der Kindheits- und Jugendforschung. In: Ders. (Hg.): Handbuch Kindheits- und Jugendforschung. Opladen, S. 23.

3. Der Übergang vom Elemtar- zum Primarbereich

[1] Bei der PISA-Studie handelt es sich um eine vergleichende internationale Studie, die wie die TIMSS-Studie von 1997 eine vergleichende Schulleistungs-Studie darstellt. Die internationale Vergleichsuntersuchung TIMSS (The Third International Mathematics and Science Study) von 1997 untersuchte in 45 Ländern bei Schülern des 7. und 8. Jahrgangs im mathematischen und naturwissenschaftlichen Bereich „basale" Kenntnisse. Die PISA-Studie prüft Schulleistungen in den drei Bereichen Lesekompetenz, mathematische Grundbildung und naturwissenschaftliche Grundbildung. In Folge der (mehrheitlich eher mäßigen) Ergebnisse der großen internationalen Vergleichsuntersuchungen, neben TIMSS und PISA sind hier auch die IGLU-Studie für den Primarbereich sowie DESI zu nennen – erfolgten seit Mitte der 90er Jahre eine bildungspolitische Suchbewegungen danach, was guten Unterricht auszeichnet und wie das deutsche Bildungssystem verbessert werden kann.

[2] Hörner, W. (2014): Grundschule in Europa. In: Einsiedler, W./Götz, M./Hartinger, A./Heinzel, F./Kahlert, J./Sandfuchs, U. (Hg.): Handbuch Grundschulpädagogik und Grundschuldidaktik, S. 53 f.

[3] Faust, G. (2010) zit. n. Müller, U. B. (2014): Kinder im verzahnten Übergang vom Elementar- zum Primarbereich. Opladen/Berlin/Toronto, S. 14.

[4] Vgl. Deutscher Bildungsrat (Hg.) (1970): Empfehlungen der Bildungskommission. Strukturplan für das Bildungswesen. Stuttgart.

Anmerkungen

5 Vgl. z. B. Faust, G./Götz, M./Hacker, H./Roßbach, H.-G. (Hg.) (2004): Anschlussfähige Bildungsprozesse im Elementar- und Primarbereich. Bad Heilbrunn, S. 91.
6 Vgl. Lichtenstein-Rother, I./Röbe, E. (1982/2004): Grundschule. Der pädagogische Raum für Grundlegung der Bildung. Weinheim und Basel, S. 54.
7 Bronfenbrenner, U. (1979/1981): The Ecology of Human Development. Cambridge: Harvard University Press. Deutsche Fassung: Bronfenbrenner, U.: Die Ökologie der menschlichen Entwicklung natürliche und geplante Experimente. Stuttgart.
8 Nickel, H. (1990): Das Problem der Einschulung aus ökologisch-systemischer Perspektive. In: Psychologie in Erziehung und Unterricht, 37/3, S. 217-227.
9 Vgl. Kern, A. (1951): Das Sitzenbleiberelend. Freiburg, siehe unten.
10 Kelle, H. (Hg.) (2010): Kinder unter Beobachtung. Kulturanalytische Studien zur pädiatrischen Entwicklungsdiagnostik. Opladen.
11 Vgl. Müller, U. B. (2014): Kinder im verzahnten Übergang vom Elementar- zum Primarbereich. Opladen/Berlin/Toronto, S. 15f f.
12 Vgl. z. B. Carle, U./Berthold B. (2007): Schuleingangsphase entwickeln – Leistung fördern. Baltmannsweiler.
13 Höke, J. (2013): Professionalisierung durch Kooperation. Chancen und Grenzen in der Zusammenarbeit von Kindergarten und Grundschule. Münster.
14 Büker, P./Kordulla, A./Bunte, N. (2012): Lernen in multiprofessionellen Teams: Integrierte Praxisforschung im Paderborner Modellprojekt Kinderbildungshaus. In: Freitag, Ch./Bargen, I. (Hg.): Praxisforschung in der Lehrerbildung. Berlin, S. 144-155.
15 Vgl. Beschluss der Jugend- und Familienkonferenz von 2009 http://www.kmk.org/fileadmin/Dateien/veroeffentlichungen_beschluesse/2009/2009_06_18-Uebergang-Tageseinrichtungen-Grundschule.pdf.
16 Kultusministerkonferenz Empfehlungen zur Arbeit in der Grundschule von 2015
http://www.kmk.org/fileadmin/Dateien/veroeffentlichungen_beschluesse/1970/1970_07_02_Empfehlungen_Grundschule.pdf.
17 Gemeinsame Verwaltungsvorschrift des Kultusministeriums und des Sozialministeriums über die Kooperation zwischen Tageseinrichtungen für Kinder und Grundschulen von 2002
http://www.landesrecht-bw.de/jportal/?quelle=jlink&query=VVBW-2162-KM-20020214-SF&psml=bsbawueprod.psml&max=tru.
18 Götz, M. (2014) : Schuleingangsstufe. In: Einsiedler, W./Götz, M./Hartinger, A./Heinzel, F./Kahlert, J./Sandfuchs, U. (Hg.): Handbuch Grundschulpädagogik und Grundschuldidaktik. Bad Heilbrunn, S. 90.
19 Luhmann, N. (2009): Einführung in die Systemtheorie. Darmstadt.
20 Gaus, D./Drieschner, E. (2014): Strukturelle Kopplungen im Bildungssystem. Zur theoretischen und historisch-empirischen Fundierung. Bildungswissenschaftlicher Forschung am Beispiel des Verhältnisses von Kindergarten und Grundschule. Hohengehren.
21 Vgl. z. B. Deckert-Peaceman, H./Seifert, A. (Hg.) (2013): Die Grundschule als Ort grundlegender Bildung? Beiträge zu einer Neuverortung der Grundschulpädagogik. Bad Heilbrunn.
22 Kiper, H. (2001): Einführung in die Schulpädagogik. Weinheim, S. 18.
23 Vgl. Esslinger-Hinz, I./Slivka, A. (2011): Schulpädagogik. Weinheim, S. 39.
24 Vgl. Bayrisches Staatsministerium für Arbeit und Sozialordnung, Familie und Frauen/Staatsinstitut für Frühpädagogik München (2006): Der Bayeri-

sche Bildungs- und Erziehungsplan für Kinder in Tageseinrichtungen bis zur Einschulung. Berlin.
25 Ministerium für Kultus, Jugend und Sport Baden-Württemberg (Hg.) (2014): Orientierungsplan für Bildung und Erziehung in baden-württembergischen Kindergärten und weiteren Kindertageseinrichtungen. Freiburg/Basel/Wien, S. 102.
26 Aicher-Jakob, M. (2015): Das Verhältnis von Kindergarten und Schule – ein chronischer Disput. Eine empirisch fundierte Studie zur Implementierung des Orientierungsplans in baden-württembergischen Kindertageseinrichtungen. Bad Heilbrunn.
27 Reichmann, E./Seifert, A. (2014): Lernen in heterogenen Lerngruppen – Welches Rollenverständnis und welche Vorstellungen von Lernen haben angehende Kindheitspädagogen und Grundschulpädagogen? Eine vergleichende Studie. In: Blömer, D./Lichtblau, M./Jüttner, A.-K. Koch, K./Krüger, M. Werning, R. (Hg.): Gemeinsam anders lehren und lernen. Tagungsband Grundschulforschungstagung 2013. Wiesbaden, S. 40-44.
28 Dahlberg, G./Moss, P./Pence, A. (1999): Beyond Quality in Early Childhood Education and Care: Postmodern Perspectives. London.
29 Vgl. Schäfer, G, (Hg.) (2005/2007): Bildung beginnt mit der Geburt. Ein offener Bildungsplan für Kindertageseinrichtungen in Nordrhein-Westfalen. Berlin.
30 Laewen, H.-J./Andres, B. (2002) (Hg): Bildung und Erziehung in der frühen Kindheit Weinheim.
31 Vgl. auch Deckert-Peaceman, H./Seifert, A. (Hg.) (2013): Die Grundschule als Ort grundlegender Bildung? Beiträge zu einer Neuverortung der Grundschulpädagogik. Bad Heilbrunn.
32 Schorch, Georg (1998): Grundschulpädagogik – eine Einführung. Bad Heilbrunn. Schorch, G. (2007): Studienbuch Grundschulpädagogik Die Grundschule als Bildungsinstitution und pädagogisches Handlungsfeld. Bad Heilbrunn.
33 Lichtenstein-Rother, I./Röbe, E. (1982/2004): Grundschule. Der pädagogische Raum für Grundlegung der Bildung. Weinheim.
34 Vgl. auch Deckert-Peaceman, H./Seifert, A. (Hg.) (2013): Die Grundschule als Ort grundlegender Bildung? Beiträge zu einer Neuverortung der Grundschulpädagogik. Bad Heilbrunn.
35 Vgl. Stein, M. (2013): Allgemeine Pädagogik. München.
36 Vgl. Liegle, L. (2010): Kinderwelten – Bildungswelten. Unterwegs zur Frühpädagogik. Berlin.
37 Vgl. u. a. Zimmer, J. (2000): Das kleine Handbuch zum Situationsansatz. Weinheim, S. 84 f.
38 Liegle. L. (2006): Bildung und Erziehung in früher Kindheit. Stuttgart, S. 99.
39 Dörpinghaus, A. (2012): Bildung. In: Horn, K.-P./Kemnitz, H./Marotzki, W./Sandfuchs, U. (Hg.): Klinkhardt Lexikon Erziehungswissenschaft. Bad Heilbrunn, S. 154 f.
40 Dörpinghaus, A. (2012): Bildung. In: Horn, K.-P./Kemnitz, H./Marotzki, W./Sandfuchs, U. (Hg.): Klinkhardt Lexikon Erziehungswissenschaft. Bad Heilbrunn, S. 155.
41 Schäfer, G. (2011): Bildung in der Frühen Kindheit. In: Horn, K.-P./Kemnitz, H./Marotzki, W./Sandfuchs, U. (Hg.): Klinkhardt Lexikon Erziehungswissenschaft. Bad Heilbrunn, S. 157.
42 Vgl. Drieschner, E./Gaus, D. (2017): Was sind pädagogische Konzepte? Prob-

leme ihrer Begriffsbestimmung, Funktionalität und Bewertung In: Pädagogische Rundschau, 1/2017.
43 Vgl. z. B. Bilstein, J./Brumlik, M. (2013): Die Bildung des Körpers. Weinheim sowie Wulf, Ch./Althans, B./Audehm, K./Bausch, C./Jörissen, B./Göhlich, M./Tervooren, A./Wagner-Willi, M./Zirfas, J. (2004): Bildung im Ritual. Wiesbaden.
44 Vgl. u. a. Gelhard, A./Alkemeyer, Th./Ricken, N. (Hg.) (2013): Techniken der Subjektivierung. Paderborn.
45 Ricken, N. (2006): Die Ordnung der Bildung. Beiträge zu einer Genealogie der Bildung. Wiesbaden.
46 Vgl. Bilstein, J./Ecarius, J./Stenger, J./Ricken, N. (Hg.) (2015): Bildung und Gewalt. Wiesbaden.
47 Vgl. Däschler-Seiler, S. (2004): Übergänge zur Kontinuität und Diskontinuität im Erziehungsprozess unter anthropologischen Gesichtspunkten. In: Denner, L./Schumacher, E. (Hg.): Übergänge im Elementar- und Primarbereich reflektieren und gestalten. Beiträge zu einer grundlegenden Bildung. Bad Heilbrunn, S. 15f f.
48 Vgl. Däschler-Seiler, S. (2004): Übergänge zur Kontinuität und Diskontinuität im Erziehungsprozess unter anthropologischen Gesichtspunkten. In: Denner, L./Schumacher, E. (Hg.): Übergänge im Elementar- und Primarbereich reflektieren und gestalten. Beiträge zu einer grundlegenden Bildung. Bad Heilbrunn, S. 15-20.
49 Van Gennep, A. (1908/2005): Übergangsriten. Les rites de passage. Frankfurt/New York, S. 15.
50 Vgl. Wulf, Ch./Althans, B./Audehm, K./Bausch, C./Jörissen, B./Göhlich, M./Tervooren, A./Wagner-Willi, M./Zirfas, J. (2004): Bildung im Ritual. Wiesbaden.
51 David Yeboah liefert mit „Enhancing Transitions from Early Childhood Phase to Primary Education: evidence from the research literature" (2002) einen guten Überblick über die internationale Transitionsforschung, auf den ich an dieser Stelle verweisen und auf den ich mich im Folgenden beziehen möchte.
52 Fabian, H./Dunlop, A.-W. (2007): Informing tTransitions in the Early Years. Research, policy and practice. London.
53 Fabian, H./Dunlop, A.-W. (2002): Transitions in the early years. Debating continuity and progression in early education. London/New York, S. 4.
54 Filipp, S-H. (Hg.) (1981/1995): Kritische Lebensereignisse. Weinheim.
55 Filipp, S-H. (Hg.) (1981/1995): Kritische Lebensereignisse. Weinheim, S. 23 f.
56 Filipp, S-H. (Hg.) (1981/1995): Kritische Lebensereignisse. Weinheim, S. 39.
57 Kakavoulis, A.K. (1994): Continuity in early childhood education: transition from pre-school to school. International Journey of Early Childhood Education, 2, S. 41-51.
58 Kakavoulis, A.K. (1994): Continuity in early childhood education: transition from pre-school to school. International Journey of Early Childhood Education, 2, S. 42.
59 Bronfenbrenner, U. (1979): The Ecology of Human Development. Cambridge: Harvard University Press. Deutsche Fassung: Bronfenbrenner, U. (1981): Die Ökologie der menschlichen Entwicklung natürliche und geplante Experimente. Stuttgart.
60 Vgl. Nickel, H. (1990): Das Problem der Einschulung aus ökologisch-systemischer Perspektive. In: Psychologie in Erziehung und Unterricht, 37/3, S. 217-

227.
61 Kern, A. (1951): Das Sitzenbleiberelend. Freiburg.
62 Vgl. Dazu auch www.testverfahren.de
63 Yeboah, D. A. (2002): Enhancing Transitions from Early Childhood Phase to Primary Education: evidence from the research literature. In: Early Years, Vol. 22, No. 1, S. 60.
64 In folgenden englischen Veröffentlichungen lässt sich die Debatte nachlesen: Blenkin, G. (1992): Progression, observation and accessment in early childhood: the context. In: Blenkin, G./Kelly, V.: Assessment in Early Childhood Education. London: Paul Chapman, 24-45. Yeboah, David A. (2002): Enhancing Transitions from Early Childhood Phase to Primary Education: evidence from the research literature. In: Early Years, Vol. 22, No. 1. Jackson, M. (1987): Making sense of school. In: Pollard, A. (Hg.): Children and their Primary School: a new perspective. New York, S. 74-87.
65 Dollase, R. (2000): Reif für die Schule? Kinderzeit 2000, 2, S. 5-8.
66 Vgl. z. B. Ladd, G./Price, J. (1987): Predicting Children's Social and School Adjustment Following the Transition from Pre-School to School. In: Child Development. Volume 58, No 5, S. 1168-1189.
67 Vgl. Griebel, W./Niesel, R. (2004): Transitionen. Weinheim und Griebel, W./Niesel, R. (Hg.) (2011): Übergänge verstehen und begleiten. Transitionen in der Bildungslaufbahn von Kindern. Berlin.
68 Vgl. u. a. Fthenakis, W. E. (Hg.) (1998): Qualität von Kinderbetreuung. Konzepte, Forschungsergebnisse, internationaler Vergleich. Weinheim.
69 Vgl. v. a. Griebel, W./Niesel, R. (2004): Transitionen. Weinheim.
70 Cowan, P. (1991): Individual and family life transitions: A proposal for new definition. In: Cowan, P./Hetherington, M. (Hg.): Family transitions: Advances in family research. Vol. 2. Hillsdale,, S. 3-30.
71 Lazarus, R./Folkman, S. (1987): Transactional Theory and Research on Emotions and Coping. In: European Journal of Personality. 09/1987, S. 141-169.
72 Filipp, S-H. (Hg.) (1981/1995): Kritische Lebensereignisse. Weinheim, S. 23 f.
73 Bronfenbrenner, U. (1979): The Ecology of Human Development. Cambridge: Harvard University Press. Deutsche Fassung: Bronfenbrenner, U. (1981): Die Ökologie der menschlichen Entwicklung natürliche und geplante Experimente. Stuttgart.
74 Lazarus, R. (1995): Stress und Stressbewältigung – ein Paradigma. In: Filipp, H. (Hg.): Kritische Lebensereignisse. Weinheim, S. 198-232.
75 Vgl. Griebel, W./Niesel, R. (2004): Transitionen. Weinheim und Griebel, W./Niesel, R. (Hg.) (2011): Übergänge verstehen und begleiten. Transitionen in der Bildungslaufbahn von Kindern. Berlin.
76 Griebel, W./Heinisch, R./Kieferle, Ch./Röbe, E./Seifert, A. (Hg.) (2013): Übergang in die Schule und Mehrsprachigkeit – Ein Curriculum für pädagogische Fach- und Lehrkräfte/Transition to School and Multilingualism – A Curriculum for Educational Professionals. Hamburg.
77 Vgl. Aicher-Jakob, M. (2015): Das Verhältnis von Kindergarten und Schule – ein chronischer Disput. Eine empirisch fundierte Studie zur Implementierung des Orientierungsplans in baden-württembergischen Kindertageseinrichtungen. Bad Heilbrunn.
78 Von Bülow, K. (2011): Anschlussfähigkeit von Kindergarten und Grundschule. Rekonstruktion von subjektiven Bildungstheorien von Erzieherinnen

und Lehrerinnen. Bad Heilbrunn.
79 Klaas, M. (2013): Perspektiven auf die jahrgangsgemischte Schuleingangsphase. Eine mehrperspektivische Betrachtung unter besonderer Berücksichtigung des Erlebens von Kindern und Jugendlichen in der jahrgangsgemischten Schuleingangsstufe. Uni-koeln.de/5088/1/Diss_Klaas_Maerz2013.pdf, abgerufen am 06.01.2016.
80 Vgl. Müller, U. B. (2014): Kinder im verzahnten Übergang vom Elementar- zum Primarbereich. Opladen, S. 235.
81 Müller, U. B. (2014): Kinder im verzahnten Übergang vom Elementar- zum Primarbereich. Opladen, S. 235.
82 Vgl. u. a. Kucharz, D./Wagener, M. (2007): Jahrgangsübergreifendes Lernen. Eine empirische Studie zu Lernen, Leistung und Interaktion von Kindern in der Schuleingangsphase. Hohengehren.
83 Griebel, W./Niesel, R. (Hg.) (2011): Übergänge verstehen und begleiten. Transitionen in der Bildungslaufbahn von Kindern. Berlin.
84 Margetts, K. (2004): Early Transition and Adjustment and Children's Adjustment After 6 Years of Schooling. Conference Paper.
85 Margetts, K./Kienig, A. (Hg.) (2013): International Perspectives on Transitions to School. New York.
86 Müller, U. B. (2014): Kinder im verzahnten Übergang vom Elementar- zum Primarbereich. Opladen. S. 235.
87 Petillon, H. (1993): Das Sozialleben des Schulanfängers. Die Schule aus der Sicht des Kindes. Weinheim.
88 Vgl. z. B. Broström, S. (2015). Ten-year-olds' reflections on their life in preschool. *Nordic Studies in Education*, Vol. 36(1)4-20. ISSN 1891-5949-2016-01-02 DOI: 10.18261.
89 Johansson, I./Sandberg, A. (2010). Learning and Participation – Two Interrelated Key-concepts in the Preschool. European Early Childhood Education Research Journal. Vol. 18, No 2, S. 229-242.
90 Fabian, H./Dunlop, A.-W. (2002): Transitions in the early years. Debating continuity and progression in early education. London/New York, S. 4.
91 Vgl. Z.B. Margetts, K. (2009). Early transition and adjustment and children's adjustment after six years of schooling. Journal of European Early Childhood Education Research, 17 (3), S. 309-324.
92 Ledger, E./Smith, A./Rich, P. (1998): "Do I Go to School to Get a Brain?": The Transition from Kindergarten to School from the Child's Perspective. Children's Issues. Journal of the Children's Issues Centre, Vol. 2, S. 7-11
93 Bronfenbrenner, U. (1979): The Ecology of Human Development. Cambridge: Harvard University Press. Deutsche Fassung: Bronfenbrenner, U. (1981): Die Ökologie der menschlichen Entwicklung natürliche und geplante Experimente. Stuttgart.
94 Dockett, S. /Perry, B. (2001): Starting School: Effective Transitions. University of Western Sydney.
95 Dockett, S. /Perry, B. (2001): Starting School: Effective Transitions. University of Western Sydney.
96 Yeboah, D. A. (2002): Enhancing Transitions from Early Childhood Phase to Primary Education: evidence from the research literature. In: Early Years, Vol. 22, No. 1, 2002, S. 51-68
97 Vgl. Yeboah, D. A. (2002): Enhancing Transitions from Early Childhood Phase to Primary Education: evidence from the research literature. In: Early Years,

Vol. 22, No. 1, S. 55.
98 Melhuish, E. (2013): Research on Early Childhood Education in the UK. In: Stamm, M./Edelmann, D. (Hg.): Handbuch frühpädagogische Bildungsforschung. Wiesbaden, S. 212-219
99 Brake, A. (2014): Der Wandel familialen Zusammenlebens und seine Bedeutung für die (schuli-schen) Bildungsbiographien der Kinder. In: Rohlfs, C./Harring, M./Palentien, Ch. (Hg.): Kompetenz-Bildung: Soziale, emotionale und kommunikative Kompetenzen von Kindern und Jugendlichen. 2. überarbeitete und aktualisierte Auflage. Wiesbaden: Springer Fachmedien Wiesbaden, S. 113-151.
100 Ecarius, J. (2007) (Hg.): Handbuch Familie. VS.
101 Nave-Herz, R. (2012): Familie heute: Wandel der Familienstrukturen und Folgen für die Erziehung. 5. Auflage. Darmstadt.
102 Vgl. Griebel, W./Heinisch, R./Kieferle, Ch./Röbe, E./Seifert, A. (Hg.) (2013): Übergang in die Schule und Mehrsprachigkeit – Ein Curriculum für pädagogische Fach- und Lehrkräfte/Transition to School and Multilingualism – A Curriculum for Educational Professionals. Hamburg.
103 Petzold, M. (1992): Die Einschulung des ersten Kindes und die Erwartungen der Eltern – eine kleine Pilotstudie. In: Zeitschrift für Familienforschung 4 (1992), 2, S. 160-170.
104 Z. B. Helmke, A. (2010): Unterrichtsqualität und Lehrerqualität. Diagnose, Evaluation und Verbesserung des Unterrichts. Seelze.
105 Vgl. z. B. Weinert, F./Helmke, A. (Hg.) (1997): Entwicklung im Grundschulalter. Weinheim: Beltz, S. 3-12 und Helmke, A. (Hg.) (1998): Entwicklung im Kindesalter. Weinheim.
106 Weinert, F./Helmke, A. (Hg.) (1997): Entwicklung im Grundschulalter. Weinheim, S. 3-12
107 Weinert, F./Helmke, A. (Hg.) (1997): Entwicklung im Grundschulalter. Weinheim, S. 12.
108 Ehm, J.-H. (2014): Akademisches Selbstkonzept im Grundschulalter. http://www.pedocs.de/volltexte/2014/9565/pdf/Ehm_2012_Akademisches_Selbstkonzept_im_Grundschulalter.pdf
109 Vgl. u. a. Tietze, W./Rossbach, H./Greiner, K. (Hg.) (2005): Kinder von 4 bis 8 Jahren. Zur Qualität der Erziehung und Bildung in Kindergarten, Grundschule und Familie. Weinheim.
110 Rank, A. (2008): Subjektive Theorien von Erzieherinnen zu vorschulischem Lernen und Schriftspracherwerb. Berlin.
111 Reusser, K./Pauli, Chr./Elmer, A. (2011): Berufsbezogene Überzeugungen von Lehrerinnen und Lehrern. In: Terhart, E./Bennewitz, H./Rothland, M. (Hg.): Handbuch der Forschung zum Lehrerberu f. Münster, S. 485.
112 Von Bülow, K. (2011): Anschlussfähigkeit von Kindergarten und Grundschule. Rekonstruktion von subjektiven Bildungstheorien von Erzieherinnen und Lehrerinnen. Bad Heilbrunn.
113 Diehm, I./Kuhn, M. (2015): Zwischen Adressierung und Inszenierung – Zur professionellen Kooperation von ErzieherInnen und LehrerInnen in Sprachstandserhebungsverfahren. In: Zeitschrift für Grundschulforschung. Bildung im Elementar- und Primarbereich (ZfG) 1/2015, S. 136-150.
114 Kellermann, I. (2008): Vom Kind zum Schulkind die rituelle Gestaltung der Schulanfangsphase; eine ethnographische Studie. Opladen.
115 Rademacher, S. (2009): Der erste Schultag. Pädagogische Berufskulturen im deutsch-amerikanischen Vergleich. Wiesbaden.

[116] Huf, Ch./ Panagiotopoulou, A. (2011): Institutionalisierung des Übergangs in die Schule. Methodische Herausforderungen ethnographischer Forschung im englischen und finnischen Bildungssystem. Zeitschrift für Soziologie der Erziehung und Sozialisation, 31 (2011) 3, S. 264-279.

[117] Kuhn, M. (2013): Professionalität im Kindergarten: Eine ethnographische Studie zur Elementarpädagogik in der Migrationsgesellschaft. Wiesbaden.

[118] Kuhn, M./Neumann, S. (2017): Differenz und Ungleichheit im Kontext von Mehrsprachigkeit. Raumanalytische Perspektiven auf Regulierungsweisen sprachlicher Praktiken im frühpädagogischen Feld. In: Diehm, I./Kuhn, M./Machold, C. (Hg.). Differenz – Ungleichheit – Erziehungswissenschaft. Verhältnisbestimmungen im (Inter-)Disziplinären. Wiesbaden, S. 275-294.

[119] Machold. C (2015).: Kinder und Differenz. Eine ethnographische Studie im elementarpädagogischen Kontext. Wiesbaden.

[120] Vgl. z. B. Seifert, A. (2013): Die Bedeutung der sprachlich-kulturellen Differenz im Übergang vom Kindergarten in die Grundschule. In: Wannack, E./Bosshart, S. /Eichenberger, A./Fuchs, M./Hardegger, E./Marti, S. (Hg.): 4-bis 12-Jährige. Ihre schulischen und außerschulischen Lern- und Lebenswelten. Münster, S. 63-69.

[121] Vgl. http://www.bildungsbericht.de/daten2010/bb_2010.pdf; http://www.bildungsbericht.de/daten2012/bb_2012.pdf und http://www.bildungsbericht.de/daten2014/bb_2014.pdf.

[122] Bildungsbericht von 2010, S. 9, http://www.bildungsbericht.de/daten2010/bb_2010.pdf.

[123] Bildungsbericht von 2010, S. 59, http://www.bildungsbericht.de/daten2010/bb_2010.pdf

[124] Vgl. Bildungsbericht von 2010, S. 59, http://www.bildungsbericht.de/daten2010/bb_2010.pdf.

[125] Gomolla, M./Radtke, F.-O. (2003/2009): Institutionelle Diskriminierung. Die Herstellung ethnischer Differenz in der Schule. 3. Auflage. Wiesbaden.

[126] Gomolla, M./Radtke, F.-O. (2003/2009): Institutionelle Diskriminierung. Die Herstellung ethnischer Differenz in der Schule. 3. Auflage. Wiesbaden.

[127] Vgl. Kelle, H. (Hg.) (2010): Kinder unter Beobachtung. Kulturanalytische Studien zur pädiatrischen Entwicklungsdiagnostik. Opladen.

[128] Vgl. Kelle, H. (Hg.) (2010): Kinder unter Beobachtung. Kulturanalytische Studien zur pädiatrischen Entwicklungsdiagnostik. Opladen.

[129] Vgl. Kelle, H./Tervooren, A. (Hg.) (2008): Ganz normale Kinder. Heterogenität und Standardisierung kindlicher Entwicklung. Weinheim und München.

[130] Vgl. Kelle, H./Mierendorff, J. (2013): Normierung und Normalisierung der Kindheit. Weinheim.

4. Der Übergang vom Primar- zum Sekundarbereich

[1] Weitzel, C. (2004): Bruch, Brücke, Chance – oder nur ein nutzloses historisches Relikt? Übergänge nach dem 4. Schuljahr. In: Denner, L./Schumacher, E. (Hg.) Übergänge im Elementar- und Primarbereich reflektieren und gestalten. Beiträge zu einer grundlegenden Bildung. Bad Heilbrunn, S. 89-100.

[2] Griebel, W./Niesel, R. (2015): Übergänge verstehen und begleiten. Transitionen in der Bildungslaufbahn von Kindern. 3. akt. Aufl. Berlin.

3 König, A. (2009): Interaktionsprozesse zwischen Erzieherinnen und Kindern. Eine Videostudie aus dem Kindergartenalltag. Wiesbaden.
4 Wiedenhorn, T. (2011): Die Bildungsentscheidung aus Schüler-, Eltern- und Lehrersicht. Wiesbaden.
5 Weitzel, C. (2004): Bruch, Brücke, Chance – oder nur ein nutzloses historisches Relikt? Übergänge nach dem 4. Schuljahr. In: Denner, L./Schumacher, E. (Hg.) Übergänge im Elementar- und Primarbereich reflektieren und gestalten. Beiträge zu einer grundlegenden Bildung. Bad Heilbrunn. S. 114.
6 Gruschka, G. (1991): Übergangsforschung – Zu einem neuen Forschungsbereich: In: Beck, K./Kell, A. (Hg.): Bilanz der Bildungsforschung. Weinheim, S. 113–155.
7 Das Zitat geht zurück auf eine Anmerkung von Staubert, B. zu „Doing gender in transitions" vorgetragen am 11.02.10 auf der Tagung „Forschungskonzepte zu Übergängen von Schulabsolventen mit mittleren Bildungsabschlüssen in betrieblichen Ausbildungsgängen" an der Pädagogischen Hochschule Ludwigsburg.
8 Hurrelmann, K. (2002): Einführung in die Sozialisationstheorie. 8. Aufl. Weinheim.
9 Vgl. Piaget, J. (1985): The equilibrium of cognitive structures. The central problem of intellectual development. Chicago.
10 Vgl. Fischer, F. (2001): Gemeinsame Wissenskonstruktion – Theoretische und methodologische Aspekte (Forschungsbericht Nr. 142). URL: https://core.ac.uk/download/files/454/12161785.pdf. [Recherchedatum: 24.07.2016].
11 Fthenakis, W. (2009): Bildung neu definieren und hohe Anspruchsqualität von Anfang an sichern. Betrifft Kinder 03, ISSN 1613-737X, S. 6-10.
12 Wiedenhorn, T. (2011): Die Bildungsentscheidung aus Schüler, Eltern und Lehrersicht. Wiesbaden, S. 11.
13 Meulemann, H. (1985): Sozialbiographie und Übergangsentscheidung der Eltern für den weiteren Schulbesuch ihrer Kinder. In: Fauser, R: Marbach,/J. Pettinger P.: Schreiber, N. (Hg.): Schulbildung, Familie und Arbeitswelt. Beiträge zu schulischen und beruflichen Ausbildungsentscheidungen. München, S. 65-78.
14 Becker, H. (2000): Klassenlage und Bildungsentscheidungen. Eine Anwendung der Wert-Erwartungstheorie. Kölner Zeitschrift für Soziologie und Sozialpsychologie, 52 (2000), S. 451.
15 Wiedenhorn, T. (2011), S. 56.
16 Geißler, R. (2004): Die Illusion der Chancengleichheit im Bildungssystem. In: Zeitschrift für Soziologie der Erziehung und Sozialisation. 24 (4), S. 362-380.
17 Wiedenhorn, T. (2011), S. 11.
18 Cortina, K. S. /Baumert, J./Leschinsky, A./Mayer, K. U./Trommer, L. (2008): Das Bildungswesen der Bundesrepublik Deutschland. Reinbek, S. 144 f.
19 Sekretariat der Ständigen Konferenz der Kultusminister der Länder in der Bundesrepublik Deutschland (2015) (Hg.): Übergang von der Grundschule in die Sekundarstufe 1 und Förderung, Beobachtung und Orientierung in den Jahrgangsstufen 5 und 6. URL: http://www.kmk.org/fileadmin/Dateien/veroeffentlichungen_beschluesse/2015/2015_02_19-Uebergang_Grundschule-SI-Orientierungsstufe.pdf [Recherchedatum: 20.07.2016].
20 Jürgens, E./Hacker, H./Lersch, R. (1997): Die Grundschule. Zeitströmungen und aktuelle Entwicklungen. Baltmannsweiler.
21 Vgl. Deutscher Bildungsrat (Hg.) (1970): Empfehlungen der Bildungskom-

mission. Strukturplan für das Bildungswesen. Stuttgart, S. 142ff.
22 Autorgruppe Berichterstattung (Hg.) (2016): Bildungsbericht 2016. Ein indikatorengestützter Bericht mit einer Analyse zu Bildung und Migration. Bielefeld, S. 72.
23 Ebd. S. 72.
24 Vgl. Autorengruppe Bildungsberichterstattung (2008) (Hg.): Bildung in Deutschland. Bielefeld.
25 Walther, A. (2011): Regimes der Unterstützung im Lebenslauf. Ein Beitrag zum internationalen Vergleich in der Sozialwissenschaft. Opladen, Berlin, Toronto.
26 Vgl. Ehmke, T. u. a. (2007): Soziale Herkunft – familiäre Verhältnisse und Kompetenzerwerb. In: Prenzel, M. u. a. (Hg.): Die Ergebnisse der dritten internationalen Vergleichsstudie. Münster, S. 309-333.
27 Harazd, B. (2007): Die Bildungsentscheidung. Münster, S. 47.
28 Griebel W./Niesel, R. (2011): Übergänge verstehen und begreifen. Berlin, S. 15.
29 Parkes, C. M. (1971): Psycho-social transitions: A field for study. Sozial Science and Medicine. 5 (1971), S. 107.
30 Jungermann, H./Pister, H.-R./Fischer, K. (2005^2): Die Psychologie der Entscheidung – Eine Einführung. München.
31 Vgl. Wiedenhorn, T. (2011): Die Bildungsentscheidung aus Schüler-, Eltern- und Lehrersicht. Wiesbaden, S. 58.
32 Abraham, M. (2001): Rational Choice-Theorie und Organisationsanalyse – Ein Vortrag auf der Tagung der Arbeitsgruppe „Organisationssoziologie" am 23./24.3.2001 an der Universität Bielefeld. URL: www.orgsoz.org/abraham.pdf [Recherchedatum: 20.04.2009].
33 König, M. (2003): Habitus und Rational Choice – Ein Vergleich der Handlungsmodelle bei Gary S. Becker und Pierre Bourdieu. Wiesbaden.
34 Schmidt, J. (1998): Die Grenzen der Rational Choice Theorie – Eine kritische theoretische und empirische Studie. Opladen, S. 22.
35 Ebd., S. 22.
36 Wiedenhorn, T. (2011), S. 59.
37 Diefenbach, H. (2009): Die Theorie der rationalen Wahl oder „Rational-Choice"-Theorie (RCT). In: Brock, D. u. a. (Hg.): Soziologische Paradigmen nach Talcott Parsons. Eine Einführung. Wiesbaden. S. 239-290.
38 Wiedenhorn, T. (2011), S. 63.
39 vgl. Ditton, H. (1992): Ungleichheit und Mobilität durch Bildung – Theorie und empirische Untersuchung über sozial-räumliche Aspekte von Bildungsentscheidungen. Weinheim und München. Becker, R. (2000): Klassenlage und Bildungsentscheidungen. Eine empirische Anwendung der Wert-Erwartungstheorie. In: Kölner Zeitschrift für Soziologie und Sozialpsychologie, 52, 3, S. 450-474.
40 Hill, P. B. (2002): Rational-Choice-Theorie. Bielefeld, S. 50.
41 Diekmann, A. Voss, T. (2004): Rational-Choice-Theorie in den Sozialwissenschaften –Anwendungen und Probleme. Oldenburg, S. 13.
42 Lambert, K. D. (2000): Handlungstheorien zwischen Kommunitarismus und Rational Choice. Illinois.
43 Heinz, W. R. (2000): Übergänge: Individualisierung, Flexibilisierung und Institutionalisierung des Lebensverlaufs. Weinheim.
44 Hurrelmann, K. (1992): Von der Grundschule in die weiterführenden Schulen. Warum der Übergang bei uns so kompliziert ist. In: Grundschule 24 (1992)

4, S. 26.
45 Hacker, H. (1997): Die Übergänge zur Sekundarstufe I. Anmerkungen zum „zweiten Schulbeginn". In: Praxis Schule 5-10, Jg. 8, 2, S. 58-60.
46 Portmann, R. (1997): Von der Grundschule in die weiterführenden Schulen – Übergang und Neubeginn. In: Hessisches Kultusministerium/Hessisches Landesinstitut für Pädagogik (Hg.) (1997): Der Übergang von der Grundschule ins Gymnasium – Kooperation zwischen abgebender und aufnehmender Schule. Wiesbaden, S. 9-16.
47 Van Ophuysen, S. (2005): Gestaltungsmaßnahmen zum Übergang von der Grundschule zur weiterführenden Schule. In: Holtappels H. G./Höhmann K. (2005): Schulentwicklung und Schulwirksamkeit. Weinheim und München, S. 141.
48 Deutsches PISA Konsortium (Hg.) (2001): PISA 2000. Basiskompetenzen von Schülerinnen und Schülern im internationalen Vergleich. Opladen. URL: www.bildungsportal.nrw.de [Recherchedatum: 02.12.15].
49 Harazd, B. (2007): Die Bildungsentscheidung – Zur Ablehnung der Schulformempfehlung am Ende der Grundschulzeit. Münster.
50 Bos, W./Lankers E.-M./Prenzel, M./Schwippert, K./Valtin, R./Walther, G. (Hg.) (2003): Erste Ergebnisse aus IGLU. Schülerleistungen am Ende der vierten Jahrgangsstufe im internationalen Vergleich. Münster.
51 Ebd. S. 53.
52 Maaz, K. u. a.: (2006): Übergänge im Bildungssystem. Theoretische Konzepte und ihre Anwendung in der empirischen Forschung beim Übergang in die Sekundarstufe. In: Zeitschrift für Erziehungswissenschaft Jg. 3, 9, S. 299-327.
53 Mahr-George, H. (1999): Determinanten der Schulwahl beim Übergang in die Sekundarstufe I. Opladen.
54 Büchner, P./Koch, K. (2001): Von der Grundschule in die Sekundarstufe. Bd. 1: Der Übergang aus Kinder- und Elternsicht. Opladen.
55 Koch, K. (2001): Von der Grundschule in die Sekundarstufe: Der Übergang aus der Sicht von Lehrerinnen und Lehrern. Opladen.
56 Boudon, R. (1974): L'inegalité des chances. Paris: Armand Colin. Engl. Übers.: Education, Opportunity and Social Inequality. New York.
57 Relikowski, I. (2012): Primäre und sekundäre Effekte am Übertritt in die Sekundarstufe 1. Zur Rolle der sozialen Herkunft und Migrationshintergrund. Wiesbaden, S. 20.
58 Ebd. S. 21.
59 Vgl. Dollmann, J. (2010): Türkischstämmige Kinder am ersten Bildungsübergang. Primäre und sekundäre Herkunftseffekte. Wiesbaden.
60 Autorengruppe Bildungsberichterstattung (2014): Bildung in Deutschland 2014. Ein indikatorengestützter Bericht mit einer Analyse zur Bildung von Menschen mit Behinderung. Bielefeld.
61 Wiedenhorn, T. (2011): Die Bildungsentscheidung aus Schüler-, Eltern- und Lehrersicht. Wiesbaden, S. 296.
62 Ebd. S. 305.
63 Griebel, W./Niesel R. (2015): Übergänge verstehen und begleiten. Transitionen in der Bildungslaufbahn von Kindern. 3. akt. Aufl. Berlin, S. 197.
64 Tiedemann, J./Billmann-Mahecha, E. (2007): Zum Einfluss von Migration und Schulklassenzugehörigkeit auf die Übergangsempfehlung für die Sekundarstufe 1. In: Zeitschrift für Erziehungswissenschaft, Jg. 10 S. 108-120.

65 Ebd. S. 111.
66 Ebd. S. 114.
67 Ebd. S. 111.
68 Dollmann, J. (2010): Türkischstämmige Kinder am ersten Bildungsübergang. Primäre und sekundäre Herkunftseffekte. Wiesbaden. S. 166.
69 Ebd. S. 166.
70 Richert, P. (2012): Elternentscheidung versus Lehrerdiagnose. Der Übergang von der Grundschule zur Sekundarstufe. Bad Heilbrunn, S. 61.
71 Ebd. S. 78.
72 Ministerium für Kultus, Jugend und Sport Baden-Württemberg (2013): Staatliche Schulämter melden positive Reaktionen auf den Wegfall der verbindlichen Grundschulempfehlung. URL: http://www.kultusportal-bw.de/,Lde/781029/?LISTPAGE=776833 [Recherchedatum: 30.07.2016], S. 3.
73 Ebd. S. 4.
74 Ludwig, P. H. (2003): Partielle Geschlechtertrennung – enttäuschte Hoffnungen? Monoedukative Lernumgebungen zum Chancenausgleich im Unterricht auf dem Prüfstand. In: Zeitschrift für Pädagogik. 49 (2003) 5, S. 640-656.
75 Ebd. S. 650.
76 Avenarius, H. u. a. (2003): Bildungsbericht für Deutschland. Erste Befunde. Opladen.

5. Didaktische Arragements: Unterricht und Unterrichtsformen

1 Koller, G. (1980): Schule als Arbeitsfeld des Lehrers. In: Göscher, H. (Hg.): Die Bedeutung der Lehrerpersönlichkeit für Erziehung und Unterricht. München, S. 80.
2 Steindorf, G. (1981): Grundbegriffe des Lehrens und Lernens. Bad Heilbrunn.
3 Kiper, H./Mischke, W. (2006): Theorie des Unterrichts. Weinheim, S. 17.
4 Arnold, R. (2012): „Beim Lernen ist es wie beim Eisberg: Das Tragende sieht man nicht": Ergebnisse einer systemisch-konstruktivistischen Lernforschung. In: Diskurs Kindheits- und Jugendforschung. H (2012) 4, S. 483.
5 Ebd.
6 Arnold, R. (2012): Wie man lehrt, ohne zu belehren. 29 Regeln für eine kluge Lehre. Das LENA-Modell. Heidelberg, S. 12.
7 Spitzer, M. (2007): Lernen. Gehirnforschung und die Schule des Lebens. München, S. 417.
8 Bönsch, M. (2006): Allgemeine Didaktik. Kohlhammer.
9 Bönsch, M. (2010): Kompetenzorientierter Unterricht – Selbständiges Lernen in der Grundschule. Westermann, S. 8.
10 Ebd., S. 8
11 Weinert, F. E. (1998): Guter Unterricht ist ein Unterricht, in dem mehr gelernt wird als gelehrt. In: Freund, J./Gruber, H./Weidinger, W. (Hg.): Guter Unterricht – Was ist das? Aspekte von Unterrichtsqualität. Wien. S, 7-18.
12 Kiper, H./Mischke, W. (2006): Theorie des Unterrichts. Weinheim u. Basel. S, 32.
13 Hattie, J./Zierer, K. (2014): Lernen sichtbar machen für Lehrpersonen. Hohengehren.
14 Bohl, T. (2012): Umgang mit Heterogenität im Unterricht. Forschungsstand, Problembereiche, Perspektiven. Vortrag auf dem Kongress: Vielfalt

des Lernens entdecken – Individuelle Förderung an beruflichen Schulen am 21.11.2012. URL: www.schule-bw.de/schularten/berufliche_schulen/individuelle.... [Recherchedatum: 20.01.2017].
15 Schitko, K. (1984): Differenzierung in Schule und Unterricht. München, S. 23.
16 Prengel, A. 1995²): Pädagogik der Vielfalt. Wiesbaden.
17 Bohl, T./Batzel, A./Richey, P. (2011): Öffnung – Differenzierung – Individualisierung – Adaptivität. Charakteristika, didaktische Implikationen und Forschungsbefunde verwandter Unterrichtskonzepten zum Umgang mit Heterogenität. Schulpädagogik heute, 2 (4).
18 Meyer, H. (2004): Was ist guter Unterricht? Berlin, S. 102.
19 Kiper, H. (2001): Einführung in die Schulpädagogik. Weinheim u. Basel.
20 Knoll, M. (2009): Projektunterricht. In: Arnold, K.-H./Sandfuchs, U./Wiechmann, J. (Hg.): Handbuch Unterricht. 2. Aufl. Bad Heilbrunn, S. 204.
21 Hasselborn/Gold (2009), S. 253 nach Bohl, T. (2012): Umgang mit Heterogenität im Unterricht: Forschungsstand, Problembereiche, Perspektiven. URL: http://www.schule-bw.de/schularten/berufliche_schulen/individuelle-foerderung-bs-bw/download/kongress/IF-Kongress_Vortrag_Bohl_Umgang-mit-Heterogenitaet_2012-11-21.pdf [Recherchedatum: 06.02.2017].
22 Ebd., S. 206.
23 Ebd., Bohl (2012), Folie 18.
24 Vgl. hierzu D. Benner/F. Brüggen (2003): Bildsamkeit/Bildung. In: Historisches Wörterbuch der Pädagogik, Hg. von D. Benner/J. Oelkers. Weinheim und Basel.
25 Kiper, H./Mischke, W. (2006): Theorie des Unterrichts. Weinheim.
26 vgl. Prange, K. (1986): Bauformen des Unterrichts. 2 Aufl. Bad Heilbrunn; Glöckel, H. (2003): Vom Unterricht. Bad Heilbrunn; Kiper, H./Mischke, W. (2004): Einführung in die Allgemeine Didaktik. Weinheim.
27 Kiper: Mischke (2006), S. 30.
28 Wellenreuther, M. (2004): Lehren und Lernen – aber wie? Hohengehren.
29 Klieme, E./Warwas, J. (2011): Konzepte der Individuellen Förderung. In: Zeitschrift für Pädagogik 57 (2011) 6, S. 805-818.
30 Hattie, J./Beywl, W.;/Zierer, K. (2013): Lernen sichtbar machen. Hohengehren.
31 Terhart, E. (2006): 'Kompetenzen von Grundschullehrerinnen und -lehrern. Kontext, Entwicklung, Beurteilung.' In: Hanke, P. (Hg.): Grundschule in Entwicklung. Herausforderungen und Perspektiven für die Grundschule heute. Münster: Waxmann. S. 234 f.
32 U. a. Haag, L./Streber, D. (2012): Klassenführung. Erfolgreich unterrichten mit Classroom Management. Weinheim.
33 Doyle, W. (1987): Classroom organisation and management. In: Wittrock, M.C. (Hg.): Handbook of Research on Teaching. London.
34 Haak, L/Streber, D. (2012): Klassenführung. Erfolgreich unterrichten mit Classroom Management. Weinheim.
35 Wang, M.C./Haertel, C.D./Wahlberg, H.L. (1993): Toward a Knowledge Base for School Learning. In: Review of Educational Research, 63 (3). S. 249-294.
36 Helmke, A. (2003): Unterrichtsqualität. Erfassen – Bewerten – Verbessern. Seelzen.
37 Haag/Streber (2012), S. 21.
38 Bohl, T./Kucharz, D. (2010): Forschung für den Unterricht: Zwischen Selbst-

bestimmten Lernen und Classroom Management. In: Bohl, T./Kansteiner-Schänzlin, K./Kleinknecht, M. u. a. (Hg.) Bad Heilbrunn, Stuttgart. S. 15-30.
39 Hascher, T. (2004): Wohlbefinden in der Schule. Münster.
40 Friedmann, L.A. (2006): Classroom Management and Teacher Stress and Burnout. In: Evertson, C, M./Weinstein, C.S. (Hg.): Handbook of Classroom Management. New York. S. 925-944.
41 Weinert (2001): Qualifikation und Unterricht zwischen gesellschaftlichen Notwendigkeiten, pädagogischen Visionen und psychologischen Möglichkeiten. In: Metzler, W./Sandfuchs, U. (Hg.) Was Schule leistet. Funktionen und Aufgaben der Schule. Weinheim, S. 76.
42 Kiper/Mischke (2006), S. 31.
43 Nach Zierer/Speck/Moschner (2013) können entsprechend der eingesetzten Forschungsmethode spezifische Gütekriterien sichern, die für die empirischen Verfahren Objektivität, Reliabilität und Validität abgeleitet werden.
44 Horstkemper, M. (2006): Fördern heißt diagnostizieren. Pädagogische Diagnostik als wichtige Voraussetzung für individuelle Lernerfolge. In: Friedrich Jahresheft 2006/XXIV, S. 4.
45 Ingenkamp, K. (1992): Lehrbuch der Pädagogischen Diagnostik. Weinheim, S. 11.
46 Horstkemper (2006), S. 5
47 Arnold, K. H./Graumann, O./Rakhkochkine, A. (Hg.) (2006): Handbuch Förderung. Weinheim.
48 Ebd., S. 150.
49 Heimlich/Lotter/März 2005, S. 75, nach Arnold, K.H./Graumann, O./Rakhkochkine, A. (Hg.) (2006): Handbuch Förderung. Weinheim, S. 151.
50 Bromme, R. (1992): Aufgabenauswahl als Routine: Die Unterrichtsplanung im Schulalltag. In K. Ingenkamp: R. S. Jäger/H. Petillon/B. Wolf (Hg.), Empirische Pädagogik 1970-1990. Eine Bestandsaufnahme der Forschung in der Bundesrepublik Deutschland. Weinheim, S. 535-544.
51 Gassmann, C. (2013): Erlebte Aufgabenschwierigkeit bei der Unterrichtsplanung. Eine qualitativ-inhaltsanalytische Studie zu den Praktikumsphasen der universitären Lehrerbildung. Wiesbaden, S. 165.
52 Gassmann, C. (2013): Das Hildesheimer Modell der Schulpraktischen Studien und daran anknüpfende Praxisphasen. Wiesbaden.
53 Lange, B. (2002): Unterrichtsplanung – Rituale, Routinen, Reflexion? In: Grundschule 11/02, S. 37.

6. Zeit und Raum in der Ganztagsgrundschule

1 Vgl. Bundesministerium für Bildung und Forschung (2014). http://www.ganztagsschulen.org/de/7194.php [Stand: .08.15].
2 Vgl. KMK-Statistik; Quelle:http://www.kmk.org/statistik/schule/statistische-veroeffentlichungen/allgemein-bildende-schulen-in-Ganztagsform.html.
3 Kultusministerkonferenz (2015): Allgemein bildende Ganztagsform in den Ländern der Bundesrepublik Deutschland, abgerufen unter http://www.kmk.org/statistik/schule/statistische-veroeffentlichungen/allgemein-bildende-schulen-in-ganztagsform.html[Stand: 22.12.2015].
4 Vgl. Kultusministerkonferenz (2015): Allgemein bildende Ganztagsform in den Ländern der Bundesrepublik Deutschland, abgerufen unter http://www.kmk.org/statistik/schule/statistische-veroeffentlichungen/allgemein-bilden-

ANMERKUNGEN

de-schulen-in-ganztagsform.html [Stand: 22.12.2015].
5   Vgl. z. B. Appel, St./Rother, U. (Hg.) (2012): Jahrbuch Ganztagsschule. Schulatmosphäre – Lernlandschaft – Lebenswelt. Schwalbach; Appel, St./Rutz, G. (2005): Handbuch Ganztagsschule. Praxis. Konzepte. Handreichungen. 5. Auflage. Schwalbach; Burow, O.A./Pauli, B. (2006): Ganztagsschule entwickeln. Von der Unterrichtsanstalt zum kreativen Feld. Schwalbach.
6   Vgl. Ludwig, H. (2004): Die geschichtliche Entwicklung der Ganztagsschule in Deutschland. In: Otto, H.- U./Coelen, Th. (Hg.): Grundbegriffe der Ganztagsbildung. Beiträge zu einem neuen Bildungsverständnis in der Wissensgesellschaft. Wiesbaden, S. 209-219.
7   Höhmann, K. (2012): Ganztagsschule als Lern-, Lebens-, Erfahrungs- und Kulturraum. In: Appel, St./Rother, U. (Hg.): Jahrbuch Ganztagsschule 2012. Schulatmosphäre – Lernlandschaft – Lebenswelt. Schwalbach, S. 11-18.
8   Holtappels, H.-G. (2004): Ganztagsschule. Erwartungen und Möglichkeiten. Chancen und Risiken. Essen, S. 97.
9   Vgl. Holtappels, H.-J. (2004): Ganztagsschule. Erwartungen und Möglichkeiten. Chancen und Risiken. Essen, S. 97.
10 Scheuerer, A. (2013): Rhythmisierung als Herausforderung für die Ganztagsschule. In: Appel, St./Rother J. U. (Hg.): Jahrbuch Ganztagsschule 2013. Schulen ein Profil geben. Konzeptionsgestaltung in der Ganztagsschule. Schwalbach, S. 21.
11 Vgl. dazu Scheuerer, A. (2013): Rhythmisierung als Herausforderung für die Ganztagsschule. In: Appel, St./Rother J. U. (Hg.): Jahrbuch Ganztagsschule 2013. Schulen ein Profil geben. Konzeptionsgestaltung in der Ganztagsschule. Schwalbach, S. 21; Speck-Hamdan, A.: Alles zu seiner Zeit – Rhythmus und Rhythmisierung in der Schule. In: Priebe, H./Röbe, E. (Hg.): Blickpunkt Grundschule. Bilder einer zukunftsoffenen Schullandschaft. Donauwörth, S. 25-30.
12 Vgl. z. B. Appel, St./Rother, U. (Hg.) (2012): Jahrbuch Ganztagsschule. Schulatmosphäre – Lernlandschaft – Lebenswelt. Schwalbach sowie Appel, St./Rutz, G. (2005): Handbuch Ganztagsschule. Praxis. Konzepte. Handreichungen. 5. Auflage. Schwalbach.
13 Deckert-Peaceman, H. (2006): Raum und Räume in der Ganztagsgrundschule. In:Burk, K./Deckert-Peaceman, H. (Hg.): Auf dem Weg zur Ganztags-Grundschule. Frankfurt/Main, S. 90-100.
14 Derecik, A. (2015): Praxisbuch Schulfreiraum. Gestaltung von Bewegungs- und Ruheräumen an Schulen. Wiesbaden, S. 63.
15 Key, E. (1902/2007): Das Jahrhundert des Kindes. Weinheim, S. 231.
16 Petersen, P./Petersen, E. (1965): Die pädagogische Tatsachenforschung. Paderborn.
17 Petersen, P. (1949/2007): Der kleine Jena-Plan. Weinheim, S. 99.
18 Seitz, M./Hallwachs, U. (1996): Montessori oder Waldorf? München, S. 45.
19 Montessori, M. (1952/2006): Kinder sind anders. Stuttgart, S. 220.
20 Schaub, H./Zenke, K. (1995): Wörterbuch zur Pädagogik. München, S. 28.
21 Derecik, A. (2015): Praxisbuch Schulfreiraum. Gestaltung von Bewegungs- und Ruheräumen an Schulen. Wiesbaden, S. 201.
22 Vgl. z. B. Stenger, U. (2010): Zur Didaktik in der Reggiopädagogik. In: Kasüschke, D. (Hg.): Didaktik einer Pädagogik der frühen Kindheit. München, S. 114-143.
23 Schäfer, G./Schäfer, L. (2009): Der Raum als dritter Erzieher. In: Böhme, J.

(Hg.) (2009): Schularchitektur im interdisziplinären Diskurs. Territorialisierungskrise und Gestaltungsperspektiven des schulischen Bildungsraums. Wiesbaden, S. 246.

24 Vgl. Freinet, E. (Hg.) (1977/2009): Erziehung ohne Zwang: der Weg Célestin Freinets. Stuttgart.

25 Haarmann, D. (Hg.): Handbuch Grundschule. Allgemeine Didaktik: Voraussetzungen und Formen grundlegender Bildung. Weinheim und Basel.

26 Garlichs, A. (1991): Grundsatzdiskussion I: Grundschüler in ihrer Schule. Schule als Welt der Kinder. In: Haarmann, D. (Hg.): Handbuch Grundschule. Allgemeine Didaktik: Voraussetzungen und Formen grundlegender Bildung. Weinheim und Basel, S. 39.

27 Lichtenstein-Rother, I./Röbe, E. (1982/2005): Grundschule. Der pädagogische Raum für Grundlegung der Bildung. Weinheim und Basel.

28 Lichtenstein-Rother, I./Röbe, E. (1982/2005): Grundschule. Der pädagogische Raum für Grundlegung der Bildung. Weinheim und Basel, S. 76.

29 Röbe, H. (1992): Klassenraum und Schülersein. In: Priebe, H./Röbe, E. (Hg.): Blickpunkt Grundschule. Bilder einer zukunftsoffenen Schullandschaft. Donauwörth, S. 16.

30 Rödder, K./Walden, R. (2013): Die Interaktion zwischen Mensch und Schulraum aus psychologischer Perspektive. In: Kahlert, J./Nitsche, K./Zierer, K. (Hg.): Räume zum Lernen und Lehren. Perspektiven einer zeitgemäßen Schulraumgestaltung. Bad Heilbrunn, S. 23-34.

31 Vgl. Rittelmeyer, C. (2009): Schulbauten als semiotische Szenerien: Eine methodologische Skizze. In: Böhme, J. (Hg.). Schularchitektur im interdisziplinären Diskurs. Wiesbaden, S. 158.

32 Hüther, G. (2007): Bedienungsanleitung für das menschliche Gehirn. Göttingen.

33 Spitzer, M. (2007): Lernen: Gehirnforschung und die Schule des Lebens. München.

34 Lichtenstein-Rother, I./Röbe, E. (1982/2005): Grundschule. Der pädagogische Raum für Grundlegung der Bildung. 7. Auflage. Weinheim und Basel.

35 Langeveld, M. (1964).: Studien zur Anthropologie des Kindes. Tübingen: Niemeyer 1964 (1. Auflage 1956)

36 Vgl. Lichtenstein-Rother, I./Röbe, E. (1982/2005): Grundschule. Der pädagogische Raum für Grundlegung der Bildung. 7. Auflage. Weinheim und Basel, S. 76.

37 Rehle, C./Thoma, P. (2003): Einführung in grundschulpädagogisches Denken. Donauwörth.

38 Rehle, C./Thoma, P. (2003): Einführung in grundschulpädagogisches Denken. Donauwörth, S. 27.

39 Vgl. Esslinger-Hinz, I./Unseld, G./Reinhard-Hauck, P./Röbe, E./Fischer, H.-J./Kust, T./Däschler-Seiler, S. (Hg.) (2007): Guter Unterricht als Planungsaufgabe. Ein Studien- und Arbeitsbuch zur Grundlegung unterrichtlicher Basiskompetenzen. Bad Heilbrunn, S. 149.

40 Rehle, C./Thoma, P. (2003): Einführung in grundschulpädagogisches Denken. Donauwörth, S. 27.

41 Aichele, V. (2011): Die UN-Konvention über die Rechte von Menschen mit Behinderungen. In: Bundestagung von autismus e.V. (Hg.): Inklusion von Menschen mit Autismus. Karlsruhe, S. 18.

42 Reh, S. /Rabenstein, K. (2013): Die soziale Konstruktion des Unterrichts in

pädagogischen Praktiken und die Potentiale qualitativer Unterrichtsforschung. Rekonstruktionen des Zeigens und Adressierens. In: Zeitschrift für Pädagogik, 59/2013, 3, S. 291-307.

43 Rabenstein, K./Reh, S. /Ricken, N./Idel, Th.-S. (2013): Ethnographie pädagogischer Differenzordnungen. Methodologische Probleme einer ethnographischen Erforschung der sozial selektiven Herstellung von Schulerfolg im Unterricht. In: Zeitschrift für Pädagogik, 59/2013, 5, S. 668-690.

44 Reh, S. /Fritsche, B./Idel, Th.-S. /Rabenstein, K. (2015): Lernkulturen. Rekonstruktionen pädagogischer Praktiken. Wiesbaden.

45 Rabenstein, K./Reh, S. /Ricken, N./Idel, T.-S. (2013): Ethnographie pädagogischer Differenzordnungen. Methodologische Probleme einer ethnographischen Erforschung der sozial selektiven Herstellung von Schulerfolg im Unterricht. In: Zeitschrift für Pädagogik, 59/2013, 5, S. 668-690.

46 Tunsch C. (2015): Bildungseffekte urbaner Räume. Raum als Differenzkategorie für Bildungserfolge. Wiesbaden.

47 Böhme, J./Herrmann, I. (2011): Schule als pädagogischer Machtraum. Typologie schulischer Machtentwürfe. Wiesbaden.

48 Tunsch C. (2015): Bildungseffekte urbaner Räume: Raum als Differenzkategorie für Bildungserfolge. Wiesbaden, S. 75.

49 Vgl. u. a. Bourdieu, P. (1991): Zur Soziologie der symbolischen Formen. Frankfurt/Main.

50 Tunsch C. (2015): Bildungseffekte urbaner Räume: Raum als Differenzkategorie für Bildungserfolge. Wiesbaden, S. 77.

51 Vgl. Deckert-Peaceman, H. (2006): Raum und Räume in der Ganztagsgrundschule. In: Burk, K./Deckert-Peaceman, H. (Hg.): Auf dem Weg zur Ganztags-Grundschule. Frankfurt am Main: Grundschulverband – Arbeitskreis Grundschule, S. 90-100.

52 Bühler-Niederberger, D. (2013): Aufwachsen heute – Kinder und ihre Lebenswelten. In: Wannack, E./Bosshart, S. /Eichenberger, A./Fuchs, M./Hardegger, M. (Hg.): 4- bis 12-Jährige. Ihre schulischen und außerschulischen Lebenswelten. Münster, S. 17-31.

53 Vgl. Bühler-Niederberger, D. (2013): Aufwachsen heute – Kinder und ihre Lebenswelten. In: Wannack, E./Bosshart, S. /Eichenberger, A./Fuchs, M./Hardegger, M. (Hg.): 4- bis 12-Jährige. Ihre schulischen und außerschulischen Lebenswelten. Münster, S. 17.

54 Vgl. z. B. Klemm, K./Rolff, H.-G./Tillmann, K.-J. (Hg.) (1985): Bildung für das Jahr 2000: Bilanz der Reform, Zukunft der Schule. Reinbek.

7. Heterogenität und Differenz in der Grundschule

1 Vgl. www.bildungsbericht.de.
2 Bräu, K./Schwerdt, U. (Hg.) (2005): Heterogenität als Chance. Vom produktiven Umgang mit Gleichheit und Differenz in der Schule. Berlin.
3 Rose, N. (2014): „Alles unterschiedlich!" Heterogenität als neue Normalität. In: Koller, H.-Ch./Casale, R./Ricken, N. (Hg.): Heterogenität. Zur Konjunktur eines pädagogischen Konzepts. Paderborn, S. 131-148, v. a. S. 132.
4 Vgl. v. a. Foucault, M. (1981): Archäologie des Wissens. Frankfurt, S. 170.
5 Foucault, M. (1981): Archäologie des Wissens. Frankfurt, S. 170.
6 Budde, J. (2012): Die Rede von der Heterogenität in der Schulpädagogik. Diskursanalytische Perspektiven. In: Forum Qualitative Sozialforschung 13

(2012), Heft 2, http://www.qualitative-research.net.
7   Trautmann, M./Wischer, B. (2011): Heterogenität in der Schule. Eine kritische Einführung. Wiesbaden.
8   Vgl. Trautmann, M./Wischer, B. (2011): Heterogenität in der Schule. Eine kritische Einführung. Wiesbaden, S. 41.
9   Vgl. Definitionen aus Nachschlagewerken wie z. B. Der Duden.
10 Heyer, P./Preuss-Lausitz, U./Sack, L. (2003): Heterogenität aus der Sicht der Schulforschung. In: Ders. (Hg.): Länger gemeinsam lernen. Frankfurt, S. 56-59.
11 Heyer, P./Preuss-Lausitz, U./Sack, L. (2003): Heterogenität aus der Sicht der Schulforschung. In: Ders. (Hg.): Länger gemeinsam lernen. Frankfurt, S. 57 f.
12 Vgl. Keck, R./Sandfuchs, U. (1994): Wörterbuch Schulpädagogik. Bad Heilbrunn. S. 340.
13 Heinzel, F./Prengel, A. (2016): Heterogenität als Grundbegriff inklusiver Pädagogik. In: www.inklusion-online.net, Zugriff: 2.05.2016.
14 Vgl. Dahrendorf, R. (1965): Bildung als Bürgerrecht. Plädoyer für eine aktive Bildungspolitik. Hamburg.
15 http://www.chancen-spiegel.de/chancenspiegel/chancengerechtigkeit.html
16 Sünker, H./Krüger, H.-H. (1999): Kritische Erziehungswissenschaft am Neubeginn?! Frankfurt/Main.
17 Sünker, H./Timmermann, D./Kolbe, U. (Hg.) (1994): Bildung, Gesellschaft, soziale Ungleichheit. Frankfurt/Main.
18 Vgl. z. B. Dubiel, H. (2001): Kritische Theorie der Gesellschaft. Eine einführende Rekonstruktion von den Anfängen im Horkheimer-Kreis bis Habermas. Frankfurt/Main.
19 Vgl. Strukturplan für das Bildungswesen 1970 in Lichtenstein-Rother/Röbe 1980, S. 36.
20 Vgl. http://www.behindertenrechtskonvention.info
21 Eberwein, H./Knauer (1994/2009): Handbuch Integrationspädagogik. Weinheim und Basel.
22 Fend, H. (1980): Theorie der Schule. München.
23 Vgl. z. B. Jürgens, E. (1998): Leistung und Beurteilung in der Schule. Eine Einführung in Leistungs- und Bewertungsfragen aus pädagogischer Sicht. Sankt Augustin; Klafki, W. (1985): Neue Studien der Bildungstheorie und Didaktik. Weinheim; Saldern, M. von (2002): Schulleistung in Diskussion. Hohengehren.
24 Seifert, A. (2012): Kinder mit Migrationshintergrund im Übergang vom Kindergarten in die Grundschule. In: Stenger, U./Kägi, S. (Hg.): Forschung in Feldern der Frühpädagogik. Grundlagen-, Professionalisierungs- und Evaluationsforschung. Hohengehren, S. 75-94.
25 Höhmann, K./Kopp, R./Schäfers, H./Demmer, M. (2009): Lernen über Grenzen. Auf dem Weg zu einer Lernkultur, die vom Individuum ausgeht. Opladen.
26 Trautmann, M./Wischer, B. (Hg.) (2011): Heterogenität in der Schule. Eine kritische Einführung. Wiesbaden.
27 Vgl. Standards für die Lehrerbildung: Bildungswissenschaften (Beschluss der Kultusministerkonferenz vom 16.12.2004 i. d. F. vom 12.06.2014), http://www.kmk.org/fileadmin/Dateien/veroeffentlichungen_beschluesse/2004/2004_12_16-Standards-Lehrerbildung-Bildungswissenschaften.pdf, eingesehen am 15.05.16.

²⁸ Standards für die Lehrerbildung: Bildungswissenschaften (Beschluss der Kultusministerkonferenz vom 16.12.2004 i. d. F. vom 12.06.2014), http://www.kmk.org/fileadmin/Dateien/veroeffentlichungen_beschluesse/2004/2004_12_16-Standards-Lehrerbildung-Bildungswissenschaften.pdf, S. 4, eingesehen am 15.05.16.
²⁹ May, P. (2012, 6. neu normierte Auflage): HSP 1-10. Hamburger Schreibprobe. Stuttgart.
³⁰ Vgl. z. B. Brügelmann, H. (2015): Vermessene Schüler – standardisierte Kinder. Zu Risiken und Nebenwirkungen von PISA, Hattie und VerA & Co. Weinheim und München sowie Graf, U. (2007): Schlüsselsituationen pädagogisch-diagnostischen Lernens im Lehramtsstudium. In: Graf, U./Moser-Opitz, E. (Hg.): Diagnostik und Förderung am Schulanfang. Entwicklungslinien der Grundschulpädagogik. Hohengehren, S. 40-53; De Boer, H. (2014): Für inklusive Praxis professionalisieren. In: Peters, S. /Widmer-Rockstroh, U. (Hg.): Gemeinsam zur inklusiven Schule. Frankfurt, S. 265-274.
³¹ Hartinger, A./Grittner, F./Lang, E./Rehle, C. (2010): Ein Vergleich der Einstellung von Lehrkräften zu Heterogenität in jahrgangsgemischten und jahrgangshomogenen Lerngruppen. In: Arnold, K.-H. (Hg.): Zwischen Fachdidaktik und Stufendidaktik. Wiesbaden, S. 77-80.
³² Prengel, A. (2013): Pädagogische Beziehungen zwischen Anerkennung, Verletzung und Ambivalenz. Opladen.
³³ Prengel, A. (2006/1993): Pädagogik der Vielfalt. Verschiedenheit und Gleichberechtigung in Interkultureller, Feministischer und Integrativer Pädagogik. Wiesbaden.
³⁴ Vgl. v. a. Honneth, A. (1992): Kampf um Anerkennung. Zur moralischen Grammatik sozialer Konflikte. Frankfurt.
³⁵ Trautmann, M./Wischer, B. (Hg.) (2011): Heterogenität in der Schule. Eine kritische Einführung. Wiesbaden.
³⁶ Emmerich, M./Hormel, U. (2013): Heterogenität – Diversity – Intersektionalität. Wiesbaden.
³⁷ Vgl. dazu ausführlich: Budde, J. (Hg.) (2013): Unscharfe Einsätze: (Re-)Produktion von Heterogenität im schulischen Feld. Wiesbaden.
³⁸ Vgl. Budde, J. (Hg.) (2013): Unscharfe Einsätze: (Re-)Produktion von Heterogenität im schulischen Feld. Wiesbaden, S. 11.
³⁹ Budde, J. (2012): Problematisierende Perspektiven auf Heterogenität als ambivalentes Thema der Schul- und Unterrichtsforschung. In: Zeitschrift für Pädagogik, 58. Jahrgang, Heft 4, S. 536.
⁴⁰ Vgl. Mecheril, P./Plößer, M. (2009): Differenz. In: Andresen, S. /Casale, R./Horlacher, R./Larcher Klee, S. /Oelkers, J. (2009): Handwörterbuch Erziehungswissenschaft. Weinheim, S. 194-208.
⁴¹ Vgl. Deleuze, G. (2010): Differenz und Wiederholung. München.
⁴² Vgl. Lyotard, F. (1987): Der Widerstreit (Frz. Titel: Le Différend). München.
⁴³ Vgl. Derrida, J. (1999): Die Différance. In: Engelmann, P. (Hg.): Jacques Derrida. Rundgänge der Philosophie. Wien, S. 31-56.
⁴⁴ Bourdieu, P. (1970/2007): Zur Soziologie der symbolischen Formen. Frankfurt; Bourdieu, P. (1996/1982): Die feinen Unterschiede. Kritik an der gesellschaftlichen Urteilskraft. Frankfurt.
⁴⁵ Vgl. Luhmann, N. (2000): Die Politik der Gesellschaft. Frankfurt.
⁴⁶ Butler, J. (1997/2001): Psyche der Macht. Frankfurt.
⁴⁷ Faulstich-Wieland, H. (2008): Schule und Geschlecht. In: Helsper, W./Böhme,

J. (Hg.): Handbuch der Schulforschung. Wiesbaden, S. 674.
48 Lutz, H./Wenning, N. (2001): Unterschiedlich verschiedenen. Differenz in der Erziehungswissenschaft. Opladen, S. 47-70.
49 Lutz, H./Wenning, N. (2001): Unterschiedlich verschiedenen. Differenz in der Erziehungswissenschaft. Opladen, S. 20.
50 Prengel, A. (2006/1993): Pädagogik der Vielfalt. Verschiedenheit und Gleichberechtigung in Interkultureller, Feministischer und Integrativer Pädagogik. Wiesbaden.
51 Vgl. z. B. Honneth, A. (1992): Kampf um Anerkennung. Zur moralischen Grammatik sozialer Konflikte. Frankfurt/Main.
52 Vgl. z. B. Fraser, N./Honneth, A. (2003): Umverteilung oder Anerkennung. Frankfurt/Main.
53 Vgl. z. B. Bedorf, Th. (2010): Verkennende Anerkennung. Frankfurt/Main.
54 Prengel, A. (2010): Inklusion in der Frühpädagogik. Bildungstheoretische, empirische und pädagogische Grundlagen. Weiterbildungsinitiative Frühpädagogischer Fachkräfte. WiFF Expertisen (Band 5). München, S. 20.
55 Carrington, B./Short, G. (1989): Race and the primary school. Theory into practice. Worcester.
56 Holmes, R. M. (1995): How Young Children Perceive Race. London.
57 Amos, K. (2001): Aspekte der angloamerikanischen pädagogischen Differenzdebatte: Überlegungen zur Kontextualisierung. In: Lutz, H./Wenning, N. (2001): Unterschiedlich verschiedenen. Differenz in der Erziehungswissenschaft. Opladen, S. 71-92.
58 Ebd., S. 72.
59 Vgl. dazu etwa Müller, H.-R. (2007): Differenz und Differenzbearbeitung in familialen Erziehungsmilieus. Eine pädagogische Problemskizze. In: Zeitschrift für Soziologie. Heft 2, S. 143-159.
60 Vgl. dazu auch Deckert-Peaceman, H./Scholz, G. (2016): Vom Kind zum Schüler. Diskurs – Praxis –Formationen zum Schulanfang und ihre Bedeutung für die Theorie der Grundschule. Opladen.
61 Vgl. z. B. Kleiner, B./Rose, N. (Hg.) (2014): (Re-)Produktion von Ungleichheiten im Schulalltag. Judith Butlers Konzept der Subjektiviation in der erziehungswissenschaftlichen Forschung. Opladen..
62 Mecheril, P./Witsch, M. (Hg.) (2006): Cultural Studies und Pädagogik. Kritische Artikulationen. Bielefeld, S. 13.
63 Budde, J. (2012): Die Rede von der Heterogenität in der Schulpädagogik. Diskursanalytische Perspektiven. In: Forum Qualitative Sozialforschung 13 (2012), Heft 2; Budde, J. (Hg.) (2013): Unscharfe Einsätze: (Re-)Produktion von Heterogenität im schulischen Feld. Wiesbaden, S. 11.
64 Kleiner, B./Rose, N. (Hg.) (2014): (Re-)Produktion von Ungleichheiten im Schulalltag. Judith Butlers Konzept der Subjektiviation in der erziehungswissenschaftlichen Forschung. Opladen, S. 9.
65 Diehm, I./Kuhn, M./Machold, C. (2010): Die Schwierigkeit, ethnische Differenz durch Forschung nicht zu reifizieren – Ethnographie im Kindergarten. In: Heinzel, F./Panagiotopoulou, A. (Hg.): Qualitative Bildungsforschung im Elementar- und Primarbereich. Bedingungen und Kontexte kindlicher Lern- und Entwicklungsprozesse. Hohengehren, S. 78-92.
66 Z. B. Rabenstein, K./Reh, S. (2013): Ethnographie pädagogischer Differenzordnungen. Methodologische Probleme einer ethnographischen Erforschung der sozial selektiven Herstellung von Schulerfolg im Unterricht. In:

Zeitschrift für Pädagogik, H. 5, S. 668-690.
67 Reh, S. /Fritsche, B./Idel, Th./Rabenstein, K. (Hg.) (2015): Lernkulturen. Rekonstruktionen pädagogischer Praktiken. Wiesbaden.
68 Prengel, A. (2013): Pädagogische Beziehungen zwischen Anerkennung, Verletzung und Ambivalenz. Opladen.
69 Vgl. dazu auch Kleiner, B./Rose, N. (Hg.) (2014): (Re-)Produktion von Ungleichheiten im Schulalltag. Judith Butlers Konzept der Subjektiviation in der erziehungswissenschaftlichen Forschung. Opladen, S. 9.
70 Mecheril, P. (2010): Die Ordnung des erziehungswissenschaftlichen Diskurses in der Migrationsgesellschaft. In: Mecheril, P./Do Mar Castro Varela, M./Dirim, I./Kalpaka, A./Melter, C. (2010): Migrationspädagogik. Weinheim, S. 71.
71 Mecheriil, P. (2010): Die Ordnung des erziehungswissenschaftlichen Diskurses in der Migrationsgesellschaft. In: Mecheril, P./Do Mar Castro Varela, M./Dirim, I./Kalpaka, A./Melter, C. (2010): Migrationspädagogik. Weinheim, S. 71.
72 Vgl. dazu Kleiner, B./Rose, N. (Hg.) (2014): (Re-)Produktion von Ungleichheiten im Schulalltag. Judith Butlers Konzept der Subjektiviation in der erziehungswissenschaftlichen Forschung. Opladen.
73 Butler, J. (1997/2001): Psyche der Macht. Frankfurt.
74 Butler, J. (1997/2001): Psyche der Macht. Frankfurt.
75 Eckermann, Th./Heinzel, F. (2015): Kinder als Akteure und Adressaten? – Praxistheoretische Überlegungen zur Konstitution von Akteuren und (Schüler-)Subjekten. In: Zeitschrift für Soziologie der Erziehung und Sozialisation. H 1, S. 23-38.
76 Eckermann, Th./Heinzel, F. (2015): Kinder als Akteure und Adressaten? – Praxistheoretische Überlegungen zur Konstitution von Akteuren und (Schüler-)Subjekten. In: Zeitschrift für Soziologie der Erziehung und Sozialisation. H 1, S. 23-38.
77 Vgl. Bos, W./Lankes, E. M./Prenzel, M./Schwippert, K./Walther, G./Valtin, R./Voss, A. (2003): Welche Fragen können aus einer gemeinsamen Interpretation der Befunde aus PISA und IGLU fundiert beantwortet werden? Zeitschrift für Pädagogik, 49, S. 198-212.
78 http://www.bildungsbericht.de/daten2014/bb_2014.pdf, S. VIX.
79 http://www.bildungsbericht.de/daten2014/bb_2014.pdf, S. 4.
80 Gogolin, I./Krüger-Potratz (2006): Einführung in die Interkulturelle Pädagogik, Opladen, S. 14.
81 Vgl. Gogolin, I./Krüger-Potratz (2006): Einführung in die Interkulturelle Pädagogik, Opladen, S. 99.
82 Mecheril, P. (2013): „Kompetenzlosigkeitskompetenz". Pädagogisches Handeln in Einwanderungsbedingungen. In: Auernheimer, G. (Hg.): Interkulturelle Kompetenz und pädagogische Professionalität. Wiesbaden, S. 15-35.
83 Mecheril, P. (2013): „Kompetenzlosigkeitskompetenz". Pädagogisches Handeln in Einwanderungsbedingungen. In: Auernheimer, G. (Hg.): Interkulturelle Kompetenz und pädagogische Professionalität. Wiesbaden, S. 15.
84 Nieke, W. (2008): Interkulturelle Erziehung und Bildung. Wertorientierungen im Alltag. Wiesbaden.
85 Nieke, W. (2008): Interkulturelle Erziehung und Bildung. Wiesbaden, S. 22,
86 http://www.coe.int/t/dg4/linguistic/Guide_niveau3_EN.asp
87 Vgl. v. a. Nieke, W. (2008): Interkulturelle Erziehung und Bildung. Wertori-

entierungen im Alltag. Wiesbaden.
88 Z.B. Seifert, A. (2013): Die Bedeutung der sprachlich-kulturellen Differenz im Übergang vom Kindergarten in die Grundschule. In: Wannack, E./Bosshart, S. /Eichenberger, A./Fuchs, M./Hardegger, E./Marti, S. (Hg.): 4- bis 12-Jährige. Ihre schulischen und außerschulischen Lern- und Lebenswelten. Münster, S. 63-69.
89 Mecheril, P./Do Mar Castro Varela, M./Dirim, I./Kalpaka, A./Melter, C. (2010): Migrationspädagogik. Weinhein, S. 62.
90 Vgl. z. B. Fürstenau, S. /Gomolla, M. (2009): Migration und schulischer Wandel. Wiesbaden.
91 Vgl. z. B. Mecheril, P. (2010): Die Ordnung des erziehungswissenschaftlichen Diskurses in der Migrationsgesellschaft. In: Mecheril, P./Do Mar Castro Varela, M./Dirim, I./Kalpaka, A./Melter, C. (2010): Migrationspädagogik. Weinheim, S. 66.
92 Mecheril, P./Do Mar Castro Varela, M./Dirim, I./Kalpaka, A./Melter, C. (2010): Migrationspädagogik. Weinheim.
93 Mecheril, P./Do Mar Castro Varela, M./Dirim, I./Kalpaka, A./Melter, C. (2010): Migrationspädagogik. Weinheim, S. 17.
94 96 Mecheril, P./Do Mar Castro Varela, M./Dirim, I./Kalpaka, A./Melter, C. (2010): Migrationspädagogik. Weinheim, S. 16.
95 Vgl. Gogolin, I./Krüger-Potratz (2006): Einführung in die Interkulturelle Pädagogik. Opladen, S. 99.
96 Vgl. Radtke, O. (2008): Schule und Ethnizität. In: Böhme, J./Helsper, W. (Hg.): Handbuch der Schulforschung. Wiesbaden, S. 625-646 und Griebel, W./Heinisch, R./Kieferle, Ch./Röbe, E./Seifert, A. (2013): Übergang in die Schule und Mehrsprachigkeit. Hamburg, S. 178 f.
97 Vgl. Bos, W./Lankes, E. M./Prenzel, M./Schwippert, K./Walther, G./Valtin, R./Voss, A. (2003). Welche Fragen können aus einer gemeinsamen Interpretation der Befunde aus PISA und IGLU fundiert beantwortet werden? Zeitschrift für Pädagogik, 49, S. 198-212.
98 Gogolin, I. (1994): Der monolinguale Habitus der multilingualen Schule. Münster.
99 Chlosta, Ch./Ostermann, Th. (2005): Sprachenvielfalt in der Grundschule. In: Bartnitzky, H./Speck-Hamdan, A. (Hg.): Deutsch als Zweitsprache lernen. Beiträge zur Reform der Grundschule. Frankfurt/Main, S. 33-43.
100 Bourdieu, P. (1983): Ökonomisches Kapital. Göttingen.
101 Vgl. dazu Bourdieu, P. (1998): Praktische Vernunft. Zur Theorie des Handelns. Frankfurt/Main, S. 18. Sturm, T. (2013): Lehrbuch Heterogenität in der Schule. München, S. 30.
102 Bourdieu, P. (1983): Ökonomisches Kapital. Göttingen, S. 188.
103 Sturm, T. (2013): Lehrbuch Heterogenität in der Schule. München, S. 30.
104 Gomolla, M./Radtke, F.-O. (2003/2009): Institutionelle Diskriminierung. Die Herstellung ethnischer Differenz in der Schule. 3. Auflage. Wiesbaden.
105 Gomolla, M./Radtke, F.-O. (2003/2009): Institutionelle Diskriminierung. Die Herstellung ethnischer Differenz in der Schule. 3. Auflage. Wiesbaden.
106 Stonjanov, K. (2011): „Sprachlich-kulturelle Differenz als ein Ideologiekonstrukt". In: Amos, S. K./Meseth, W./Proske, M. (Hg.): Öffentliche Erziehung revisited. Erziehung, Politik und Gesellschaft im Diskurs. Wiesbaden, S. 247-259.
107 Stonjanov, K. (2011): „Sprachlich-kulturelle Differenz als ein Ideologiekon-

strukt". In: Amos, S. K./Meseth, W./Proske, M. (Hg.): Öffentliche Erziehung revisited. Erziehung, Politik und Gesellschaft im Diskurs. Wiesbaden, S. 249.
108 Vgl. Kelle, H./Mierendorff, J. (Hg.) (2013): Normierung und Normalisierung der Kindheit. Weinheim.
109 Kelle, H. (Hg.) (2010): Kinder unter Beobachtung. Kulturanalytische Studien zur pädiatrischen Entwicklungsdiagnostik. Opladen.
110 Vgl. Seifert, A. (2013): Kinder mit Migrationshintergrund im Übergang vom Kindergarten in die Grundschule. In: Stenger, U./Kägi, S. (Hg.): Forschung in der Frühpädagogik. Grundlagen-, Professionalisierungs- und Evaluationsforschung. Hohengehren, S. 79 f.
111 Vgl. dazu exemplarisch Kelle, H. (Hg.) (2010): Kinder unter Beobachtung. Kulturanalytische Studien zur pädiatrischen Entwicklungsdiagnostik. Opladen und Kelle, H./Tervooren, A. (Hg.) (2008): Ganz normale Kinder. Weinheim.
112 Siehe oben.
113 Prengel, A. (2006/1993): Pädagogik der Vielfalt. Verschiedenheit und Gleichberechtigung in Interkultureller, Feministischer und Integrativer Pädagogik. Wiesbaden.
114 Prengel. A. (2013): Pädagogische Beziehungen zwischen Anerkennung, Verletzung und Ambivalenz. Opladen, S. 15.
115 Auernheimer, G. (2013/2003): Schieflagen im Bildungssystem. Die Benachteiligung der Migrantenkinder. Wiesbaden.
116 Gogolin, I. (1994): Der monolinguale Habitus der multilingualen Schule. Münster.
117 Vgl. dazu auch Gogolin, I./Dirim, I. (2011): Förderung von Kindern und Jugendlichen mit Migrationshintergrund FörMiG: Bilanz und Perspektiven eines Modellprogramms. Münster.
118 Vgl. z. B. Büker, P./Rendtorff, B. (2015): Sichtweisen von Lehrkräften auf Ethnizität und Geschlecht. In: Zeitschrift für Pädagogik, 61. Jahrgang, Heft 1, S. 101-117. Hartinger/Grittner/Lang/Rehle
119 Hartinger, A./Grittner, F./Lang, E./Rehle, C. (2010): Ein Vergleich der Einstellung von Lehrkräften zu Heterogenität in jahrgangsgemischten und jahrgangshomogenen Lerngruppen. In: Arnold, K.-H. (Hg.): Zwischen Fachdidaktik und Stufendidaktik. Wiesbaden, S. 77-80.
120 Chlosta, Ch./Ostermann, Th. (2005): Sprachenvielfalt in der Grundschule. In: Bartnitzky, H./Speck-Hamdan, A. (Hg.): Deutsch als Zweitsprache lernen. Beiträge zur Reform der Grundschule. Frankfurt/Main.
121 Fürstenau, S. /Gogolin, I./Yagmur, K. (2003): Mehrsrprachigkeit in Hamburg. Ergebnisse einer Spracherhebung an den Grundschulen in Hamburg. Münster/New York/München/Berlin.
122 Neumann, S. /Seele, C. (2014): Von Diversität zu Differenz. Ethnographische Beobachtungen zum Umgang mit Plurilingualität in frühpädagogischen Settings. In: Tervooren, A./Engel, N./Göhlich, M./Miethe, I./Reh, S. (Hg.): Ethnographie und Differenz in pädagogischen Feldern. Internationale Entwicklungen erziehungswissenschaftlicher Forschung. Bielefeld, S. 349-365.
123 Kuhn, M. (2013): Professionalität im Kindergarten. Eine ethnographische Studie zur Elementarpädagogik in der Migrationsgesellschaft. Wiesbaden.
124 Machold, C. (2015): Kinder und Differenz. Eine ethnographische Studie im elementarpädagogischen Kontext. Wiesbaden.
125 Vgl. z. B. Sünker, H./Krüger, H.-H. (Hg.) (1999): Kritische Erziehungswissen-

schaft am Neubeginn. Frankfurt sowie Baumann, J./Müller, E./Vogt, St. (Hg.) (1999): Kritische Theorie und Poststrukturalismus. Hamburg.
126 Kleiner, B./Rose, N. (Hg.) (2014): (Re-)Produktion von Ungleichheiten im Schulalltag. Judith Butlers Konzept der Subjektivation in der erziehungswissenschaftlichen Forschung. Opladen, S. 80.
127 Mecheril, P. (2004): Einführung in die Migrationspädagogik. Weinheim.
128 Hall, St. (2004): Ideologie, Identität, Repräsentation. Hamburg.
129 Kleiner, B./Rose, N. (Hg.) (2014): (Re-)Produktion von Ungleichheiten im Schulalltag. Judith Butlers Konzept der Subjektivation in der erziehungswissenschaftlichen Forschung. Opladen, S. 78.
130 Meseth, W./Dinkelaker, J./Neumann, S./Rabenstein, K./Dörner, O./Hummrich, M./Kunze, K. (Hg.) (2016): Empirie des Pädagogischen und Empirie der Erziehungswissenschaft. Bad Heilbrunn.
131 http://www.bildungsbericht.de.
132 Vgl. z. B. http://www.bildungsbericht.de/daten2014/bb_2014.pdf, S. 62.
133 http://www.bildungsbericht.de/daten2014/bb_2014.pdf, S. 62.
134 Vgl. Bos, W./Lankes, E. M./Prenzel, M./Schwippert, K./Walther, G./Valtin, R./Voss, A. (2003). Welche Fragen können aus einer gemeinsamen Interpretation der Befunde aus PISA und IGLU fundiert beantwortet werden? Zeitschrift für Pädagogik, 49, S. 198-212.
135 Vgl. Bos, W./Lankes, E. M./Prenzel, M./Schwippert, K./Walther, G./Valtin, R. (Hrsg.) (2003): Erste Ergebnisse aus IGLU. Schülerleistungen am Ende der vierten Jahrgangsstufe im internationalen Vergleich. Münster, S. 177, S. 219 und S. 126.
136 Vgl. Bos, W./Lankes, E. M./Prenzel, M./Schwippert, K./Walther, G./Valtin, R. (Hrsg.) (2003): Erste Ergebnisse aus IGLU. Schülerleistungen am Ende der vierten Jahrgangsstufe im internationalen Vergleich. Münster.
137 Blossfeld, H.-P./Roßbach, H.-G./von Maurice, J. (Hg.) (2011): Education as a lifelong process. Wiesbaden.
138 http://www.bildungsbericht.de/daten2014/bb_2014.pdf, S. 62.
139 Blossfeld, H.-P./Roßbach, H.-G./von Maurice, J. (Hg.) (2011): Education as a lifelong process. Wiesbaden, S. 64.
140 http://www.bildungsbericht.de/daten2014/bb_2014.pdf, S. 64.
141 Baumert, J./Stanat, P./Watermann, R. (Hg.) (2006): Herkunftsbedingte Disparitäten im Bildungswesen: Differentielle Bildungsprozesse und Probleme der Verteilungsgerechtigkeit. Vertiefende Analysen im Rahmen von PISA 2000. Wiesbaden, S. 212.
142 Sylva, K./Melhuish, E./Sammons, P./Siraj-Blatchford, I./Taggart, B./Elliott, K.: The Effective Provision of Pre-School Education (EPPE) project: Findings from the pre-school period (2003). http://www.ioe.ac.uk/schools/ecpe/eppe/eppe/eppepdfs/RB %20summary %20findings %20from %20 Preschool.pd f.
143 Vgl. Bourdieu, P. (1983): Ökonomisches, kulturelles, soziales Kapital. In: Reinhard, K. (Hg.): Soziale Ungleichheiten. Göttingen, S. 181.
144 Diehm, I./Kuhn, M./Machold, C. (2010): Die Schwierigkeit, ethnische Differenz durch Forschung nicht zu reifizieren – Ethnographie im Kindergarten. In: Heinzel, F./Panagiotopoulou, A. (Hg.): Qualitative Bildungsforschung im Elementar- und Primarbereich. Bedingungen und Kontexte kindlicher Lern- und Entwicklungsprozesse. Hohengehren, S. 78-92.
145 Müller, H.-R. (2007): Differenz und Differenzbearbeitung in familialen Erzie-

hungsmilieus. Eine pädagogische Problemskizze. In: Zeitschrift für Soziologie. Heft 2, S. 143-159.
[146] Prengel. A. (2013): Pädagogische Beziehungen zwischen Anerkennung, Verletzung und Ambivalenz. Opladen.
[147] Prengel. A. (2013): Pädagogische Beziehungen zwischen Anerkennung, Verletzung und Ambivalenz. Opladen, S. 13.
[148] Fuchs, Th./Jehle, M./Krause, S. (Hg.) (2013). Normativität und Normative (in) der Pädagogik. Würzburg.
[149] Meseth, W./Dinkelaker, J./Neumann, S. /Rabenstein, K./Dörner, O./Hummrich. M./Kunze, K. (Hg.) (2016): Empirie des Pädagogischen und Empirie der Erziehungswissenschaft. Bad Heilbrunn.
[150] Metzger, K./Weigl, E. (Hg.) (2010): Inklusion – eine Schule für alle. Berlin, S. 17.
[151] Vgl. z. B. Luhmann, N. (1995): Die Soziologie und der Mensch. Opladen.
[152] Altrichter, H./Feyerer, E. (2011): Auf dem Weg zu einem inklusiven Schulsystem? Die Umsetzung der UN-Konvention in Österreich aus der Sicht der Governance-Perspektive. In: Zeitschrift für Inklusion. http://www.inklusion-online.net/index.php/inklusion-online/article/view/73/73.
[153] Ahrbeck, B. (2014): Inklusion – Eine Kritik. Stuttgart.
[154] Reich, K. (2012): Inklusion und Bildungsgerechtigkeit. Standards und Regeln zur Umsetzung einer inklusiven Schule. Weinheim und Basel, S. 40.
[155] Vgl. z. B. Sander, A. (2004): Inklusive Pädagogik verwirklichen – Zur Begründung des Themas. In: Schnell, I./Sander, A. (Hg.): Inklusive Pädagogik. Bad Heilbrunn, S. 11-22.
[156] Vgl. z. B. Wocken, H. (2010): Integration und Inklusion. Ein Versuch die Integration vor der Abwertung und die Inklusion vor Träumereien zu bewahren. In: Stein, A./Krach, S. /Niediek, I. (Hg.): Integration und Inklusion auf dem Weg ins Gemeinwesen. Bad Heilbrunn, S. 204-234 sowie Wocken, H. (2009): Von der Integration zur Inklusion. Ein Spickzettel für Inklusion. In: Gemeinsam leben. Zeitschrift für integrative Erziehung. Heft 4, S. 216-219.
[157] Vgl. Z.B. Booth, T. (2011): Index for Inclusion. Swindon.
[158] Vgl. z. B. Hinz, A. (2002): Von der Integration zur Inklusion – terminologisches Spiel oder konzeptionelle Weiterentwicklung? Zeitschrift für Heilpädagogik. Heft 53/2002, S. 354-361 und Müller, F./Prengel, A. (2013): Empirische Zugänge zu Inklusion in der Früh- und Grundschulpädagogik. In: Zeitschrift für Grundschulforschung, 7. Jg. H 1, S. 14.
[159] Hinz, A. (2002): Von der Integration zur Inklusion – terminologisches Spiel oder konzeptionelle Weiterentwicklung? Zeitschrift für Heilpädagogik. Heft 53/2002, S. 354.
[160] Bertelsmann Stiftung (Hg.): Update Inklusion. Datenreport zu den aktuellen Entwicklungen. https://www.bertelsmann-stiftung.de/de/publikationen/publikation/did/update-inklusion/
[161] Bertelsmann Stiftung (Hg.): Update Inklusion. Datenreport zu den aktuellen Entwicklungen. https://www.bertelsmann-stiftung.de/de/publikationen/publikation/did/update-inklusion/
[162] Bertelsmann Stiftung (Hg.): Update Inklusion. Datenreport zu den aktuellen Entwicklungen. https://www.bertelsmann-stiftung.de/de/publikationen/publikation/did/update-inklusion/, S. 6.
[163] Vgl. Klemm, K. (2015): Inklusion in Deutschland. Daten und Fakten. Gütersloh.

[164] Vgl. dazu auch Der Spiegel „Operation Wunderkind – Wie Eltern den Erfolg ihrer Töchter und Söhne erzwingen" vom 2.10.2015.
[165] Vgl. Allemann-Ghionda, Ch. (2015): Inklusive Politik und Praxis im internationalen Vergleich. In: Hensen, G./Beck, A. (Hg.): Inclusive education. Internationale Strategien und Entwicklungen Inklusiver Bildung. Weinheim und Basel, S. 34 f.
[166] Booth, T./Ainscow, M. (2003): Index for Inclusion übersetzt, für deutschsprachige Verhältnisse bearbeitet und herausgegeben von Ines Boban und Andreas Hinz: Index für die Inklusion Martin-Luther-Universität Halle-Wittenberg.
[167] Altrichter, H./Feyerer, E. (2011): Auf dem Weg zu einem inklusiven Schulsystem? Die Umsetzung der UN-Konvention in Österreich aus der Sicht der Governance-Perspektive. In: Zeitschrift für Inklusion. http://www.inklusion-online.net/index.php/inklusion-online/article/view/73/73.
[168] Hinz, A./Kruschel, R. (2013): InPRAX – ein weiterer Schritt zur Inklusion in Schleswig-Holstein? In: Dannenbeck, C./Dorrance, C. (Hg.) (2013): Doing Inclusion – Inklusion in einer nicht inklusiven Gesellschaft. Bad Heilbrunn, S. 119-127.
[169] Vgl. z. B. Demmer-Dieckmann, I.: (2010) Forschungsergebnisse zum Gemeinsamen Unterricht. Antworten auf häufige Fragen. In: Grundschule aktuell, Zeitschrift des Grundschulverbandes. Heft 111, S. 16-18.
[170] Altrichter, H./Feyerer, E. (2011): Auf dem Weg zu einem inklusiven Schulsystem? Die Umsetzung der UN-Konvention in Österreich aus der Sicht der Governance-Perspektive. In: Zeitschrift für Inklusion. http://www.inklusion-online.net/index.php/inklusion-online/article/view/73/73
[171] Heinzel, F./Prengel, A (2012): Heterogenität als Grundbergriff inklusiver Pädagogik. In: Zeitschrift für Inklusion-Online.http://www.inklusion-online.net/index.php/inklusion-online/article/view/39/39
[172] Klafki, W. (1975): Probleme der Leistung in ihrer Bedeutung für die Reform der Grundschule. In: Die Grundschule 10/1975, S. 527-532.
[173] Seifert, A./Müller-Zastrau, A. (2014): Das Dilemma der Leistungsbewertung in der inklusiven Grundschule. In: Franz, E./Trumpa, S./Esslinger-Hinz, I. (Hg.) (2014): Inklusion in der Grundschule. Hohengeheren, S. 155-165.
[174] Vgl. dazu auch Müller, F./Prengel, A. (2013): Empirische Zugänge zu Inklusion in der Früh- und Grundschulpädagogik. In: Zeitschrift für Grundschulforschung, 7. Jg. H 1, S. 14.
[175] Huber, C. (2006): Soziale Integration in der Schule?!: Eine empirische Untersuchung zur sozialen Integration von Schülern mit sonderpädagogischem Förderbedarf im gemeinsamen Unterricht. Marburg, S. 19.
[176] Klemm, K./Preuss-Lausitz, U. (2010): Auf dem Weg zur schulischen Inklusion in Nordrhein-Westfalen. Empfehlungen zur Umsetzung der UN-Behindertenrechtskonvention im Bereich der allgemeinen Schulen. https://www.schulministerium.nrw.de/docs/Schulsystem/Inklusion/Gutachten-_Auf-dem-Weg-zur-schulischen-Inklusion-in-Nordrhein-Westfalen_/index.html
[177] Klemm, K./Preuss-Lausitz, U. (2010): Auf dem Weg zur schulischen Inklusion in Nordrhein-Westfalen. Empfehlungen zur Umsetzung der UN-Behindertenrechtskonvention im Bereich der allgemeinen Schulen., S. 33.https://www.schulministerium.nrw.de/docs/Schulsystem/Inklusion/Gutachten-_Auf-dem-Weg-zur-schulischen-Inklusion-in-Nordrhein-Westfalen_/index.html

178 z. B. Klemm, K./Preuss-Lausitz, U. (2010): Auf dem Weg zur schulischen Inklusion in Nordrhein-Westfalen. Empfehlungen zur Umsetzung der UN-Behindertenrechtskonvention im Bereich der allgemeinen Schulen, S. 34. https://www.schulministerium.nrw.de/docs/Schulsystem/Inklusion/Gutachten-_Auf-dem-Weg-zur-schulischen-Inklusion-in-Nordrhein-Westfalen_/index.html
179 Vgl. z. B. Reich, K. (2014): Inklusive Didaktik: Bausteine für eine inklusive Schule. Weinheim und Basel.
180 Vgl. z. B. Feuser, G. (1997). Subjekt- und entwicklungslogische Didaktik. In: Hendricks, W. (Hg.): Bildungsfragen in kritisch-konstruktiver Perspektive. Weinheim, S. 146-155.
181 Feuser, G. (2002): Momente entwicklungslogischer Didaktik einer Allgemeinen (integrativen) Pädagogik. In: Eberwein, H./Knauer, S. (Hg.): Handbuch Integrationspädagogik, Überarbeitung. Weinheim und Basel, S. 280-294.
182 Vgl. Feuser, G. (2002): Momente entwicklungslogischer Didaktik einer Allgemeinen (integrativen) Pädagogik. In: Eberwein, H./Knauer, S. (Hg.): Handbuch Integrationspädagogik, Überarbeitung. Weinheim und Basel, S. 280-294.
183 Vgl. Wittmann, E./Müller, G. (1995): Handbuch produktiver Rechenübungen, Stuttgart S. 164.
184 Vgl. Seitz, S. (2004): Forschungslücke Inklusive Fachdidaktik – ein Problemabriss. In: Schnell, I./Sander, A. (Hg.): Inklusive Pädagogik. Bad Heilbrunn, S. 215-23; Seitz, S. (2005): Zeit für inklusiven Sachunterricht. Baltmannsweiler sowie Seitz, S. (2008): Zum Umgang mit Heterogenität: Inklusive Didaktik. In: Ramseger, J./Wagener, M. (Hg.): Chancenungleichheit in der Grundschule. Ursachen und Wege aus der Krise. Wiesbaden, S 175-178.
185 Pech, D./Rauterberg, M. (2016): Wozu Didaktik? Ein Beitrag zum Verhältnis von Sachunterrichtsdidaktik und Inklusion. In: Musenberg, O./Riegert, J. (Hg.): Didaktik und Differenz. Bad Heilbrunn, S. 134-147.
186 Pech, D./Rauterberg, M. (2016): Wozu Didaktik? Ein Beitrag zum Verhältnis von Sachunterrichtsdidaktik und Inklusion. In: Musenberg, O./Riegert, J. (Hg.): Didaktik und Differenz. Bad Heilbrunn, S. 144 f.
187 Wocken, H. (2015): Das Haus der inklusiven Schule: Berichte – Botschaften – Widerworte. Hamburg, S. 65.
188 Wocken, H. (2015): Das Haus der inklusiven Schule: Berichte – Botschaften – Widerworte. Hamburg.
189 Wocken, H. (2015): Das Haus der inklusiven Schule: Berichte – Botschaften – Widerworte. Hamburg, S. 65.
190 Vgl. dazu auch Biewer, G. (2010): Grundlagen der Heilpädagogik und inklusiven Pädagogik. Bad Heilbrunn, S. 193.
191 Z.B. Eberwein, H./Knauer, S. (Hg.) (1997/2009): Handbuch Integrationspädagogik. Weinheim und Basel.
192 Vgl. Melzer, C./Hillenbrand, C./Sprenger, D./Hennemann, Th. (2015): Aufgaben von Lehrkräften in inklusiven Bildungssystemen – Review internationaler Studien Erziehungswissenschaft 26 (2015) 51, S. 61-80.
193 Vgl. Heinrich, M./Urban, M./Werning, R. (2013): Grundlagen, Handlungsstrategien und Forschungsperspektiven für die Ausbildung und Professionalisierung von Fachkräften für inklusive Schulen. In: Döbert, H./Weishaupt, H. (Hg): Inklusive Bildung professionell gestalten. Situationsanalyse und Handlungsempfehlungen. Münster, S. 69-134.

[194] Vgl. Heinrich, M./Urban, M./Werning, R. (2013): Grundlagen, Handlungsstrategien und Forschungsperspektiven für die Ausbildung und Professionalisierung von Fachkräften für inklusive Schulen. In: Döbert, H./Weishaupt, H. (Hg): Inklusive Bildung professionell gestalten. Situationsanalyse und Handlungsempfehlungen. Münster, S. 86.

[195] Vgl. z. B. Sturm, T. (2012): Praxeologische Unterrichtsforschung und ihr Beitrag zu inklusivem Unterricht. In: Zeitschrift für Inklusion. http://www.inklusion-online.net/index.php/inklusion-online/article/view/65/65.

[196] Rabenstein, K. (2016): Methodologische Fragen einer qualitativen Erforschung inklusiven Unterrichts. Herausforderungen einer empirisch fundierten didaktischen Theoriebildung. In: Musenberg, O./Riegert, J. (Hg.): Didaktik und Differenz. Bad Heilbrunn, S. 241.

Register

Anthropologie
S. 43, 44, 45, 47, 67, 121, 122, 161
Berufsbezogene Überzeugungen
S. 80, 103, 200
Bildungsabschlüsse
S. 115, 124, 130, 131, 206
Bildungschancen
S. 115, 120, 131
Bildungseinrichtung
S. 26, 47, 77, 92, 179, 181, 201
Bildungsforschung
S. 102, 212, 217
Bildungsinstitution
S. 10, 17, 25, 67, 79, 80, 82, 88, 96, 101, 103, 105, 107, 130
Bildungstheorie
S. 46, 87, 103, 143, 222
Bildungspolitik
S. 10, 11, 22, 23, 24, 26, 30, 52, 71, 72, 73, 74, 75, 77, 79, 109, 128, 156, 173, 174, 176, 177, 179, 193, 195, 197, 209, 210, 215, 228, 237, 249
Bildungssystem
S. 17, 25, 26, 31, 72, 78, 88, 90, 104, 107, 130, 143, 190, 197, 198, 202, 203, 209, 210, 213, 249
Bildungsübergang
S. 10, 74, 78, 88, 90, 93, 96, 98, 99, 100, 105, 107, 115, 122, 126, 130, 201, 204, 206, 237
Bildungsverlauf
S. 100, 101, 131, 205
Bildungsverständnis
S. 28, 107, 161, 164, 207
Bildungswissenschaft
S. 144, 150
Lehrerbildung
S. 10, 17, 20, 22, 37, 49, 157, 182, 214, 236
Bildungstheorie
S. 85, 86, 87, 103, 179, 218, 220
Bildungsauftrag
S. 22, 23, 71, 72, 83

Bildungsbegriff
S. 46, 71, 78, 81, 82, 85
Bildungsexpansion
S. 21, 74, 85, 156, 177, 229
Bildungspläne
S. 10, 16, 37, 71, 72, 73, 78, 79, 80, 81, 82, 83, 84, 86, 98, 107, 109, 117, 140, 216, 217, 218, 230, 231
Bildungsungleichheit
S. 98, 100, 120, 125, 177, 178, 203, 204, 206, 207
Diagnostik
S. 55, 95, 106, 113, 135, 147, 148, 149, 150, 152, 153, 182, 183, 188, 200, 202, 234
Didaktik
S. 10, 24, 31, 33, 35, 43, 47, 49, 71, 79, 80, 82, 95, 136, 138, 139, 145, 150, 155, 160, 163, 178, 179, 182, 188, 211, 215, 217, 218, 219, 222, 230, 238
Differenztheorien
S. 236, 237
Differenzpädagogik
S. 187, 221, 237
Differenzierung
S. 28, 29, 33, 54, 76, 82, 83, 86, 117, 135, 140, 141, 147, 161, 166, 167, 179, 180, 181, 182, 188, 210, 212, 215, 218, 219, 222, 228, 239
Eingangsstufe
S. 23, 27, 31, 74, 75, 77, 78
Einheitsschulbewegung
S. 13, 17, 20, 34, 227
Einschulungsalter
S. 10, 52, 53, 70, 74, 75, 109
Förderplanung
S. 135, 149, 153, 234
Freiarbeit
S. 161, 168
Freinetpädagogik
S. 162, 163
Ganztagsschule
S. 170

Generationenbeziehung
S. 42
Grundbildung
S. 21, 82, 227
Grundschuldidaktik
S. 10, 31, 33, 35, 80, 215, 219
Grundschulgesetz
S. 19, 20, 24
Heterogenitätsdimensionen
S. 174, 211
Institutionalisierung
S. 40, 58, 158, 170
Jahrgangsklassen
S. 145, 176
Jahrgangsmischung
S. 76, 98, 176
Jenaplankonzept
S. 160
Kindheitsbilder
S. 39, 42, 68
Kindheitstheorien
S. 39, 43, 50, 57, 59, 70, 86
Kindheitsforschung
S. 10, 39, 41, 43, 53, 55, 56, 57, 59, 60, 61, 62, 63, 64, 65, 66, 67, 68, 70, 136, 174, 188, 192, 200, 202, 221, 229
Kindorientierung
S. 49
Koedukation
S. 129, 224
Kulturelle Bildung
S. 47
Lehrerforschung
S. 220
Leistungsbewertung
S. 118, 141, 180, 181, 215
Lernformen
S. 137, 138, 143, 167
Lerntheorien
S. 83, 84, 136
Methodik
S. 71, 160, 163, 178, 179, 215, 238
Montessori-Pädagogik
S. 160, 161
Moratorium
S. 58, 59
Offener Unterricht
S. 33, 141, 164

Projektmethode
S. 166
Rational-Choice-Theorie
S. 122, 125
Raumnutzung
S. 161, 162, 164, 165, 166, 167, 169
Reformpädagogik
S. 20, 30, 46, 50, 51, 160, 161, 171, 228, 235
Reggio-Pädagogik
S. 85, 162
Reifungstheorien
S. 74, 94
Rhythmisierung
S. 11, 40, 69, 158, 170, 238
Scholarisierung
S. 57, 58
Schulanfang
S. 10, 49, 54, 64, 71, 74, 75, 76, 77, 89, 90, 91, 93, 94, 97, 99, 100, 103, 104, 106, 229, 231
Schularchitektur
S. 165, 169, 171
Schuleingangsphase
S. 10, 71, 75, 76, 78, 97, 98, 99, 109, 229, 230
Schulentwicklungsarbeit
S. 157, 165, 214
Schulfähigkeit
S. 54, 74, 94, 95
Schulformwahl
S. 113, 114, 117, 118, 119, 120, 125, 130, 131
Sozialisationsinstanzen
S. 56, 64
Standardisierung
S. 17, 55, 151, 189, 200
Stiehlsche Regulative
S. 18
Stufendidaktik
S. 10, 31, 49, 79, 80, 82, 155, 219, 238
Stufensystem
S. 72
Transition
S. 21, 33, 91, 92, 93, 95, 96, 97, 99, 100, 101, 108, 121, 122, 230
Übergangsbegleitung
S. 71

Übergangsentscheidung
  S. 106, 107, 128, 131, 199, 200
Übergangsforschung
  S. 98, 99, 101, 103, 109, 121, 122, 131, 232
Übergangsgestaltung
  S. 54, 68, 77, 90, 96, 97, 98, 109, 230
Übergangsriten
  S. 88, 89

Unterrichtsentwurf
  S. 151
Unterrichtsqualität
  S. 32, 102, 144, 145
Verschulung
  S. 80
Waldorfpädagogik
  S. 43, 44, 45, 161, 162